Homo Deus

Homo Deus

Breve historia del mañana

YUVAL NOAH HARARI

Traducción de
Joandomènec Ros

Título original: *Homo Deus. A Brief History of Tomorrow*
Publicado originariamente en hebreo por Kinneret Zmora-Bitan Dvir, Israel, 2015

Tercera edición: noviembre de 2016
Sexta reimpresión: junio de 2017

© 2015, Yuval Noah Harari
© 2016, de la presente edición en castellano para todo el mundo:
Penguin Random House Grupo Editorial, S. A. U.
Travessera de Gràcia, 47-49. 08021 Barcelona
© 2016, Joandomènec Ros i Aragonès, por la traducción

Printed in Spain – Impreso en España

ISBN: 978-84-9992-671-1
Depósito legal: B-15.432-2016

Compuesto en Compaginem Llibres, S. L.

Impreso en Cayfosa
(Barcelona)

C926711

Penguin
Random House
Grupo Editorial

Para mi maestro, S. N. Goenka (1924-2013),
quien amorosamente me enseñó cosas importantes

Índice

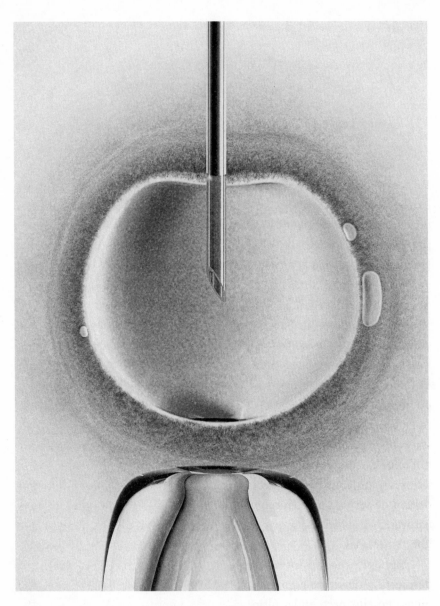

Figura 1. Fertilización *in vitro*: dominar la creación.

1

La nueva agenda humana

En los albores del tercer milenio, la humanidad se despierta, estira las extremidades y se restriega los ojos. Todavía vagan por su mente retazos de alguna pesadilla horrible. «Había algo con alambre de púas, y enormes nubes con forma de seta. ¡Ah, vaya! Solo era un mal sueño.» La humanidad se dirige al cuarto de baño, se lava la cara, observa sus arrugas en el espejo, se sirve una taza de café y abre el periódico. «Veamos qué hay hoy en la agenda.»

A lo largo de miles de años, la respuesta a esta cuestión permaneció invariable. Los mismos tres problemas acuciaron a los pobladores de la China del siglo XX, a los de la India medieval y a los del antiguo Egipto. La hambruna, la peste y la guerra coparon siempre los primeros puestos de la lista. Generación tras generación, los seres humanos rezaron a todos los dioses, ángeles y santos, e inventaron innumerables utensilios, instituciones y sistemas sociales…, pero siguieron muriendo por millones a causa del hambre, las epidemias y la violencia. Muchos pensadores y profetas concluyeron que la hambruna, la peste y la guerra debían de ser una parte integral del plan cósmico de Dios o de nuestra naturaleza imperfecta, y que nada excepto el final de los tiempos nos libraría de ellas.

Sin embargo, en los albores del tercer milenio, la humanidad se despierta y descubre algo asombroso. La mayoría de la gente rara vez piensa en ello, pero en las últimas décadas hemos conseguido controlar la hambruna, la peste y la guerra. Desde luego, estos problemas no se han resuelto por completo, pero han dejado de ser fuerzas de la naturaleza incomprensibles e incontrolables para transformarse en retos manejables. No necesitamos rezar a ningún dios ni a ningún santo para que nos salve de ellos. Sabemos muy bien lo que es necesario hacer para impedir el hambre, la peste y la guerra…, y generalmente lo hacemos con éxito.

Es cierto: todavía hay fracasos notables, pero cuando nos enfrentamos a dichos fracasos, ya no nos encogemos de hombros y decimos: «Bueno, así es como funcionan las cosas en nuestro mundo imperfecto» o «Hágase la voluntad de Dios». Por el contrario, cuando el hambre, la peste o la guerra escapan a nuestro control, sospechamos que alguien debe de haberla fastidiado, organizamos una comisión de investigación y nos prometemos que la siguiente vez lo haremos mejor. Y, en verdad, funciona. De hecho, la incidencia de estas calamidades va disminuyendo. Por primera vez en la historia, hoy en día mueren más personas por comer demasiado que por comer demasiado poco, más por vejez que por una enfermedad infecciosa, y más por suicidio que por asesinato a manos de la suma de soldados, terroristas y criminales. A principios del siglo XXI, el humano medio tiene más probabilidades de morir de un atracón en un McDonald's que a consecuencia de una sequía, el ébola o un ataque de al-Qaeda.

De ahí que, aunque presidentes, directores ejecutivos y altos mandos del ejército siguen teniendo sus agendas diarias llenas de crisis económicas y conflictos militares, a la escala cósmica de la historia, la humanidad puede alzar la mirada y empezar a contemplar nuevos horizontes. Si en verdad estamos poniendo bajo control el hambre, la peste y la guerra, ¿qué será lo que las reemplace en los primeros puestos de la agenda humana? Como bomberos en un mundo sin fuego, en el siglo XXI la humanidad necesita plantearse una pregunta sin precedentes: ¿qué vamos a hacer con nosotros? En un mundo saludable, próspero y armonioso, ¿qué exigirá nuestra atención y nuestro ingenio? Esta pregunta se torna doblemente urgente dados los inmensos nuevos poderes que la biotecnología y la tecnología de la información nos proporcionan. ¿Qué haremos con todo ese poder?

Antes de dar respuesta a esta pregunta, necesitamos decir algunas palabras más sobre el hambre, la peste y la guerra. La afirmación de que los estamos poniendo bajo control puede parecer a muchos intolerable, extremadamente ingenua o quizá insensible. ¿Qué hay de los miles de millones de personas que consiguen apenas malvivir con menos de dos euros al día? ¿Qué pasa con la actual crisis del sida en África o las guerras que arrasan Siria e Irak? Para abordar estos problemas, dirijamos una mirada más detenida al mundo de principios del siglo XXI, antes de explorar la agenda humana de las próximas décadas.

EL UMBRAL BIOLÓGICO DE POBREZA

Empecemos por el hambre, que durante miles de años ha sido el peor enemigo de la humanidad. Hasta fechas recientes, la mayoría de los humanos vivían al borde mismo del umbral biológico de pobreza, por debajo del cual las personas sucumben a la desnutrición y al hambre. Una pequeña equivocación o un golpe de mala suerte podía constituir fácilmente una sentencia de muerte para toda una familia o toda una aldea. Si las lluvias torrenciales destruían nuestra cosecha de trigo o los ladrones se llevaban nuestro rebaño de cabras, nosotros y nuestros seres queridos podíamos morir de hambre. En un plano colectivo, la desgracia o la estupidez resultaban en hambrunas masivas. Cuando una sequía grave afectaba al antiguo Egipto o a la India medieval, no era insólito que pereciera el 5 o el 10 por ciento de la población. Las provisiones escaseaban, el transporte era demasiado lento o caro para importar el alimento necesario y los gobiernos eran demasiado débiles para solucionar el problema.

Si abrimos cualquier libro de historia, es probable que nos encontremos con relatos espantosos de poblaciones famélicas, enloquecidas por el hambre. En abril de 1694, un funcionario francés de la ciudad de Beauvais describía el impacto de la hambruna y de los precios desorbitados de los alimentos, y decía que todo su distrito estaba lleno de «un número infinito de almas pobres, debilitadas por el hambre y la miseria, que mueren de necesidad porque, al no tener trabajo ni ocupación, carecen de dinero para comprar pan. Para seguir con vida y aplacar un poco el hambre, esta pobre gente come cosas impuras tales como gatos y la carne de caballos despellejados y tirados a los montones de estiércol. [Otros consumen] la sangre que mana de vacas y bueyes sacrificados, y las vísceras que los cocineros arrojan a la calle. Otros desdichados comen ortigas y maleza, o raíces y hierbas que antes cuecen».[1]

Escenas similares tenían lugar en toda Francia. El mal tiempo había malogrado las cosechas en todo el reino los dos años anteriores, de modo que en la primavera de 1694 los graneros estaban completamente vacíos. Los ricos cobraban precios exorbitados por cualquier alimento que conseguían acaparar, y los pobres morían en tropel. Unos 2,8 millones de franceses (el 15 por ciento de la población) murieron de hambre entre 1692 y 1694, mientras el Rey Sol, Luis XIV, flirteaba con sus amantes en Versalles. Al año siguiente, 1695, la hambruna golpeó a Estonia y mató a la quinta parte de la población. En 1696 le tocó el turno a Finlandia, donde murió entre un cuarto y un tercio de la población. Escocia padeció una severa hambruna entre 1695 y 1698, y algunos distritos perdieron hasta al 20 por ciento de sus habitantes.[2]

Probablemente, la mayoría de los lectores saben cómo se siente uno cuando no almuerza, cuando ayuna en alguna fiesta religiosa o cuando subsiste unos días con batidos de hortalizas como parte de una nueva dieta milagrosa. Pero ¿cómo se siente uno cuando no ha comido durante días y días y no tiene idea de cuándo conseguirá el siguiente bocado? En la actualidad, la mayor parte de la gente nunca ha vivido este tormento insoportable. Nuestros antepasados, ¡ay!, lo conocieron demasiado bien. Cuando pedían a Dios: «¡Líbranos del hambre!», esto era en lo que pensaban.

Durante los últimos cien años, los avances tecnológicos, económicos y políticos han creado una red de seguridad cada vez más robusta que aleja a la humanidad del umbral biológico de pobreza. De cuando en cuando se producen aún hambrunas masivas que asolan algunas regiones, pero son excepcionales y casi siempre consecuencia de la política humana y no de catástrofes naturales. En la mayor parte del planeta, aunque una persona pierda el trabajo y todas sus posesiones, es improbable que muera de hambre. Seguros privados, entidades gubernamentales y ONG internacionales quizá no la rescaten de la pobreza, pero le proporcionarán suficientes calorías diarias para que sobreviva. En el plano colectivo, la red de comercio global transforma sequías e inundaciones en oportunidades de negocio, y hace posible superar de manera rápida y barata la escasez de alimentos. Incluso cuando guerras, terremotos o tsunamis devastan países enteros, los esfuerzos internacionales suelen impedir con éxito las hambrunas. Aunque centenares de millones de personas siguen pasando hambre casi a diario, en la mayoría de los países pocas mueren en realidad de hambre.

Ciertamente, la pobreza causa otros muchos problemas de salud, y la desnutrición acorta la esperanza de vida incluso en los países más ricos de la Tierra. En Francia, por ejemplo, seis millones de personas (alrededor del 10 por ciento de la población) padecen inseguridad nutricional. Se despiertan por la mañana sin saber si tendrán algo que almorzar; a menudo se van a dormir hambrientos, y por ello su nutrición es desequilibrada y poco saludable: exceso de almidón, azúcar y sal, y déficit de proteínas y vitaminas.[3] Pero la inseguridad nutricional no es hambruna, y la Francia de inicios del siglo XXI no es la Francia de 1694. Incluso en los peores suburbios que rodean Beauvais o París, la gente no muere porque lleve semanas sin comer.

La misma transformación ha tenido lugar en otros muchos países, muy especialmente en China. Durante milenios, el hambre acechó a todos los regímenes chinos, desde el Emperador Amarillo hasta los comunistas rojos. Hace pocas décadas, China era sinónimo de escasez de alimentos. Decenas de millones de chinos murieron de hambre durante el desastroso Gran Salto Adelante, y los expertos predijeron repetidamente que el problema no haría más que empeorar. En 1974 se celebró en Roma la primera Conferencia Mundial de la Alimentación, y los asistentes fueron obsequiados con previsiones apocalípticas. Se les dijo que no había manera de que China alimentara a sus 1.000 millones de habitantes, y que el país más poblado del mundo se encaminaba a la catástrofe. En realidad, se encaminaba hacia el mayor milagro económico de la historia. Desde 1974 se ha sacado de la pobreza a centenares de millones de chinos, y, aunque todavía hay otros tantos que padecen muchas privaciones y desnutrición, por primera vez en su historia documentada, China está ahora libre de hambrunas.

De hecho, actualmente, en la mayoría de los países, comer en exceso se ha convertido en un problema mucho peor que el hambre. En el siglo XVIII, al parecer, María Antonieta aconsejó a la muchedumbre que pasaba hambre que si se quedaban sin pan, comieran pasteles. Hoy en día, los pobres siguen este consejo al pie de la letra. Mientras que los ricos residentes de Beverly Hills comen ensalada y tofu al vapor con quinoa, en los suburbios y guetos los pobres se atracan de pastelillos Twinkie, Cheetos, hamburguesas y pizzas. En 2014, más de 2.100 millones de personas tenían sobrepeso, frente a los 850 millones que padecían desnutrición. Se espera que la mitad de la humanidad sea obesa en 2030.[4] En 2010, la suma de las hambrunas y la desnutrición mató a alrededor de un millón de personas, mientras que la obesidad mató a tres millones.[5]

EJÉRCITOS INVISIBLES

Después del hambre, el segundo gran enemigo de la humanidad fueron las pestes y las enfermedades infecciosas. Las ciudades, bulliciosas y conectadas por un torrente incesante de mercaderes, funcionarios y peregrinos, constituyeron a la vez los cimientos de la civilización humana y un caldo de cultivo ideal para los patógenos. En consecuencia, la gente vivía en la antigua Atenas o en la Florencia medieval sabiendo que podían enfermar y morir la semana siguiente, o que en cualquier momento podía desatarse una epidemia que acabara con toda su familia en un abrir y cerrar de ojos.

El más famoso de estos brotes epidémicos, la llamada Peste Negra, se inició en la década de 1330 en algún lugar de Asia oriental o central, cuando la bacteria *Yersinia pestis*, que habitaba en las pulgas, empezó a infectar a los humanos a los que estas picaban. Desde allí, montada en un ejército de ratas y pulgas, la peste se extendió rápidamente por toda Asia, Europa y el norte de África, y tardó menos de veinte años en alcanzar las costas del océano Atlántico. Murieron entre 75 y 200 millones de personas, más de la cuarta parte de la población de Eurasia. En Inglaterra perecieron cuatro de cada diez personas, y la población se redujo desde un máximo previo de 3,7 millones de habitantes hasta un mínimo posterior de 2,2 millones. La ciudad de Florencia perdió 50.000 de sus 100.000 habitantes.[6]

Las autoridades se vieron impotentes ante la calamidad. Excepto por la organización de oraciones masivas y procesiones, no tenían idea de cómo detener la expansión de la epidemia, y mucho menos de cómo curarla. Hasta la era moderna, los humanos achacaban las enfermedades al mal aire, a demonios malévolos y a dioses enfurecidos, y no sospechaban de la existencia de bacterias ni virus. La gente creía fácilmente en ángeles y hadas, pero no podían imaginar que una minúscula pulga o una simple gota de agua pudieran contener todo un ejército de mortíferos depredadores.

La Peste Negra no fue un acontecimiento excepcional, ni siquiera la peor peste de la historia. Epidemias más desastrosas asolaron América, Australia y las islas del Pacífico después de la llegada de los primeros europeos. Sin que exploradores y colonos lo supieran, llevaban consigo

FIGURA 2. En la Edad Media se personificaba la Peste Negra como una horrible fuerza demoníaca fuera del control o de la comprensión humanas.

nuevas enfermedades infecciosas contra las cuales los nativos no estaban inmunizados. En consecuencia, hasta el 90 por ciento de las poblaciones locales murieron.[7]

El 5 de marzo de 1520, una pequeña flotilla española partió de la isla de Cuba en dirección a México. Las naos llevaban a bordo a 900 soldados españoles, junto con caballos, armas de fuego y unos cuantos esclavos africanos. Uno de estos últimos, Francisco de Eguía, transportaba en su persona un cargamento mucho más letal. Francisco no lo sabía, pero entre sus billones de células había una bomba de tiempo biológica: el virus de la viruela. En cuanto Francisco desembarcó en México, el virus empezó a multiplicarse exponencialmente en el interior de su cuerpo, y acabó por brotar sobre toda su piel en un terrible sarpullido. Llevaron al febril Francisco a la cama de una familia de nativos en la ciudad de Cempoallan. Contagió a los miembros de la familia, que a su vez contagiaron a los vecinos. Diez días después, Cempoallan se convir-

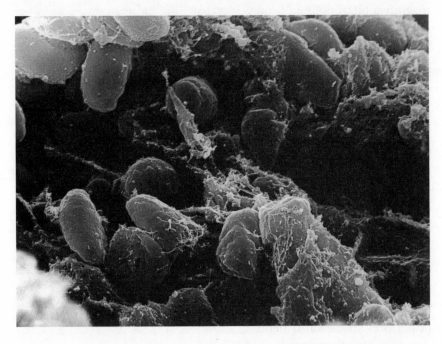

FIGURA 3. El verdadero culpable era la minúscula bacteria *Yersinia pestis*.

tió en un cementerio. Los refugiados propagaron la enfermedad desde Cempoallan a las ciudades vecinas. A medida que una ciudad tras otra sucumbían a la enfermedad, nuevas oleadas de aterrorizados refugiados llevaban la enfermedad por todo México y más allá.

Los mayas de la península del Yucatán creían que tres dioses malignos, Ekpetz, Uzannkak y Sojakak, volaban de noche de pueblo en pueblo e infectaban a la gente con la enfermedad. Los aztecas culparon a los dioses Tezcatlipoca y Xipe, o quizá a la magia negra de las gentes blancas. Se consultó a sacerdotes y a médicos. Estos aconsejaron plegarias, baños fríos, restregar el cuerpo con bitumen y untar escarabajos negros aplastados sobre las úlceras. Nada funcionó. Decenas de miles de cadáveres se pudrían en las calles sin que nadie se atreviera a acercarse a ellos y enterrarlos. Familias enteras perecieron en cuestión de pocos días, y las autoridades ordenaron que se derruyeran las casas sobre los cuerpos. En algunos asentamientos murió la mitad de la población.

En septiembre de 1520, la peste había llegado al valle de México, y en octubre cruzó las puertas de la capital azteca, Tenochtitlan, una magnífica metrópolis en la que habitaban 250.000 almas. En dos meses, al menos un tercio de la población pereció, incluido el emperador Cuitlahuac. Mientras que en marzo de 1520, cuando llegó la flota española, México albergaba 22 millones de personas, en diciembre del mismo año únicamente 14 millones seguían vivas. La viruela fue solo el primer golpe. Mientras los nuevos amos españoles estaban atareados en enriquecerse y explotar a los nativos, oleadas mortíferas de gripe, sarampión y otras enfermedades infecciosas azotaron sin respiro a México, hasta que en 1580 su población se había reducido a menos de dos millones.[8]

Dos siglos después, el 18 de enero de 1778, el capitán James Cook, explorador británico, llegó a Hawái. Las islas hawaianas estaban densamente pobladas por medio millón de personas, que vivían en completo aislamiento tanto de Europa como de América, y por consiguiente nunca habían estado expuestas a las enfermedades europeas y americanas. El capitán Cook y sus hombres introdujeron en Hawái los primeros patógenos de la gripe, la tuberculosis y la sífilis. Visitantes europeos posteriores añadieron la fiebre tifoidea y la viruela. En 1853 solo quedaban en Hawái 70.000 supervivientes.[9]

Las epidemias continuaron matando a decenas de millones de personas hasta bien entrado el siglo xx. En enero de 1918, los soldados que había en las trincheras del norte de Francia empezaron a morir por millares debido a una cepa particularmente virulenta de la gripe, que recibió el nombre de «gripe española». La línea del frente era el punto final de la red de aprovisionamiento global más eficaz que el mundo había conocido hasta entonces. Hombres y municiones fluían a raudales desde Gran Bretaña, Estados Unidos, la India y Australia. Llegaba petróleo desde Oriente Medio, cereales y carne de res desde Argentina, caucho desde Malaya y cobre desde el Congo. A cambio, todos contrajeron la gripe española. En pocos meses, cerca de 500 millones de personas (un tercio de la población global) estaban afectados por el virus. En la India, este mató al 5 por ciento de la población (15 millones de personas). En la isla de Tahití, murió el 14 por ciento. En Samoa, el 20 por ciento. En las minas de cobre del Congo, pereció uno de cada cinco trabajadores. En total, la pandemia mató a entre 50 y 100 millones de personas en menos de un año. La Primera Guerra Mundial mató a 40 millones entre 1914 y 1918.[10]

Junto a estos tsunamis epidémicos que la golpearon cada pocas décadas, la humanidad también se enfrentó a oleadas menores pero más regulares de enfermedades infecciosas, que todos los años mataban a millones de personas. Los niños que carecían de inmunidad eran particularmente susceptibles, la razón por la que con frecuencia se las denomina «enfermedades de la infancia». Hasta principios del siglo xx, alrededor de un tercio de la población moría antes de llegar a la edad adulta debido a una combinación de desnutrición y enfermedad.

Durante el último siglo, la humanidad se hizo más vulnerable todavía a las epidemias debido a la coincidencia en el tiempo de un crecimiento demográfico y la mejora de los medios de transporte. Una metrópolis moderna, como Tokio o Kinshasa, ofrecen a los patógenos unos terrenos de caza mucho más ricos que la Florencia medieval o el Tenochtitlan de 1520, y la red de transporte global es en la actualidad más eficiente incluso que en 1918. Un virus español puede abrirse camino hasta el Congo o Tahití en menos de veinticuatro horas. Por lo tanto, no habría sido descabellado esperar un infierno epidemiológico, con un envite tras otro de enfermedades letales.

Sin embargo, tanto la incidencia como el impacto de las epidemias se han reducido espectacularmente en las últimas décadas. En particular, la mortalidad infantil global es la más baja de todas las épocas: menos del 5 por ciento de los niños mueren antes de llegar a la edad adulta. En el mundo desarrollado, la tasa es inferior al 1 por ciento.[11] Este milagro se debe a los progresos sin precedentes de la medicina del siglo XX, que nos ha proporcionado vacunas, antibióticos, mejoras en la higiene y una infraestructura médica mucho mejor.

Por ejemplo, una campaña global de vacunación contra la viruela obtuvo un éxito tan grande que en 1979 la Organización Mundial de la Salud declaró que la humanidad había ganado y que la viruela se había erradicado por completo. Era la primera epidemia que los humanos conseguían eliminar de la faz de la Tierra. En 1967, la viruela infectaba todavía a 15 millones de personas y mataba a dos millones, pero en 2014 ni una sola persona estaba infectada ni murió de esa enfermedad. La victoria ha sido tan completa que en la actualidad la OMS ha dejado de vacunar a los humanos contra la viruela.[12]

Cada pocos años nos alarma el brote de alguna nueva peste potencial, como ocurrió con el SARS (síndrome respiratorio agudo grave) en 2002-2003, la gripe aviar en 2005, la gripe porcina en 2009-2010 y el ébola en 2014. Sin embargo, gracias a contramedidas eficaces, estos incidentes, hasta ahora, han resultado en un número de víctimas comparativamente reducido. El SARS, por ejemplo, inicialmente provocó temores de una nueva Peste Negra, pero acabó con la muerte de menos de 1.000 personas en todo el mundo.[13] El brote de ébola en África Occidental parecía al principio que escalaba fuera de control, y el 26 de septiembre de 2014 la OMS lo describía como «la emergencia de salud pública más grave que se ha visto en la era moderna».[14] No obstante, a principios de 2015 la epidemia se había refrenado, y en enero de 2016 la OMS declaró que había terminado. Infectó a 30.000 personas (de las que mató a 11.000), causó enormes perjuicios económicos en toda África Occidental y provocó angustia en todo el mundo; pero no se expandió más allá de África Occidental, y el total de víctimas no se acercó siquiera a la escala de la gripe española o a la epidemia de viruela en México.

Incluso la tragedia del sida, aparentemente el mayor de los fracasos médicos de las últimas décadas, puede considerarse una señal de progreso. Desde su primer brote importante a principios de la década de 1980, más de 30 millones de personas han muerto de sida, y decenas de millones más han padecido daños físicos y psicológicos debilitantes por su causa. Era difícil comprender y tratar la nueva epidemia porque el sida es una enfermedad enrevesada y única. Mientras que un humano infectado por el virus de la viruela muere a los pocos días, un paciente infectado por el VIH puede parecer perfectamente sano durante semanas o meses, pero contagia a otros sin saberlo. Además, el VIH no mata por sí mismo. Lo que hace es destruir el sistema inmunitario, con lo que expone al paciente a otras muchas enfermedades. Son esas enfermedades secundarias las que en realidad matan a las víctimas del sida. En consecuencia, cuando el sida empezó a extenderse, fue especialmente difícil entender qué era lo que estaba ocurriendo. Cuando en 1981 dos pacientes ingresaron en un hospital de Nueva York, uno de ellos al borde de la muerte por neumonía y el otro por cáncer, no era en absoluto evidente que ambos fueran de hecho víctimas del VIH, del que podían haberse infectado meses o incluso años antes.[15]

Sin embargo, a pesar de estas dificultades, después de que la comunidad médica tuviera conciencia de la nueva y misteriosa peste, los científicos solo tardaron dos años en identificarla, entender cómo se propaga el virus y sugerir maneras eficaces de desacelerar la epidemia. En otros diez años, nuevos medicamentos transformaron el sida, hasta entonces una sentencia de muerte, en una enfermedad crónica (al menos para los que son lo bastante pudientes para permitirse el tratamiento).[16] Piense el lector qué habría ocurrido si el brote de sida se hubiera producido en 1581 en lugar de en 1981. Con toda probabilidad, nadie en aquel tiempo habría imaginado qué causaba la epidemia, cómo se transmitía de una persona a otra o cómo se la podía detener (y mucho menos curar). En tales condiciones, el sida podría haber aniquilado a una porción mucho mayor de la especie humana, igualando o incluso superando las cifras de la Peste Negra.

A pesar del horrendo diezmo que el sida se ha cobrado y de los millones que todos los años mueren debido a enfermedades infecciosas arraigadas como la malaria, las epidemias constituyen hoy una amenaza mucho menor para la salud humana que en milenios anteriores. La inmensa mayoría de las personas mueren a consecuencia de enfermedades no infecciosas, como el cáncer y las cardiopatías, o simplemente a causa de la vejez.[17] (Incidentalmente, el cáncer y las dolencias cardíacas no son, desde luego, enfermedades nuevas: se remontan a la antigüedad. Sin embargo, en épocas anteriores pocas personas vivían el tiempo suficiente para morir de ellas.)

Muchos temen que esta sea solo una victoria temporal y que algún primo desconocido de la Peste Negra esté aguardando a la vuelta de la esquina. Nadie puede garantizar que las pestes no reaparezcan, pero hay buenas razones para pensar que en la carrera armamentística entre los médicos y los gérmenes, los médicos corren más deprisa. Nuevas enfermedades infecciosas aparecen principalmente como resultado de mutaciones aleatorias en el genoma de los patógenos. Dichas mutaciones permiten que los patógenos pasen de los animales a los humanos, que venzan al sistema inmune humano o que se hagan resistentes a medicamentos tales como los antibióticos. En la actualidad, es probable que estas mutaciones se produzcan y se diseminen más rápidamente que en el pasado, debido al impacto humano en el ambiente.[18] Sin embargo, en la carrera contra la medicina, los patógenos dependen en último término de la ciega mano de la fortuna.

Los médicos, en cambio, cuentan con más recursos que la mera suerte. Aunque la ciencia tiene una deuda enorme con la serendipia, los médicos no se limitan a verter diferentes sustancias químicas en tubos de ensayo con la esperanza de dar con algún medicamento nuevo. Con cada año que pasa, los médicos acumulan más y mejores conocimientos, que utilizan con el fin de elaborar medicamentos y tratamientos más eficaces. En consecuencia, aunque en el año 2050 nos enfrentaremos sin duda a gérmenes que serán más resilientes que los de 2016, es muy probable que la medicina se ocupe de ellos de manera más eficiente que en la actualidad.[19]

En 2015, los médicos anunciaron el descubrimiento de un tipo de antibiótico completamente nuevo, la teixobactina, al que, por el momento, las bacterias no presentan resistencia. Algunos estudiosos creen que la teixobactina podría acabar siendo un punto de inflexión en la lucha contra gérmenes muy resistentes.[20] Los científicos también están desarrollando nuevos tratamientos revolucionarios, que funcionan de una manera radicalmente diferente a la de cualquier medicamento previo. Por ejemplo, algunos laboratorios de investigación son ya el hogar de nanorrobots, que un día podrán navegar por nuestro torrente sanguíneo, identificar enfermedades, y matar patógenos y células cancerosas.[21] Aunque los microorganismos tengan cuatro mil millones de años de experiencia acumulada en la lucha contra enemigos orgánicos, su experiencia en la lucha contra depredadores biónicos es absolutamente nula, por lo que encontrarían doblemente difícil generar por evolución defensas efectivas.

Así, si bien no podemos estar seguros de que algún nuevo brote de ébola o de una cepa desconocida de gripe no vaya a propagarse por el globo y a matar a millones de personas, en caso de que eso ocurra no lo consideraremos una calamidad natural inevitable. Por el contrario, lo veremos como un fracaso humano inexcusable y pediremos la cabeza de los responsables. Cuando a finales del verano de 2014 dio la impresión, durante unas pocas y terribles semanas, de que el ébola ganaba la partida a las autoridades sanitarias globales, se pusieron rápidamente en marcha comités de investigación. Un informe inicial publicado el 14 de octubre de 2014 criticaba a la Organización Mundial de la Salud por su reacción insatisfactoria ante el brote, y culpaba de la epidemia a la corrupción y a la ineficacia en la división africana de la OMS. También hubo críticas al conjunto de la comunidad internacional por no reaccionar de una manera lo bastante rápida y enérgica. Tales críticas suponen que la humanidad tiene el conocimiento y las herramientas necesarias para impedir las pestes, y que si, a pesar de ello, una epidemia escapa a nuestro control, se debe más a la incompetencia humana que a la ira divina.

Así, en la lucha contra calamidades naturales como el sida y el ébola, la balanza se inclina a favor de la humanidad. Pero ¿qué hay de los peligros inherentes a la propia naturaleza humana? La biotecnología nos permite derrotar bacterias y virus, pero simultáneamente convierte a los propios humanos en una amenaza sin precedentes. Las mismas herramientas que permiten a los médicos identificar y curar rápidamente nuevas enfermedades también pueden capacitar a ejércitos y a terroristas para dar lugar a enfermedades incluso más terribles y gérmenes patógenos catastróficos. Por lo tanto, es probable que en el futuro haya epidemias importantes que continúen poniendo en peligro a la humanidad pero solo si la propia humanidad las crea, al servicio de alguna ideología despiadada. Es probable que la época en la que la humanidad se hallaba indefensa ante las epidemias naturales haya terminado. Pero podríamos llegar a echarla en falta.

QUEBRANTANDO LA LEY DE LA SELVA

La tercera buena noticia es que también las guerras están desapareciendo. A lo largo de la historia, la mayoría de los humanos asumían la guerra como algo natural, mientras que la paz era un estado temporal y precario. Las relaciones internacionales estaban regidas por la ley de la selva, según la cual incluso si dos sistemas de gobierno convivían en paz, la guerra siempre era una opción. Por ejemplo, aunque Alemania y Francia estaban en paz en 1913, todo el mundo sabía que podían agredirse mutuamente en 1914. Cuando políticos, generales, empresarios y ciudadanos de a pie hacían planes para el futuro, siempre dejaban un margen para la guerra. Desde la Edad de Piedra a la era del vapor, y desde el Ártico al Sahara, toda persona en la Tierra sabía que en cualquier momento los vecinos podían invadir su territorio, derrotar a su ejército, masacrar a su gente y ocupar sus tierras.

Durante la segunda mitad del siglo xx, finalmente se quebrantó esta ley de la selva, si acaso no se revocó. En la mayoría de las regiones, las guerras se volvieron más infrecuentes que nunca. Mientras que en las sociedades agrícolas antiguas la violencia humana causaba alrededor del 15 por ciento de todas las muertes, durante el siglo xx la violencia causó solo el 5 por ciento, y en el inicio del siglo xxi está siendo responsable de alrededor del 1 por ciento de la mortalidad global.[22] En 2012 murieron en todo el mundo unos 56 millones de personas, 620.000 a consecuencia de la violencia humana (la guerra acabó con la vida de 120.000 personas, y el crimen, con la de otras 500.000). En cambio, 800.000 se suicidaron y 1,5 millones murieron de diabetes.[23] El azúcar es ahora más peligroso que la pólvora.

Más importante aún es que un segmento creciente de la humanidad ha llegado a considerar la guerra simplemente inconcebible. Por primera vez en la historia, cuando gobiernos, empresas e individuos contemplan su futuro inmediato, muchos no piensan en la guerra como un acontecimiento probable. Las armas nucleares han transformado la guerra entre superpoderes en un acto demente de suicidio colectivo, y por lo tanto han obligado a las naciones más poderosas de la Tierra a encontrar vías alternativas y pacíficas para resolver los conflictos. Simultáneamente, la economía global se ha transformado de una economía basada en lo material a una economía basada en el conocimiento. En épocas anteriores, las principales fuentes de riqueza eran los activos materiales, tales como minas de oro, campos de trigo y pozos de petróleo. Hoy en día, la principal fuente de riqueza es el conocimiento. Y aunque se pueden conquistar campos petrolíferos por medio de la guerra, no es posible adquirir el conocimiento de esta manera. De modo que a medida que el conocimiento se convertía en el recurso económico más importante, la rentabilidad de la guerra se reducía, y las guerras quedaban cada vez más restringidas a aquellas partes del mundo (como Oriente Medio y África Central) en que las economías son todavía economías anticuadas basadas en lo material.

En 1998, para Ruanda tenía sentido apoderarse de las ricas minas de coltán del vecino Congo y saquearlas, porque había gran demanda de este mineral para la fabricación de teléfonos móviles y de ordenadores portátiles, y el Congo disponía del 80 por ciento de las reservas mundiales de coltán. Ruanda obtuvo 240 millones de dólares anuales por el coltán saqueado. Para la pobre Ruanda, era mucho dinero.[24] En cambio, no habría tenido sentido que China invadiera California y se apoderara de Silicon Valley, porque, aunque los chinos hubiesen vencido en el campo de batalla, allí no había minas de silicio que saquear. En cambio, los chinos han ganado miles de millones de dólares al cooperar con gigantes de la alta tecnología como Apple y Microsoft, comprar sus programas y fabricar sus productos. Lo que Ruanda ganó en un año entero de saqueo del coltán congoleño, los chinos lo ganan en un único día de comercio pacífico.

En consecuencia, la palabra «paz» ha adquirido un nuevo significado. Generaciones previas pensaban en la paz como la ausencia temporal de guerra. Hoy en día pensamos en la paz como la inverosimilitud de guerra. Cuando en 1913 la gente decía que había paz entre Francia y Alemania, se referían a que «ahora mismo no hay guerra entre Francia y Alemania, pero quién sabe lo que sucederá el año que viene». Cuando en la actualidad decimos que hay paz entre Francia y Alemania, nos referimos a que es inconcebible que, bajo ninguna circunstancia predecible, pueda estallar la guerra entre ambos países. Esta paz prevalece no solo entre Francia y Alemania, sino entre la mayoría de los países (aunque no todos). No se dan circunstancias que hagan creer que el próximo año podría estallar una guerra entre Alemania y Polonia, entre Indonesia y Filipinas, entre Brasil y Uruguay.

Esta Nueva Paz no es solo una fantasía jipi. Los gobiernos ávidos de poder y las empresas codiciosas también cuentan con ella. Cuando Mercedes planea su estrategia de ventas en la Europa Oriental, descarta la posibilidad de que Alemania pueda conquistar Polonia. A una empresa que importa mano de obra barata de Filipinas no le preocupa que Indonesia pueda invadir Filipinas al cabo de unos meses. Cuando el gobierno brasileño se reúne para discutir los presupuestos del año siguiente, es inimaginable que el ministro brasileño de defensa se levante de su asiento, dé un puñetazo en la mesa y diga: «¡Un momento! ¿Y si queremos invadir y conquistar Uruguay? No habéis tenido esto en cuenta. Debemos destinar 5.000 millones para financiar esta conquista». Desde luego, hay unos pocos lugares en los que los ministros de defensa dicen todavía estas cosas, y hay regiones en las que la Nueva Paz no ha conseguido arraigar. Lo sé muy bien, porque vivo en una de esas regiones. Pero son excepciones.

Desde luego, no hay ninguna garantía de que la Nueva Paz perviva indefinidamente. De la misma manera que, en un inicio, las armas nucleares hicieron posible la Nueva Paz, logros tecnológicos futuros podrían preparar el camino para nuevos tipos de guerra. En particular, la cibercontienda puede desestabilizar el mundo al proporcionar incluso a países pequeños y a actores no estatales la capacidad de luchar eficazmente contra superpotencias. Cuando Estados Unidos luchó contra Irak en 2003, causó devastación en Bagdad y Mosul, pero no se lanzó ni una sola bomba sobre Los Ángeles o Chicago. Sin embargo, en el futuro, un país como Corea del Norte o Irán podría utilizar bombas lógicas para que la energía dejara de funcionar en California, hacer estallar refinerías en Texas y provocar una colisión de trenes en Michigan (las «bombas lógicas» son códigos de programación maliciosos que se insertan en tiempo de paz y se operan a distancia; es muy probable que las redes que controlan instalaciones de infraestructura vitales en Estados Unidos y en muchos otros países ya estén llenos de tales códigos).

Sin embargo, no debemos confundir la capacidad con la motivación. Aunque la cibercontienda introduce nuevos medios de destrucción, no añade necesariamente nuevos incentivos para usarlos. A lo largo de los últimos setenta años, la humanidad ha quebrantado no solo la ley de la selva, sino también la ley de Chéjov. Es sabido que Antón Chéjov dijo que una pistola que aparezca en el primer acto de una obra teatral será disparada inevitablemente en el tercero. A lo largo de la historia, si reyes y emperadores adquirían algún arma nueva, tarde o temprano se veían tentados a usarla. Sin embargo, desde 1945, la humanidad ha aprendido a resistir esa tentación. La pistola que apareció en el primer acto de la Guerra Fría nunca se disparó. En la actualidad estamos acostumbrados a vivir en un mundo lleno de bombas y misiles que no se han lanzado, y nos hemos convertido en expertos en quebrantar tanto la ley de la selva como la ley de Chéjov. Si estas leyes vuelven a alcanzarnos, será por nuestra culpa, no debido a nuestro destino inevitable.

Entonces ¿qué pasa con el terrorismo? Aunque los gobiernos centrales y los estados poderosos han aprendido a moderarse, los terroristas podrían no mostrar tales escrúpulos a la hora de usar armas nuevas y destructivas. Esta es ciertamente una posibilidad preocupante. Sin embargo, el terrorismo es una estrategia de debilidad que adoptan aquellos que carecen de acceso al poder real. Al menos en el pasado, el terrorismo operó propagando el miedo en lugar de causar daños materiales importantes. Por lo general, los terroristas no tienen la fuerza necesaria para derrotar a un ejército, ocupar un país o destruir ciudades

FIGURA 4. Misiles nucleares en un desfile militar en Moscú. El arma que siempre se exhibía pero que nunca se disparó.

enteras. Mientras que en 2010 la obesidad y las enfermedades asociadas a ella mataron a cerca de tres millones de personas, los terroristas mataron a un total de 7.697 personas en todo el planeta, la mayoría de ellos en países en vías de desarrollo.[25] Para el norteamericano o el europeo medio, la Coca-Cola supone una amenaza mucho más letal que al-Qaeda.

¿Cómo es posible, pues, que los terroristas consigan copar los titulares y cambiar la situación política en todo el mundo? Porque provocan que sus enemigos reaccionen de manera desproporcionada. En esencia, el terrorismo es un espectáculo. Los terroristas organizan un espectáculo de violencia pavoroso, que capta nuestra imaginación y hace que nos sintamos como si retrocediéramos hasta el caos medieval. En consecuencia, los estados suelen sentirse obligados a reaccionar frente al teatro del terrorismo con un espectáculo de seguridad y orquestan exhibiciones de fuerza formidables, como la persecución de poblaciones enteras o la invasión de países extranjeros. En la mayoría de los casos, esta reacción desmesurada ante el terrorismo genera una amenaza mucho mayor para nuestra seguridad que los propios terroristas.

Los terroristas son como una mosca que intenta destruir una cacharrería. La mosca es tan débil que no puede mover siquiera una taza. De modo que encuentra un toro, se introduce en su oreja y empieza a zumbar. El toro enloquece de miedo e ira, y destruye la cacharrería. Esto es lo que ha ocurrido en Oriente Medio en la última década. Los fundamentalistas islámicos nunca habrían podido derrocar por sí solos a Sadam Husein. En lugar de ello, encolerizaron a Estados Unidos con los ataques del 11 de septiembre, y Estados Unidos destruyó por ellos la cacharrería de Oriente Medio. Ahora medran entre las ruinas. Por sí solos, los terroristas son demasiado débiles para arrastrarnos de vuelta a la Edad Media y restablecer la ley de la selva. Pueden provocarnos, pero al final todo dependerá de nuestras reacciones. Si la ley de la selva vuelve a imperar con fuerza, la culpa no será de los terroristas.

El hambre, la peste y la guerra probablemente continuarán cobrándose millones de víctimas en las próximas décadas. Sin embargo, ya no son tragedias inevitables fuera de la comprensión y el control de una humanidad indefensa. Por el contrario, se han convertido en retos manejables. Esto no minimiza el sufrimiento de centenares de millones de humanos afligidos por la pobreza, de los millones que cada año sucumben a la malaria, el sida y la tuberculosis o de los millones atrapados en círculos viciosos violentos en Siria, el Congo o Afganistán. El mensaje no es que el hambre, la peste y la guerra hayan desaparecido de la faz de la Tierra y que debamos dejar de preocuparnos por ellas. Es exactamente el contrario. A lo largo de la historia, la gente consideró que estos problemas eran irresolubles, de modo que no tenía sentido intentar ponerles fin. La gente rezaba a Dios pidiendo milagros, pero no intentaba seriamente exterminar el hambre, la peste y la guerra. Los que aducen que el mundo de 2016 sigue igual de aquejado por el hambre, las enfermedades y la violencia como el de 1916 perpetúan este punto de vista derrotista inmemorial. Dan por sentado que los enormes esfuerzos que los humanos han hecho a lo largo del siglo xx no han conseguido nada, y que la investigación médica, las reformas económicas y las iniciativas de paz han sido infructuosas. Si así fuera, ¿qué sentido tendría invertir nuestro tiempo y recursos en más investigación médica, en reformas económicas pioneras o en nuevas iniciativas de paz?

Reconocer nuestros logros pasados supone un mensaje de esperanza y responsabilidad que nos estimula a hacer esfuerzos todavía mayores en el futuro. Dados nuestros logros en el siglo XX, si la gente continúa padeciendo hambre, peste y guerra, no podemos culpar a la naturaleza o a Dios. Está en nuestras manos hacer que las cosas mejoren, y reducir aún más la incidencia del sufrimiento.

No obstante, valorar la magnitud de nuestros logros conlleva otro mensaje: la historia no tolera un vacío. Si la incidencia del hambre, la peste y la guerra se está reduciendo, algo acabará ocupando su lugar en la agenda humana. Será mejor que pensemos muy detenidamente qué es lo que será. Si no lo hacemos, podríamos obtener una victoria completa en los antiguos campos de batalla solo para ser sorprendidos desprevenidos en frentes totalmente nuevos. ¿Cuáles son los proyectos que sustituirán al hambre, la peste y la guerra en los primeros puestos de la agenda humana en el siglo XXI?

Un proyecto central será proteger a la humanidad y el planeta en su conjunto de los peligros inherentes a nuestro propio poder. Hemos conseguido poner bajo nuestro control el hambre, la peste y la guerra gracias en gran parte a nuestro fenomenal crecimiento económico, que nos proporciona comida, medicina, energía y materias primas en abundancia. Pero este mismo crecimiento desestabiliza el equilibrio ecológico del planeta de muchísimas maneras, que solo hemos empezado a explorar. La humanidad ha tardado en reconocer este peligro, y hasta ahora ha hecho muy poco al respecto. A pesar de toda la cháchara sobre contaminación, calentamiento global y cambio climático, la mayoría de los países no han hecho todavía ningún sacrificio económico o político serio para mejorar la situación. Cuando llega el momento de elegir entre crecimiento económico y estabilidad ecológica, políticos, directores de empresas y votantes casi siempre prefieren el crecimiento. En el siglo XXI vamos a tener que hacerlo mejor si queremos evitar la catástrofe.

¿Por qué otra cosa tendrá que luchar la humanidad? ¿Nos contentaremos simplemente con contar las cosas buenas que tenemos; mantener a raya el hambre, la peste y la guerra, y proteger el equilibrio ecológico? Este podría ser realmente el curso de acción más sensato, pero es improbable que la humanidad lo siga. Los humanos rara vez se sienten satisfechos con lo que ya tienen. La reacción más común de la mente humana ante los logros no es la satisfacción, sino el anhelo de más. Los humanos están siempre al acecho de algo mejor, mayor, más apetitoso. Cuando la humanidad posea poderes nuevos y enormes, y cuando la amenaza del hambre, la peste y la guerra desaparezca al fin, ¿qué haremos con nosotros? ¿Qué harán durante todo el día científicos, inversores, banqueros y presidentes? ¿Escribir poesía?

El éxito genera ambición, y nuestros logros recientes impulsan ahora a la humanidad hacia objetivos todavía más audaces. Después de haber conseguido niveles sin precedentes de prosperidad, salud y armonía, y dados nuestros antecedentes y nuestros valores actuales, es probable que los próximos objetivos de la humanidad sean la inmortalidad, la felicidad y la divinidad. Después de haber reducido la mortalidad debida al hambre, la enfermedad y la violencia, ahora nos dedicaremos a superar la vejez e incluso la muerte. Después de haber salvado a la gente de la miseria abyecta, ahora nos dedicaremos a hacerla totalmente feliz. Y después de haber elevado a la humanidad por encima del nivel bestial de las luchas por la supervivencia, ahora nos dedicaremos a ascender a los humanos a dioses, y a transformar *Homo sapiens* en *Homo Deus*.

LOS ÚLTIMOS DÍAS DE LA MUERTE

En el siglo XXI es probable que los humanos hagan una apuesta seria por la inmortalidad. Luchar contra la vejez y la muerte no será más que la continuación de la consagrada lucha contra el hambre y la enfermedad, y manifestará el valor supremo de la cultura contemporánea: el mérito de la vida humana. Se nos recuerda constantemente que la vida humana es lo más sagrado del universo. Todo el mundo lo dice: los profesores en las escuelas, los políticos en los parlamentos, los abogados en los tribunales y los actores en los escenarios. La Declaración Universal de los Derechos Humanos adoptada por las Naciones Unidas después de la Segunda Guerra Mundial (que es quizá lo más cercano que tenemos a una constitución global) afirma categóricamente que «el derecho a la vida» es el valor más fundamental de la humanidad. Puesto que la muerte viola a todas luces este derecho, la muerte es un crimen contra la humanidad y deberíamos declararle la guerra total.

A lo largo de la historia, las religiones y las ideologías no sacralizaron la vida. Siempre sacralizaron algo situado por encima o más allá de la existencia terrenal y, en consecuencia, fueron muy tolerantes con la muerte. De hecho, algunas de ellas directamente profesaron afecto a la Parca. Debido a que el cristianismo, el islamismo y el hinduismo insistían en que el sentido de nuestra existencia dependía de nuestro destino en la otra vida, consideraban la muerte una parte vital y positiva del mundo. Los humanos morían porque Dios así lo decretaba, y el momento de la muerte era una experiencia metafísica sagrada que rebosaba de sentido. Cuando un humano estaba a punto de exhalar su último aliento, había llegado la hora de avisar a sacerdotes, rabinos y chamanes, hacer balance de la vida y aceptar el verdadero papel de uno en el universo. Intente siquiera el lector imaginar el cristianismo, el islamismo o el hinduismo en un mundo sin la muerte…, que es también un mundo sin cielo, infierno o reencarnación.

La ciencia y la cultura modernas difieren totalmente en su opinión sobre la vida y la muerte. No piensan en la muerte como un misterio metafísico, y desde luego no consideran que sea el origen del sentido de la vida. Más bien, para las personas modernas, la muerte es un problema técnico que podemos y deberíamos resolver.

¿Cómo mueren exactamente los humanos? Los cuentos de hadas medievales retrataban la Muerte como una figura vestida con capa y capucha negras, y empuñando una gran guadaña. Un hombre va viviendo, preocupado por esto y aquello, corriendo de aquí para allá, y de repente ante él aparece la Parca, le da un golpecito en el hombro con los huesos de un dedo y le dice: «¡Ven!». Y el hombre implora: «¡No, por favor! ¡Espera solo un año, un mes, un día!». Pero la figura encapuchada sisea: «¡No!, ¡tienes que venir AHORA!». Y así es como morimos.

En la realidad, sin embargo, los humanos no morimos porque una figura enfundada en una capa negra nos dé un golpecito en el hombro

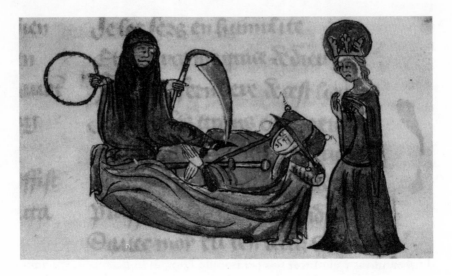

FIGURA 5. La muerte, personificada como la Parca en el arte medieval.

o porque Dios así lo decrete, ni tampoco porque la mortalidad sea una parte esencial de algún gran plan cósmico. Los humanos siempre mueren debido a algún fallo técnico. El corazón deja de bombear sangre. La arteria principal se obtura con depósitos grasos. Células cancerosas se extienden por el hígado. Gérmenes se multiplican en los pulmones. ¿Y qué es responsable de todos estos problemas técnicos? Otros problemas técnicos. El corazón deja de bombear sangre porque no llega suficiente oxígeno al músculo cardíaco. Las células cancerosas se extienden porque una mutación genética aleatoria reescribió sus instrucciones. Los gérmenes se instalaron en mis pulmones porque alguien estornudó en el metro. No hay nada metafísico en esto. Todo son problemas técnicos.

Y cada problema técnico tiene una solución técnica. No hemos de aguardar el Segundo Advenimiento para vencer a la muerte. Un par de frikis en un laboratorio pueden hacerlo. Si tradicionalmente la muerte era la especialidad de sacerdotes y teólogos, ahora los ingenieros están tomando el relevo. Podemos matar las células cancerosas con quimioterapia o nanorrobots. Podemos exterminar los gérmenes de los pulmones con antibióticos. Si el corazón deja de bombear, podemos revigorizarlo con medicamentos y descargas eléctricas…, y si eso no funciona, podemos implantar un nuevo corazón. Cierto: en la actualidad no tenemos soluciones para todos los problemas técnicos, pero esta es precisamente la razón por la que invertimos tanto tiempo y dinero en la investigación del cáncer, de los gérmenes, de la genética y de la nanotecnología.

Incluso las personas que no se dedican a la investigación científica se han acostumbrado a pensar en la muerte como un problema técnico. Cuando una mujer va a su médico y le pregunta: «Doctor, ¿qué me pasa?», es probable que el médico le diga: «Bueno, tiene usted la gripe» o «Tiene tuberculosis» o «Tiene cáncer». Pero el médico nunca le dirá: «Tiene usted la muerte». Y todos tenemos la impresión de que la gripe, la tuberculosis y el cáncer son problemas técnicos para los que algún día encontraremos una solución técnica.

Hasta cuando alguien muere debido a un huracán, a un accidente de automóvil o a una guerra, tendemos a considerarlo un fallo técnico que podía y debía haberse evitado. Si el gobierno hubiera adoptado una política mejor, si el Ayuntamiento hubiera hecho adecuadamente su tarea y si el jefe militar hubiera tomado una decisión más sensata, se habría evitado la muerte. La muerte se ha convertido en una razón casi automática para pleitos e investigaciones. «¿Cómo es que han muerto? Alguien, en algún lugar, metió la pata.»

La inmensa mayoría de los científicos, los médicos y los estudiosos siguen distanciándose de sueños directos de inmortalidad y afirman que intentan resolver únicamente este o aquel problema concreto. Sin embargo, puesto que la vejez y la muerte no son más que el resultado de problemas concretos, no llegará un momento en el que médicos y científicos se detengan y declaren: «Hasta aquí hemos llegado, y no daremos otro paso. Hemos vencido la tuberculosis y el cáncer, pero no levantaremos un solo dedo para luchar contra el alzhéimer. La gente puede seguir muriendo de esto». La Declaración Universal de los Derechos Humanos no dice que los humanos tengan «el derecho a la vida hasta los noventa años de edad». Dice que todo ser humano tiene derecho a la vida. Punto. Tal derecho no está limitado por ninguna fecha de caducidad.

En consecuencia, hoy en día existe una minoría creciente de científicos y pensadores que hablan más abiertamente y afirman que la principal empresa de la ciencia moderna es derrotar a la muerte y garantizar a los humanos la eterna juventud. Son ejemplos notables el gerontólogo Aubrey de Grey y el erudito e inventor Ray Kurzweil (ganador en 1999 de la Medalla Nacional de la Tecnología y la Innovación de Estados Unidos). En 2012, Kurzweil fue nombrado director de ingeniería de Google, y un año después Google puso en marcha una subcompañía llamada Calico cuya misión declarada es «resolver la muerte».[26] Recientemente, Google ha nombrado a otro ferviente creyente en la inmortalidad, Bill Maris, para presidir el fondo de inversiones Google Ventures. En una entrevista de enero de 2015, Maris dijo: «Si usted me pregunta hoy:"¿Es posible vivir hasta los quinientos años?", la respuesta es:"Sí"». Maris respalda sus audaces palabras con gran cantidad de dinero contante y sonante. Google Ventures invierte el 36 por ciento de los 2.000 millones de su cartera de valores en nuevas empresas biotecnológicas, entre las que se cuentan varios ambiciosos proyectos para prolongar la vida. Empleando una analogía del fútbol americano, Maris explicaba que en la lucha contra la muerte «no intentamos ganar unos cuantos metros: intentamos ganar el partido». ¿Por qué? Porque, dice Maris, «es mejor vivir que morir».[27]

Otras celebridades de Silicon Valley comparten sueños semejantes. Peter Thiel, cofundador de PayPal, ha confesado recientemente que pretende vivir para siempre. «Creo que, probablemente, hay tres maneras principales de afrontar [la muerte] —explicaba—: puedes aceptarla, puedes negarla o puedes luchar contra ella. Pienso que nuestra sociedad está dominada por personas que están por la negación o por la aceptación, y yo prefiero luchar contra ella». Es probable que mucha gente descarte dichas afirmaciones como fantasías de adolescente. Pero Thiel es alguien a quien hay que tomar muy en serio. Es uno de los emprendedores de más éxito e influencia de Silicon Valley, con una fortuna que se estima en 2.200 millones de dólares.[28] Es algo ineludible: la igualdad sale, entra la inmortalidad.

El vertiginoso desarrollo de ámbitos tales como la ingeniería genética, la medicina regenerativa y la nanotecnología fomenta profecías cada vez más optimistas. Algunos expertos creen que los humanos vencerán a la muerte hacia 2200, otros dicen que lo harán en 2100. Kurzweil y De Grey son incluso más optimistas: sostienen que quienquiera que en 2050 posea un cuerpo y una cuenta bancaria sanos tendrá una elevada probabilidad de alcanzar la inmortalidad al engañar a la muerte una década tras otra. Según Kurzweil y De Grey, cada diez años, aproximadamente, entraremos en la clínica y recibiremos un tratamiento de renovación que no solo curará enfermedades, sino que también regenerará tejidos deteriorados y rejuvenecerá manos, ojos y cerebro. Antes de que toque realizar el siguiente tratamiento, los médicos habrán inventado una plétora de nuevos medicamentos, mejoras y artilugios. Si Kurzweil y De Grey están en lo cierto, quizá algunos inmortales caminen ya por la calle junto al lector…, al menos si este camina por Wall Street o la Quinta Avenida.

En realidad, serán amortales, en lugar de inmortales. A diferencia de Dios, los superhumanos futuros podrán morir todavía en alguna guerra o accidente, y nada podrá hacerlos volver del inframundo. Sin embargo, a diferencia de nosotros, los mortales, su vida no tendrá fecha de caducidad. Mientras no los despedace una bomba o los atropelle un camión, podrán seguir viviendo de forma indefinida. Lo que probablemente los convertirá en las personas más ansiosas de la historia. Los que somos mortales ponemos en riesgo nuestra vida casi a diario, porque sabemos que, de todos modos, esta terminará. Así, efectuamos caminatas en el Himalaya, nadamos en el mar y hacemos otras muchas cosas peligrosas como cruzar la calle o comer fuera de casa. Pero si uno cree que puede vivir eternamente, estaría loco para jugarse la eternidad de ese modo.

Entonces ¿no sería quizá mejor empezar con objetivos más modestos, como doblar la esperanza de vida? En el siglo XX prácticamente doblamos la esperanza de vida, que pasó de ser de cuarenta años a ser de setenta, de modo que en el siglo XXI deberíamos ser capaces de, al menos, doblarla de nuevo, hasta los ciento cincuenta. Aunque esto queda muy lejos de la inmortalidad, revolucionaría la sociedad humana. Para empezar, la estructura familiar, los matrimonios y las relaciones entre padres e hijos se transformarían. En la actualidad, las personas todavía esperan estar casadas «hasta que la muerte nos separe», y gran parte de la vida gira en torno a tener y criar hijos. Ahora, imagine el lector a una persona con una esperanza de vida de ciento cincuenta años. Al casarse a los cuarenta, aún tiene por delante otros ciento diez. ¿Sería realista esperar que su matrimonio durara ciento diez años? Incluso los fundamentalistas católicos se resistirían a ello. De modo que es probable que se intensificara la tendencia actual a los matrimonios en serie. Si esa persona tuviera dos hijos a los cuarenta años, para cuando alcanzara los ciento veinte años solo tendría un recuerdo distante de los años que pasó criándolos…, que constituirían un episodio relativamente menor de su larga vida. Es difícil decir qué tipo de nueva relación entre padres e hijos pudiera desarrollarse en estas circunstancias.

O bien considérense las carreras profesionales. Hoy suponemos que una profesión se aprende cuando uno está entre los dieciocho y los treinta, aproximadamente, y después pasa el resto de su vida en esta línea de trabajo. Es evidente que uno aprende nuevas cosas incluso a los cuarenta, a los cincuenta y a los sesenta, pero por lo general la vida se divide en un período de aprendizaje y un período de trabajo. Cuando uno viva hasta los ciento cincuenta años, esto no será así, especialmente en un mundo sacudido continuamente por nuevas tecnologías. Las personas tendrán trayectorias profesionales mucho más largas, y deberán reinventarse una y otra vez incluso a los noventa años de edad.

Al mismo tiempo, la gente no se jubilará a los sesenta y cinco años, y no dejará paso a la nueva generación, con sus nuevas ideas y sus aspiraciones. El físico Max Planck dijo, en una famosa frase, que la ciencia avanza funeral a funeral. Quería decir que únicamente cuando una generación expira, tienen las nuevas teorías una oportunidad de erradicar las antiguas. Esto es cierto no solo en el ámbito de la ciencia. Piense el lector por un momento en su propio lugar de trabajo. Con independencia de si es estudioso, periodista, cocinero o futbolista, ¿cómo se sentiría si su jefe tuviera ciento veinte años, sus ideas se hubieran formulado cuando Victoria todavía reinaba y fuera probable que siguiera siendo su jefe durante un par de décadas más?

En la esfera política, los resultados podrían ser incluso más siniestros. ¿Le importaría al lector que Putin permaneciera todavía en su cargo otros noventa años? Pensándolo de nuevo, si la gente viviera hasta los ciento cincuenta años, en 2016 Stalin todavía gobernaría en Moscú, en plena forma a sus ciento treinta y ocho años, el presidente Mao sería un hombre de mediana edad a sus ciento veintitrés años, la princesa Isabel estaría de brazos cruzados, a la espera de heredar el trono de Jorge VI, que tendría ciento veintiún años de edad. A su hijo Carlos no le llegaría el turno hasta el año 2076.

Volviendo a la realidad, no es en absoluto seguro que las profecías de Kurzweil y De Grey se hagan realidad en 2050 o 2100. En mi opinión, las esperanzas de juventud eterna en el siglo XXI son prematuras, y a quien se las tome demasiado en serio le espera un amargo desengaño. No es fácil vivir sabiendo que vas a morir, pero es aún más duro creer en la inmortalidad y descubrir que estás equivocado.

Aunque el promedio de esperanza de vida se ha multiplicado por dos a lo largo de los últimos cien años, es injustificado extrapolar y concluir que podremos doblarla de nuevo hasta los ciento cincuenta años en el presente siglo. En 1900, la esperanza de vida global no superaba los cuarenta años porque mucha gente moría joven debido a la desnutrición, las enfermedades infecciosas y la violencia. Sin embargo, los que se libraban de las hambrunas, la peste y la guerra podían vivir hasta bien entrados los setenta y los ochenta, que es el período de vida normal de *Homo sapiens*. Contrariamente a lo que comúnmente se cree, las personas de setenta años no eran consideradas bichos raros de la naturaleza en siglos anteriores. Galileo Galilei murió a los setenta y siete años; Isaac Newton, a los ochenta y cuatro, y Miguel Ángel vivió hasta la avanzada edad de ochenta y ocho años, sin ninguna ayuda de antibióticos, vacunas ni trasplantes de órganos. De hecho, incluso los chimpancés libres viven a veces hasta los sesenta años.[29]

La verdad es que la medicina moderna no ha prolongado la duración natural de nuestra vida en un solo año. Su gran logro ha sido salvarnos de la muerte prematura y permitirnos gozar de los años que nos corresponden. De hecho, aunque superásemos el cáncer, la diabetes y los demás exterminadores principales, el resultado sería solo que casi todo el mundo conseguiría vivir hasta los noventa años, pero no bastaría para alcanzar los ciento cincuenta, por no hablar ya de los quinientos.

Para ello, la medicina necesitará rediseñar las estructuras y procesos más fundamentales del cuerpo humano, y descubrir cómo regenerar órganos y tejidos. Y en absoluto está claro que seamos capaces de hacerlo en el año 2100.

No obstante, todo intento fallido de superar la muerte nos acercará un paso más al objetivo, y esto insuflará mayores esperanzas e impulsará a la gente a hacer esfuerzos aún mayores. Aunque probablemente el Calico de Google no resolverá a tiempo la muerte para hacer que los cofundadores de Google, Sergéi Brin y Larry Page, sean inmortales, es muy probable que sí efectúe descubrimientos importantes sobre biología celular, medicamentos genéticos y salud humana. Por lo tanto, la próxima generación de *googleros* podrá iniciar sus ataques a la muerte desde nuevas y mejores posiciones. Los científicos que gritan: «¡Inmortalidad!» son como aquel chico que gritó: «¡Que viene el lobo!»; tarde o temprano, el lobo acaba por venir.

De modo que aunque no alcancemos la inmortalidad durante nuestros años de vida, es probable que la guerra contra la muerte siga siendo el proyecto más importante del presente siglo. Si tenemos en cuenta nuestra creencia en la santidad de la vida humana, añadimos la dinámica de la institución científica y rematamos todo esto con las necesidades de la economía capitalista, una guerra implacable contra la muerte parece inevitable. Nuestro compromiso ideológico con la vida humana nunca nos permitirá aceptar la muerte humana sin más. Mientras la gente muera de algo, nos esforzaremos por derrotarla.

La institución científica y la economía capitalista estarán más que contentas de suscribir esta lucha. A la mayoría de los científicos y banqueros no les importa sobre qué estén trabajando, siempre y cuando ello les proporcione la oportunidad de hacer más descubrimientos y obtener mayores beneficios. ¿Puede alguien imaginar un reto científico más apasionante que burlar la muerte… o un mercado más prometedor que el de la eterna juventud? Si tiene más de cuarenta años, cierre el lector los ojos durante un minuto e intente recordar el cuerpo que tenía a los veinticinco. No solo el aspecto que tenía, sino, sobre todo, cómo se sentía. Si pudiera recuperar aquel cuerpo, ¿cuánto estaría dispuesto a pagar por ello? No hay duda que algunas personas renunciarían de buen grado a esta oportunidad, pero habría suficientes clientes que pagarían lo que fuera por ella y que constituirían un mercado casi infinito.

Si todo esto no basta, el miedo a la muerte, arraigado en la mayoría de los humanos, conferiría un impulso irresistible a la guerra contra la muerte. Cuando las personas asumieron que la muerte es inevitable, se habituaron desde una edad temprana a suprimir el deseo de vivir eternamente o lo desviaron hacia otros objetivos factibles. Las personas quieren vivir para siempre, de modo que componen una sinfonía «inmortal», se esfuerzan por conseguir la «gloria eterna» en alguna guerra o incluso sacrifican su vida para que su alma «goce de felicidad eterna en el paraíso». Gran parte de nuestra creatividad artística, nuestro compromiso político y nuestra devoción religiosa se alimenta del miedo a la muerte.

A Woody Allen, que se ha creado una trayectoria fabulosa a partir del miedo a la muerte, se le preguntó una vez si esperaba vivir eternamente a través de la pantalla cinematográfica. Allen contestó que «preferiría vivir en mi apartamento». Y añadió: «No quiero conseguir la inmortalidad por mi trabajo. Quiero conseguirla por no morirme.» La gloria eterna, las ceremonias conmemorativas nacionalistas y los sueños del paraíso son un sustituto muy pobre de lo que los humanos como Allen quieren en realidad: no morir. Cuando la gente crea (con o sin buenas razones) que tiene una probabilidad seria de librarse de la muerte, el deseo de vivir se negará a seguir tirando del desvencijado carro del arte, la ideología y la religión, y se lanzará hacia delante como un alud.

Si el lector opina que los fanáticos religiosos con ojos encendidos y luengas barbas son despiadados, espere a ver qué harán los ancianos magnates de las ventas al por menor y las viejas estrellas de Hollywood cuando crean que el elixir de la vida está a su alcance. Si la ciencia hace progresos importantes en la guerra contra la muerte, la batalla real pasará de los laboratorios a los parlamentos, a los tribunales y a las calles. Una vez que los esfuerzos científicos se vean coronados por el éxito, desencadenarán agrios conflictos políticos. Todas las guerras y conflictos de la historia pueden convertirse en un insignificante preludio de la lucha real que nos espera: la lucha por la eterna juventud.

El derecho a la felicidad

Probablemente, el segundo gran proyecto de la agenda humana será encontrar la clave de la felicidad. A lo largo de la historia, numerosos pensadores, profetas y personas de a pie definieron la felicidad, más que la vida, como el bien supremo. En la antigua Grecia, el filósofo Epicuro afirmó que adorar a los dioses es una pérdida de tiempo, que no hay existencia después de la muerte y que la felicidad es el único propósito de la vida. En los tiempos antiguos, mucha gente rechazó el epicureísmo, pero hoy en día se ha convertido en la opinión generalizada. El escepticismo acerca de la vida después de la muerte impulsa a la humanidad a buscar no solo la inmortalidad, sino también la felicidad terrenal. Porque ¿quién querría vivir eternamente en la desgracia?

Para Epicuro, la búsqueda de la felicidad era un objetivo personal. Los pensadores modernos, en cambio, tienden a verla como un proyecto colectivo. Sin planificación gubernamental, recursos económicos e investigación científica, los individuos no llegarán muy lejos en su búsqueda de la felicidad. Si nuestro país está desgarrado por la guerra, si la economía atraviesa una crisis y si la atención sanitaria es inexistente, es probable que nos sintamos desgraciados. A finales del siglo XVIII, el filósofo inglés Jeremy Bentham declaró que el bien supremo es «la mayor felicidad para el mayor número», y llegó a la conclusión de que el único objetivo digno del Estado, el mercado y la comunidad científica es aumentar la felicidad global. Los políticos deben fomentar la paz, los hombres de negocios deben promover la prosperidad y los sabios deben estudiar la naturaleza, no para mayor gloria del rey, el país o Dios, sino para que podamos gozar de una vida más feliz.

Durante los siglos XIX y XX, aunque muchos hablaban de boquilla de la visión de Bentham, empresas y laboratorios se centraron en objetivos más inmediatos y bien definidos. Los países medían su éxito por el tamaño de su territorio, el crecimiento de su población y el aumento de su PIB, no por la felicidad de sus ciudadanos. Naciones industrializadas como Alemania, Francia y Japón establecieron gigantescos sistemas de educación, salud y prestaciones sociales, pero que se centraban en fortalecer la nación en lugar de asegurar el bienestar individual.

Las escuelas se fundaron para producir ciudadanos hábiles y obedientes que sirvieran lealmente a la nación. A los dieciocho años de edad, los jóvenes no solo tenían que ser patriotas, sino también estar alfabetizados para poder leer la orden del día del brigadier y redactar la estrategia de batalla del día siguiente. Tenían que saber matemáticas para calcular la trayectoria de los proyectiles o descifrar el código secreto del enemigo. Necesitaban conocimientos razonables de electricidad, mecánica y medicina para operar los aparatos de radio, conducir tanques y cuidar de los camaradas heridos. Cuando dejaban el ejército, se esperaba de ellos que sirvieran a la nación como oficinistas, maestros e ingenieros, que construyeran una economía moderna y que pagaran muchos impuestos.

Otro tanto ocurría con el sistema de sanidad. Al final del siglo XIX, países como Francia, Alemania y Japón empezaron a proporcionar asistencia sanitaria gratuita a las masas. Financiaron vacunaciones para los bebés, dietas equilibradas para los niños y educación física para los adolescentes. Drenaron marismas putrefactas, exterminaron mosquitos y construyeron sistemas de alcantarillado centralizados. El objetivo no era hacer que la gente fuera feliz, sino que la nación fuera más fuerte. El país necesitaba soldados y obreros fornidos, mujeres sanas que pudieran dar a luz a más soldados y obreros, y burócratas que llegaran puntualmente a la oficina a las ocho de la mañana en lugar de quedarse enfermos en casa.

Incluso el sistema del bienestar se planeó originalmente en interés de la nación y no de los individuos necesitados. Cuando, a finales del siglo XIX, Otto von Bismarck estableció por primera vez en la historia las pensiones y la seguridad social estatales, su objetivo principal era asegurarse la lealtad de los ciudadanos, no aumentar su calidad de vida. Uno luchaba por su país cuando tenía dieciocho años y pagaba sus impuestos cuando tenía cuarenta, porque contaba con que el Estado se haría cargo de él cuando tuviera setenta.[30]

En 1776, los Padres Fundadores de Estados Unidos establecieron el derecho a la búsqueda de la felicidad como uno de tres derechos humanos inalienables, junto con el derecho a la vida y el derecho a la libertad. Sin embargo, es importante señalar que la Declaración de Independencia de Estados Unidos garantizaba el derecho a la búsqueda de la felicidad, no el derecho a la felicidad misma. De manera crucial, Thomas Jefferson no hizo al Estado responsable de la felicidad de sus ciudadanos. En cambio, solo buscó limitar el poder del Estado. La idea era reservar para los individuos una esfera privada de elección, libre de la supervisión estatal. Si creo que seré más feliz casándome con John que con Mary, viviendo en San Francisco en lugar de en Salt Lake City y trabajando como camarero en lugar de como ganadero, mi derecho es perseguir la felicidad a mi manera, y el Estado no debe intervenir, aunque yo tome la decisión equivocada.

Sin embargo, en las últimas décadas, la situación se ha invertido, y la visión de Bentham se ha tomado mucho más en serio. Cada vez más gente cree que los inmensos sistemas establecidos hace más de un siglo para fortalecer la nación deberían en verdad estar al servicio de la felicidad y el bienestar de los ciudadanos. No estamos aquí para servir al Estado: él está aquí para servirnos. El derecho a la búsqueda de la felicidad, que en un principio se consideró una limitación al poder del Estado, se ha transformado imperceptiblemente en el derecho a la felicidad, como si los seres humanos tuvieran un derecho natural a ser felices y cualquier cosa que haga que se sientan insatisfechos fuera una violación de nuestros derechos humanos básicos, de modo que el Estado debiera hacer algo al respecto.

En el siglo XX, el PIB per cápita era quizá el criterio supremo para evaluar el éxito nacional. Desde esta perspectiva, Singapur, cada uno de cuyos ciudadanos produce por término medio 56.000 dólares anuales en bienes y servicios, es un país con más éxito que Costa Rica, cuyos ciudadanos producen solo 14.000 dólares anuales. Pero actualmente, pensadores, políticos e incluso economistas piden que el PIB se complemente o incluso se sustituya por la FIB: la felicidad interior bruta. A fin de cuentas, ¿qué es lo que quiere la gente? No quiere producir. Quiere ser feliz. La producción es importante, porque proporciona la base material para la felicidad. Pero solo es el medio, no el fin. En una encuesta tras otra, los costarricenses informan de niveles mucho más elevados de satisfacción vital que los singapurenses. ¿Qué preferiría el lector: ser un singapurense muy productivo pero insatisfecho o un costarricense menos productivo pero satisfecho?

Esta lógica podría impulsar a la humanidad a hacer que la felicidad sea su segundo objetivo principal para el siglo XXI. A primera vista, esto podría parecer un proyecto relativamente fácil. Si el hambre, la peste y la guerra están desapareciendo, si la humanidad experimenta una paz y prosperidad sin precedentes, y si la esperanza de vida aumenta de manera espectacular, sin duda todo esto hará felices a los humanos, ¿verdad?

Falso. Cuando Epicuro definió la felicidad como el bien supremo, advirtió a sus discípulos que para ser feliz hay que trabajar con ahínco. Los logros materiales por sí solos no nos satisfarán durante mucho tiempo. De hecho, la búsqueda ciega de dinero, fama y placer no conseguirá más que hacernos desdichados. Epicuro recomendaba, por ejemplo, comer y beber con moderación, y refrenar los apetitos sexuales. A la larga, una amistad profunda nos satisfará más que una orgía frenética. Epicuro esbozó toda una ética de cosas que hay que hacer y que no hay que hacer para guiar a la gente a lo largo de la traicionera senda que lleva a la felicidad.

Aparentemente, Epicuro había dado con algo. La felicidad no se alcanza fácilmente. A pesar de nuestros logros nunca vistos efectuados en las últimas décadas, en absoluto es evidente que hoy las personas estén significativamente más satisfechas que sus antepasados. De hecho, es una señal ominosa que, a pesar de la mayor prosperidad, confort y seguridad, la tasa de suicidios en el mundo desarrollado sea también mucho más elevada que en las sociedades tradicionales.

En Perú, Haití, Filipinas y Ghana (países en vías de desarrollo con pobreza e inestabilidad política), cada año se suicida una tasa inferior a cinco de cada 100.000 personas. En países ricos y pacíficos como Suiza, Francia, Japón y Nueva Zelanda, anualmente se quitan la vida una tasa superior a diez de cada 100.000 personas. En 1985, la mayoría de los surcoreanos eran pobres, no tenían estudios, estaban apegados a las tradiciones y vivían en una dictadura autoritaria. En la actualidad, Corea del Sur es una potencia económica destacada, sus ciudadanos figuran entre los mejor educados del mundo, y cuenta con un régimen estable y comparativamente democrático y liberal. Pero mientras que en 1985 nueve de cada 100.000 surcoreanos se quitaban la vida, hoy en día la tasa anual de suicidios en el país es de 36 de cada 100.000.[31]

Desde luego, hay tendencias opuestas y mucho más alentadoras. Así, sin duda, la drástica reducción de la mortalidad infantil ha supuesto un aumento de la felicidad humana y compensado parcialmente el estrés de la vida moderna. Aun así, aunque seamos algo más felices que nuestros antepasados, el aumento de nuestro bienestar es mucho mejor del que cabía esperar. En la Edad de Piedra, el humano medio tenía a su disposición 4.000 calorías de energía al día. Esto incluía no solo alimento, sino también la energía invertida en preparar utensilios, ropa, arte y hogueras. En la actualidad, el estadounidense medio utiliza 228.000 calorías de energía al día, que alimentan no solo su estómago, sino también su automóvil, ordenador, frigorífico y televisor.[32] El estadounidense medio emplea así sesenta veces más energía que el cazador-recolector medio de la Edad de Piedra. ¿Es el estadounidense medio sesenta veces más feliz? Haríamos bien en sentirnos escépticos ante estos panoramas de color de rosa.

Y aunque hayamos superado muchas de las desgracias de antaño, conseguir la verdadera felicidad puede ser mucho más difícil que abolir el sufrimiento total. En la Edad Media bastaba un pedazo de pan para que un campesino hambriento se sintiera alegre. ¿Cómo se aporta alegría a un ingeniero aburrido, con un salario excesivo y sobrepeso? La segunda mitad del siglo XX fue una edad de oro para Estados Unidos. La victoria en la Segunda Guerra Mundial, seguida de la victoria aún más decisiva en la Guerra Fría, convirtió el país en la principal superpotencia mundial. Entre 1950 y 2000, el PIB norteamericano pasó de 2 a 12 billones de dólares. Los ingresos reales per cápita se doblaron. La píldora contraceptiva que se acababa de inventar hizo que el sexo fuera más libre que nunca. Mujeres, homosexuales, afroamericanos y otras minorías consiguieron finalmente una tajada más grande del pastel norteamericano. Un aluvión de automóviles, frigoríficos, acondicionadores de aire, aspiradores, lavavajillas, lavadoras, teléfonos, televisores y ordenadores, todos ellos baratos, cambió la vida cotidiana hasta hacerla prácticamente irreconocible. Pero varios estudios han demostrado que los niveles subjetivos de bienestar en Estados Unidos en la década de 1990 seguían siendo aproximadamente los mismos que en 1950.[33]

En Japón, los ingresos reales medios se quintuplicaron entre 1958 y 1987, en una de las bonanzas económicas más céleres de la historia. Esta avalancha de riqueza, junto a miles de cambios positivos y negativos en los estilos de vida y relaciones sociales japoneses, tuvieron un impacto sorprendentemente reducido en los niveles de bienestar subjetivo en el país. En la década de 1990, los japoneses estaban tan satisfechos (o insatisfechos) como en la década de 1950.[34]

Da la impresión de que nuestra felicidad choca contra algún misterioso techo de cristal que no le permite crecer a pesar de todos nuestros logros sin precedentes. Aunque proporcionemos comida gratis para todos, curemos todas las enfermedades y aseguremos la paz mundial, todo ello no hará añicos necesariamente ese techo de cristal. Conseguir la felicidad verdadera no va a ser mucho más fácil que vencer la vejez y la muerte.

El techo de cristal de la felicidad se mantiene en su lugar sustentado en dos fuertes columnas: una, psicológica; la otra, biológica. En el plano psicológico, la felicidad depende de expectativas, y no de condiciones objetivas. No nos satisface llevar una vida tranquila y próspera. En cambio, sí nos sentimos satisfechos cuando la realidad se ajusta a nuestras expectativas. La mala noticia es que, a medida que las condiciones mejoran, las expectativas se disparan. Mejoras espectaculares en las condiciones, como las que la humanidad ha experimentado en décadas recientes, se traducen en mayores expectativas y no en una mayor satisfacción. Si no hacemos algo al respecto, también nuestros logros futuros podrían dejarnos tan insatisfechos como siempre.

En el plano biológico, tanto nuestras expectativas como nuestra felicidad están determinadas por nuestra bioquímica, más que por nuestra situación económica, social o política. Según Epicuro, somos felices cuando tenemos sensaciones placenteras y nos vemos libres de las desagradables. De manera parecida, Jeremy Bentham sostenía que la naturaleza ofrecía el dominio sobre el hombre a dos amos: el placer y el dolor, y que solo ellos determinan todo lo que hacemos, decimos y pensamos. El sucesor de Bentham, John Stuart Mill, explicaba que la felicidad no es otra cosa que placer y ausencia de dolor, y que más allá del placer y del dolor no hay bien ni mal. Quien intenta deducir el bien y el mal de alguna otra cosa (como la palabra de Dios o el interés nacional) nos engaña, y quizá también se engaña a sí mismo.[35]

En la época de Epicuro, estas ideas eran blasfemas. En la época de Bentham y Mill, eran subversión radical. Pero en el inicio del siglo XXI, son ortodoxia científica. Según las ciencias de la vida, la felicidad y el sufrimiento no son otra cosa que equilibrios diferentes de las sensaciones corporales. Nunca reaccionamos a acontecimientos del mundo exterior, sino solo a sensaciones de nuestro propio cuerpo. Nadie padece por haber perdido el empleo, por haberse divorciado o porque el gobierno decidió entrar en guerra. Lo único que hace que la gente sea desgraciada son las sensaciones desagradables en su propio cuerpo. Ciertamente, perder el empleo puede desencadenar la depresión, pero la propia depresión es una especie de sensación corporal desagradable. Hay mil cosas que pueden enojarnos, pero el enojo nunca es una abstracción. Siempre se siente como una sensación de calor y tensión en el cuerpo, que es lo que hace que el enojo sea tan exasperante. No en vano decimos que «ardemos» de ira.

Por el contrario, la ciencia dice que nadie alcanza la felicidad consiguiendo un ascenso, ganando la lotería o incluso encontrando el amor verdadero. La gente se vuelve feliz por una cosa y solo una: las sensaciones placenteras en su cuerpo. Imagine el lector que es Mario Götze, centrocampista de la selección alemana de fútbol en la final de la Copa del Mundo de 2014 contra Argentina; ya han pasado ciento trece minutos sin que se haya marcado un gol. Solo quedan siete antes de que empiece la temida tanda de lanzamiento de penaltis. Unos 75.000 aficionados excitados llenan el estadio de Maracaná, en Río de Janeiro, e incontables millones siguen ansiosos el partido en todo el mundo. Y ahí está usted, a pocos metros de la portería argentina, cuando André Schürrle le hace un pase magnífico. Usted detiene el balón con el pecho, que cae hasta su pierna, lo chuta al vuelo y ve como supera al portero argentino y va a parar al fondo de la red. ¡Goooooool! El estadio erupciona como un volcán. Decenas de miles de personas gritan como locos, los compañeros de equipo se abalanzan sobre usted para abrazarlo y besarlo, millones de personas en casa, en Berlín y Múnich, se derrumban llorando ante las pantallas de los televisores. Usted está extático, pero no porque el balón haya entrado en la portería argentina o por las celebraciones que se producen en los *Biergarten* bávaros: en realidad, está reaccionando a la tempestad de sensaciones que tienen lugar en su interior. Unos escalofríos le recorren la columna vertebral, oleadas de electricidad le surcan el cuerpo, y siente que se disuelve en infinidad de bolas de energía que explotan.

El lector no tiene que marcar el gol de la victoria en la final de la Copa del Mundo para sentir estas sensaciones. Si acaba de enterarse de que ha conseguido un ascenso inesperado en el trabajo y empieza a saltar de alegría, está reaccionando al mismo tipo de sensaciones. Los planos más profundos de su mente no saben nada de fútbol ni de puestos de trabajo. Solo conocen sensaciones. Si le ascienden en el trabajo pero, por alguna razón, no experimenta sensaciones placenteras, no se sentirá muy satisfecho. También es cierto lo contrario: si acaba de ser despedido (o de perder un partido de fútbol decisivo), pero experimenta sensaciones muy placenteras (quizá porque se tomó alguna pastilla), todavía podría sentirse en la cima del mundo.

La mala noticia es que las sensaciones placenteras desaparecen rápidamente, y más pronto o más tarde se transforman en sensaciones desagradables. Incluso marcar el gol de la victoria en la final de la Copa del Mundo no garantiza el éxtasis de por vida. En realidad, puede que todo vaya cuesta abajo desde ese momento. De manera parecida, si el año pasado conseguí un ascenso inesperado en el trabajo, puede que todavía ocupe el nuevo puesto, pero las sensaciones muy agradables que experimenté al oír la noticia desaparecieron al cabo de pocas horas. Si quiero volver a sentir aquellas maravillosas sensaciones, debo obtener otro ascenso. Y otro. Y si no consigo ningún ascenso, puede que termine sintiéndome mucho más amargado e irascible que si hubiera continuado siendo un humilde pelagatos.

Todo esto es culpa de la evolución. Durante incontables generaciones, nuestro sistema bioquímico se adaptó a aumentar nuestras probabilidades de supervivencia y reproducción, no nuestra felicidad. El sistema bioquímico recompensa los actos que conducen a la supervivencia y a la reproducción con sensaciones placenteras. Pero estas no son más que un truco efímero para vender. Nos esforzamos para conseguir comida y pareja con el fin de evitar las desagradables sensaciones del hambre y de gozar de sabores agradables y orgasmos maravillosos. Pero los sabores agradables y los orgasmos maravillosos no duran mucho, y si queremos volver a sentirlos, tenemos que ir en busca de más comida y más parejas.

¿Qué habría ocurrido si una mutación rara hubiera creado una ardilla que, después de comer una única nuez, gozara de una sensación duradera de dicha? Técnicamente, esto podría hacerse reprogramando su cerebro. ¿Quién sabe?, a lo mejor le ocurrió realmente a alguna afortunada ardilla hace millones de años. Pero si fue así, dicha ardilla gozó de una vida muy feliz y muy corta, y ese fue el fin de la mutación rara. Porque la arrobada ardilla no se habría molestado en buscar más nueces, y mucho menos parejas. Las ardillas rivales, que se sentían de nuevo hambrientas a los cinco minutos de haber comido una nuez, tuvieron muchas más probabilidades de sobrevivir y de transmitir sus genes a la siguiente generación. Por la misma razón, las nueces que nosotros, los humanos, queremos recolectar (trabajos lucrativos, grandes casas, parejas de buen ver) rara vez nos satisfacen durante mucho tiempo.

Hay quien dirá que esto no es tan malo, porque no es el fin lo que nos hace felices: es el viaje. Escalar el Everest es más satisfactorio que hallarse en la cumbre; los flirteos y el juego previo son más excitantes que el orgasmo, y realizar experimentos de laboratorio que producirán resultados importantes es más interesante que recibir encomios y premios. Pero esto apenas cambia el panorama. Solo indica que la evolución nos controla con una amplia gama de placeres. A veces nos seduce con frescas sensaciones de dicha y tranquilidad, mientras que en otras ocasiones nos incita a seguir adelante con sensaciones excitantes de euforia y emoción.

Cuando un animal busca algo que aumente sus probabilidades de supervivencia y reproducción (por ejemplo, comida, pareja o nivel social), el cerebro produce sensaciones de alerta y excitación, que impulsan al animal a hacer esfuerzos todavía mayores, porque son muy agradables. En un experimento famoso, los científicos conectaron unos electrodos al cerebro de varias ratas que les permitían generar sensaciones de excitación simplemente presionando un pedal. Cuando a los animales se les dio a escoger entre una comida sabrosa y presionar el pedal, prefirieron el pedal (de manera muy parecida a como los niños prefieren seguir con los videojuegos a ir a cenar). Las ratas presionaron el pedal una y otra vez, hasta que se desplomaron de hambre y agotamiento.[36] También los humanos prefieren la excitación de la carrera a descansar en los laureles del éxito. Pero lo que hace que la carrera sea tan atractiva son las sensaciones estimulantes que lleva aparejadas. Nadie desearía escalar montañas, jugar con videojuegos o participar en citas a ciegas si tales actividades estuvieran acompañadas únicamente de desagradables sensaciones de estrés, desesperanza o aburrimiento.[37]

Pero, ¡ay!, las excitantes sensaciones de la carrera son tan efímeras como las sensaciones dichosas de la victoria. El donjuán que goza de la emoción de un encuentro nocturno, el hombre de negocios que disfruta mordiéndose las uñas mientras ve cómo el Dow Jones sube y baja y el jugador que lo pasa bien matando monstruos en la pantalla del ordenador no encontrarán ninguna satisfacción recordando las aventuras de ayer. Al igual que las ratas que presionan el pedal una y otra vez, también los donjuanes, los magnates de los negocios y los jugadores necesitan un nuevo chute cada día. Peor aún: también aquí las expectativas se adaptan a las condiciones, y los retos de ayer se convierten con demasiada celeridad en el tedio de hoy. Quizá la clave de la felicidad no sea ni la carrera ni la medalla de oro, sino combinar las dosis adecuadas de excitación y tranquilidad; pero la mayoría tendemos a saltar directamente del estrés al aburrimiento y de nuevo al estrés, y estamos igual de descontentos con el uno como con el otro.

Si la ciencia está en lo cierto y nuestra felicidad viene determinada por nuestro sistema bioquímico, la única manera de asegurar un contento duradero es amañar este sistema. Olvidemos el crecimiento económico, las reformas sociales y las revoluciones políticas: para aumentar los niveles mundiales de felicidad necesitamos manipular la bioquímica humana. Y eso es exactamente lo que hemos empezado a hacer en las últimas décadas. Hace cincuenta años, los medicamentos psiquiátricos conllevaban un grave estigma. Hoy en día, ese estigma se ha roto. Para bien o para mal, un porcentaje creciente de la población toma medicamentos psiquiátricos de forma regular, no solo para curar enfermedades debilitantes, sino también para encarar depresiones más leves y episodios ocasionales de abatimiento.

Por ejemplo, un número creciente de niños en edad escolar toma estimulantes tales como el Ritalin. En 2011, 3,5 millones de niños norteamericanos se medicaban para el TDAH (trastorno de déficit de atención con hiperactividad). En el Reino Unido, la cantidad pasó de 92.000 en 1997 a 786.000 en 2012.[38] El objetivo inicial había sido tratar los trastornos de atención, pero en la actualidad niños completamente sanos toman esta medicación para mejorar el rendimiento y estar a la altura de las crecientes expectativas de profesores y padres.[39] Son muchos los que se quejan ante esta situación y aducen que el problema reside más en el sistema educativo que en los niños. Si los alumnos adolecen de trastornos de atención y estrés y sacan malas notas, quizá debiéramos achacarlo a métodos de enseñanza anticuados, a clases abarrotadas y a un ritmo de vida artificialmente rápido. Quizá debiéramos cambiar las escuelas y no a los niños. Es interesante ver cómo han evolucionado los argumentos. La gente ha estado discutiendo acerca de los métodos educativos miles de años. Ya fuera en la antigua China o en la Gran Bretaña victoriana, todo el mundo tenía su método preferido y se oponía con vehemencia a todas las alternativas. Pero, hasta la fecha, todos han estado de acuerdo en una cosa: para mejorar la educación, necesitamos cambiar las escuelas. En la actualidad, por primera vez en la historia, al menos algunos creen que sería más eficaz cambiar la bioquímica de los alumnos.[40]

Los ejércitos se encaminan por la misma senda: el 12 por ciento de los soldados norteamericanos que estaban en Irak y el 17 por ciento de los que estaban en Afganistán tomaban pastillas para dormir o antidepresivos para sobrellevar la depresión y la angustia de la guerra. El miedo, la depresión y el trauma no los causan proyectiles, minas de tierra o coches bomba: los causan hormonas, neurotransmisores y redes neurales. Dos soldados pueden encontrarse, hombro con hombro, en la misma emboscada; uno de ellos quedará paralizado por el terror, perderá el sentido común y tendrá pesadillas durante años después del suceso; el otro cargará valerosamente contra el enemigo y ganará una medalla. La diferencia estriba en la bioquímica de los soldados, y si encontramos maneras de controlarla, produciremos a la vez soldados más felices y ejércitos más eficaces.[41]

La búsqueda de la felicidad mediante la bioquímica es también la causa número uno de la criminalidad en el mundo. En 2009, la mitad de los reclusos de las prisiones federales de Estados Unidos habían ingresado en ellas debido a las drogas; el 38 por ciento de los prisioneros italianos cumplían condena por delitos relacionados con drogas; el 55 por ciento de los presos del Reino Unido informaron que habían cometido sus crímenes en relación con el consumo o con el tráfico de drogas. Un informe de 2001 indicaba que el 62 por ciento de los convictos australianos se hallaban bajo la influencia de drogas cuando cometieron el crimen por el que fueron encarcelados.[42] Las personas beben alcohol para olvidar, fuman marihuana para sentirse en paz y consumen cocaína y metanfetaminas para sentirse poderosos y seguros, mientras que el éxtasis les proporciona sensaciones de euforia y el LSD los envía a encontrarse con «Lucy in the Sky with Diamonds». Lo que algunas personas esperan obtener estudiando, trabajando o sacando adelante a una familia, otras intentan obtenerlo de manera mucho más fácil mediante la adecuada administración de moléculas. Esto constituye una amenaza existencial al orden social y económico, razón por la que los países libran una guerra tenaz, sangrienta y desesperada contra el crimen bioquímico.

El Estado confía en regular la búsqueda bioquímica de la felicidad, al separar las «malas» manipulaciones de las «buenas». El principio está claro: las manipulaciones bioquímicas que refuerzan la estabilidad política, el orden social y el crecimiento económico se permiten e incluso se fomentan (por ejemplo, las manipulaciones que calman a los niños hiperactivos en la escuela o que hacen avanzar a los soldados en la batalla). Las manipulaciones que amenazan la estabilidad y el crecimiento se prohíben. Pero cada año nacen nuevas drogas en los laboratorios de investigación de universidades, compañías farmacéuticas y organizaciones criminales, y también cambian las necesidades del Estado y del mercado. A medida que la búsqueda bioquímica de la felicidad se acelere, remodelará la política, la sociedad y la economía, y será cada vez más difícil controlarla.

Y los medicamentos y las drogas son solo el inicio. En los laboratorios de investigación, los expertos ya están trabajando en maneras más refinadas de manipular la bioquímica humana, como por ejemplo enviar estímulos eléctricos directos a puntos específicos del cerebro o modificar genéticamente la organización de nuestro cuerpo. No importa cuál sea el método exacto: conseguir felicidad mediante la manipulación biológica no será fácil, porque requiere alterar los patrones fundamentales de la vida. Pero tampoco fue fácil superar el hambre, la peste y la guerra.

En absoluto es indiscutible que la humanidad tenga que invertir tanto esfuerzo en la búsqueda bioquímica de la felicidad. Hay quien diría que simplemente la felicidad no es lo bastante importante, y que es erróneo considerar la satisfacción individual el principal objetivo de la sociedad humana. Otros podrían estar de acuerdo en que la felicidad es el bien supremo, pero se alinearían con la definición biológica de felicidad como el hecho de percibir sensaciones placenteras.

Hace unos dos mil trescientos años, Epicuro advirtió a sus discípulos que era probable que la búsqueda desmesurada de placer los hiciera más desgraciados que felices. Un par de siglos antes, Buda había hecho una afirmación todavía más radical al enseñar que la búsqueda de sensaciones placenteras es en realidad la raíz misma del sufrimiento. Dichas sensaciones son solo vibraciones efímeras y sin sentido. Incluso cuando las sentimos, no reaccionamos ante ellas con alegría; por el contrario, ansiamos más. De ahí que, por muchas que vaya a sentir, las sensaciones dichosas o emocionantes nunca me satisfarán.

Si identifico la felicidad con sensaciones placenteras y fugaces, y anhelo experimentarlas cada vez en mayor cantidad, no tengo más opción que buscarlas de forma constante. Cuando finalmente las consigo, desaparecen enseguida, y, puesto que el simple recuerdo de los placeres pasados no me satisfará, tendré que volver a empezar una y otra vez. Incluso si prolongo esta búsqueda durante décadas, nunca me proporcionará ningún logro duradero; por el contrario, cuanto más anhelo esas sensaciones placenteras, más estresado e insatisfecho me sentiré. Para conseguir la felicidad real, los humanos necesitan desacelerar la búsqueda de sensaciones placenteras, no acelerarla.

Esta visión budista de la felicidad tiene mucho en común con la visión bioquímica. Ambas coinciden en que las sensaciones agradables desaparecen con la misma rapidez con que surgen, y que mientras las personas deseen sensaciones placenteras sin, en realidad, experimentarlas, seguirán sintiéndose insatisfechas. Sin embargo, este problema tiene dos soluciones muy diferentes. La solución bioquímica es desarrollar productos y tratamientos que proporcionen a los humanos un sinfín de sensaciones placenteras, de modo que nunca nos falten. La sugerencia de Buda era reducir nuestra ansia de sensaciones agradables y no permitir que estas controlen nuestra vida. Según Buda, podemos entrenar nuestra mente para que aprenda a observar detenidamente cómo surgen y pasan constantemente dichas sensaciones. Cuando la mente sepa ver nuestras sensaciones como lo que son, vibraciones efímeras y sin sentido, dejará de interesarnos buscarlas. Porque ¿qué sentido tiene correr tras algo que desaparece tan deprisa como aparece?

Hoy en día, la humanidad está mucho más interesada en la solución bioquímica. No importa lo que digan los monjes en sus cuevas del Himalaya o los filósofos en sus torres de marfil; para el gigante capitalista, la felicidad es placer. Punto. Con el tiempo, nuestra tolerancia a las sensaciones desagradables se reduce, y aumenta nuestro anhelo de sensaciones agradables. Tanto la investigación científica como la actividad económica se orientan a este fin, y cada año se producen mejores analgésicos, nuevos sabores de helados, colchones más cómodos y juegos más adictivos para nuestros teléfonos inteligentes, de modo que no padezcamos ni un solo instante de tedio mientras esperamos el autobús.

Todo esto no bastará, desde luego. La evolución no adaptó a *Homo sapiens* para que experimentara el placer constante, por lo que si, a pesar de ello, eso es lo que la humanidad quiere, helados y teléfonos inteligentes no bastarán. Habrá que cambiar nuestra bioquímica y remodelar nuestro cuerpo y nuestra mente. Así que ya estamos trabajando en ello. Se puede debatir si es algo bueno o malo, pero parece que el segundo gran proyecto del siglo XXI (garantizar la felicidad global) implicará remodelar *Homo sapiens* para que pueda gozar del placer perpetuo.

Los dioses del planeta Tierra

Al buscar la dicha y la inmortalidad, los humanos tratan en realidad de ascender a dioses. No solo porque estas son cualidades divinas, sino también porque, para superar la vejez y la desgracia, los humanos tendrán que adquirir antes el control divino de su propio sustrato biológico. Si llegamos a tener alguna vez el poder de eliminar la muerte y el dolor de nuestro sistema, es probable que el mismo poder baste para modificar nuestro sistema, prácticamente de cualquier manera que queramos, y manipular nuestros órganos, emociones e inteligencia de mil maneras diferentes. Si lo desea, uno podrá comprar la fuerza de Hércules, la sensualidad de Afrodita, la sabiduría de Atenea o la locura de Dionisio. Hasta ahora aumentar el poder humano se basaba principalmente en mejorar nuestras herramientas externas. En el futuro puede que se base más en mejorar el cuerpo y la mente humanos, o en fusionarnos directamente con nuestras herramientas.

El ascenso de humanos a dioses puede seguir cualquiera de estos tres caminos: ingeniería biológica, ingeniería cíborg e ingeniería de seres no orgánicos.

La ingeniería biológica comienza con la constatación de que estamos lejos de comprender todo el potencial de los cuerpos orgánicos. Durante cuatro mil millones de años, la selección natural ha estado retocando y reajustando estos cuerpos de tal manera que pasamos de amebas a reptiles, y de estos a mamíferos y a sapiens. Pero no hay razón para pensar que los sapiens sean la última estación. Cambios relativamente pequeños en genes, hormonas y neuronas bastaron para transformar a *Homo erectus* (incapaz de producir nada más interesante que cuchillos de sílex) en *Homo sapiens*, que produce naves espaciales y ordenadores. Quién sabe cuál podría ser el resultado de unos pocos cambios más en nuestro ADN, nuestro sistema hormonal o nuestra estructura cerebral. La bioingeniería no va a esperar pacientemente a que la selección natural obre su magia. En lugar de ello, los bioingenieros tomarán el viejo cuerpo del sapiens y, con deliberación, reescribirán su código genético, reconectarán sus circuitos cerebrales, modificarán su equilibrio bioquímico e incluso harán que le crezcan extremidades completamente nuevas. De esta manera crearán nuevos diosecillos, que podrán ser tan diferentes de nosotros, sapiens, como diferentes somos de *Homo erectus*.

La ingeniería cíborg irá un paso más allá y fusionará el cuerpo orgánico con dispositivos no orgánicos, como manos biónicas, ojos artificiales, o millones de nanorrobots, que navegarán por nuestro torrente sanguíneo, diagnosticarán problemas y repararán daños. Un cíborg de este tipo podrá gozar de capacidades que superarán con mucho las de cualquier cuerpo orgánico. Por ejemplo, todas las partes de un cuerpo orgánico tienen que estar en contacto directo mutuo para poder funcionar. Si el cerebro de un elefante está en la India, sus ojos y orejas, en China, y sus patas, en Australia, lo más probable es que dicho elefante esté muerto, e incluso si, en algún sentido misterioso, estuviera vivo, no vería, oiría ni andaría. En cambio, un cíborg podría existir en numerosos lugares al mismo tiempo. Una doctora cíborg podría realizar operaciones quirúrgicas de emergencia en Tokio, en Chicago y en una estación espacial en Marte, sin salir de su despacho de Estocolmo. Solo necesitaría una conexión rápida a internet, y unos cuantos pares de ojos y manos biónicos. Pero, pensándolo bien, ¿por qué pares? ¿Por qué no cuartetos? De hecho, incluso estos son realmente superfluos. ¿Por qué un médico cíborg tendría que sostener en la mano un bisturí de cirujano cuando podría conectar su mente directamente al instrumento?

Quizá esto parezca ciencia ficción, pero ya es una realidad. Recientemente, unos monos han aprendido a controlar manos y pies biónicos no conectados a su cuerpo mediante electrodos implantados en el cerebro. Pacientes imposibilitados son capaces de mover extremidades biónicas o de utilizar ordenadores solo con el poder de la mente. Si uno quiere, ya puede controlar a distancia los dispositivos eléctricos de su casa utilizando un casco eléctrico que «lee la mente». El uso del casco no requiere implantes cerebrales. Funciona al leer las señales eléctricas que pasan a través del cuero cabelludo. Si uno quiere encender la luz de la cocina, se coloca el casco, imagina alguna señal mental preprogramada (por ejemplo, que su mano derecha se mueve), y el interruptor se acciona. Se pueden comprar estos cascos por internet por solo 400 dólares.[43]

A principios de 2015, a varios centenares de trabajadores del centro de alta tecnología Epicenter (Estocolmo) se les implantaron microchips en las manos. Los chips tienen el tamaño aproximado de un grano de arroz y almacenan información personalizada de seguridad que permite a los trabajadores abrir puertas y usar fotocopiadoras con un simple movimiento de la mano. Esperan que pronto puedan efectuar pagos de la misma manera. Una de las personas que hay detrás del proyecto, Hannes Sjoblad, explicaba: «Ya estamos interactuando con la tecnología continuamente. En la actualidad es un poco farragoso: necesitamos códigos pin y contraseñas. ¿No sería más fácil simplemente tocar con la mano?».[44]

Pero incluso la ingeniería cíborg es relativamente conservadora, ya que da por hecho que los cerebros orgánicos seguirán siendo los centros de mando y control de la vida. Un enfoque más audaz prescinde por completo de las partes orgánicas y espera producir seres totalmente inorgánicos. Las redes neurales serán sustituidas por programas informáticos con la capacidad de navegar tanto por mundos virtuales como no virtuales, libre de las limitaciones de la química orgánica. Después de cuatro mil millones de años de vagar dentro del reino de los compuestos orgánicos, la vida saltará a la inmensidad del reino inorgánico y adoptará formas que no podemos imaginar ni siquiera en nuestros sueños más fantásticos. Después de todo, nuestros sueños más fantásticos siguen siendo producto de la química orgánica.

No sabemos adónde nos pueden llevar estas sendas ni qué aspecto tendrán nuestros descendientes «semidioses». Pronosticar el futuro nunca fue fácil, y las tecnologías revolucionarias hacen que sea aún más arduo. Porque, por difícil que sea predecir el impacto de las nuevas tecnologías en ámbitos como el transporte, la comunicación y la energía, las tecnologías para mejorar a los humanos plantean un tipo de reto completamente distinto. Puesto que pueden emplearse para transformar las mentes y los deseos humanos, la gente que tiene la mente y los deseos actuales no puede, por definición, desentrañar sus implicaciones.

Durante miles de años, la historia ha estado llena de turbulencias tecnológicas, económicas, sociales y políticas. Pero algo permaneció inalterable: la propia humanidad. Nuestros utensilios e instituciones son muy diferentes de los de la época bíblica, pero las estructuras profundas de la mente humana siguen siendo iguales. Esta es la razón por la que todavía podemos vernos entre las páginas de la Biblia, en los escritos de Confucio, o en las tragedias de Sófocles y Eurípides. Estos clásicos fueron creados por humanos que eran como nosotros, razón por la cual sentimos que hablan como nosotros. En las producciones teatrales modernas, Edipo, Hamlet y Otelo pueden llevar tejanos y camisetas y tener cuentas de Facebook, pero sus conflictos emocionales son los mismos que en el drama original.

Sin embargo, cuando la tecnología nos permita remodelar la mente humana, *Homo sapiens* desaparecerá, la historia humana llegará a su fin y se iniciará un tipo de proceso completamente nuevo, que la gente como el lector y como yo no podemos ni imaginar. Muchos estudiosos intentan predecir qué aspecto tendrá el mundo en 2100 o en 2200. Es una pérdida de tiempo. Cualquier predicción que valga la pena debe tener en cuenta la capacidad de remodelar la mente humana, y esto es imposible. Hay muchas respuestas sensatas a la pregunta «¿Qué harían con la biotecnología personas con una mente parecida a la nuestra?». Pero no hay buenas respuestas a la pregunta «¿Qué harían seres con un tipo de mente diferente con la biotecnología?». Todo lo que podemos decir es que es probable que personas semejantes a nosotros empleen la biotecnología para remodelar su propia mente, y que las mentes actuales son incapaces de entender lo que podría suceder a continuación.

Aunque, por lo tanto, los detalles son turbios, podemos estar seguros acerca de la dirección general que seguirá la historia. En el siglo XXI, el tercer gran proyecto de la humanidad será adquirir poderes divinos de creación y destrucción, y promover *Homo sapiens* a *Homo Deus*. Este tercer proyecto, obviamente, incorpora los otros dos y se alimenta de ellos. Queremos la capacidad de remodelar nuestro cuerpo y nuestra mente por encima de todo para escapar de la vejez, la muerte y la desgracia, pero cuando la tengamos, ¿quién sabe qué otras cosas podremos hacer con dicha capacidad? Así, bien podríamos esperar que la nueva agenda humana vaya a contener en verdad un solo proyecto (con muchas ramas): conseguir la divinidad.

Si esto parece acientífico o directamente excéntrico, es porque la gente suele malinterpretar el significado de «divinidad». La divinidad no es una cualidad metafísica vaga. Y no es lo mismo que la omnipotencia. Cuando hablo de transformar a los humanos en dioses, pienso más en los términos de los dioses griegos o de los devas hindúes y no en el omnipotente padre bíblico que está en los cielos. Nuestros descendientes tendrán todavía sus debilidades, manías y limitaciones, de la misma manera que Zeus e Indra tenían las suyas. Pero podrán amar, odiar, crear y destruir a una escala muchísimo mayor que la nuestra.

A lo largo de la historia se ha creído que la mayoría de los dioses gozaban no de omnipotencia, sino más bien de supercapacidades específicas como la de diseñar y crear seres vivos, la de transformar su propio cuerpo, la de controlar el ambiente y la meteorología, la de leer la mente y comunicarse a distancia, la de viajar a velocidades muy elevadas y, desde luego, la de librarse de la muerte y vivir indefinidamente. Los humanos están dedicados a adquirir todas estas capacidades, y alguna otra.

Determinadas capacidades tradicionales que durante muchos milenios se consideraron divinas se han vuelto tan comunes en la actualidad que apenas pensamos en ellas. La persona media se desplaza y se comunica a distancia hoy en día mucho más fácilmente que los dioses griegos, hindúes o africanos de la antigüedad. Por ejemplo, el pueblo igbo de Nigeria cree que Chukwu, el dios creador, inicialmente quería hacer inmortal a la gente. Envió un perro a que dijera a los humanos que cuando alguien muriera debían esparcir cenizas sobre el cadáver y así el cuerpo volvería a la vida. Lamentablemente, el perro estaba cansado y se entretuvo por el camino. El impaciente Chukwu envió entonces una oveja, y le dijo que se apresurara a transmitir este importante mensaje. Lamentablemente, la jadeante oveja llegó a su destino, confundió las instrucciones y dijo a los humanos que enterraran a sus muertos, con lo que la muerte se hizo permanente. Esta es la razón por la que, hasta el día de hoy, los humanos debemos morir. ¡Ay, si Chukwu hubiera dispuesto de una cuenta de Twitter en lugar de tener que confiar en perros holgazanes y ovejas tontas para enviar sus mensajes...!

En las antiguas sociedades agrícolas, muchas religiones sorprendentemente mostraron poco interés por cuestiones metafísicas y del más allá, y sí por el tema mucho más mundano de aumentar la producción agrícola. Así, el Dios del Antiguo Testamento nunca promete ninguna recompensa o castigo después de la muerte, pero, en cambio, sí promete al pueblo de Israel: «Si vosotros obedecéis los mandatos que yo os prescribo […]. Yo daré a vuestra tierra la lluvia a su tiempo […] y tú cosecharás tu trigo, tu mosto y tu aceite: yo daré también hierba a tus campos para tus ganados, y de ellos comerás y te saciarás. Pero cuida mucho de que no se deje seducir vuestro corazón, y, desviándoos, sirváis a otros dioses y os prosternéis ante ellos; porque la cólera de Yahvé se encendería contra vosotros y cerraría el cielo, y no habría más lluvia, y la tierra no daría más frutos, y desapareceríais presto de la buena tierra que Yahvé os da» (Deuteronomio 11:13-17). Hoy en día, los científicos pueden hacerlo mucho mejor que el Dios del Antiguo Testamento. Gracias a fertilizantes artificiales, a insecticidas industriales y a plantas modificadas genéticamente, la producción agrícola en la actualidad supera las mayores expectativas que los antiguos granjeros tenían de sus dioses. Y el sediento Estado de Israel ya no teme que alguna deidad enfurecida cierre los cielos y detenga la lluvia, porque los israelíes han construido recientemente una enorme planta desalinizadora en las costas del Mediterráneo, y así ahora pueden obtener del mar toda el agua potable que necesitan.

Hasta ahora, hemos competido con los dioses de la antigüedad con la creación de herramientas cada vez mejores. En un futuro no muy lejano podremos crear superhumanos que aventajen a los antiguos dioses no en sus herramientas, sino en sus facultades corporales y mentales. Sin embargo, si llegamos a ese punto, la divinidad será algo tan mundano como el ciberespacio: una maravilla de maravillas que simplemente ya damos por hecha.

Podemos estar muy seguros de que los humanos apostarán por la divinidad porque los humanos tienen muchas razones para desear esta mejora, y también muchas maneras de conseguirla. Incluso si una senda prometedora acaba siendo un callejón sin salida, habrá rutas alternativas que seguirán abiertas. Por ejemplo, podríamos descubrir que el genoma humano es demasiado complicado para someterlo a una manipulación seria, pero esto no impedirá el desarrollo de interfaces cerebro-ordenador, nanorrobots o inteligencia artificial.

Pero no hay que asustarse. Al menos, no de inmediato. Mejorar a los sapiens será un proceso histórico gradual y no un apocalipsis al estilo de Hollywood. *Homo sapiens* no será exterminado por una sublevación de robots. Es más probable que *Homo sapiens* se mejore a sí mismo paso a paso, y que se una a robots y ordenadores en el proceso, hasta que nuestros descendientes miren atrás y se den cuenta de que ya no son la clase de animal que escribió la Biblia, construyó la Gran Muralla en China y se rio con las gracias de Charlie Chaplin. Esto no ocurrirá en un día, ni en un año. De hecho, ya está ocurriendo, por medio de innumerables actos mundanos. Todos los días, millones de personas deciden conceder a su teléfono inteligente un poco más de control sobre su vida o probar un nuevo medicamento antidepresivo más eficaz. En su búsqueda de salud, felicidad y poder, los humanos cambiarán gradualmente primero una de sus características y después otra, y otra, hasta que ya no sean humanos.

POR FAVOR, ¿PUEDE ALGUIEN PISAR EL FRENO?

Dejando a un lado las explicaciones sosegadas, muchas personas entran en pánico cuando oyen hablar de estas posibilidades. Están dispuestas a seguir el consejo de sus teléfonos inteligentes o a tomar cualquier medicamento que el médico les recete, pero cuando oyen hablar de superhumanos mejorados, dicen: «Espero morirme antes de que eso ocurra». Una amiga me dijo una vez que lo que más teme de envejecer es volverse irrelevante, volverse una anciana nostálgica que no pueda entender el mundo que la rodea ni contribuir demasiado a dicho mundo. Esto es lo que tememos colectivamente, como especie, cuando oímos hablar de superhumanos. Vivimos con la impresión de que, en un mundo así, nuestra identidad, nuestros sueños e incluso nuestros temores serán irrelevantes, y que no tendremos nada más que aportar. Sea lo que sea en la actualidad el lector (ya se trate de un devoto hindú jugador de críquet o una lesbiana que aspira a ser periodista), en un mundo mejorado se sentirá como un cazador neandertal en Wall Street. No encajará.

Los neandertales no tenían que preocuparse por el Nasdaq porque estaban protegidos de él por un escudo de decenas de miles de años. Sin embargo, en la actualidad, nuestro mundo de sentido puede hundirse en cuestión de décadas. No podemos contar con la muerte para que nos libre de ser completamente irrelevantes. Incluso si en 2100 los dioses no caminan aún por nuestras calles, es probable que el intento de mejorar a *Homo sapiens* cambie el mundo hasta hacerlo irreconocible ya en este siglo. La investigación científica y los desarrollos tecnológicos se mueven a una velocidad mucho más célere de lo que la mayoría de nosotros puede comprender.

Si hablamos con los expertos, muchos de ellos nos dirán que todavía estamos muy lejos de los bebés modelados genéticamente o de la inteligencia artificial a nivel humano. Pero la mayoría de los expertos piensan en una escala temporal de proyectos académicos y puestos de trabajo en universidades. De ahí que «muy lejos» pueda significar veinte años y «nunca» pueda denotar no más de cincuenta.

Aún recuerdo la primera vez que me topé con internet. Ocurrió en 1993, cuando estudiaba en el instituto. Fui con un par de compañeros a visitar a nuestro amigo Ido (que ahora es científico informático). Queríamos jugar al tenis de mesa. Ido ya era un gran aficionado a los ordenadores, y antes de abrir la mesa de pimpón insistió en mostrarnos la última maravilla. Conectó el cable de teléfono al ordenador y pulsó algunas teclas. Durante un minuto, lo único que oímos fueron chirridos, crujidos y zumbidos, y después, silencio. No funcionó. Mascullamos y refunfuñamos, pero Ido volvió a intentarlo. Y otra vez. Y otra. Al final exclamó: «¡Hurra!», y anunció que había conseguido conectar su ordenador al ordenador central de la universidad, que estaba cerca. «¿Y qué hay allí, en el ordenador central?», preguntamos. «Bueno —admitió—, allí todavía no hay nada. Pero se pueden introducir todo tipo de cosas.» «¿Como qué?», preguntamos. «No lo sé —dijo—, todo tipo de cosas.» No parecía algo muy prometedor. Fuimos a jugar al pimpón, y durante las siguientes semanas disfrutamos de un nuevo pasatiempo: burlarnos de la ridícula idea de Ido. De esto hace menos de veinticinco años (en el momento de escribir estas líneas). ¿Quién sabe qué ocurrirá dentro de veinticinco años?

Esta es la razón por la que cada vez más individuos, organizaciones, empresas y gobiernos se toman muy en serio la búsqueda de la inmortalidad, la felicidad y los poderes divinos. Compañías de seguros, fondos de pensiones, sistemas de salud y ministerios de economía ya están aterrados por el salto en la esperanza de vida. La gente vive mucho más tiempo de lo que se esperaba, y no hay dinero para pagar las pensiones y los tratamientos médicos. A medida que los setenta años de edad amenazan con convertirse en los nuevos cuarenta, los expertos piden que se aumente la edad de la jubilación y que se reestructure todo el mercado laboral.

Cuando la gente se dé cuenta de lo rápidamente que nos precipitamos hacia lo gran desconocido y que no podemos contar siquiera con la muerte para protegernos de él, su reacción será confiar en que alguien pise el freno y consiga reducir la velocidad. Pero no podemos pisar el freno, por varias razones.

En primer lugar, nadie sabe dónde está el freno. Aunque algunos expertos están familiarizados con los avances en un ámbito determinado, sea este la inteligencia artificial, la nanotecnología, los datos masivos (*big data*) o la genética, nadie es un experto en todos ellos. Por lo tanto, nadie es realmente capaz de conectar todos los puntos y ver la imagen entera. Diferentes ámbitos se influyen entre sí de formas tan intrincadas que ni las mentes más brillantes son capaces de adivinar cómo podrían impactar los descubrimientos en inteligencia artificial en la tecnología o viceversa. Nadie puede absorber todos los últimos descubrimientos científicos, nadie puede predecir qué aspecto tendrá la economía global dentro de diez años, y nadie tiene ninguna pista de hacia dónde nos dirigimos con tanta precipitación. Puesto que ya nadie entiende el sistema, nadie puede detenerlo.

En segundo lugar, si de alguna manera consiguiéramos pisar el freno, nuestra economía se derrumbaría, junto con nuestra sociedad. Tal como se explica en un capítulo posterior, la economía moderna necesita un crecimiento constante e indefinido para sobrevivir. Si el crecimiento llegara a detenerse, la economía no se asentaría en un cómodo equilibrio: caería en pedazos. Esta es la razón por la que el capitalismo nos anima a buscar la inmortalidad, la felicidad y la divinidad. La cantidad de zapatos que podemos ponernos, la cantidad de coches que podemos conducir y la cantidad de fines de semana que podemos disfrutar en la nieve tienen un límite. Una economía construida sobre el crecimiento perpetuo necesita proyectos interminables..., exactamente como la búsqueda de la inmortalidad, la dicha y la divinidad.

Pues bien, si necesitamos proyectos interminables, ¿por qué no conformarnos con la dicha y la inmortalidad, y, al menos, dejar a un lado la aterradora búsqueda de poderes sobrehumanos? Porque esta es indivisible de las otras dos. Si se desarrollan piernas biónicas que permiten a los parapléjicos volver a andar, la misma tecnología puede utilizarse para mejorar a la gente sana. Si se descubre cómo detener la pérdida de memoria en los ancianos, los mismos tratamientos podrían potenciar la memoria de los jóvenes.

No hay una línea clara que separe curar de mejorar. La medicina casi siempre empieza salvando a las personas de caer por debajo de la norma, pero las mismas herramientas y conocimientos pueden usarse entonces para sobrepasar la norma. La Viagra empezó su vida como un tratamiento para problemas de tensión arterial. Para sorpresa y deleite de Pfizer, resultó que la Viagra también puede vencer la impotencia. Ello ha permitido a millones de hombres recuperar su capacidad sexual normal; pero, muy pronto, hombres que en principio no tenían problemas de impotencia empezaron a consumir la misma píldora para superar la norma y adquirir una potencia sexual de la que nunca habían disfrutado.[45]

Lo que ocurre con medicamentos concretos puede ocurrir también con ámbitos enteros de la medicina. La cirugía plástica moderna nació en la Primera Guerra Mundial, cuando Harold Gillies empezó a tratar heridas faciales en el hospital militar de Aldershot.[46] Tras el fin de la guerra, los cirujanos descubrieron que las mismas técnicas podían también transformar narices perfectamente sanas pero feas en ejemplares más hermosos. Aunque la cirugía plástica siguió ayudando a los enfermos y heridos, empezó a dedicar más atención a mejorar a los sanos. En la actualidad, los cirujanos plásticos ganan millones en clínicas privadas cuyo objetivo único y explícito es mejorar a los sanos y embellecer a los ricos.[47]

Lo mismo puede ocurrir con la ingeniería genética. Si un multimillonario declarase abiertamente su intención de producir hijos superinteligentes, podemos imaginar las protestas públicas que se desatarían. Pero no ocurrirá así. Es más probable que nos deslicemos por una pendiente resbaladiza. La cosa empieza con padres cuyo perfil genético pone a sus hijos en gran peligro de sufrir enfermedades genéticas mortales. Por ello realizan fecundaciones *in vitro* y comprueban el ADN del óvulo fecundado. Si todo está en orden, perfecto. Pero si la prueba de ADN descubre las temidas mutaciones, se destruye el embrión.

Pero ¿por qué correr un riesgo al fecundar un solo óvulo? Mejor fecundar varios, de modo que aunque tres o cuatro salgan defectuosos, haya al menos uno bueno. Cuando este procedimiento de selección *in vitro* resulte lo bastante aceptable y barato, su uso podría extenderse. Las mutaciones son un riesgo generalizado. Todas las personas portan en su ADN algunas mutaciones nocivas y alelos menos que óptimos. La reproducción sexual es una lotería. (Una anécdota famosa, y probablemente apócrifa, relata un encuentro en 1923 del premio Nobel Anatole France y la hermosa y dotada bailarina Isadora Duncan. Al comentar el movimiento eugenésico, en aquel entonces popular, Duncan dijo: «¡Imagine un niño con mi belleza y su inteligencia!». France respondió: «Sí, ¡pero imagine un niño con mi belleza y su inteligencia!».) Bien, entonces ¿por qué no amañar la lotería? Fecundar varios óvulos y elegir el que tenga la mejor combinación. Cuando la investigación con células madre nos permita crear una provisión ilimitada y barata de embriones humanos, podremos seleccionar nuestro bebé óptimo de entre centenares de candidatos, todos los cuales portarán nuestro ADN y serán perfectamente naturales, y ninguno de los cuales requerirá ninguna ingeniería genética futurista. Repitamos este procedimiento durante algunas generaciones y podremos terminar fácilmente con superhumanos (o con una distopía terrorífica).

Pero ¿qué ocurre si incluso después de haber fecundado numerosos óvulos encontramos que todos ellos contienen algunas mutaciones letales? ¿Deberíamos destruir todos los embriones? En lugar de hacerlo, ¿por qué no sustituir los genes problemáticos? Un exitoso avance es el efectuado con el ADN mitocondrial. Las mitocondrias son diminutos orgánulos que hay en el interior de las células humanas y que producen la energía que esta utiliza. Tienen su propia dotación de genes, completamente separada del ADN del núcleo celular. El ADN mitocondrial defectuoso da lugar a varias enfermedades debilitantes o incluso letales. Es técnicamente posible, con la tecnología *in vitro* de hoy en día, superar las enfermedades genéticas mitocondriales mediante la creación de un «bebé de tres progenitores». El ADN nuclear del bebé procede de dos progenitores, mientras que el ADN mitocondrial procede de una tercera persona. En el año 2000, Sharon Saarinen, de West Bloomfield (Michigan), dio a luz un bebé sano, una niña, Alana. El ADN nuclear de Alana procedía de su madre, Sharon, y de su padre, Paul, pero su ADN mitocondrial procedía de otra mujer. Desde una perspectiva puramente técnica, Alana tiene tres progenitores biológicos. Un año después, en 2001, el gobierno de Estados Unidos prohibió este tratamiento, debido a inquietudes relacionadas con la seguridad y la ética.[48]

Sin embargo, el 3 de febrero de 2015, el Parlamento británico votó a favor de la llamada «ley de los tres progenitores», que permitía este tratamiento, y la investigación asociada a él, en el Reino Unido.[49] Por el momento es técnicamente imposible, e ilegal, sustituir el ADN nuclear, pero si se resuelven las dificultades técnicas, la misma lógica que favoreció la sustitución de ADN mitocondrial defectuoso parece que justificará hacer lo mismo con el ADN nuclear.

Después de la selección y la sustitución, el siguiente paso potencial es la corrección. Una vez que sea posible corregir genes letales, ¿por qué pasar por el embrollo de insertar un ADN extraño cuando se puede simplemente reescribir el código y transformar un gen mutante peligroso en su versión benigna? Es posible que entonces podamos empezar a usar el mismo mecanismo para reparar no solo los genes letales, sino también los responsables de enfermedades menos letales, del autismo, de la estupidez y de la obesidad. ¿Quién querría que su hijo o su hija padecieran algo de esto? Supongamos que un test genético indica que nuestra futura hija será con toda probabilidad lista, hermosa y amable..., pero padecerá depresión crónica. ¿No querríamos librarla de años de infelicidad mediante una intervención rápida e indolora en el tubo de ensayo?

Y, ya puestos, ¿por qué no darle a la niña un empujoncito? La vida es dura y exigente incluso para la gente sana. De modo que seguramente sería útil que la pequeña tuviera un sistema inmunitario más fuerte de lo normal, una memoria por encima de la media o una predisposición particularmente alegre. Y, aunque no quisiéramos esto para nuestra hija, ¿qué pasaría si los vecinos se lo estuvieran haciendo a la suya? ¿Aceptaríamos que nuestra hija quedara rezagada? Y si el gobierno prohibiera a todos los ciudadanos modificar a sus bebés, ¿qué ocurriría si los norcoreanos lo hicieran y produjeran genios, artistas y atletas sorprendentes que superaran con mucho a los nuestros? Y de este modo, a pequeños pasitos, estamos en el camino de tener un catálogo de niños genéticos.

La curación es la justificación inicial para cualquier mejora. Busque el lector a varios profesores que experimenten en ingeniería genética o en interfaces cerebro-ordenador y pregúnteles por qué se dedican a la investigación en ese terreno. Con toda probabilidad, contestarán que lo hacen para curar enfermedades. «Con ayuda de la ingeniería genética —explicarán— podremos vencer al cáncer. Y si conseguimos conectar directamente cerebros y ordenadores, podremos curar la esquizofrenia.» Es posible, pero seguramente la cosa no acabará aquí. Cuando conectemos con éxito cerebros y ordenadores, ¿usaremos esta tecnología solo para curar la esquizofrenia? Si alguien de verdad lo cree, quizá sepa mucho sobre cerebros y ordenadores pero mucho menos acerca de la psique y la sociedad humanas. Cuando se efectúe un descubrimiento trascendental, no se podrá limitar su uso a la curación y prohibir completamente su aplicación a la mejora.

Desde luego, los humanos pueden limitar, y lo hacen, el uso de las nuevas tecnologías. Así, el movimiento eugenésico cayó en desgracia después de la Segunda Guerra Mundial, y aunque el comercio de órganos humanos es ahora posible y potencialmente muy lucrativo, por el momento ha sido una actividad muy periférica. Quizá diseñar bebés se vuelva algún día en algo tan factible tecnológicamente como asesinar a personas para hacerse con sus órganos, pero igual de periférico.

De la misma manera que nos hemos librado de las garras de la ley de Chéjov en la guerra, también podemos librarnos de ella en otros campos de acción. Algunas pistolas aparecen en el escenario sin que siquiera se disparen. Esta es la razón por la que es tan vital pensar en la nueva agenda de la humanidad. Precisamente porque tenemos cierto margen de elección con respecto al uso de las nuevas tecnologías, sería preferible que comprendiéramos qué está sucediendo y decidiéramos qué hacer al respecto antes de que ellas decidan por nosotros.

La paradoja del conocimiento

Es posible que la predicción de que en el siglo XXI es probable que la humanidad aspire a la inmortalidad, la dicha y la divinidad indigne, ofenda o asuste a algunas personas, por lo que se hacen oportunas algunas aclaraciones.

En primer lugar, esto no es lo que la mayoría de los individuos en realidad harán en el siglo XXI. Es lo que la humanidad como colectivo hará. La mayoría de las personas probablemente solo desempeñarán un papel menor, si es que desempeñan alguno, en estos proyectos. Aunque el hambre, la peste y la guerra pierdan prevalencia, millones de humanos en los países en vías de desarrollo y en los barrios más sórdidos seguirán teniendo que lidiar con la pobreza, la enfermedad y la violencia, incluso cuando las élites estén persiguiendo la eterna juventud y poderes divinos. Esto parece totalmente injusto. Se puede argumentar que mientras siga habiendo un solo niño que muera de desnutrición o un solo adulto asesinado en las guerras entre capos de la droga, la humanidad debería centrar todos sus esfuerzos en combatir estos males. Solo cuando la última espada se haya transformado en pieza de la reja de un arado podremos dedicar nuestros pensamientos al siguiente gran proyecto. Pero la historia no funciona así. Quienes viven en palacios siempre han tenido proyectos diferentes de quienes viven en chozas, y es improbable que esto cambie en el siglo XXI.

En segundo lugar, todo lo anterior es una predicción histórica, no un manifiesto político. Aunque no tengamos en consideración el sino de los que viven en los suburbios, no es en absoluto evidente que tengamos que apuntar hacia la inmortalidad, la dicha y la divinidad. Adoptar estos proyectos podría ser una gran equivocación. Pero la historia está llena de grandes equivocaciones. Teniendo en cuenta nuestro pasado y nuestros valores actuales, hay muchas probabilidades de que busquemos la dicha, la divinidad y la inmortalidad, aunque ello nos mate.

En tercer lugar, buscar no es lo mismo que conseguir. La historia suele estar moldeada por esperanzas exageradas. La historia de la Unión Soviética del siglo xx fue moldeada en gran parte por el intento comunista de superar la desigualdad, pero no tuvo éxito. Mi predicción se centra en lo que la humanidad intentará lograr en el siglo xxi, no en lo que conseguirá lograr. Nuestras futuras economía, sociedad y política serán moldeadas por el intento de superar la muerte. Ello no tiene que derivar necesariamente en que en 2100 los humanos vayan a ser inmortales.

En cuarto lugar, y más importante, esta predicción no es tanto una profecía como una forma de analizar nuestras opciones actuales. Si el análisis hace que elijamos de manera distinta, para que la predicción resulte equivocada, tanto mejor. ¿Qué sentido tiene hacer predicciones si estas no pueden cambiar nada?

Algunos sistemas complejos, como el clima, son ajenos a nuestras predicciones. En cambio, el proceso del desarrollo humano reacciona ante ellas. De hecho, cuanto mejores sean nuestros pronósticos, más reacciones engendrarán. De ahí que, paradójicamente, a medida que acumulamos más datos y aumentamos la potencia de nuestros ordenadores, los acontecimientos se tornan más erráticos e inesperados. Cuanto más sabemos, menos podemos predecir. Imaginemos, por ejemplo, que un día los expertos descifran las leyes básicas de la economía. Cuando esto ocurra, bancos, gobiernos, inversores y clientes empezarán a utilizar ese conocimiento para actuar de formas novedosas y para conseguir una ventaja sobre sus competidores. Porque ¿qué utilidad tiene el nuevo conocimiento si no nos lleva a comportamientos nuevos? Pero, ¡ay!, cuando la gente cambia de manera de actuar, las teorías económicas quedan obsoletas. Podemos saber cómo funcionó la economía en el pasado, pero ya no sabemos cómo funciona en el presente, por no hablar del futuro.

No se trata de un ejemplo hipotético. A mediados del siglo xix, Karl Marx tuvo brillantes percepciones económicas. Basándose en dichas percepciones predijo un conflicto creciente entre el proletariado y los capitalistas, que acabaría con la inevitable victoria de los primeros y el hundimiento del sistema capitalista. Marx estaba seguro de que la revolución se iniciaría en los países que encabezaron la revolución industrial, tales como Gran Bretaña, Francia y Estados Unidos, y que se propagaría al resto del mundo.

Marx olvidó que los capitalistas sabían leer. Al principio, solo un puñado de discípulos tomó en serio a Marx y leyó sus escritos. Pero a medida que estos agitadores socialistas iban consiguiendo partidarios y poder, los capitalistas empezaron a alarmarse. También ellos leyeron detenidamente *El capital*, y adoptaron muchas de las herramientas y teorías del análisis marxista. En el siglo XX, todo el mundo, desde los pilluelos de la calle hasta los presidentes, adoptaron un enfoque marxista de la economía y la historia. Incluso los capitalistas intransigentes que se resistían con vehemencia a la prognosis marxista hicieron uso de la diagnosis marxista. El análisis que la CIA efectuó de la situación en Vietnam y Chile en la década de 1960 dividió a la sociedad en clases. Cuando Nixon o Thatcher contemplaron la situación del planeta, se preguntaron quién controlaba los medios vitales de producción. Desde 1989 a 1991, George Bush supervisó la desaparición del Imperio del Mal del comunismo, para acabar siendo derrotado en las elecciones de 1992 por Bill Clinton. La estrategia de campaña de Clinton se resumía en el lema: «¡Es la economía, estúpido!». Marx no lo habría dicho mejor.

A medida que la gente iba adoptando la diagnosis marxista, cambió su comportamiento en consecuencia. En países como Gran Bretaña y Francia, los capitalistas pugnaron por mejorar la suerte de los obreros, reforzar su conciencia nacional e integrarlos en el sistema político. En consecuencia, cuando los trabajadores empezaron a votar en las elecciones y los partidos laboristas ganaron poder en un país tras otro, ello no alteró el sueño de los capitalistas. Como resultado, las predicciones de Marx quedaron en nada. Las revoluciones comunistas nunca triunfaron en las principales potencias industriales como Gran Bretaña, Francia y Estados Unidos, y la dictadura del proletariado quedó relegada a la papelera de la historia.

Esta es la paradoja del conocimiento histórico. El conocimiento que no cambia el comportamiento es inútil. Pero el conocimiento que cambia el comportamiento pierde rápidamente su relevancia. Cuantos más datos tenemos y cuanto mejor entendemos la historia, más rápidamente la historia altera su rumbo y más rápidamente nuestro conocimiento queda desfasado.

Hace siglos, el saber humano aumentaba despacio, de modo que la economía y la política cambiaban también a un ritmo pausado. En la actualidad, nuestro conocimiento aumenta a una velocidad de vértigo, y teóricamente deberíamos entender el mundo cada vez mejor. Pero sucede exactamente lo contrario. Nuestro conocimiento recién adquirido conduce a cambios económicos, sociales y políticos más rápidos; en un intento de comprender lo que está ocurriendo, aceleramos la acumulación de saber, lo que solo lleva a trastornos más céleres y grandes. En consecuencia, cada vez somos menos capaces de dar sentido al presente o de pronosticar el futuro. En 1016 era relativamente fácil predecir cómo sería Europa en 1050. Cierto, podían caer dinastías, podían invadir saqueadores desconocidos y podían acaecer desastres naturales, pero era evidente que en 1050 Europa seguiría estando gobernada por reyes y sacerdotes, que sería una sociedad agrícola, que la mayoría de sus habitantes serían campesinos y que continuaría padeciendo enormemente debido a hambrunas, pestes y guerras. Por el contrario, en 2016 no tenemos ni idea de cómo será Europa en 2050. No podemos decir por qué clase de sistema político se regirá, cómo estará estructurado su mercado laboral ni, siquiera, qué tipo de cuerpo tendrán sus habitantes.

Una breve historia del jardín

Si la historia no sigue ninguna regla estable, y si no podemos predecir su rumbo futuro, ¿por qué estudiarla? A menudo parece que el objetivo principal de la ciencia sea predecir el futuro: se espera que los meteorólogos pronostiquen si mañana tendremos lluvia o sol, que los economistas sepan si devaluar la moneda evitará o provocará una crisis económica, que los buenos médicos pronostiquen si la quimioterapia o la radioterapia tendrán más éxito en la cura del cáncer de pulmón. De forma parecida, a los historiadores se les pide que examinen los actos de nuestros antepasados para que podamos repetir sus decisiones sensatas y evitar sus equivocaciones. Pero casi nunca funciona de esta manera, por la sencilla razón de que el presente es demasiado diferente del pasado. Es una pérdida de tiempo estudiar las tácticas de Aníbal en la Segunda Guerra Púnica con el fin de copiarlas en la Tercera Guerra Mundial. Lo que funcionó bien en las batallas de caballería no tiene por qué ser de mucho provecho en la guerra cibernética.

Pero la ciencia no tiene que ver solo con predecir el futuro. Eruditos de todos los ámbitos suelen buscar ampliar nuestros horizontes, con lo que abren ante nosotros futuros nuevos y desconocidos. Esto es especialmente aplicable a la historia. Aunque ocasionalmente los historiadores tratan de hacer profecías (sin un éxito notable), el estudio de la historia pretende por encima de todo hacernos conscientes de posibilidades que normalmente no consideramos. Los historiadores estudian el pasado, no con la finalidad de repetirlo, sino con la de liberarnos del mismo.

Todos y cada uno de nosotros hemos nacido en una realidad histórica determinada, regida por normas y valores concretos, y gestionada por un sistema económico y político único. Damos esta realidad por sentada, y pensamos que es natural, inevitable e inmutable. Olvidamos que nuestro mundo fue creado por una cadena accidental de acontecimientos, y que la historia moldeó no solo nuestra tecnología, nuestra política y nuestra sociedad, sino también nuestros pensamientos, temores y sueños. La fría mano del pasado surge de la tumba de nuestros antepasados, nos agarra por el cuello y dirige nuestra mirada hacia un único futuro. Hemos sentido este agarrón desde el momento en que nacimos, de modo que suponemos que es una parte natural e inevitable de lo que somos. Por lo tanto, rara vez intentamos zafarnos e imaginar futuros alternativos.

El estudio de la historia pretende aflojar el agarrón del pasado. Nos permite girar nuestra cabeza en una dirección y en otra, y empezar a advertir posibilidades que nuestros antepasados no pudieron imaginar,

o no quisieron que nosotros imagináramos. Al observar la cadena accidental de acontecimientos que nos condujeron hasta aquí, comprendemos cómo adquirieron forma nuestros propios pensamientos y nuestros
sueños, y podemos empezar a pensar y a soñar de manera diferente. El
estudio de la historia no nos dirá qué elegir, pero al menos nos dará más
opciones.

Los movimientos que pretenden cambiar el mundo suelen empezar reescribiendo la historia, con lo que permiten que la gente vuelva a
imaginar el futuro. Ya sea lo que queramos que los obreros organicen
una huelga general, que las mujeres tomen posesión de su cuerpo o que
las minorías oprimidas exijan derechos políticos, el primer paso es volver a narrar su historia. La nueva historia explicará que «nuestra situación actual no es natural ni eterna. Antaño las cosas eran diferentes. Solo
una sucesión de acontecimientos casuales creó el mundo injusto que
hoy conocemos. Si actuamos con sensatez, podremos cambiar este
mundo y crear otro mucho mejor». Esta es la razón por la que los marxistas vuelven a contar la historia del capitalismo, por la que las feministas estudian la formación de las sociedades patriarcales y por la que los
afroamericanos conmemoran los horrores de la trata de esclavos. Su objetivo no es perpetuar el pasado, sino que nos libremos de él.

Todo lo referente a las grandes revoluciones sociales es igualmente
aplicable, a pequeña escala, a la vida cotidiana. Al hacerse una casa, una
joven pareja podría pedirle al arquitecto que proyectara un bonito jardín con césped en la entrada. ¿Por qué un jardín? «Porque el césped es
bonito», podría contestar la pareja. Pero ¿por creen que lo es? Hay toda
una historia detrás.

Los cazadores-recolectores de la Edad de Piedra no cultivaban hierba en la entrada de sus cuevas. No había un prado verde que diera la
bienvenida a los visitantes de la Acrópolis ateniense, el Capitolio romano, el Templo judío en Jerusalén o la Ciudad Prohibida en Beijing. La
idea de plantar un jardín con césped en la entrada de residencias privadas y edificios públicos nació en los castillos de los aristócratas franceses
e ingleses en la Edad Media tardía. En la época moderna temprana, esta
costumbre arraigó profundamente y se convirtió en la característica de
la nobleza.

Los jardines bien cuidados requerían terreno y mucho trabajo, en particular en la época anterior a la invención de los cortacéspedes y a los aspersores automáticos. A cambio, no producían nada de valor. Ni siquiera se podían utilizar como terreno de paso para animales, porque estos se comerían y pisotearían la hierba. Los pobres campesinos no podían permitirse dedicar una tierra o un tiempo precioso a los jardines. Por lo tanto, el pulcro prado de la entrada de los castillos era un símbolo de estatus que nadie podía falsificar. Proclamaba de manera llamativa a todo transeúnte: «Soy tan rico y poderoso, y poseo tantas hectáreas y siervos que puedo permitirme esta extravagancia verde». Cuanto mayor y más pulcro era el prado, más poderosa era la dinastía. Si uno iba a visitar al duque y su césped no estaba cuidado, sabía que aquel tenía problemas.[50]

El valioso jardín era a menudo el marco de celebraciones y acontecimientos sociales importantes, y en todas las demás ocasiones era una zona estrictamente prohibida. Hasta el día de hoy, en innumerables palacios, edificios gubernamentales y lugares públicos, un severo letrero ordena a la gente «No pisar el césped». En mi antigua Facultad de Oxford, todo el patio interior estaba ocupado por un jardín grande y atractivo, en el que se nos permitía andar o sentarnos únicamente un día al año. Cualquier otro día, ¡pobre del desdichado estudiante cuyo pie profanara el sagrado césped!

Palacios reales y castillos ducales convirtieron el jardín en un símbolo de autoridad. Cuando en la época moderna tardía los reyes fueron derrocados y los duques guillotinados, los nuevos presidentes y primeros ministros conservaron los jardines. Parlamentos, cortes supremas, residencias presidenciales y otros edificios públicos proclamaron cada vez con mayor frecuencia su poder por medio de una hilera tras otra de pulcras briznas verdes. Simultáneamente, el césped conquistó el mundo de los deportes. Durante miles de años, los humanos habían jugado sobre casi cualquier tipo concebible de terreno, desde el hielo hasta el desierto. Pero en los dos últimos siglos, los juegos realmente importantes (como el fútbol y el tenis) se han jugado sobre césped. Siempre, por descontado, que uno tenga dinero. En las favelas de Río de Janeiro, la futura generación de futbolistas brasileños chuta balones improvisados sobre arena y tierra. Pero en los barrios opulentos, los hijos de los ricos se divierten sobre céspedes cuidados con esmero.

Por ello, los humanos llegaron a identificar los jardines con el poder político, el nivel social y la opulencia económica. No es por tanto sorprendente que en el siglo XIX la burguesía, en auge, adoptara el jardín con entusiasmo. Al principio, solo banqueros, abogados e magnates de la industria podían permitirse tales lujos en sus residencias privadas. Pero cuando la revolución industrial amplió la clase media y dio origen al cortacésped y después al aspersor automático, millones de familias pudieron permitirse de pronto un jardín en su casa. En las zonas residenciales norteamericanas, un jardín impecable pasó de ser el lujo de una persona rica a una necesidad de la clase media.

Fue entonces cuando un nuevo rito se añadió a la liturgia de las zonas residenciales suburbanas. Después de asistir al oficio religioso en la iglesia, muchas personas se dedicaban devotamente a podar el césped. Al recorrer las calles, uno podía determinar de inmediato la riqueza y posición de cada familia por el tamaño y la calidad de su terreno. No

Figura 6. Los jardines del castillo de Chambord, en el valle del Loira. El rey Francisco I lo construyó a inicios del siglo XVI. Ahí es donde empezó todo.

FIGURA 7. Ceremonia de bienvenida en honor de la reina Isabel II en los jardines de la Casa Blanca.

FIGURA 8. Mario Götze marca el gol decisivo que dio a Alemania la Copa del Mundo en 2014, en el césped de Maracanã.

FIGURA 9. El paraíso del pequeño burgués.

hay señal más clara de que algo va mal en casa de los Jones que un césped mal cuidado en el jardín delantero de su casa. El césped es en la actualidad la planta cultivada más extendida en Estados Unidos después del maíz y del trigo, y la industria del césped (plantas, estiércol, cortacéspedes, aspersores, jardineros) mueve miles de millones de dólares al año.[51]

El jardín no fue una moda exclusiva de Europa y Estados Unidos. Incluso personas que nunca han visitado el valle del Loira ven a los presidentes norteamericanos pronunciando discursos en el jardín de la

Casa Blanca, partidos de fútbol decisivos que se disputan en estadios verdes, y a Homer y a Bart Simpson discutiendo para dirimir a quién le toca podar el césped. En todo el planeta, la gente asocia los jardines exuberantes con el poder, el dinero y el prestigio. Por ello se ha extendido globalmente, y ahora se dispone a conquistar incluso el corazón del mundo musulmán. El recién construido Museo de Arte Islámico de Qatar está flanqueado por magníficos jardines que evocan mucho más al Versalles de Luis XIV que al Bagdad de Harún al-Rashid. Fueron diseñados y construidos por una compañía estadounidense, y sus más de 100.000 metros cuadrados de césped (en pleno desierto Arábigo) requieren una enorme cantidad de agua dulce diaria para mantenerse verdes. Mientras tanto, en las zonas residenciales de Doha y Dubái, las familias de clase media se precian de sus céspedes. Si no fuera por las túnicas blancas y los hiyabs negros, uno podría creer fácilmente que se encuentra en el Medio Oeste y no en Oriente Medio.

Después de haber leído esta breve historia del jardín, cuando el lector tenga previsto hacerse la casa de sus sueños, quizá se piense dos veces incluir una parcela de césped delante de su casa. Desde luego, es libre de hacerlo. Pero también es libre de desprenderse de la pesada carga cultural que le han legado los duques europeos, los magnates capitalistas y los Simpson..., e imaginar un jardín de piedras japonés o alguna otra creación totalmente nueva. Esta es la mejor razón para aprender historia: no para predecir el futuro, sino para desprendernos del pasado e imaginar destinos alternativos. Desde luego, esto no supone la libertad total: no podemos evitar estar moldeados por el pasado. Pero algo de libertad es mejor que ninguna.

UNA PISTOLA EN EL PRIMER ACTO

Todas las predicciones que salpican este libro no son otra cosa que un intento de analizar los dilemas actuales y una invitación a cambiar el futuro. Predecir que la humanidad intentará conquistar la inmortalidad, la felicidad y la divinidad es muy parecido a predecir que la gente que construya una casa querrá un jardín delante. Parece muy probable, pero una vez que lo verbalizamos, podemos empezar a pensar en alternativas.

A la gente le desconciertan los sueños de inmortalidad y divinidad, no porque suenen tan extraños e improbables, sino porque es insólito ser tan categórico. Pero cuando empiezan a pensar en ello, la mayoría se da cuenta de que en realidad es algo muy lógico. A pesar de la arrogancia tecnológica de estos sueños, desde el punto de vista ideológico no son ninguna novedad. Durante trescientos años, el mundo ha estado dominado por el humanismo, que sacraliza la vida, la felicidad y el poder de *Homo sapiens*. El intento de conseguir la inmortalidad, la dicha y la divinidad no hace más que llevar los antiguos ideales humanistas a su conclusión lógica. Sitúa abiertamente sobre la mesa lo que durante mucho tiempo hemos mantenido oculto bajo la servilleta.

Pero ahora quiero poner algo más sobre la mesa: una pistola. Una pistola que aparece en el primer acto y que será disparada en el tercero. Los capítulos siguientes discuten de qué manera el humanismo (el culto a la humanidad) ha conquistado el mundo. Pero el auge del humanismo contiene asimismo las semillas de su caída. Mientras que el intento de mejorar a los humanos hasta convertirlos en dioses lleva al humanismo a su conclusión lógica, deja al descubierto simultáneamente sus defectos inherentes. Si uno comienza con un ideal defectuoso, a menudo solo aprecia sus defectos cuando el ideal está próximo a su realización.

Ya podemos ver este proceso en marcha en las salas de los hospitales geriátricos. Debido a una creencia humanista intransigente en la sacralidad de la vida humana, mantenemos a personas con vida hasta que llegan a un estado tan lamentable que nos vemos obligados a preguntar: «¿Qué es exactamente tan sagrado aquí?». Debido a creencias humanistas similares, es probable que en el siglo XXI empujemos a la humanidad en su conjunto más allá de sus límites. Las mismas tecnologías que pueden transformar a los humanos en dioses podrían hacer también que acabaran siendo irrelevantes. Por ejemplo, es probable que ordenadores lo bastante potentes para entender y superar los mecanismos de la vejez y la muerte lo sean también para reemplazar a los humanos en cualquier tarea.

De ahí que en el siglo xxi la verdadera agenda será a buen seguro mucho más complicada de lo que ha sugerido este extenso capítulo inicial. En la actualidad podría parecer que la inmortalidad, la dicha y la divinidad constituyen los primeros puntos de nuestra agenda. Pero cuando estemos cerca de alcanzar esos objetivos, es probable que los trastornos resultantes nos desvíen hacia destinos completamente diferentes. El futuro que se describe en este capítulo es simplemente el futuro del pasado, es decir, un futuro basado en las ideas y esperanzas que han dominado el mundo durante los últimos trescientos años. El futuro real, es decir, un futuro generado por las nuevas ideas y esperanzas del siglo xxi, podría ser completamente diferente.

Para comprender todo esto debemos retroceder e investigar quién es realmente *Homo sapiens*, cómo el humanismo se convirtió en la religión dominante en el mundo y por qué es probable que intentar cumplir el sueño humanista cause su desintegración. Este es el objetivo esencial del libro.

La primera parte considera las relaciones entre *Homo sapiens* y otros animales, en un intento de comprender qué es lo que hace que nuestra especie sea tan especial. Algunos lectores podrían preguntarse por qué los animales reciben tanta atención en un libro sobre el futuro. En mi opinión, no podemos tener una discusión seria sobre la naturaleza y el futuro de la humanidad sin empezar por nuestros colegas animales. *Homo sapiens* hace todo lo que puede para olvidarlo, pero es un animal. Y es doblemente importante recordar nuestros orígenes en un momento en que buscamos transformarnos en dioses. Ninguna investigación de nuestro futuro divino puede ignorar nuestro propio pasado animal ni nuestras relaciones con otros animales..., porque la relación entre los humanos y los animales es el mejor modelo que tenemos para las futuras relaciones entre los superhumanos y los humanos. ¿Quiere saber el lector cómo los cíborgs superinteligentes podrían tratar a los humanos de carne y hueso corrientes? Será mejor que empiece investigando cómo los humanos tratan a sus primos animales menos inteligentes. No es una analogía perfecta, desde luego, pero es el mejor arquetipo que podemos observar en la realidad en lugar de simplemente imaginarlo.

Basada en las conclusiones de esta primera parte, la segunda parte del libro examina el extraño mundo que *Homo sapiens* ha creado en los últimos milenios y el camino que nos ha traído a la presente encrucijada. ¿Cómo llegó *Homo sapiens* a creer en el credo humanista, según el cual el universo gira alrededor de la humanidad y los humanos son el origen de todo sentido y toda autoridad? ¿Cuáles son las implicaciones económicas, sociales y políticas de este credo? ¿Cómo modela nuestra vida cotidiana, nuestro arte y nuestros deseos más secretos?

La tercera y última parte del libro retorna al principio del siglo XXI. Sobre la base de una comprensión mucho más profunda de la humanidad y de la creencia humanista, describe nuestro dilema actual y nuestros posibles futuros. ¿Por qué los intentos de consumar el humanismo podrían suponer su ruina? ¿Cómo la búsqueda de la inmortalidad, la dicha y la divinidad puede sacudir los cimientos de nuestra creencia en la humanidad? ¿Qué señales auguran este cataclismo, y cómo se refleja este en las decisiones cotidianas que cada uno de nosotros toma? Y si el humanismo se halla realmente en peligro, ¿qué podría ocupar su lugar? Esta parte del libro no consiste en un mero filosofar o una ociosa adivinación del futuro. Por el contrario, escudriña nuestros teléfonos inteligentes, la forma en que nos relacionamos y el mercado laboral para encontrar pistas de lo que se avecina.

Para los que creen fervientemente en el humanismo, todo esto puede parecer muy pesimista y deprimente. Pero es mejor no avanzar conclusiones. La historia ha contemplado el auge y caída de muchas religiones, imperios y culturas. Tales trastornos no son necesariamente malos. El humanismo ha dominado el mundo durante trescientos años, que no es un período muy extenso. Los faraones gobernaron Egipto durante tres mil años y los papas han dominado Europa durante un milenio. Si le hubiéramos dicho a un egipcio de la época de Ramsés II que un día los faraones desaparecerían, probablemente se habría quedado de piedra. «¿Cómo vamos a vivir sin un faraón? ¿Quién garantizará el orden, la paz y la justicia?» Si hubiéramos dicho a personas de la Edad Media que al cabo de unos pocos siglos Dios estaría muerto, se habrían horrorizado. «¿Cómo vamos a vivir sin Dios? ¿Quién dará sentido a la vida y nos protegerá del caos?»

En retrospectiva, muchos creen que la caída de los faraones y la muerte de Dios fueron acontecimientos positivos. Quizá el hundimiento del humanismo también sea beneficioso. Por lo general, la gente teme el cambio porque teme lo desconocido. Pero la única y mayor constante de la historia es que todo cambia.

FIGURA 10. El rey Asurbanipal de Asiria matando un león: el dominio del reino animal.

Parte I

Homo sapiens conquista el mundo

¿Qué diferencia a los humanos de todos los demás animales?

¿Cómo conquistó el mundo nuestra especie?

¿Es Homo sapiens *una forma de vida superior o solo el bravucón local?*

2

El Antropoceno

Con respecto a otros animales, los humanos hace ya tiempo que se convirtieron en dioses. No nos gusta reflexionar demasiado sobre esto, porque no hemos sido dioses particularmente justos o clementes. Si el lector mira el canal de *National Geographic*, va a ver una película de Disney o lee un libro de cuentos de hadas, fácilmente puede tener la impresión de que el planeta Tierra está poblado en su mayor parte por leones, lobos y tigres, que son tan numerosos como nosotros, los humanos. El león Simba reina sobre los animales de la selva, Caperucita Roja intenta librarse del Lobo Feroz, y el pequeño y valiente Mowgli se enfrenta a Shere Khan, el tigre. Pero, en realidad, ya no están aquí. Todavía llenan nuestros canales de televisión, libros, fantasías y pesadillas, pero los Simbas, Shere Khans y Lobos Feroces de nuestro planeta están desapareciendo. El mundo está poblado principalmente por humanos y sus animales domesticados.

¿Cuántos lobos viven hoy en Alemania, el país de los hermanos Grimm, de la Caperucita Roja y del Lobo Feroz? Menos de un centenar. (Y casi todos ellos son lobos polacos que han cruzado la frontera en los últimos años.) En cambio, Alemania es el hogar de cinco millones de perros domésticos. En total, unos 200.000 lobos salvajes todavía vagan por la Tierra, pero hay más de 400 millones de perros domésticos.[1] El mundo es hogar de 40.000 leones, frente a 600 millones de gatos domésticos, de 900.000 búfalos africanos frente a 1.500 millones de vacas domesticadas, de 50 millones de pingüinos y de 20.000 millones de gallinas.[2] Desde 1970, a pesar de una conciencia ecológica creciente, las poblaciones de animales salvajes se han reducido a la mitad (y en 1970 no eran precisamente prósperas).[3] En 1980 había 2.000 millones de aves silvestres en Europa. En 2009 solo quedaban 1.600 millones. En el mismo año, los europeos criaban 1.900 millones de gallinas y pollos para producción de carne y huevos.[4] En la actualidad, más del 90 por ciento de los grandes animales del mundo (es decir, los que pesan más que unos pocos kilogramos) son o bien humanos o bien animales domesticados.

Los científicos dividen la historia de nuestro planeta en eras tales como el Pleistoceno, el Plioceno y el Mioceno. Oficialmente, vivimos en el Holoceno. Pero sería más acertado denominar los últimos setenta mil años como Antropoceno: la era de la humanidad. Porque, durante estos milenios, *Homo sapiens* se ha convertido en el agente de cambio más importante en la ecología global.[5]

Se trata de un fenómeno sin precedentes. Desde la aparición de la vida, hace unos cuatro mil millones de años, nunca una sola especie ha cambiado por sí sola la ecología global. Aunque no han faltado revoluciones ecológicas y episodios de extinciones masivas, estas no fueron causadas por la acción de un lagarto, un murciélago o un hongo concretos. Más bien, fueron causados por los mecanismos de fuerzas naturales imponentes como el cambio climático, el movimiento de placas tectónicas, las erupciones volcánicas y las colisiones de asteroides.

Figura 11. Gráfico de la biomasa global de animales grandes.

Algunas personas temen que hoy nos hallemos de nuevo en peligro mortal de erupciones volcánicas masivas o de asteroides que vayan a impactar en la Tierra. Los productores de Hollywood ganan millones explotando estas inquietudes. Pero, en realidad, el peligro es escaso. Las extinciones masivas tienen lugar una vez cada muchos millones de años. Sí, es probable que un asteroide grande choque contra nuestro planeta en algún momento de los próximos cien millones de años, pero es muy poco probable que ello ocurra el próximo martes. En lugar de temer los asteroides, deberíamos temernos a nosotros mismos.

Porque *Homo sapiens* ha reescrito las reglas del juego. Esta especie única de simio ha conseguido en estos setenta mil años cambiar el ecosistema global de formas radicales y sin precedentes. Nuestro impacto ya corre parejo con el de las edades del hielo y los movimientos tectónicos. Dentro de un siglo, nuestro impacto podría superar al del asteroide que extinguió los dinosaurios hace sesenta y cinco millones de años.

Aquel asteroide cambió la trayectoria de la evolución terrestre, pero no sus reglas fundamentales, que han permanecido inalterables desde la aparición de los primeros organismos, hace cuatro mil millones de años. Durante todos estos eones, ya fueras un virus o un dinosaurio, evolucionabas según los principios inmutables de la selección natural. Además, al margen de las formas extrañas y estrafalarias que adoptara, la vida permanecía confinada al ámbito orgánico: ya se tratara de un cactus o de una ballena, los organismos estaban hechos de compuestos orgánicos. Ahora la humanidad está a las puertas de sustituir la selección natural con el diseño inteligente,* y a extender la vida desde el ámbito orgánico al inorgánico.

Incluso si dejamos de lado estas posibilidades futuras y tenemos en cuenta solo los últimos setenta mil años, es evidente que el Antropoceno ha alterado el mundo de maneras nunca vistas hasta entonces. Es posible que los asteroides, la tectónica de placas y el cambio climático

---

* Diseño de organismos a manos de nuestra especie; no confundir con la teoría homónima que defienden los creacionistas y según la cual hay estructuras (como el ojo) demasiado complejas para ser el producto de la evolución, y que, por tanto, tienen que haber sido diseñadas por un ser inteligente: Dios. *(N. del T.)*

hayan influido en los organismos de todo el globo, pero su influencia difirió de una región a otra. El planeta nunca constituyó un ecosistema único, sino que era un conjunto de muchos ecosistemas conectados de manera laxa. Cuando los movimientos tectónicos unieron Norteamérica con Sudamérica, esto llevó a la extinción de la mayoría de los marsupiales sudamericanos, pero no tuvo efectos perjudiciales sobre los canguros australianos. Cuando la última edad del hielo alcanzó su punto álgido, hace veinte mil años, las medusas del golfo Pérsico y las de la bahía de Tokio tuvieron que adaptarse al nuevo clima. Pero, dado que no había conexión entre ambas poblaciones, cada una de ellas reaccionó de una manera diferente, y evolucionaron en direcciones distintas.

En cambio, el sapiens rompió las barreras que habían separado el globo en zonas ecológicas independientes. En el Antropoceno, el planeta se convirtió por primera vez en una sola unidad ecológica. Australia, Europa y América continuaron teniendo climas y topografías diferentes, pero los humanos provocaron que organismos de todo el mundo se mezclaran de una manera regular, con independencia de la distancia y la geografía. Lo que empezó como un goteo de barcos de madera se ha convertido en un torrente de aviones, petroleros y buques de carga gigantescos que cruzan todos los océanos y unen todas las islas y continentes. En consecuencia, la ecología de, pongamos por caso, Australia ya no puede comprenderse sin tener en cuenta a los mamíferos europeos o a los microorganismos americanos que inundan sus costas y desiertos. Las ovejas, el trigo, las ratas y los virus de la gripe que los humanos han llevado a Australia durante los últimos trescientos años son hoy en día más importantes para su ecología que los canguros y koalas nativos.

Pero el Antropoceno no es un fenómeno nuevo, de los últimos siglos. Hace decenas de miles de años, cuando nuestros antepasados de la Edad de Piedra se extendieron desde África Oriental al resto del planeta, ya cambiaron la flora y la fauna de todos y cada uno de los continentes e islas en los que se asentaron. Causaron la extinción de todas las demás especies humanas del mundo, del 90 por ciento de los grandes animales de Australia, del 75 por ciento de los grandes mamíferos de América, y de alrededor del 50 por ciento de todos los grandes animales terrestres del planeta..., y todo esto antes de que plantaran el primer campo de trigo, modelaran la primera herramienta de metal, escribieran el primer texto o acuñaran la primera moneda.[6]

Los animales grandes fueron las víctimas principales porque eran relativamente poco numerosos y de reproducción lenta. Compárese, por ejemplo, los mamuts (que se extinguieron) con los conejos (que sobrevivieron). Una manada de mamuts la formaban unas pocas docenas de individuos y se reproducía a un ritmo de quizá solo dos crías por año. Así, si la tribu humana local cazaba solo tres mamuts al año, esto habría bastado para que las muertes superaran a los nacimientos, y en pocas generaciones los mamuts desaparecieron. Los conejos, en cambio, se reproducen como conejos. Aunque los humanos cazaran centenares al año, esto no era suficiente para causar su extinción.

No es que nuestros antepasados planearan aniquilar a los mamuts; simplemente, no eran conscientes de las consecuencias de sus actos. La extinción de los mamuts y de otros animales grandes pudo haber sido rápida a una escala temporal evolutiva, pero lenta y gradual en términos humanos. La gente no vivía más allá de setenta u ochenta años, mientras que el proceso de extinción llevó siglos. Probablemente, los antiguos sapiens no advirtieron ninguna conexión entre la caza anual de mamuts (en la que se mataban no más de dos o tres ejemplares) y su desaparición. A lo sumo, quizá un anciano nostálgico pudo haber dicho a los jóvenes escépticos: «Cuando yo era joven, había muchos más mamuts que ahora. Y lo mismo ocurría con los mastodontes y los ciervos gigantes. Y, desde luego, los jefes de la tribu eran honestos y los niños respetaban a sus mayores».

LOS HIJOS DE LA SERPIENTE

La evidencia antropológica y arqueológica indica la probabilidad de que los cazadores-recolectores arcaicos fueran animistas: creían que no había una separación esencial entre los humanos y los demás animales. El mundo (es decir, el valle en cuestión y las cordilleras que lo rodeaban) pertenecía a todos sus habitantes, y cada uno de ellos seguía un conjunto de reglas comunes. Dichas reglas implicaban una negociación incesante entre todos los interesados. La gente hablaba con los animales, los árboles y las piedras, así como con hadas, demonios y fantasmas. De esta red de comunicaciones surgían los valores y las normas que obligaban por igual a humanos, elefantes, robles y espectros.[7]

La visión animista del mundo guía todavía a algunas comunidades de cazadores-recolectores que han sobrevivido hasta la edad moderna. Una de ellas es el pueblo nayaka, que vive en las selvas tropicales de la India meridional. El antropólogo Danny Naveh, que estudió a los nayakas durante varios años, informa que cuando un nayaka que anda por la jungla encuentra un animal peligroso, como un tigre, una serpiente o un elefante, se dirige al animal y le dice: «Tú vives en la selva. Yo también vivo en la selva. Tú has venido aquí a comer, y yo también he venido aquí a recolectar raíces y tubérculos. No he venido a hacerte daño».

Una vez, un elefante macho al que llamaban «el elefante que siempre anda solo» mató a un nayaka. Los nayakas se negaron a ayudar a los funcionarios del departamento forestal indio a capturarlo. Explicaron a Naveh que ese elefante había estado muy apegado a otro elefante macho, con el que siempre deambulaba. Un día, el departamento forestal capturó al segundo elefante, y desde entonces «el elefante que siempre anda solo» se había vuelto irascible y violento. «¿Cómo te habrías sentido tú si te hubieran quitado a tu esposa? Así es exactamente como se sentía ese elefante. A veces, esos dos elefantes se separaban de noche y cada uno seguía su camino…, pero por la mañana siempre volvían a reunirse. Aquel día, el elefante vio caer a su compañero, lo vio tendido en el suelo. Si dos siempre van juntos y disparas a uno, ¿cómo se sentirá el otro?»[8]

Estas actitudes animistas sorprenden por extrañas a mucha gente de países industrializados. La mayoría vemos a los animales como seres esencialmente diferentes e inferiores. Ello se debe a que incluso nuestras tradiciones más antiguas se crearon miles de años después del final de la era de los cazadores-recolectores. El Antiguo Testamento, por ejemplo, fue escrito en el primer milenio a.C., y sus relatos más antiguos reflejan las realidades del segundo milenio. Pero en Oriente Medio, la época de los cazadores-recolectores concluyó más de siete mil años antes. Por ello, no sorprende que la Biblia rechace las creencias animistas y que su único relato animista aparezca justo al principio, como una terrible advertencia. La Biblia es un libro extenso, está repleto de milagros, prodigios y maravillas. Pero la única vez en que un animal inicia una conversación con un humano es cuando la serpiente tienta a Eva a comer el fruto prohibido del saber (el asna de Balaam también pronuncia algunas palabras, pero simplemente está transmitiendo a Balaam un mensaje de Dios).

En el Jardín del Edén, Adán y Eva vivían como recolectores. La expulsión del Edén tiene una semejanza asombrosa con la revolución agrícola. En lugar de permitir a Adán que siguiera recolectando frutos silvestres, un Dios colérico lo condena: «Con el sudor de tu rostro comerás el pan». Quizá no sea una coincidencia, pues, que los animales bíblicos hablaran con los humanos solo en la era preagrícola del Edén. ¿Qué lecciones extrae la Biblia de este episodio? Que no debemos es-

FIGURA 12. *Caída y expulsión del Jardín del Edén*, de Miguel Ángel (capilla Sixtina). La serpiente (que presenta la parte superior de un cuerpo humano) inicia toda la cadena de acontecimientos. Mientras que los dos primeros capítulos del Génesis están dominados por monólogos divinos («Dijo Dios…», «Dijo luego Dios…», «Dijo luego Dios…»), en el tercer capítulo tenemos finalmente un diálogo, entre Eva y la serpiente («Y dijo la serpiente a la mujer…», «Y respondió la mujer a la serpiente…»). Esta conversación única entre un humano y un animal conduce a la caída de la humanidad, y a nuestra expulsión del Edén.

cuchar a las serpientes, y que por lo general es mejor evitar hablar con animales y plantas. Ello no conduce más que al desastre.

Pero el relato bíblico tiene capas de sentido más profundas y antiguas. En la mayoría de los lenguajes semíticos, «Eva» significa «serpiente» o incluso «serpiente hembra». El nombre de nuestra madre bíblica ancestral esconde un arcaico mito animista, según el cual las serpientes no son nuestros enemigos, sino nuestros ancestros.[9] Muchas culturas animistas creían que los humanos descendían de animales, como por ejemplo serpientes y otros reptiles. La mayoría de los aborígenes australianos creían que la Serpiente del Arcoíris creó el mundo. Los pueblos aranda y dieri sostenían que sus tribus en particular se originaron a partir de lagartos o serpientes primordiales, que fueron transformados en humanos.[10] De hecho, los occidentales modernos también creen que han evolucionado a partir de reptiles. El cerebro de todos y cada uno de nosotros está construido alrededor de un núcleo reptiliano, y la estructura de nuestro cuerpo es esencialmente la de reptiles modificados.

Los autores del libro del Génesis podrían haber conservado un vestigio de las creencias animistas arcaicas en el nombre de Eva, pero tuvieron gran cuidado de esconder todas las demás trazas. El Génesis dice que, en lugar de descender de serpientes, los humanos fueron creados por obra divina a partir de materia inanimada. La serpiente no es nuestro progenitor: nos seduce para que nos rebelemos contra nuestro Padre celestial. Mientras que los animistas consideraban a los humanos un animal más, la Biblia asegura que son una creación única, y cualquier intento de reconocer el animal que hay en nuestro interior niega el poder y la autoridad de Dios. De hecho, cuando los humanos modernos descubrieron que en realidad evolucionaron a partir de reptiles, se rebelaron contra Dios y dejaron de escucharle, o incluso de creer en Su existencia.

Necesidades ancestrales

La Biblia, junto con su creencia en la peculiaridad humana, fue uno de los subproductos de la revolución agrícola, que inició una nueva fase en las relaciones humano-animal. La aparición de la agricultura produjo nuevas oleadas de extinciones masivas, pero, lo que es más importante, también dio lugar a una forma de vida nueva en la Tierra: los animales domesticados. Inicialmente, este acontecimiento tuvo una importancia menor, puesto que los humanos consiguieron domesticar menos de veinte especies de mamíferos y aves, en comparación con los innumerables miles de especies que siguieron siendo «salvajes». Sin embargo, con el paso de los siglos, esta nueva forma de vida se hizo predominante. En la actualidad, más del 90 por ciento de todos los animales grandes son domesticados.

Lamentablemente, las especies domesticadas pagaron por su éxito colectivo con un sufrimiento individual nunca visto. Aunque el reino animal ha conocido muchos tipos de dolor y de desgracia durante millones de años, la revolución agrícola generó formas de sufrimiento completamente nuevas, que con el tiempo solo empeoraron.

Para el lego en la materia, los animales domesticados parecen estar mucho mejor que sus primos y ancestros salvajes. Los jabalíes pasan el día en busca de comida, agua y cobijo, y sufren la amenaza constante de leones, parásitos e inundaciones. Los cerdos domesticados, en cambio, gozan de la comida, el agua y el cobijo que les proporcionan los humanos, que también tratan sus enfermedades y los protegen frente a los depredadores y los desastres naturales. Cierto: la mayoría de los cerdos, más tarde o más temprano, terminan en el matadero, pero ¿hace esto que su suerte sea peor que la de los jabalíes? ¿Acaso es preferible ser devorado por un león que sacrificado por un hombre? ¿Son los dientes de los cocodrilos menos mortíferos que los cuchillos de acero?

Lo que hace que la suerte de los animales de granja sea particularmente dura no es solo cómo mueren, sino ante todo cómo viven. Dos factores enfrentados han modelado sus condiciones de vida desde los tiempos antiguos hasta el presente: los deseos humanos y las necesidades de los animales. Así, los humanos crían cerdos para tener carne, pero si quieren un suministro continuo de carne, deben asegurar la supervivencia a largo plazo y la reproducción de los cerdos. Teóricamente, esto tendría que haber protegido a los animales de formas extremas de crueldad. Si un granjero no los cuidaba adecuadamente, sus cerdos pronto morían sin descendientes, y el granjero sucumbía al hambre.

Desgraciadamente, los humanos pueden causar un sufrimiento tremendo a los animales de granja de diversas maneras, incluso al tiempo que aseguran su supervivencia y su reproducción. La raíz del problema es que los animales domesticados han heredado de sus antepasados salvajes muchas necesidades físicas, emocionales y sociales que son superfluas en las granjas humanas. Los ganaderos obvian de manera rutinaria dichas necesidades, sin pagar ninguna sanción económica. Encierran a los animales en jaulas diminutas, mutilan sus cuernos y cola, separan a madres de hijos y crían monstruos de forma selectiva. Los animales padecen mucho, pero siguen viviendo y multiplicándose.

¿Acaso no contradice esto los principios más básicos de la selección natural? La teoría de la evolución sostiene que todos los instintos, impulsos y emociones han evolucionado respondiendo al interés único de la supervivencia y la reproducción. Si es así, ¿acaso la reproducción continua de los animales de granja no demuestra que sus necesidades reales son satisfechas? ¿Cómo puede un cerdo tener una «necesidad» que en verdad no sea necesaria para su supervivencia y su reproducción?

Es cierto que todos los instintos, impulsos y emociones evolucionaron con el fin de adaptarse a las presiones evolutivas de la supervivencia y la reproducción. Sin embargo, si estas presiones desaparecen de golpe, los instintos, impulsos y emociones que estas modelaron no desaparecen con ellas. Al menos, no al instante. Incluso si ya no son fundamentales para la supervivencia y la reproducción, estos instintos, impulsos y emociones continúan moldeando las experiencias subjetivas del animal. Tanto para los animales como para los humanos, la agricultura cambió las presiones de selección casi de la noche a la mañana, pero no cambió sus impulsos físicos, emocionales ni sociales. La evolución, por descontado, nunca se detiene y ha seguido modificando a humanos y a animales en los doce mil años transcurridos desde la aparición de la agricultura. Por ejemplo, en Europa y Asia occidental, los humanos adquirieron por evolución la capacidad de digerir la leche de vaca, mientras que las vacas perdieron su temor a los humanos y hoy en día producen mucha más leche que sus antepasadas salvajes. Pero estas son alteraciones superficiales. Las estructuras sensoriales y emocionales profundas de vacas, cerdos y humanos no han cambiado mucho desde la Edad de Piedra.

¿Por qué a los humanos modernos les gustan tanto los dulces? No se debe a que a principios del siglo XXI tengamos que atiborrarnos de helados y de chocolate para sobrevivir. Más bien se debe a que cuando nuestros antepasados de la Edad de Piedra encontraban fruta dulce o miel, lo más sensato era comer mucha tan deprisa como fuera posible. ¿Por qué los jóvenes conducen de forma temeraria, participan en peleas violentas y piratean sitios confidenciales de internet? Porque siguen antiguos mandatos genéticos, que hoy podrían ser inútiles o incluso contraproducentes, pero que hace setenta mil años tenían perfecto sentido evolutivo. Un joven cazador que arriesgara su vida para cazar un mamut eclipsaba a todos sus competidores y obtenía la mano de la belleza local, y ahora estamos atrapados por sus genes de macho.[11]

La misma lógica evolutiva modela la vida de cerdos, cerdas y cochinillos en las granjas controladas por los humanos. Para sobrevivir y reproducirse en la naturaleza, los antiguos jabalíes necesitaban recorrer extensos territorios, familiarizarse con su ambiente y cuidarse de trampas y depredadores. Además, necesitaban comunicarse con otros jabalíes y formar grupos complejos dominados por matriarcas viejas y experimentadas. En consecuencia, las presiones evolutivas hicieron de los cerdos salvajes (y aún más de las cerdas salvajes) animales sociales muy inteligentes, caracterizados por una viva curiosidad y por fuertes necesidades de socializar, jugar, desplazarse y explorar el entorno. Una cerda que naciera con alguna mutación rara que la hiciera indiferente frente a su ambiente y a otros cerdos difícilmente podía sobrevivir o reproducirse.

Los descendientes de los jabalíes (los cerdos domesticados) heredaron su inteligencia, su curiosidad y sus habilidades sociales.[12] Al igual que los jabalíes, los cerdos domesticados se comunican empleando una rica variedad de señales vocales y olfativas: las madres reconocen los chillidos particulares de sus lechones, mientras que los lechones de dos días ya diferencian las llamadas de su madre de las de otras cerdas.[13] El profesor Stanley Curtis, de la Universidad Estatal de Pennsylvania adiestró a dos cerdos (de nombres Hamlet y Omelette) a accionar con el hocico una palanca de control especial, y descubrió que los cerdos enseguida empezaron a rivalizar con los primates en capacidad de aprendizaje y con los juegos de ordenador sencillos.[14]

Hoy en día, la mayoría de las puercas que viven en granjas industriales no tienen juegos de ordenador. Están encerradas por sus dueños humanos en minúsculos cajones de gestación, que por lo general miden dos metros por sesenta centímetros. Los cajones tienen el suelo de cemento y barras de metal, y apenas permiten que las cerdas preñadas se den la vuelta, duerman acostadas y, por descontado, anden. Después de tres meses y medio en tales condiciones, las cerdas son trasladadas a cajones algo mayores, donde paren y amamantan a sus lechones. Mientras que en la naturaleza los lechones mamarían entre diez y veinte semanas, en las granjas industriales se les desteta a la fuerza entre dos y cuatro semanas después de nacer, se les separa de su madre, y son enviados a engordar para su posterior sacrificio. De inmediato se fecunda a la madre de nuevo y se la envía al cajón de gestación para iniciar otro ciclo. La puerca típica pasará por entre cinco y diez ciclos como este antes de ser sacrificada. En los últimos años, el uso de cajones se ha restringido en la Unión Europea y en algunos estados de Estados Unidos, pero los cajones todavía se em-

FIGURA 13. Cerdas confinadas en jaulas de gestación. Estos seres inteligentes y muy sociales pasan la mayor parte de su vida en estas condiciones, como si ya fueran salchichas.

plean de manera generalizada en otros muchos países, y decenas de millones de cerdas reproductoras pasan casi toda la vida en ellos.

Los granjeros humanos cuidan de todo lo que la puerca necesita para sobrevivir y reproducirse. Le proporcionan comida, la vacunan contra enfermedades, la protegen contra los elementos y la inseminan artificialmente. Objetivamente, la marrana ya no necesita explorar su entorno, ni socializar con otros cerdos, ni establecer lazos con sus lechones; ni siquiera necesita andar. Pero, subjetivamente, aún siente un impulso imperioso por hacer todo eso, y si dichos impulsos no se satisfacen, sufre mucho. Las puercas encerradas en cajones de gestación tienen típicamente síntomas de frustración aguda alternada con desesperación extrema.[15]

Esta es la lección básica de la psicología evolutiva: una necesidad modelada hace miles de generaciones continúa sintiéndose subjetivamente, aunque en la actualidad ya no sea necesaria para la supervivencia y la reproducción. Trágicamente, la revolución agrícola confirió a los humanos el poder de asegurar la supervivencia y la reproducción de los animales domesticados y obviar a un tiempo sus necesidades subjetivas.

LOS ORGANISMOS SON ALGORITMOS

¿Cómo podemos estar seguros de que animales tales como los cerdos tienen realmente un mundo subjetivo de necesidades, sensaciones y emociones? ¿No somos acaso culpables de humanizar a los animales, es decir, de adscribir cualidades humanas a entidades no humanas, como los niños que creen que las muñecas sienten amor y enfado?

En realidad, atribuir emociones a los cerdos no los humaniza. Los «mamiferiza». Porque las emociones no son únicamente una cualidad humana: son comunes a todos los mamíferos (así como a todas las aves y probablemente a algunos reptiles e incluso peces). Todos los animales han desarrollado por evolución capacidades y necesidades emocionales, y del hecho de que los cerdos sean mamíferos podemos deducir sin riesgo a equivocarnos que tienen emociones.[16]

En las últimas décadas, los científicos de la vida han demostrado que las emociones no son un fenómeno espiritual misterioso que solo sirve para escribir poesía y componer sinfonías. En realidad, las emociones son algoritmos bioquímicos vitales para la supervivencia y la reproducción de todos los mamíferos. ¿Qué significa esto? Bueno, empecemos por explicar qué es un algoritmo. Esto es de gran importancia no únicamente porque este concepto clave reaparecerá en muchos de los capítulos que siguen, sino porque el siglo XXI estará dominado por algoritmos. Puede decirse que «algoritmo» es el concepto más importante en nuestro mundo. Si queremos comprender nuestra vida y nuestro futuro, debemos hacer todos los esfuerzos posibles por entender qué es un algoritmo y cómo los algoritmos están conectados con las emociones.

Un algoritmo es un conjunto metódico de pasos que pueden emplearse para hacer cálculos, resolver problemas y alcanzar decisiones. Un algoritmo no es un cálculo concreto, sino el método que se sigue cuando se hace el cálculo. Por ejemplo, si queremos calcular la media entre dos números, podemos usar un algoritmo sencillo. El algoritmo dice: «Primer paso: suma los dos números. Segundo paso: divide la suma por dos». Cuando los números son 4 y 8, se obtiene 6. Cuando son 117 y 231, se obtiene 174.

Un ejemplo más complejo es una receta de cocina. Un algoritmo para preparar una sopa de verduras podría decirnos:

1. Calienta media taza de aceite en una cazuela.
2. Trocea cuatro cebollas.
3. Fríe la cebolla hasta que esté dorada.
4. Corta tres patatas a dados y añádelos a la cazuela.
5. Corta una col en juliana y añádela a la cazuela.

Y así sucesivamente. Podemos seguir el mismo algoritmo decenas de veces, empleando cada vez verduras algo distintas y obteniendo por lo tanto una sopa ligeramente diferente. Pero el algoritmo sigue siendo el mismo.

Por sí misma, una receta no puede hacer sopa. Se necesita una persona que lea la receta y que siga la serie de pasos que se prescriben. Pero sí es posible fabricar una máquina que incorpore este algoritmo y lo siga de forma automática. Entonces solo se necesita proporcionar agua, electricidad y verduras a la máquina, y esta hará la sopa por su cuenta. No hay por ahí muchas máquinas de hacer sopa, pero probablemente el lector esté familiarizado con máquinas que expenden bebidas. Dichas máquinas suelen tener una ranura para las monedas, una abertura para los vasos e hileras de botones. La primera tiene botones para café, té y cacao. En la segunda aparecen los rótulos: «Sin azúcar», «Una cucharadita de azúcar», «Dos cucharaditas de azúcar». En la tercera fila los rótulos rezan: «Leche», «Leche de soja», «Sin leche». Un hombre se acerca a la máquina, inserta una moneda en la ranura y presiona los botones que rezan «Té», «Una cucharadita de azúcar» y «Leche». La máquina se pone en marcha y sigue un conjunto de pasos preciso. Hace caer una bolsita de té en un vaso, vierte agua hirviendo, añade una cucharadita de azúcar y leche y, *voilà!*, aparece un bonito vaso de té. Esto es un algoritmo.[17]

Durante las últimas décadas, los biólogos han llegado a la firme conclusión de que el hombre que pulsa los botones y bebe el té es también un algoritmo. Un algoritmo mucho más complejo que la máquina expendedora, sin duda, pero un algoritmo. Los humanos son algoritmos que producen no vasos de té, sino copias de sí mismos (como una máquina expendedora que, después de pulsar la combinación adecuada de botones, produjera otra máquina expendedora).

Los algoritmos que controlan las máquinas expendedoras funcionan mediante engranajes mecánicos y circuitos eléctricos. Los algoritmos que controlan a los humanos operan mediante sensaciones, emociones y pensamientos. Y exactamente el mismo tipo de algoritmos controla a cerdos, babuinos, nutrias y gallinas. Considérese, por ejemplo, el siguiente problema de supervivencia: un babuino ve unas bananas que cuelgan de un árbol, pero también se da cuenta de que un león acecha en las inmediaciones. ¿Debería el babuino arriesgar su vida por esas bananas?

La situación se reduce a un problema matemático de cálculo de probabilidades: la probabilidad de que el babuino muera de hambre si no come las bananas frente a la probabilidad de que el león atrape al babuino. Para resolver este problema, el babuino necesita tener en cuenta muchos datos: «¿Qué distancia me separa de las bananas? ¿Y del león? ¿A qué velocidad puedo correr? ¿A qué velocidad puede correr el león? El león, ¿está despierto o dormido? ¿Tiene aspecto de estar hambriento o saciado? ¿Cuántas bananas hay? ¿Son pequeñas o grandes? ¿Verdes o maduras?». Además de estos datos externos, el papión ha de tener en cuenta asimismo información sobre las condiciones internas de su cuerpo. Si le acucia el hambre, tendrá sentido arriesgarlo todo por esas bananas, al margen de las probabilidades que tenga. En cambio, si acaba de comer y el ansia por las bananas es mera glotonería, ¿por qué correr ningún riesgo?

Para sopesar y aquilatar todas estas variables y probabilidades, el babuino necesita algoritmos mucho más complicados que los que controlan las máquinas expendedoras automáticas. En correspondencia, el premio por hacer los cálculos correctos es mayor. El premio es la supervivencia misma del babuino. Un babuino asustadizo (cuyos algoritmos sobrestimen los peligros) morirá de hambre, y los genes que modelaron estos algoritmos cobardes perecerán con él. Un babuino imprudente (cuyos algoritmos subestimen los peligros) caerá presa del león, y sus genes audaces tampoco conseguirán llegar a la siguiente generación. Dichos algoritmos pasan constantemente controles de calidad por parte de la selección natural. Solo los animales que calculan correctamente las probabilidades dejan descendientes.

Pero todo esto es muy abstracto. ¿Cómo calcula exactamente probabilidades un babuino? Desde luego, no toma un lápiz que lleva tras la oreja y un bloc de notas que guarda en un bolsillo trasero, y empieza a computar velocidades de carrera y niveles de energía con una calculadora. Más bien, todo el cuerpo del babuino es la calculadora. Lo que llamamos sensaciones y emociones son en realidad algoritmos. El babuino siente hambre, siente miedo y tiembla al ver el león, y nota que se le hace la boca agua al ver las bananas. En una fracción de segundo experimenta una tormenta de sensaciones, emociones y deseos, que no es otra cosa que el proceso de cálculo. El resultado aparecerá como una sensación: de repente, el babuino sentirá que su espíritu se eleva, que sus pelos se erizan, sus músculos se tensan, su pecho se hincha, inhalará una gran bocanada y «¡Adelante! ¡Puedo hacerlo! ¡A por las bananas!». Alternativamente, podría estar abrumado por el terror, sus hombros descenderían, su estómago daría un vuelco, sus patas no lo sostendrán y «¡Mamá! ¡Un león! ¡Socorro!». A veces las probabilidades son tan parejas que es difícil decidirse. También esto se manifestará como una sensación. El papión se sentirá confundido e indeciso: «Sí... No... Sí... No... ¡Maldición! ¡No sé qué hacer!».

Para transmitir genes a la siguiente generación no basta con solucionar problemas de supervivencia. Los animales tienen que resolver asimismo problemas de reproducción y, también en esto, todo depende de calcular probabilidades. La selección natural ha hecho evolucionar pasión y repugnancia como algoritmos rápidos para evaluar las probabilidades de reproducción. La belleza significa «buenas probabilidades de tener descendientes que medren». Cuando una mujer ve a un hombre y piensa «¡Uau! ¡Qué guapo es!», y cuando una pava real ve a un pavo real y piensa «¡Jesús! ¡Qué cola!», están haciendo algo parecido a la máquina expendedora. Cuando la luz reflejada por el cuerpo del macho incide en sus retinas, se ponen en marcha algoritmos muy potentes, perfeccionados por millones de años de evolución. En cuestión de pocos milisegundos, los algoritmos convierten señales minúsculas del aspecto externo del macho en probabilidades de reproducción, y llegan a una conclusión: «Con toda probabilidad, este es un macho muy sano y fértil, con genes excelentes. Si me apareo con él, mis hijos tendrán también la probabilidad de gozar de buena salud y de genes excelentes». Obviamente, esta conclusión no se manifiesta en palabras o números, sino en la ardiente comezón de la atracción sexual. Las pavas reales, y la mayoría de las mujeres, no hacen estos cálculos con lápiz y papel. Simplemente, los sienten.

Incluso los economistas que han obtenido el Premio Nobel toman solo una ínfima parte de sus decisiones utilizando lápiz, papel y calculadora; el 99 por ciento de nuestras decisiones (entre ellas, las elecciones más importantes de la vida, relacionadas con cónyuges, carreras y hábitats) las toman los refinadísimos algoritmos que llamamos sensaciones, emociones y deseos.[18]

Debido a que dichos algoritmos controlan la vida de todos los mamíferos y aves (y, probablemente, de algunos reptiles e incluso peces),

cuando humanos, babuinos y cerdos sienten miedo, procesos neurológicos similares tienen lugar en áreas cerebrales similares. Por lo tanto, es
probable que humanos asustados, babuinos aterrados y cerdos atemorizados tengan experiencias similares.[19]

También hay diferencias, por supuesto. Los cerdos no parecen experimentar los extremos de compasión y crueldad que caracterizan a *Homo
sapiens*, ni la sensación de arrobo que embarga a un humano cuando
contempla la infinitud de un cielo estrellado. Es probable que existan
también ejemplos opuestos, de sensaciones porcinas con las que los humanos no están familiarizados, pero no puedo citar ninguna, por razones
obvias. Sin embargo, hay una emoción básica que todos los mamíferos comparten: el vínculo madre-hijo. De hecho, a él deben su nombre los
mamíferos. La palabra «mamífero» procede del latín *mamma*, «seno». Las
madres mamíferas quieren tanto a sus hijos que les permiten mamar de

FIGURA 14. Un pavo real y un hombre. Cuando observamos estas imágenes, los datos
sobre proporciones, colores y tamaños son procesados por nuestros algoritmos bioquímicos, que causan que sintamos atracción, repulsión o indiferencia.

su cuerpo. Los jóvenes mamíferos, por su parte, sienten un deseo abrumador de vincularse a su madre y permanecer cerca de ella. En la naturaleza, los jabatos, becerros y cachorros que no consiguen establecer ese vínculo con su madre rara vez sobreviven mucho tiempo. Hasta fechas recientes, era algo que también ocurría con los niños. Y a la inversa. Una cerda, vaca o perra que, debido a alguna mutación rara, no se ocupe de sus crías bien podría tener una vida larga y apacible, pero sus genes no pasarán a la siguiente generación. Y otro tanto ocurre con las jirafas, murciélagos, ballenas y puercoespines. Podemos discutir sobre otras emociones, pero dado que las crías de los mamíferos no pueden sobrevivir sin el cuidado de la madre, es evidente que el amor materno y un fuerte vínculo madre-hijo caracterizan a todos los mamíferos.[20]

Los científicos tardaron mucho tiempo en reconocer lo anterior. No hace mucho, los psicólogos dudaban de la importancia del vínculo emocional entre progenitores e hijos, incluso entre los humanos. En la primera mitad del siglo XX, y a pesar de la influencia de las teorías freudianas, la escuela conductista dominante aducía que las relaciones entre progenitores e hijos estaban modeladas por retroalimentaciones materiales; que los hijos necesitaban sobre todo comida, refugio y atención médica, y que los vínculos que establecían con sus padres se debían simplemente a que estos satisfacían esas necesidades materiales. De los niños que solicitaban calor, abrazos y besos se decía que estaban «mimados». Los expertos en puericultura advertían que los niños que recibían besos y abrazos de sus padres se convertirían en adultos necesitados, egoístas e inseguros.[21]

John Watson, una autoridad reconocida de la puericultura en la década de 1920, advertía severamente a los padres: «No abracéis ni beséis nunca [a vuestros hijos], no dejéis nunca que se sienten en vuestro regazo. Si tenéis que besarlos, hacedlo una vez en la frente cuando les deseéis buenas noches. Por la mañana, estrechadles la mano».[22] La popular revista *Infant Care* explicaba que el secreto de criar a los hijos es mantener la disciplina y proporcionarles las necesidades materiales según un rígido programa diario. Un artículo de 1929 daba el siguiente consejo a los padres si el niño lloraba pidiendo comida antes de la hora de comer: «No lo cojáis, ni lo acunéis para que deje de llorar, y no lo alimentéis hasta que llegue la hora exacta de comer. Llorar no hará daño al bebé, ni siquiera al de muy corta edad».[23]

No fue hasta las décadas de 1950 y 1960 cuando, en un creciente consenso, los expertos empezaron a abandonar estas estrictas teorías conductistas y reconocieron la importancia fundamental de las necesidades emocionales. En una serie de experimentos famosos (y sorprendentemente crueles), el psicólogo Harry Harlow separó de la madre a monos recién nacidos y los aisló en jaulas pequeñas. Cuando se les daba a escoger entre una madre simulada de acero dotada de un biberón y una madre simulada revestida de una tela suave sin biberón, los monitos se agarraban con todas sus fuerzas a la madre de tela sin comida.

Estos monitos sabían algo en lo que John Watson y los expertos de *Infant Care* no habían advertido: los mamíferos no pueden vivir solo de comida. También necesitan vínculos emocionales. Millones de años de evolución preprogramaron a los monos con un deseo abrumador de vínculo emocional. La evolución también les impregnó con la suposición de que es más probable formar vínculos emocionales con cosas peludas y blandas que con objetos metálicos duros. (Esta es también la razón por la que es mucho más probable que los niños se sientan atraídos por muñecas, mantas y trapos malolientes que por cubiertos, piedras o piezas de construcción de madera.) La necesidad de vínculo emocional es tan fuerte que los monitos de Harlow abandonaban a la madre simulada de metal y nutricia y dirigían su atención al único objeto que parecía capaz de dar respuesta a aquella necesidad. Lamentablemente, la madre de tela no respondió nunca a su afecto, y en consecuencia los monitos padecieron problemas psicológicos y sociales graves, y al crecer se convirtieron en adultos neuróticos y asociales.

Hoy nos cuesta comprender esta advertencia de los puericultores de principios del siglo xx. ¿Cómo pudieron los expertos no apreciar que los niños tienen necesidades emocionales, y que su salud mental y física depende de cubrir estas necesidades tanto como las de alimento, refugio y medicinas? Pero cuando se trata de otros mamíferos, seguimos negando lo evidente. Al igual que John Watson y los expertos de *Infant Care*, los ganaderos, a lo largo de la historia, se han ocupado de las necesidades materiales de cochinillos, terneros y cabritos, pero han tendido a obviar sus necesidades emocionales. Así, las industrias cárnicas y lácteas se basan en quebrar el vínculo emocional más fundamental del reino de los mamíferos. Los granjeros fecundan continuamente a sus cerdas reproductoras y a sus vacas lecheras. Pero los cochinillos y los terneros son separados de la madre al poco de nacer, y por lo general viven sin siquiera mamar de sus pezones, y sin sentir el cálido contacto de su lengua y su cuerpo. Lo que Harry Harlow hizo a unos cuantos centenares de monos lo hacen las industrias cárnica y láctea todos los años a miles de millones de animales.[24]

EL PACTO AGRÍCOLA

¿Cómo justifican los agricultores su comportamiento? Mientras que los cazadores-recolectores apenas eran conscientes del daño que infligían al ecosistema, los agricultores sabían bien lo que hacían. Sabían que explotaban a animales domesticados y que los sometían a los deseos y caprichos humanos. Justificaban sus actos en nombre de las nuevas religiones teístas, que proliferaron y se propagaron después de la revolución agrícola. Estas sostenían que el universo está gobernado por un grupo de grandes dioses, o quizá por un solo Dios, con mayúscula. Normalmente no asociamos esta idea a la agricultura, pero, al menos en sus inicios, las religiones teístas fueron una iniciativa agrícola. La teología, la mitología y la liturgia de religiones tales como el judaísmo, el hinduismo y el cristianismo giraban al principio alrededor de las relaciones entre humanos, plantas domésticas y animales de granja.[25]

El judaísmo bíblico, por ejemplo, satisfacía a campesinos y a pastores. La mayoría de sus mandamientos trataban de la vida agrícola y aldeana, y sus festividades más importantes eran las celebraciones de las cosechas. En la actualidad, la gente imagina que el antiguo templo de Jerusalén era una especie de gran sinagoga en la que sacerdotes vestidos con túnicas de un blanco níveo daban la bienvenida a peregrinos devotos, coros melodiosos cantaban salmos y el incienso perfumaba el aire. En realidad, su aspecto se aproximaba mucho más a una mezcla de matadero y barbacoa que al de las sinagogas actuales. Los peregrinos no llegaban con las manos vacías. Llevaban consigo un séquito interminable de ovejas, cabras, gallinas y otros animales, que eran sacrificados en el altar de Dios y después cocinados y comidos. Los coros que cantaban salmos apenas se podían oír debido a los mugidos y los balidos de terneros y cabritos. Los sacerdotes, con las túnicas manchadas de sangre, cortaban el gaznate de las víctimas, recogían en jarras la sangre que manaba a borbotones y la vertían sobre el altar. El perfume del incienso se mezclaba con los olores de la sangre coagulada y la carne asada, mientras enjambres de moscas negras zumbaban por todas partes (véase, por ejemplo, Números 28, Deuteronomio 12 y 1 Samuel 2). Una familia judía moderna celebrando una festividad con una barbacoa en el jardín de casa se parece mucho más al espíritu de los tiempos bíblicos que la familia ortodoxa que pasa el tiempo estudiando las escrituras en una sinagoga.

Las religiones teístas, como el judaísmo bíblico, justificaban la economía agrícola mediante nuevos mitos cosmológicos. Previamente, las religiones animistas representaban el universo como una gran ópera china, con un elenco ilimitado de actores extravagantes. Elefantes y robles, cocodrilos y ríos, montañas y ranas, fantasmas y hadas, ángeles y demonios…; cada uno tenía un papel en la ópera cósmica. Las religiones teístas reescribieron el guion, transformaron el universo en un deprimente drama de Ibsen con solo dos personajes principales: el hombre y Dios. Los ángeles y los demonios consiguieron sobrevivir a la transición transformándose en los mensajeros y sirvientes de los grandes dioses. Pero el resto del elenco animista (todos los animales, plantas y otros fenómenos naturales) se transformó en un decorado silencioso. Cierto es que algunos animales eran considerados sagrados para un dios u otro, y muchos dioses tenían rasgos animales: el dios egipcio Anubis, con cabeza de chacal, e incluso Jesucristo, a quien a menudo se representaba como un cordero. Pero los antiguos egipcios podían apreciar la diferencia entre Anubis y un chacal corriente que se introdujera en la aldea para cazar gallinas, de la misma forma que ningún carnicero cristiano confundía nunca con Jesús al cordero que tenía bajo su cuchillo.

Normalmente creemos que las religiones teístas sacralizaban a los grandes dioses. Solemos olvidar que también sacralizaban a humanos. Hasta entonces, *Homo sapiens* había sido solo un actor en un elenco de miles de personajes. En el nuevo drama teísta, el sapiens se convirtió en el héroe central alrededor del cual giraba todo el universo.

Mientras tanto, a los dioses se les asignaban dos funciones relacionadas. En primer lugar, explicaban qué es lo que tienen de tan especial los sapiens, y por qué los humanos tienen que dominar y explotar a todos los demás organismos. El cristianismo, por ejemplo, sostenía que los humanos dominan al resto de la creación porque el Creador les confirió la autoridad para hacerlo. Además, según el cristianismo, Dios concedió un alma eterna solo a los humanos. Puesto que el destino de esta alma eterna es el objetivo de todo el cosmos cristiano, y puesto que los animales no poseen alma, estos son meros extras. Así, los humanos se convirtieron en la cúspide de la creación, mientras que todos los demás organismos quedaron marginados.

En segundo lugar, los dioses tenían que mediar entre los humanos y el ecosistema. En el cosmos animista, todos hablaban directamente con todos. Si uno necesitaba algo del caribú, las higueras, las nubes o las rocas, se dirigía a ellos. En el cosmos teísta, todas las entidades no humanas fueron silenciadas. En consecuencia, uno ya no podía hablar con árboles ni animales. ¿Qué hacer, pues, cuando uno quería que los árboles dieran más fruto, las vacas dieran más leche, las nubes aportaran más lluvia y las langostas se mantuvieran alejadas de sus cultivos? Aquí es cuando los dioses entraban en escena. Prometían proporcionar lluvia, fertilidad y protección, siempre que los humanos hicieran algo a cambio. Esta era la esencia del pacto agrícola. Los dioses amparaban y multiplicaban la producción agrícola, y a cambio los humanos tenían que compartir el producto con los dioses. Este acuerdo abastecía a las dos partes, a expensas del resto del ecosistema.

Hoy en día, los devotos de la diosa Gadhimai celebran su festival cada cinco años en la aldea de Bariyapur (Nepal). En 2009 se batió un record con el sacrificio de 250.000 animales para la diosa. Un taxista lugareño le aclaró a una periodista británica: «Si queremos algo y venimos aquí con una ofrenda a la diosa, dentro de cinco años todos nuestros sueños se habrán cumplido».[26]

Gran parte de la mitología teísta explica los detalles sutiles de este pacto. La epopeya mesopotámica de Gilgamesh narra que cuando los dioses enviaron un gran diluvio para destruir el mundo, casi todos los humanos y animales perecieron. Solo entonces se dieron cuenta los imprudentes dioses de que no quedaba nadie para hacerles ofrendas. Casi se volvieron locos de hambre y aflicción. Por suerte, una familia humana había sobrevivido, gracias a la previsión del dios Enki, que dio instrucciones a su devoto Utnapishtim para que se refugiara en una gran arca de madera junto con sus parientes y una colección de animales. Cuando el diluvio amainó y este Noé mesopotámico abandonó el arca, lo primero que hizo fue sacrificar algunos animales en honor a los dioses. Después, cuenta la epopeya, todos los grandes dioses se reunieron rápidamente en aquel lugar: «Los dioses olieron el sabor / los dioses olieron el dulce sabor / los dioses se arremolinaron como moscas alrededor de la ofrenda».[27] El relato bíblico del diluvio (escrito más de mil años después de la versión mesopotámica) narra también que, inmediatamente después de salir del arca, «Alzó Noé un altar a Yahvé, y tomando de todos los animales puros y de todas las aves puras, ofreció sobre el altar un holocausto. Y aspiró Yahvé el suave olor, y se dijo en su corazón: "No volveré ya más a maldecir la tierra por el hombre"» (Génesis 8:20-21).

Este relato del diluvio se convirtió en un mito fundacional del mundo agrícola. Desde luego, es posible darle un giro ambientalista moderno. Así, el diluvio nos enseñaría que nuestros actos pueden acabar con todo el ecosistema, y que los humanos tienen el precepto divino de proteger el resto de la creación. Pero la interpretación tradicional consideraba el diluvio prueba de la supremacía humana y de la insignificancia de los animales. Según estas interpretaciones, a Noé se le conminó a salvar todo el ecosistema para proteger los intereses comunes de dioses y humanos y no tanto de los intereses de los animales. Los organismos no humanos no tienen valor intrínseco y solo existen para nuestro beneficio.

Después de todo, cuando vio «Yahvé cuánto había crecido la maldad del hombre sobre la tierra», decidió «exterminar al hombre que creé de sobre la faz de la tierra; y con el hombre, a los ganados, reptiles y hasta las aves del cielo, pues me pesa de haberlos hecho» (Génesis 6:5-7). La Biblia considera que es perfectamente normal destruir a todos los animales como castigo por los crímenes de *Homo sapiens*, como si la existencia de jirafas, pelícanos y mariquitas hubiera perdido todo propósito si los humanos se portan mal. La Biblia no podía imaginar una situación en la que Dios se arrepiente de haber creado a *Homo sapiens*, borra a este simio pecador de la faz de la Tierra y después pasa toda la eternidad gozando de las gracias de avestruces, canguros y pandas.

No obstante, las religiones teístas tienen algunas creencias respetuosas con los animales. Los dioses confirieron a los humanos autoridad sobre el reino animal, pero dicha autoridad conllevaba algunas responsabilidades. Por ejemplo, a los judíos se les ordenó que permitieran que los animales de granja descansaran el sabbat y que, siempre que fuera posible, evitaran causarles un sufrimiento innecesario. (Aunque cuando los intereses entraban en conflicto, los de los humanos siempre se imponían a los de los animales.) [28]

Un cuento talmúdico narra que, en el camino al matadero, un ternero se escapó y buscó refugio con el rabino Yehuda HaNasi, uno de los fundadores del judaísmo rabínico. El ternero metió la cabeza bajo el holgado ropaje del rabino y empezó a llorar. Pero el rabino lo apartó de sí y le dijo: «Ve. Fuiste creado para ese fin». Puesto que el rabino no mostraba misericordia, Dios le castigó y le hizo padecer una dolorosa enfermedad durante trece años. Después, un día, una sirvienta que limpiaba la casa del rabino encontró unas ratas recién nacidas. Se dispuso a sacarlas de la casa con la escoba. El rabino Yehuda se apresuró a salvar a las indefensas ratitas y dijo a la sirvienta que las dejara en paz, porque «Es benigno Yahvé para con todos, y su misericordia para con todas sus obras» (Salmos 145:9). Puesto que el rabino mostró compasión para con estas ratas, Dios mostró compasión para con el rabino, y este fue curado de su enfermedad. [29]

Otras religiones, en particular el jainismo, el budismo y el hinduismo, han hecho gala de una empatía incluso mayor con los animales. Ponen especial énfasis en la conexión entre los humanos y el resto del ecosistema, y su precepto más ético ha sido no matar a ningún ser vivo. Mientras que el bíblico «No matarás» se refería solo a los humanos, el antiguo principio indio de la *ahimsa* (la no violencia) se hace extensivo a todo ser consciente. Los monjes jainistas son particularmente prudentes al respecto. Llevan siempre la boca cubierta con un pañuelo para no inhalar ningún insecto, y cuando andan, llevan consigo una escoba para apartar con delicadeza cualquier hormiga o escarabajo que puedan encontrar a su paso.[30]

Sin embargo, todas las religiones agrícolas, entre ellas el jainismo, el budismo y el hinduismo, encontraron maneras de justificar la superioridad humana y la explotación de los animales (si no por la carne, por la leche y por la fuerza motriz). Todas han proclamado que una jerarquía natural de los seres da derecho a los humanos a controlar y a usar a otros animales, siempre que los humanos obedezcan determinadas restricciones. El hinduismo, por ejemplo, ha sacralizado las vacas y prohíbe comer su carne, pero también ha ofrecido el argumento definitivo para justificar la existencia de la industria láctea al aducir que las vacas son animales generosos y que sin duda anhelan compartir su leche con la humanidad.

De esta manera, los humanos se comprometieron en un «pacto agrícola». Según este pacto, las fuerzas cósmicas dieron a los humanos dominio sobre otros animales, a condición de que observaran ciertas obligaciones para con los dioses, la naturaleza y los propios animales. Era fácil creer en la veracidad de este pacto cósmico, ya que quedaba reflejado en la rutina cotidiana de la vida agrícola.

Los cazadores-recolectores nunca se habían considerado seres superiores, porque apenas eran conscientes de su impacto en el ecosistema. La banda típica estaba formada por varias docenas de individuos, vivía rodeada por miles de animales salvajes, y su supervivencia dependía de comprender y respetar los deseos de dichos animales. Los recolectores tenían que preguntarse constantemente con qué soñaban los ciervos y en qué pensaban los leones. De otro modo, no podían cazar a los ciervos ni huir de los leones.

Los agricultores, en cambio, vivían en un mundo controlado y modelado por los sueños y pensamientos humanos. Los humanos seguían estando sometidos a fuerzas naturales formidables, como tempestades y terremotos, pero dependían menos de los deseos de otros animales. Un muchacho agricultor aprendía pronto a montar a caballo, a enjaezar un buey, a azotar a un asno terco y a pastorear a las ovejas. Era fácil y tentador pensar que estas actividades cotidianas reflejaban o bien el orden natural de las cosas o bien la voluntad del cielo.

No es una coincidencia que los nayakas de la India meridional traten a elefantes, serpientes y árboles de la selva como seres iguales a los humanos, pero tengan una visión diferente de las plantas cultivadas y los animales domesticados. En la lengua nayaka, el ser vivo que posee una personalidad única se denomina *mansan*. Cuando el antropólogo Danny Naveh los sondeó, los nayakas le explicaron que todos los elefantes son *mansan*. «Nosotros vivimos en la selva, ellos viven en la selva. Todos somos *mansan*... Y también son *mansan* los osos, los ciervos y los tigres. Todos son animales de la selva». ¿Y qué pasa con las vacas? «Las vacas son diferentes. Tienes que guiarlas a todas partes.» ¿Y las gallinas? «No son nada. No son *mansan*.» ¿Y los árboles del bosque? «Sí... Viven mucho tiempo.» ¿Y los arbustos de té? «¡Oh!, los cultivo para poder vender las hojas y después comprar en la tienda lo que necesito. No, no son *mansan*.»[31]

También debemos tener presente el trato que los mismos humanos recibieron en la mayoría de las sociedades agrícolas. En el Israel bíblico y en la China medieval era común azotar a los humanos, esclavizarlos, torturarlos y ejecutarlos. Se los consideraba una mera propiedad. A los gobernantes ni se les pasaba por la cabeza pedir a los campesinos su opinión y les preocupaban poco sus necesidades. Los padres solían vender a sus hijos como esclavos o los daban en matrimonio al mejor postor. En tales condiciones, apenas sorprende que se obviaran los sentimientos de vacas y gallinas.

QUINIENTOS AÑOS DE SOLEDAD

El auge de la ciencia y la industria modernas conllevó la siguiente revolución en las relaciones humano-animal. Durante la revolución agrícola, la humanidad silenció a animales y a plantas, y convirtió la gran ópera animista en un diálogo entre el hombre y los dioses. Durante la revolución científica, la humanidad silenció también a los dioses. El mundo pasó a ser un espectáculo individual. La humanidad estaba sola en un escenario vacío, hablando consigo misma, sin negociar con nadie y adquiriendo enormes poderes exentos de obligaciones. Habiendo descifrado las mudas leyes de la física, la química y la biología, la humanidad hace ahora con ellas lo que le place.

Cuando un cazador arcaico se dirigía a la sabana, pedía la ayuda del toro salvaje, y el toro pedía algo al cazador. Cuando un viejo granjero quería que sus vacas produjeran mucha leche, pedía ayuda a un gran dios celestial, y el dios estipulaba sus condiciones. Cuando el equipo científico del Departamento de Investigación y Desarrollo de Nestlé quiere aumentar la producción de lácteos, estudia genética..., y los genes no le piden nada a cambio.

Pero de la misma manera que cazadores y agricultores tenían sus mitos, también los tienen los encargados del Departamento de Investigación y Desarrollo. Su mito más famoso plagia desvergonzadamente la leyenda del Árbol de la Ciencia y del Jardín del Edén, pero traslada la acción al jardín de Woolsthorpe Manor, en Lincolnshire. Según este mito, Isaac Newton se hallaba allí sentado, al pie un manzano, cuando le cayó una manzana madura en la cabeza. Newton empezó a pensar por qué la manzana había caído directamente hacia abajo, en lugar de hacerlo de lado o hacia arriba. Su investigación le llevó a descubrir la gravedad y las leyes de la mecánica newtoniana.

La anécdota de Newton pone patas arriba el mito del Árbol de la Ciencia. En el Jardín del Edén, la serpiente inicia el drama al tentar a los humanos a pecar, con lo que hace que la ira de Dios caiga sobre ellos. Adán y Eva son un juguete en manos a la vez de la serpiente y de Dios. En cambio, en el jardín de Woolsthorpe, el único agente es el hombre. Aunque el mismo Newton era un cristiano muy devoto que dedicaba más tiempo a estudiar la Biblia que las leyes de la física, la revolución científica que él ayudó a poner en marcha dejó a Dios a un lado. Cuando los sucesores de Newton se pusieron a escribir su mito del Génesis, no supieron qué uso darle ni a Dios ni a la serpiente. El jardín de Woolsthorpe está regido por las leyes ciegas de la naturaleza, y la iniciativa de descifrar dichas leyes es estrictamente humana. El relato puede comenzar con una manzana que cae sobre la cabeza de Newton, pero la manzana no lo hizo a propósito.

En el mito del Jardín del Edén, los humanos son castigados por su curiosidad y por su deseo de obtener conocimiento. Dios los expulsa del Paraíso. En el mito del jardín de Woolsthorpe, nadie castiga a Newton; todo lo contrario. Gracias a su curiosidad, la humanidad consigue una mejor comprensión del universo, se hace más poderosa y da otro paso hacia el paraíso tecnológico. Un número incalculable de profesores en todo el mundo cuentan el mito de Newton para fomentar la curiosidad, lo que implica que si podemos obtener el saber suficiente, podremos crear el paraíso aquí, en la tierra.

En realidad, Dios está presente incluso en el mito de Newton: el propio Newton es Dios. Cuando la biotecnología, la nanotecnología y los demás frutos de la ciencia maduren, *Homo sapiens* alcanzará poderes divinos y habrá recorrido el círculo completo hasta el Árbol de la Ciencia bíblico. Los cazadores-recolectores arcaicos no eran más que otra especie animal. Los agricultores se vieron como la cúspide de la creación. Los científicos nos transformarán en dioses.

Mientras que la revolución agrícola dio origen a las religiones teístas, la revolución científica dio origen a las religiones humanistas, en las que los humanos sustituyeron a los dioses. Mientras que los teístas adoran a *theos* («dios» en griego), los humanistas adoran a los humanos. La idea fundacional de religiones humanistas como el liberalismo, el comunismo y el nazismo es que *Homo sapiens* posee alguna esencia única y sagrada, que es el origen de todo sentido y autoridad en el universo. Cuanto ocurre en el cosmos se juzga bueno o malo según su impacto en *Homo sapiens*.

Mientras que el teísmo justificó la agricultura tradicional en el nombre de Dios, el humanismo ha justificado la moderna agricultura industrial en el nombre del Hombre. La agricultura industrial sacraliza las necesidades, los caprichos y los deseos humanos al tiempo que deja de lado todo lo demás. La agricultura industrial no tiene ningún interés real en los animales, que no comparten la sacralidad de la naturaleza humana. Y tampoco tiene ningún uso para los dioses, porque la ciencia y la tecnología modernas confieren a los humanos poderes que exceden con mucho los de los antiguos dioses. La ciencia permite que las empresas modernas sometan a vacas, cerdos y gallinas a condiciones más extremas que las que prevalecieron en las sociedades agrícolas tradicionales.

En el antiguo Egipto, el Imperio romano y la China medieval, los humanos tenían solo unas nociones muy rudimentarias de bioquímica, genética, zoología y epidemiología. En consecuencia, su capacidad de manipulación era limitada. En aquellos tiempos, cerdos, vacas y gallinas corrían libres entre las casas, y buscaban tesoros comestibles ocultos en el montón de basura y en los bosques próximos. Si un campesino ambicioso hubiera intentado encerrar miles de animales dentro de un corral, probablemente se habría desatado una epidemia mortal que habría eliminado a todos los animales, y también a otros tantos aldeanos. Ningún sacerdote, chamán o dios habría podido impedirlo.

Pero una vez que la ciencia hubo descifrado los secretos de las epidemias, de los patógenos y de los antibióticos, se hicieron viables los corrales, los gallineros y las pocilgas industriales. Con ayuda de vacunas, medicamentos, hormonas, plaguicidas, sistemas centralizados de aire acondicionado y comederos automáticos, hoy en día es posible apiñar decenas de miles de cerdos, vacas y gallinas en ordenadas hileras de jaulas estrechas, y producir carne, leche y huevos con una eficiencia nunca vista anteriormente.

En los últimos años, a medida que la gente ha empezado a reconsiderar las relaciones entre humanos y animales, tales prácticas han empezado a recibir cada vez más críticas. De repente damos muestra de un interés sin precedentes por la suerte de las llamadas formas de vida inferiores, quizá porque estamos a punto de convertirnos en una de ellas. Si los programas informáticos alcanzan una inteligencia superhumana y unos poderes sin precedentes, ¿deberemos empezar a valorar esos programas más de lo que valoramos a los humanos? ¿Será aceptable, por ejemplo, que una inteligencia artificial explote a los humanos e incluso los mate para favorecer sus propias necesidades y deseos? Si nunca se les va a permitir que hagan eso, a pesar de su inteligencia y poder superiores, ¿por qué es ético que los humanos exploten y maten a cerdos? ¿Tienen los humanos alguna chispa mágica, además de inteligencia superior y mayor poder, que los distinga de los cerdos, las gallinas, los chimpancés y los programas informáticos? En tal caso, ¿de dónde llegó esa chispa y por qué estamos seguros que una inteligencia artificial (IA) no la adquirirá nunca? Si no existe tal chispa, ¿habría alguna razón para continuar asignando un valor especial a la vida humana incluso después de que los ordenadores sobrepasen a los humanos en inteligencia y poder? De hecho, y para empezar, ¿qué es exactamente lo que tenemos los humanos que nos hace tan inteligentes y poderosos, y qué probabilidad hay de que entidades no humanas lleguen alguna vez a rivalizar con nosotros y a superarnos?

El capítulo siguiente examinará la naturaleza y el poder de *Homo sapiens*, no solo con el fin de entender mejor nuestras relaciones con otros animales, sino también para vislumbrar lo que el futuro podría depararnos y cómo podrían ser las relaciones entre humanos y superhumanos.

3

La chispa humana

No hay duda de que *Homo sapiens* es la especie más poderosa del mundo. A *Homo sapiens* también le gusta pensar que goza de una condición moral superior, y que la vida humana tiene un valor mucho mayor que la de los cerdos, los elefantes o los lobos. Lo segundo es menos evidente. ¿Acaso el poder produce el derecho? ¿Es la vida humana más preciosa que la porcina simplemente porque el colectivo humano es más poderoso que el colectivo porcino? Estados Unidos es mucho más poderoso que Afganistán; ¿implica eso que las vidas norteamericanas tienen un mayor valor intrínseco que las vidas afganas?

En la práctica, las vidas norteamericanas son más valoradas. Se invierte mucho más dinero en educación, salud y seguridad en el norteamericano medio que en el afgano medio. Matar a un ciudadano estadounidense suscita una protesta internacional mucho mayor que matar a un ciudadano afgano. Pero, por lo general, se acepta que esto no es más que un resultado injusto del equilibrio geopolítico de poder. Afganistán puede tener mucha menos influencia que Estados Unidos, pero la vida de un niño en las montañas de Tora Bora se considera tan sagrada como la vida de un niño en Beverly Hills.

En cambio, cuando damos un trato de favor a los niños sobre los cochinillos, queremos creer que ello refleja algo más profundo que el equilibrio ecológico de poder, que las vidas humanas son superiores en algún sentido fundamental. A los sapiens nos gusta decirnos que gozamos de cierta cualidad mágica, que no solo explica nuestro inmenso poder, sino que también confiere justificación moral a nuestra condición privilegiada. ¿En qué consiste esta chispa humana única?

La respuesta monoteísta tradicional es que solo los sapiens poseen un alma eterna. Mientras que el cuerpo se deteriora y se pudre, el alma viaja hacia la salvación o la condenación, y experimentará un gozo eterno en el paraíso o una eternidad de desgracia en el infierno. Puesto que los cerdos y demás animales no tienen alma, no participan en este drama cósmico. Viven solo unos cuantos años, y después mueren y se desvanecen en la nada. Por lo tanto, deberíamos ocuparnos mucho más de las eternas almas humanas que de los efímeros cerdos.

No se trata de un cuento de hadas de guardería, sino de un mito poderosísimo que sigue modelando la vida de miles de millones de humanos y animales en los primeros años del siglo XXI. La creencia de que los humanos poseen un alma eterna mientras que los animales no son más que cuerpos evanescentes es un pilar básico de nuestros sistemas legal, político y económico. Por ejemplo, explica por qué es perfectamente correcto que los humanos maten animales para comérselos o incluso solo por diversión.

Sin embargo, los últimos descubrimientos científicos contradicen de plano este mito monoteísta. Es cierto que existen experimentos de laboratorio que confirman la exactitud de una parte del mito: tal como sostienen las religiones monoteístas, los animales no tienen alma. De todos los estudios minuciosos y los exámenes concienzudos que se han llevado a cabo, ninguno ha conseguido descubrir el menor indicio de alma en cerdos, ratas o macacos. Lamentablemente, los mismos experimentos de laboratorio socavan la segunda parte, y la más importante, del mito monoteísta: que los humanos sí que tienen alma. Los científicos han sometido a *Homo sapiens* a decenas de miles de singulares experimentos y han escudriñado hasta el último resquicio de nuestro corazón y el último pliegue de nuestro cerebro. Pero por el momento no han descubierto ninguna chispa mágica. No existe una sola evidencia científica de que, en contraste con los cerdos, los sapiens posean alma.

Si esto fuera todo, bien podríamos aducir que los científicos sencillamente deben seguir buscando. Si todavía no han encontrado el alma, es porque no han mirado con el detenimiento suficiente. Pero las ciencias de la vida dudan de la existencia del alma, no solo debido a la falta de pruebas, sino porque la idea misma de un alma contradice los principios más fundamentales de la evolución. Esta contradicción es responsable del odio desenfrenado que la teoría de la evolución despierta en los monoteístas devotos.

¿Quién teme a Charles Darwin?

Según una encuesta Gallup de 2012, solo el 15 por ciento de los estadounidenses cree que *Homo sapiens* evolucionó únicamente por medio de la selección natural, al margen de toda intervención divina; el 32 por ciento defiende que los humanos pudieron haber evolucionado a partir de formas de vida previas en un proceso que durase millones de años, pero que Dios orquestó todo el espectáculo, y el 46 por ciento cree que Dios creó a los humanos en su forma actual en algún momento de los últimos diez mil años, tal como afirma la Biblia. Pasar tres años en una universidad no tiene absolutamente ningún impacto en estas opiniones. La misma encuesta descubrió que, de los licenciados universitarios, el 46 por ciento cree en el relato bíblico de la creación, mientras que solo el 14 por ciento opina que los humanos evolucionaron sin ninguna supervisión divina. Incluso de los que tienen una maestría y los doctorados, el 25 por ciento cree en la Biblia, mientras que solo el 29 por ciento atribuye la creación de nuestra especie únicamente a la selección natural.[1]

Aunque es evidente que la enseñanza de la evolución en las escuelas es deficiente, los fanáticos religiosos siguen insistiendo en que no debería enseñarse en absoluto. Alternativamente, exigen que a los niños también se les enseñe la teoría del diseño inteligente, según el cual todos los organismos fueron creados por el designio de alguna inteligencia superior (es decir, Dios). «Enseñadles ambas teorías —dicen los fanáticos— y dejad que los niños decidan por sí mismos.»

¿Por qué provoca estas objeciones la teoría de la evolución, mientras que a nadie parece preocuparle la teoría de la relatividad o la mecánica cuántica? ¿Por qué los políticos no piden que los niños conozcan teorías alternativas acerca de la materia, la energía, el espacio y el tiempo? A fin de cuentas, las ideas de Darwin parecen a primera vista mucho menos amenazadoras que las monstruosidades de Einstein y de Werner Heisenberg. La teoría de la evolución se basa en el principio de la supervivencia de los más aptos, que es una idea clara y sencilla (por no decir trivial). En cambio, las teorías de la relatividad y de la mecánica cuántica argumentan que es posible distorsionar el tiempo y el espacio, que algo puede aparecer de la nada y que un gato puede estar al mismo tiempo vivo y muerto. Estas teorías se mofan de nuestro sentido común, pero nadie intenta proteger a los inocentes escolares de estas ideas escandalosas. ¿Por qué?

La teoría de la relatividad no enfurece a nadie porque no contradice ninguna de nuestras preciadas creencias. A la mayoría de la gente le importa un comino que el espacio y el tiempo sean absolutos o relativos. Si alguien cree que es posible distorsionar el espacio y el tiempo, pues muy bien. ¡Adelante, que los distorsione! ¿Qué me importa a mí? En cambio, Darwin nos ha privado de nuestra alma. Si uno entiende de verdad la teoría de la evolución, comprende que el alma no existe. Se trata de una idea terrible, no solo para los cristianos y los musulmanes devotos, sino también para muchos laicos que no tiene ningún dogma religioso claro pero que no obstante quieren creer que cada humano posee una esencia individual eterna que permanece inalterada a lo largo de la vida y que puede sobrevivir intacta a la muerte.

El significado literal del término «individuo» es «algo que no puede dividirse». El hecho de que yo sea un «in-dividuo» implica que mi yo verdadero es una entidad holística y no un conjunto de partes separadas. Supuestamente, esta esencia indivisible perdura entre un momento y el siguiente sin perder ni adquirir nada. Mi cuerpo y mi cerebro experimentan un proceso de cambio constante a medida que las neuronas disparan, las hormonas fluyen y los músculos se contraen. Mi personalidad, mis deseos y mis relaciones nunca están quietos, y pueden transformarse completamente a lo largo de años y décadas. Pero, debajo de todo esto, yo sigo siendo la misma persona desde el nacimiento hasta la muerte..., y cabe esperar que también después de la muerte.

Lamentablemente, la teoría de la evolución rechaza la idea de que mi yo verdadero sea una esencia indivisible, inmutable y potencialmente eterna. Según la teoría de la evolución, todas las entidades biológicas (desde los elefantes y los robles hasta las células y las moléculas de ADN) están compuestas de partes más pequeñas y simples, que se combinan y se separan sin cesar. Elefantes y células han evolucionado de forma gradual como resultado de nuevas combinaciones y divisiones. Algo que no puede dividirse ni cambiarse no puede haber aparecido a partir de la selección natural.

El ojo humano, por ejemplo, es un sistema extraordinariamente complejo constituido por numerosas partes más pequeñas, como el cristalino, la córnea y la retina. El ojo no surgió completo de la nada, con todos estos componentes. Por el contrario, evolucionó paso minúsculo a paso minúsculo a lo largo de millones de años. Nuestro ojo es muy similar al ojo de *Homo erectus*, que vivió hace un millón de años. Es algo menos parecido al ojo de *Australopithecus*, que vivió hace cinco millones de años. Es muy diferente del ojo de *Dryolestes*, que vivió hace ciento cincuenta millones de años. Y no parece tener nada en común con los organismos unicelulares que habitaron nuestro planeta centenares de millones de años antes.

Pero incluso los organismos unicelulares poseen orgánulos diminutos que les permiten distinguir la luz de la oscuridad y desplazarse hacia la una o hacia la otra. El camino que ha llevado a estos sensores arcaicos hasta el ojo humano es largo y tortuoso, pero si se dispone de centenares de millones de años, es posible recorrerlo por entero, paso a paso. Y es posible hacerlo porque el ojo está compuesto de muchas partes diferentes. Si cada pocas generaciones una pequeña mutación cambia ligeramente una de esas partes (la córnea se vuelve un poco más curvada, pongamos por caso), después de millones de generaciones estos cambios pueden resultar en un ojo humano. Si el ojo fuera una entidad holística, desprovista de parte alguna, nunca podría haber evolucionado por medio de la selección natural.

Esta es la razón por la que la teoría de la evolución no puede aceptar la idea de almas, al menos si por «alma» nos referimos a algo indivisible, inmutable y potencialmente eterno. Una entidad semejante no puede derivarse de una evolución progresiva. La selección natural puede producir un ojo humano, porque el ojo tiene partes. Pero el alma no tiene partes. Si el alma de los sapiens evolucionó paso a paso a partir del alma de los erectus, ¿cuáles fueron exactamente dichos pasos? ¿Hay alguna parte del alma que esté más desarrollada en sapiens que en erectus? Pero el alma no tiene partes.

Se puede argumentar que las almas humanas no evolucionaron, sino que aparecieron en todo su esplendor un día radiante. Pero ¿qué día radiante, exactamente? Si observamos con detenimiento la evolución de la humanidad, veremos que es perturbadoramente difícil encontrarlo. Cada humano que ha poblado el planeta llegó a existir como resultado de la inseminación de un óvulo femenino por parte de espermatozoides masculinos. Piense el lector en el primer bebé que poseyó un alma. Dicho bebé era muy parecido a su madre y a su padre, salvo por tener un alma a diferencia de sus padres. Nuestros conocimientos biológicos ciertamente pueden explicar el nacimiento de un bebé cuya córnea sea un poco más curvada que las córneas de sus padres. Una pequeña mutación en un único gen puede explicarlo. Pero la biología no puede explicar el nacimiento de un bebé con un alma eterna hijo de unos padres que no tuvieran siquiera una pizca de alma. ¿Es una única mutación, o incluso varias mutaciones, suficiente para dar a un animal una esencia firme frente a todo cambio, incluso el de la muerte?

De ahí que la existencia de almas no pueda armonizar con la teoría de la evolución. La evolución implica cambio y es incapaz de producir entidades eternas. Desde una perspectiva evolutiva, lo más parecido que tenemos a una esencia humana es nuestro ADN, y la molécula de ADN es el vehículo de la mutación y no la sede de la eternidad. Esto aterra a un gran número de personas, que prefieren rechazar la teoría de la evolución antes que renunciar a su alma.

POR QUÉ LA BOLSA NO TIENE CONCIENCIA

Otro argumento que se utiliza para justificar la superioridad humana es que, de todos los animales que hay en la Tierra, solo *Homo sapiens* posee una mente consciente. La mente es algo muy diferente del alma. La mente no es una entidad mística eterna. Ni es un órgano como el ojo o el cerebro. Más bien, la mente es un flujo de experiencias subjetivas, como dolor, placer, ira y amor. Dichas experiencias mentales están constituidas por sensaciones, emociones y pensamientos interconectados, que surgen como un fogonazo y desaparecen de inmediato. Después, otras experiencias titilan y se desvanecen, surgen un instante y desaparecen. (Cuando reflexionamos sobre esto, a menudo intentamos clasificar las experiencias en diferentes categorías como sensaciones, emociones y pensamientos, pero en realidad todas están mezcladas.) Esta colección frenética de experiencias constituye la secuencia de la conciencia. A diferencia del alma, imperecedera, la mente tiene muchas partes, cambia constantemente y no hay razones para pensar que sea eterna.

El alma es una historia que algunas personas aceptan mientras que otras rechazan. La secuencia de la conciencia, en cambio, es la realidad concreta que atestiguamos de forma directa en cada momento. Es lo más seguro del mundo. No podemos dudar de su existencia. Aun cuando nos consume la duda y nos preguntamos: «¿Existen en verdad las experiencias subjetivas?», podemos estar seguros de que estamos experimentando la duda.

¿Qué son exactamente las experiencias conscientes que constituyen el flujo de la mente? Toda experiencia subjetiva tiene dos características fundamentales: sensación y deseo. Robots y ordenadores no tienen conciencia, porque, a pesar de su infinidad de capacidades, no sienten nada ni anhelan nada. Un robot puede tener un sensor de energía que le indique a su unidad central de procesamiento cuándo la batería está a punto de agotarse. El robot puede entonces desplazarse hasta la toma de corriente eléctrica, enchufarse y recargar su batería. Sin embargo, a lo largo de todo este proceso, el robot no experimenta nada. En cambio, un ser humano menguado de energía se siente hambriento y anhela detener esa sensación desagradable. Esta es la razón por la que decimos que los humanos son seres conscientes y los robots no, y por la que es un crimen hacer trabajar a las personas hasta que se desploman de hambre y agotamiento, mientras que hacer que los robots trabajen hasta que sus baterías se agotan no supone ningún oprobio moral.

¿Y qué hay de los animales? ¿Son conscientes? ¿Tienen experiencias subjetivas? ¿Está bien obligar a un caballo a trabajar hasta que se desploma, exhausto? Como se indicó anteriormente, las ciencias de la

124

vida aducen en la actualidad que todos los mamíferos y aves, y al menos algunos reptiles y peces, tienen sensaciones y emociones. Sin embargo, las teorías más recientes sostienen asimismo que las sensaciones y las emociones son algoritmos bioquímicos de procesamiento de datos. Puesto que sabemos que robots y ordenadores procesan datos sin tener ninguna experiencia subjetiva, ¿podría ser que ocurriera lo mismo con los animales? De hecho, sabemos que incluso en los humanos muchos circuitos cerebrales sensoriales y emocionales son capaces de procesar datos e iniciar acciones de manera completamente inconsciente. ¿Podría, pues, ocurrir que detrás de todas las sensaciones y emociones que atribuimos a los animales (hambre, miedo, amor y lealtad) acecharan solo algoritmos inconscientes y no experiencias subjetivas?[2]

Dicha teoría es la que defendía el padre de la filosofía moderna, René Descartes. En el siglo XVII, Descartes sostenía que solo los humanos sienten y anhelan, mientras que todos los demás animales son autómatas mecánicos, parecidos a un robot o a una máquina expendedora. Cuando un hombre golpea a un perro, este no siente nada. El perro se encoge y aúlla automáticamente, del mismo modo que una máquina expendedora zumba y prepara un vaso de café sin sentir ni desear nada.

Esta teoría era ampliamente aceptada en la época de Descartes. Médicos y estudiosos del siglo XVII diseccionaban perros vivos y observaban el funcionamiento de sus órganos internos, sin anestesia ni escrúpulos. No veían nada malo en ello, igual que nosotros no vemos nada malo en abrir la tapa de una máquina expendedora y observar sus engranajes y cintas transportadoras. A principios del siglo XXI mucha gente sigue aduciendo que los animales no tienen conciencia o, a lo sumo, que tienen un tipo de conciencia muy diferente e inferior.

Para decidir si los animales tienen una mente consciente similar a la nuestra, antes debemos entender mejor cómo funciona la mente y qué función desempeña. Se trata de cuestiones tremendamente difíciles, pero vale la pena dedicarles algo de tiempo, porque la mente será la heroína de varios de los capítulos que siguen. No podremos comprender todas las implicaciones de nuevas tecnologías como la inteligencia artificial si no sabemos qué es la mente. De ahí que dejemos de lado un momento la cuestión concreta de la mente animal y examinemos qué es lo que la ciencia sabe acerca de la mente y de la conciencia en general. Nos centraremos en ejemplos extraídos del estudio de la conciencia humana (que es más accesible para nosotros), y después retornaremos a los animales y nos preguntaremos si lo aplicable a los humanos lo es también a nuestros primos de pelo y pluma.

Siendo francos, la ciencia sabe muy poco acerca de la mente y la conciencia. La ortodoxia actual indica que la conciencia es creada por reacciones electroquímicas que tienen lugar en el cerebro, y que las experiencias mentales cumplen alguna función esencial de procesamiento de datos.[3] Sin embargo, nadie tiene ni idea de cómo una diversidad de reacciones bioquímicas y de corrientes eléctricas en el cerebro generan la experiencia subjetiva de dolor, ira o amor. Quizá dispongamos de una explicación robusta dentro de diez o quince años. Pero en 2016 carecemos de tal explicación, y es mejor que lo dejemos claro.

Utilizando fMRI (imagen por resonancia magnética funcional), electrodos implantados y otros artilugios sofisticados, los científicos han identificado ciertamente correlaciones e incluso conexiones causales entre las corrientes eléctricas del cerebro y diversas experiencias subjetivas. Solo observando la actividad del cerebro, los científicos pueden saber si uno está despierto, si sueña o si duerme profundamente. Pueden proyectar una imagen ante nuestros ojos durante solo unas décimas de segundo, justo en el límite de la percepción consciente, y determinar (sin preguntarnos) si hemos sido conscientes o no de la imagen. Incluso han conseguido relacionar neuronas concretas del cerebro con un contenido mental específico, y han descubierto por ejemplo una «neurona Bill Clinton» y una «neurona Homer Simpson». Cuando la «neurona Bill Clinton» está activa, la persona piensa en el cuadragésimo segundo presidente de Estados Unidos; si se le muestra a la misma persona una imagen de Homer Simpson, se activa la neurona epónima.

De manera más general, los científicos saben que si en un área determinada del cerebro aparece una tormenta eléctrica, es probable que su dueño esté enfadado. Si esta tormenta amaina y se ilumina un área diferente, el sujeto está experimentando amor. De hecho, los científicos pueden incluso inducir sensaciones de enfado o de amor al estimular eléctricamente las neuronas adecuadas. Pero ¿cómo demonios se tradu-

ce el movimiento de electrones de un lugar a otro en una imagen subjetiva de Bill Clinton o en una sensación subjetiva de ira o amor?

La explicación más generalizada señala que el cerebro es un sistema
muy complejo, con más de 80.000 millones de neuronas conectadas en
numerosas e intrincadas redes. Cuando miles de millones de neuronas
envían y reciben miles de millones de señales eléctricas, surgen las experiencias subjetivas. Aunque la transmisión y la recepción de cada señal
eléctrica es un fenómeno bioquímico simple, la interacción entre todas
estas señales da lugar a algo mucho más complejo: la secuencia de la
conciencia. Observamos la misma dinámica en muchos otros ámbitos.
El movimiento de un único automóvil es un acto simple, pero cuando
millones de automóviles se mueven e interactúan simultáneamente, se
producen atascos de tráfico. La compra y la venta de una única acción
es algo relativamente simple, pero cuando millones de agentes compran
y venden millones de acciones, ello puede desencadenar crisis económicas que dejan boquiabiertos incluso a los expertos.

Sin embargo, esta explicación no explica nada. Afirma sencillamente que el problema es muy complicado. No ofrece ningún atisbo acerca
de cómo una clase de fenómeno (miles de millones de señales eléctricas
que se desplazan desde aquí hasta allí) genera una clase de fenómeno
muy distinto (experiencias subjetivas de ira o amor). La analogía con
otros procesos complejos, como los embotellamientos de tráfico y las
crisis económicas, es imperfecta. ¿Qué crea un embotellamiento de tráfico? Si seguimos a un único automóvil, nunca lo entenderemos. El
atasco resulta de la interacción entre muchos automóviles. El coche A
influye en el movimiento del coche B, que bloquea el camino del coche C, y así sucesivamente. Pero si cartografiamos los movimientos de
todos los coches importantes y cómo uno impacta en el otro, tendremos una explicación completa del atasco. No tendría sentido preguntar:
«Pero ¿cómo crean todos estos movimientos el atasco?». Porque «atasco
de tráfico» es simplemente el término abstracto que los humanos decidimos usar para este conjunto determinado de acontecimientos.

En cambio, «ira» no es un término abstracto que hayamos decidido
usar como resumen de miles de millones de señales eléctricas del cerebro. La ira es una experiencia extremadamente concreta, con la que la

gente estaba familiarizada mucho antes de que supiera nada de electricidad. Cuando digo: «¡Estoy enfadado!», indico una sensación muy tangible. Si describimos de qué manera una reacción química en una neurona resulta en una señal eléctrica, y cómo miles de millones de reacciones similares resultan en miles de millones de señales adicionales, sigue teniendo sentido preguntar: «Pero ¿cómo se unen estos miles de millones de sucesos para crear mi sensación concreta de ira?».

Cuando miles de automóviles se abren camino trabajosamente a través de Londres, lo denominamos «atasco», pero eso no crea una gran conciencia londinense que planea sobre Piccadilly y se dice: «¡Vaya, ¡me siento atascada!». Cuando millones de personas venden miles de millones de acciones, a esto lo llamamos «crisis económica», pero no hay un gran espíritu de Wall Street que refunfuñe: «¡Mierda, me siento en crisis!». Cuando billones de moléculas de agua se conglutinan en el cielo, a esto lo llamamos «nube», pero no hay una conciencia de la nube que aparezca para anunciar: «¡Me siento lluviosa!». ¿Cómo, pues, cuando miles de millones de señales eléctricas se mueven en mi cerebro, surge una mente que siente «¡Estoy furioso!»? A estas alturas de 2016, no tenemos ni la más remota idea.

De ahí que si esta disertación ha dejado al lector confuso y perplejo, se encuentra en muy buena compañía. También los mejores científicos están muy lejos de descifrar el enigma de la mente y la conciencia. Una de las cosas maravillosas que tiene la ciencia es que cuando los científicos no saben algo, pueden probar todo tipo de teorías y conjeturas, pero al final acaban por admitir su ignorancia.

La ecuación de la vida

Los científicos no saben cómo un conjunto de señales eléctricas en el cerebro crea experiencias subjetivas. Y, lo que es más importante, tampoco saben cuál podría ser el beneficio evolutivo de semejante fenómeno. Es la mayor laguna en nuestra comprensión de la vida. Los humanos tienen pies porque durante millones de generaciones los pies permitieron a nuestros antepasados perseguir conejos y escapar de leones. Los humanos tienen ojos porque durante incontables milenios los ojos permitieron a nuestros ancestros ver hacia dónde se dirigía el conejo y de dónde llegaba el león. Pero ¿por qué tienen los humanos experiencias subjetivas de hambre y miedo?

No hace mucho, los biólogos dieron una respuesta muy sencilla. Las experiencias subjetivas son esenciales para nuestra supervivencia, porque si no sintiéramos hambre o miedo, no nos habríamos tomado la molestia de perseguir conejos y huir de leones. Cuando un humano divisaba un león, ¿por qué huía? Bueno, se asustaba, y por eso echaba a correr. Las experiencias subjetivas explicaban los actos humanos. Pero en la actualidad los científicos proporcionan una explicación mucho más detallada. Cuando un hombre ve un león, señales eléctricas se desplazan desde el ojo al cerebro. Las señales entrantes estimulan determinadas neuronas, que reaccionan disparando más señales. Estas estimulan las siguientes neuronas, que disparan a su vez. Si hay suficientes neuronas adecuadas que disparan a un ritmo lo bastante rápido, se envían órdenes a las glándulas adrenales para que inunden el cuerpo con adrenalina y se ordena al corazón que lata más deprisa, mientras que neuronas en el centro motor envían señales a lo largo de los músculos de las piernas para que empiecen a extenderse y contraerse, y así el hombre se aleja corriendo del león.

Irónicamente, cuanto mejor describimos este proceso, más difícil resulta explicar las sensaciones conscientes. Cuanto mejor entendemos el cerebro, más superflua parece la mente. Si todo el sistema funciona mediante señales eléctricas que pasan de aquí a allá, ¿por qué demonios también necesitamos sentir miedo? Si una cadena de reacciones electroquímicas procedente de las células nerviosas del ojo acaba produciendo los movimientos de los músculos de las piernas, ¿por qué añadir experiencias subjetivas a esa cadena? ¿Qué es lo que hacen? Innumerables fichas de dominó pueden caer una tras otra sin ninguna necesidad de tener experiencias subjetivas. ¿Por qué necesitan sensaciones las neuronas para estimularse entre sí o para ordenar a la glándula adrenal que empiece a bombear? En realidad, el 99 por ciento de las actividades corporales, entre ellas los movimientos musculares y las secreciones hormonales, tienen lugar sin ninguna necesidad de experimentar sensaciones conscientes. Así, pues, ¿por qué neuronas, músculos y glándulas necesitan dichas sensaciones en el restante 1 por ciento de los casos?

El lector podría argumentar que necesitamos una mente porque la mente almacena recuerdos, hace planes y detona de manera autónoma imágenes e ideas completamente nuevas. No solo responde a estímulos externos. Por ejemplo, cuando un hombre ve un león, no reacciona rápidamente a la vista del depredador. Recuerda que hace un año un león se comió a su abuela. Imagina cómo se sentiría si un león lo despedazara. Contempla la suerte que correrían sus hijos huérfanos. Por eso huye. De hecho, muchas reacciones en cadena empiezan con la propia iniciativa de la mente y no con ningún estímulo externo inmediato. Así, el recuerdo de algún ataque anterior de un león podría aparecer de repente y espontáneamente en la mente de un hombre, lo que le haría pensar en el peligro que suponen los leones. Entonces el hombre reúne a la tribu y entre todos idean nuevos métodos para ahuyentar a los leones.

Pero, un momento. ¿Qué son todos esos recuerdos, imaginaciones y pensamientos? ¿Dónde existen? Según las teorías biológicas actuales, nuestros recuerdos, imaginaciones y pensamientos no existen en una especie de campo inmaterial superior. También ellos son avalanchas de señales eléctricas disparadas por miles de millones de neuronas. De ahí que cuando relatamos recuerdos, imaginaciones y pensamientos, conservamos aún una serie de reacciones electroquímicas que pasan por miles de millones de neuronas y que concluyen con la actividad de las glándulas adrenales y de los músculos de las piernas.

¿Existe a lo largo de este camino largo y tortuoso siquiera un único paso en el que, entre la acción de una neurona y la reacción de una segunda neurona, la mente intervenga y decida si la segunda neurona disparará o no? ¿Hay algún movimiento material, incluso de un único electrón, que sea causado por la experiencia subjetiva del miedo y no por el movimiento previo de alguna otra partícula? Si no existe tal movimiento (y si cada electrón se mueve debido a que otro electrón se movió anteriormente), ¿por qué necesitamos experimentar miedo? No tenemos ninguna pista.

Los filósofos han resumido este enigma en una pregunta capciosa: ¿qué ocurre en la mente que no ocurra en el cerebro? Si nada ocurre en la mente excepto lo que ocurre en nuestra voluminosa red de neuronas, entonces ¿para qué necesitamos la mente? Si algo ocurre en la mente además de lo que ocurre en la red neural, ¿dónde demonios ocurre? Suponga el lector que le pregunto qué es lo que Homer Simpson pensó acerca de Bill Clinton y el escándalo de Monica Lewinsky. Probablemente no había pensado nunca antes en ello, de modo que su mente necesita fusionar ahora dos recuerdos que hasta el momento no estaban relacionados, y quizá evocar una imagen de Homer bebiendo cerveza al tiempo que ve en la televisión al presidente pronunciando el discurso de «Yo no tuve relaciones sexuales con esa mujer». ¿Dónde se produce esta fusión?

Algunos neurocientíficos aducen que la fusión se produce en el «área de trabajo global» creada por la interacción de muchas neuronas.[4] Pero el término «área de trabajo» es solo una metáfora. ¿Cuál es la realidad que subyace a la metáfora? ¿Dónde se encuentran y se fusionan en verdad los diferentes fragmentos de información? Según las teorías actuales, ello no tiene lugar en alguna quinta dimensión platónica. Más bien, tiene lugar, digamos, donde dos neuronas previamente no conectadas empiezan de repente a enviarse señales la una a la otra. Una nueva sinapsis se forma entre la «neurona Bill Clinton» y la «neurona Homer Simpson». Pero, si es así, ¿por qué necesitamos la experiencia consciente del recuerdo además del acontecimiento físico de las dos neuronas que se conectan?

Podemos plantear el mismo enigma en términos matemáticos. El dogma actual sostiene que los organismos son algoritmos, y que los algoritmos pueden representarse en fórmulas matemáticas. Se pueden emplear números y símbolos matemáticos para escribir la serie de pasos que una máquina expendedora efectúa para hacer un vaso de té, y la serie de pasos que el cerebro da cuando recibe la alarma de la proximidad de un león. En tal caso, y si las experiencias conscientes cumplen alguna función importante, estas deben tener una representación matemática. Porque son una parte esencial del algoritmo. Cuando escribamos el algoritmo del miedo y descompongamos «miedo» en una serie de cálculos precisos, tendríamos que poder indicar: «¡Aquí está! Paso número noventa y tres del proceso de cálculo. ¡Esta es la experiencia subjetiva del miedo!». Pero ¿acaso existe algún algoritmo en el vasto ámbito de las matemáticas que contenga una experiencia subjetiva? A fecha de hoy no sabemos de ningún algoritmo de este tipo. A pesar del enorme conocimiento que hemos reunido en los ámbitos de las matemáticas y de la informática, ninguno de los sistemas de procesamiento de datos que hemos creado necesita experiencias subjetivas para funcionar, y ninguno siente dolor, placer, ira o amor.[5]

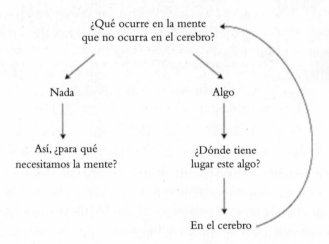

¿Quizá necesitamos experiencias subjetivas para pensar sobre nosotros? Cuando camina por la sabana y calcula sus probabilidades de supervivencia y reproducción, un animal tiene que representar sus propios actos y decisiones para sí mismo, y a veces comunicarlas también a otros animales. Al intentar crear un modelo de sus propias decisiones, el cerebro queda atrapado en una digresión infinita y, ¡abracadabra!, de este bucle surge la conciencia.

Hace cincuenta años, esto podría haber parecido plausible, pero en 2016 no. Varias empresas, como Google y Tesla, producen coches autónomos que ya circulan por nuestras calles. Los algoritmos que controlan el coche autónomo realizan millones de cálculos por segundo en relación con otros coches, peatones, semáforos y baches. El coche autó-

Figura 15. El coche autónomo de Google circulando.

nomo se detiene adecuadamente cuando el semáforo está en rojo, esquiva los obstáculos y respeta una distancia prudencial con los demás vehículos… sin sentir miedo alguno. El automóvil también necesita tenerse en cuenta a sí mismo y comunicar sus planes y deseos a los vehículos que le rodean, porque si decide virar a la derecha, ello influirá en el comportamiento de los otros. El coche hace todo esto sin problemas, pero también sin conciencia alguna. El coche autónomo no es especial. Otros muchos programas informáticos tienen en consideración sus propios actos, pero ninguno de ellos ha desarrollado conciencia, y ninguno siente o desea nada.[6]

Si no podemos explicar la mente, y si no sabemos qué función cumple, ¿por qué no, sencillamente, la desechamos? La historia de la ciencia está repleta de conceptos y teorías que se abandonaron. Por ejemplo, los primeros científicos modernos que intentaron explicar el movimiento de la luz postularon la existencia de una sustancia llamada éter, que supuestamente llena todo el universo. Se creía que la luz eran ondas de éter. Sin embargo, los científicos no consiguieron encontrar ninguna prueba empírica de la existencia del éter, al tiempo que daban con teorías de la luz alternativas y mejores. En consecuencia, tiraron el éter al cubo de la basura de la ciencia.

De forma parecida, durante miles de años, los humanos utilizaron a Dios para explicar numerosos fenómenos naturales. ¿Qué provoca el estallido de un rayo? Dios. ¿Qué hace que caiga la lluvia? Dios. ¿Cómo empezó la vida en la Tierra? La hizo Dios. A lo largo de los últimos siglos, los científicos no han descubierto ninguna evidencia empírica de la existencia de Dios, mientras que sí encontraron explicaciones mucho más detalladas para la caída de un rayo, la lluvia y los orígenes de la vida. Ello explica que, con la excepción de algunos subámbitos de la filosofía, ningún artículo de ninguna revista científica sometida a revisiones académicas se tome en serio la existencia de Dios. Los historiadores no argumentan que los Aliados ganaron la Segunda Guerra Mundial porque Dios estaba de su lado, los economistas no culpan a Dios de la crisis económica de 1929, y los geólogos no invocan Su voluntad para explicar los movimientos de las placas tectónicas.

El alma ha corrido la misma suerte. Durante miles de años, la gente creía que todos nuestros actos y decisiones manaban de nuestra alma. Pero en ausencia de pruebas que lo respalden, y dada la existencia de teorías alternativas mucho más detalladas, las ciencias de la vida han descartado el alma. Puede que en el plano personal muchos biólogos y médicos sigan creyendo en el alma. Pero nunca escriben sobre ello en revistas científicas serias.

¿Acaso la mente debe unirse al alma, a Dios y al éter en el cubo de la basura de la ciencia? Después de todo, nadie ha visto nunca experiencias de dolor o de amor con un microscopio, y tenemos una explicación bioquímica muy minuciosa del dolor y del amor que no deja margen para las experiencias subjetivas. Sin embargo, existe una diferencia crucial entre la mente y el alma (así como entre la mente y Dios). Mientras que la existencia de un alma eterna es pura conjetura, la experiencia del dolor es una realidad directa y muy tangible. Si piso un clavo, puedo estar al cien por cien seguro de que sentiré dolor (aunque de momento carezca de una explicación científica para el dolor). En cambio, no puedo estar seguro de que si la herida se infecta y muero a consecuencia de la gangrena, mi alma continúe existiendo. Es una opción muy interesante y reconfortante en la que me encantaría creer, pero no tengo ninguna prueba directa de su veracidad. Puesto que todos los científicos experimentan constantemente sensaciones subjetivas como el dolor y la duda, no pueden negar su existencia.

Otra manera de desestimar la mente y la conciencia es negar su importancia en lugar de su existencia. Algunos científicos (como Daniel Dennett y Stanislas Dehaene) aducen que es posible dar respuesta a todas las cuestiones relevantes estudiando las actividades cerebrales, sin recurrir en absoluto a experiencias subjetivas. De modo que los científicos pueden borrar de su vocabulario y sus artículos sin correr ningún riesgo «mente», «conciencia» y «experiencias subjetivas». Sin embargo, como veremos en los siguientes capítulos, todo el edificio de la política y la ética moderna está construido sobre experiencias subjetivas, y pocos dilemas éticos pueden resolverse con referencias estrictas a las actividades cerebrales. Por ejemplo, ¿qué hay de malo en la tortura o en la violación? Desde una perspectiva puramente neurológica, cuando un humano es torturado o violado, en el cerebro tienen lugar determinadas reacciones bioquímicas, y varias señales eléctricas se desplazan de un grupo de neuronas a otro. ¿Qué es lo que podría haber de malo en eso? La mayoría de las personas modernas tienen reparos éticos con respecto a la tortura y a la violación debido a las experiencias subjetivas que implican. Si algún científico quiere argumentar que las experiencias subjetivas son irrelevantes, su desafío es explicar por qué la tortura o la violación están mal sin hacer referencia a ninguna experiencia subjetiva.

Finalmente, algunos científicos admiten que la conciencia es real y que, en efecto, puede tener un elevado valor moral y político, pero que no lleva a cabo ningún tipo de función biológica. La conciencia es el subproducto biológicamente inútil de determinados procesos cerebrales. Los aviones a reacción emiten un gran estruendo, pero el ruido no es lo que impulsa al avión y hace que este vuele. Los humanos no necesitan dióxido de carbono, pero todas y cada una de nuestras exhalaciones llenan el aire de esta sustancia. De manera parecida, la conciencia puede ser un tipo de contaminación mental producida por el disparo de complejas redes neurales. No hace nada. Simplemente, está ahí. Si ello es cierto, implica que todo el dolor y el placer que miles de millones de criaturas han experimentado durante millones de años y experimentan ahora es solo contaminación mental. Ciertamente, esta es una idea sobre la que merece la pena reflexionar, aunque no sea cierta. Pero es muy sorprendente pensar que, en 2016, esta es la mejor teoría de la conciencia que la ciencia contemporánea puede ofrecernos.

Quizá las ciencias de la vida consideren el problema desde el ángulo equivocado. Creen que la vida solo consiste en procesar datos y que los organismos son máquinas para hacer cálculos y tomar decisiones. Sin embargo, esta analogía entre organismos y algoritmos podría confundirnos. En el siglo XIX, los científicos describían el cerebro y la mente como si fueran máquinas de vapor. ¿Por qué máquinas de vapor? Porque esta era la tecnología puntera de la época, la que hacía funcionar trenes, buques y fábricas. De modo que cuando los humanos intentaban explicar la vida, suponían que esta tenía que funcionar según principios análogos. Mente y cuerpo estaban hechos de tuberías, cilindros, válvulas y pistones que producían y liberaban presión, con lo que producían movimientos y acciones. Esta manera de pensar tuvo una profunda influencia sobre la psicología freudiana, lo que explica que nuestra jerga psicológica esté todavía llena de conceptos prestados de la ingeniería mecánica.

Considere el lector, por ejemplo, el siguiente argumento freudiano: «Los ejércitos emplean el impulso sexual para alimentar la agresividad militar. El ejército recluta a jóvenes en el momento justo en el que su impulso sexual es más fuerte. El ejército limita las oportunidades de los soldados de mantener relaciones sexuales y de liberar toda esta presión reprimida, que, en consecuencia, se acumula en su interior. Después, el ejército redirige esa presión acumulada y permite que se libere en forma de agresividad militar». Así es exactamente como funciona una máquina de vapor. Se acumula el vapor ardiente dentro de un contenedor cerrado. El vapor genera cada vez más presión, hasta que abrimos una válvula y liberamos la presión en una dirección predeterminada, empleándola para impulsar un tren o un telar. No solo en los ejércitos, sino en todos los ámbitos de actividad, solemos quejarnos de la presión que aumenta en nuestro interior y tememos que, a menos que nos desahoguemos, podríamos explotar.

En el siglo XXI parece infantil comparar la psique humana con una máquina de vapor. Ahora conocemos una tecnología mucho más sofisticada: el ordenador, de manera que explicamos la psique humana como si fuera un ordenador que procesa datos en lugar de una máquina de vapor que regula la presión. Pero puede resultar que esta nueva analogía sea tan ingenua como la otra. A fin de cuentas, los ordenadores no tienen mente. No desean nada aunque tengan un virus, e internet no siente dolor incluso cuando regímenes autoritarios impiden a países enteros acceder a la red. Así, pues, ¿por qué utilizamos los ordenadores como modelo para comprender la mente?

Bien, ¿estamos realmente seguros de que los ordenadores no tienen sensaciones o deseos? E incluso si en la actualidad no los tienen, ¿quizá cuando se vuelvan lo bastante complejos podrían desarrollar conciencia? Si esto fuera a ocurrir, ¿cómo podríamos determinarlo? Cuando los ordenadores sustituyan a nuestro conductor de autobús, a nuestro profesor y a nuestro psiquiatra, ¿cómo podremos saber si tienen sentimientos o si solo son un conjunto de algoritmos mecánicos?

En lo relativo a los humanos, hoy somos capaces de diferenciar entre experiencias mentales conscientes y actividades cerebrales no conscientes. Aunque estamos lejos de comprender la conciencia, los científicos han conseguido identificar algunas de sus rúbricas electroquímicas. Para hacerlo, comenzaron con la asunción de que siempre que los humanos informan de que son conscientes de algo, pueden ser creídos. Basándose en esta asunción, los científicos pudieron aislar después patrones cerebrales específicos que aparecen cada vez que los humanos informan de ser conscientes, pero que nunca aparecen durante estados inconscientes.

Esto ha permitido a los científicos determinar, por ejemplo, si una víctima de apoplejía que aparentemente se halla en un estado vegetativo ha perdido por completo la conciencia o solo ha perdido el control del cuerpo y del habla. Si el cerebro del paciente exhibe las rúbricas que delatan la conciencia, probablemente esté consciente, aunque no pueda moverse ni hablar. En realidad, los médicos han conseguido en fechas recientes comunicarse con estos pacientes utilizando fMRI. Formulan a los pacientes preguntas de respuesta cerrada (sí/no) y les piden que imaginen que están jugando al tenis si la respuesta es sí y que visualicen el emplazamiento de su hogar si la respuesta es no. Los médicos pueden observar entonces de qué manera la corteza motora se ilumina cuando los pacientes imaginan que juegan al tenis (lo que significa «sí»), mientras que «no» viene indicado por la activación de áreas cerebrales responsables de la memoria espacial.[7]

Esto está muy bien para los humanos, pero ¿y para los ordenadores? Puesto que los ordenadores, con base de silicio, tienen estructuras muy diferentes a las redes neurales de los humanos, con base de carbono, puede que las rúbricas humanas de la conciencia no sean relevantes para ellos. Al parecer, estamos atrapados en un círculo vicioso. Empezando con la asunción de que podemos creer a los humanos cuando informan de que están conscientes, podemos identificar las rúbricas de la conciencia humana, y después emplear estas rúbricas para «demostrar» que los humanos están conscientes. Pero si una inteligencia artificial informa de que está consciente, ¿acaso podemos creerla sin más?

A fecha de hoy no tenemos una buena respuesta a este problema. Ya hace miles de años que los filósofos advirtieron que no hay manera de demostrar de forma concluyente que nadie que no seamos nosotros mismos posee una mente. De hecho, incluso en el caso de los demás humanos, simplemente suponemos que tienen conciencia: no podemos saberlo con certeza. ¿Es posible que yo sea el único ser humano de todo el universo que sienta algo, y que todos los demás humanos y animales sean solo robots automáticos? ¿Quizá estoy soñando, y todas las personas con que me encuentro no son más que personajes de mi sueño? ¿Quizá estoy atrapado dentro de un mundo virtual, y todos los seres que veo son solo simulaciones?

Según el dogma científico actual, todo lo que experimento es el resultado de actividad eléctrica que tiene lugar en mi cerebro, y por lo tanto podría ser teóricamente factible simular todo un mundo virtual que yo no fuera capaz de distinguir del mundo «real». Algunos neurocientíficos creen que en un futuro no muy lejano podremos hacer esas cosas. Bueno, quizá ya se hayan hecho... ¿al lector? Por todo lo que este sabe, podría correr el año 2216 y ser él un adolescente aburrido inmerso en un juego de «mundo virtual» que emule el mundo primitivo y apasionante de principios del siglo XXI. Cuando uno acepta la mera viabilidad de esta hipótesis, las matemáticas le llevan a una conclusión ciertamente aterradora: puesto que solo hay un mundo real, mientras que el número de mundos virtuales potenciales es infinito, la probabilidad de que habitemos el único mundo real es casi nula.

Ninguno de nuestros descubrimientos científicos ha conseguido superar este notable Problema de Otras Mentes. La mejor prueba que los estudiosos han podido elaborar hasta ahora es el llamado Test de Turing, pero este únicamente examina convenciones sociales. Según el Test de Turing, con el fin de determinar si un ordenador posee una mente, uno ha de comunicarse simultáneamente con dicho ordenador y con una persona real, sin saber quién es cada uno. Se les puede preguntar lo que se quiera, se puede jugar, discutir e incluso flirtear con ellos. Uno puede tomarse el tiempo que quiera. Después, deberá decidir cuál es el ordenador y cuál el humano. Si no nos decidimos o si nos equivocamos, el ordenador ha superado el Test de Turing, y tenemos que tratarlo como si en verdad tuviera una mente. Sin embargo, esto no será realmente una prueba, desde luego. Reconocer la existencia de otras mentes es simplemente una convención social y legal.

El Test de Turing lo inventó en 1950 el matemático inglés Alan Turing, uno de los padres de la era de la informática. Turing era también un hombre gay en una época en la que la homosexualidad era ilegal en Gran Bretaña. En 1952 fue condenado por cometer actos homosexuales y se le obligó a someterse a castración química. Dos años más tarde se suicidó. El Test de Turing es simplemente una réplica de un test trivial al que todo hombre gay había de someterse en la Gran Bretaña de 1950: ¿podía uno pasar por un hombre heterosexual? Turing sabía por experiencia propia que no importaba quien fueras: lo único que importaba era lo que los demás pensaran de ti. Según Turing, en el futuro los ordenadores serán como los homosexuales en la década de 1950: no importará si son conscientes o no, solo importará lo que la gente piense de ello.

LA DEPRIMENTE VIDA DE LAS RATAS DE LABORATORIO

Después de habernos familiarizado con la mente (y con lo poco que en realidad sabemos de ella), podemos volver a la cuestión de si otros animales tienen mente. Algunos, como los perros, de hecho superan una versión modificada del Test de Turing. Cuando los humanos intentamos determinar si una entidad es consciente, lo que solemos buscar no es aptitud matemática o buena memoria, sino más bien la capacidad de establecer relaciones emocionales con nosotros. A veces la gente desarrolla un profundo apego emocional a fetiches tales como armas, automóviles e incluso ropa interior, pero tal apego es unilateral y nunca se transforma en una relación. El hecho de que los perros puedan participar de relaciones emocionales con humanos convence a la mayoría de los propietarios de perros de que estos no son autómatas desprovistos de mente.

Sin embargo, esto no satisfará a los escépticos, que señalan que las emociones son algoritmos y que ningún algoritmo conocido requiere de conciencia para funcionar. Cuando un animal exhibe un comportamiento emocional complejo, no podemos demostrar que este no sea el resultado de algún algoritmo muy sofisticado pero no consciente. Este argumento, naturalmente, también puede aplicarse a los humanos. Todo lo que hace un humano (incluso informar de estados supuestamente conscientes) podría teóricamente ser obra de algoritmos no conscientes.

En el caso de los humanos, damos por hecho sin embargo que siempre que alguien informa de que está consciente, podemos creerle. Basándonos en esta asunción mínima, hoy en día podemos identificar las rúbricas cerebrales de la conciencia, que después pueden emplearse de manera sistemática para diferenciar los estados conscientes de los no conscientes en los humanos. Pero puesto que el cerebro de los animales comparte muchas características con el cerebro humano, a medida que aumenta nuestra comprensión de las rúbricas de conciencia podemos ser capaces de emplearlas para determinar si otros animales son conscientes y cuándo. Si un cerebro canino muestra patrones similares a los de un cerebro humano consciente, esto proporcionará pruebas sólidas de que los perros son conscientes.

Pruebas iniciales en monos y ratones indican que al menos el cerebro de monos y ratones exhibe las rúbricas de la conciencia.[8] Sin embargo, dadas las diferencias entre el cerebro animal y el cerebro humano, y dado que todavía estamos lejos de descifrar todos los secretos de la conciencia, desarrollar tests decisivos que satisfagan a los escépticos podría llevar décadas. Mientras tanto, ¿quién tendrá que soportar la carga de la prueba? ¿Consideraremos que los perros son máquinas desprovistas de mente hasta que se demuestre lo contrario, o trataremos a los perros como seres conscientes mientras no aparezca alguien con una prueba convincente en el sentido opuesto?

El 7 de julio de 2012, expertos mundiales en neurobiología y ciencias cognitivas se reunieron en la Universidad de Cambridge y firmaron la Declaración de Cambridge sobre la Conciencia, que afirma lo siguiente: «Pruebas convergentes indican que animales no humanos tienen los sustratos neuroanatómicos, neuroquímicos y neurofisiológicos de estados conscientes, junto con la capacidad de exhibir comportamientos intencionales. En consecuencia, el peso de la evidencia indica que los humanos no son únicos en poseer los sustratos neurológicos que generan conciencia. Los animales no humanos, que incluyen a todos los mamíferos y aves, y a otros muchos animales, entre ellos los pulpos, poseen asimismo estos sustratos neurológicos».[9] Esta declaración se queda apenas a un paso de afirmar que otros animales son conscientes, porque todavía no tenemos la pistola humeante. Pero lo que sí hace claramente es pasar la carga de la prueba a los que creen lo contrario.

En respuesta a los vientos cambiantes de la comunidad científica, en mayo de 2015, Nueva Zelanda se erigió en el primer país del mundo en reconocer legalmente a los animales como seres sensibles, cuando el Parlamento de Nueva Zelanda aprobó la enmienda a la Ley de Bienestar Animal. Tal ley estipula que ahora es obligatorio reconocer que los animales son sensibles y conscientes, y que por lo tanto hay que atender adecuadamente a su bienestar en contextos tales como la ganadería. En un país que tiene muchas más ovejas que humanos (30 millones frente a 4,5 millones), se trata de una declaración muy importante. Desde entonces, la provincia canadiense de Quebec ha aprobado una ley similar, y es probable que les sigan otros países.

Muchas empresas también reconocen que los animales son seres sensibles y conscientes, aunque, paradójicamente, esto suele exponerlos a pruebas de laboratorio más bien desagradables. Por ejemplo, las empresas farmacéuticas emplean de forma rutinaria ratas como sujetos experimentales en el desarrollo de antidepresivos. Según un protocolo ampliamente utilizado, se cogen cien ratas (para tener fiabilidad estadística) y se coloca cada rata dentro de un tubo lleno de agua. Las ratas se esfuerzan sin cesar por salir del tubo, sin éxito. Pasados quince minutos, la mayoría de las ratas se rinden, dejan de moverse y se limitan a flotar en el tubo, apáticas ante su entorno.

Ahora se cogen otras cien ratas y se las pone dentro de los tubos, pero se las saca de estos a los catorce minutos, justo antes de que estén a punto de perder la esperanza. Se las seca, se las alimenta, se les permite descansar un poco... y después se las vuelve a meter en los tubos. Esta segunda vez, la mayoría de ratas forcejea durante veinte minutos antes de rendirse. ¿Por qué esos seis minutos adicionales? Porque el recuerdo del éxito anterior dispara la liberación de alguna sustancia bioquímica en el cerebro que insufla esperanza a las ratas y retarda la aparición de la desesperación. Si pudiéramos aislar esta sustancia, la podríamos usar como un antidepresivo para los humanos. Pero son numerosas las sustancias que inundan el cerebro de una rata en un momento dado, sea cual sea. ¿Cómo identificar la correcta?

Para ello se cogen más grupos de ratas, que nunca hayan participado en la prueba. Se les inyecta a cada grupo una sustancia determinada, de la que se espera que sea el antidepresivo idóneo. Se meten las ratas en el agua. Si las ratas a las que se les ha inyectado la sustancia A pugnan solo quince minutos antes de deprimirse, se puede tachar la A de la lista. Si las ratas inyectadas con la sustancia B siguen esforzándose durante veinte minutos, podemos decir al director ejecutivo y a los accionistas que nos acaba de tocar el gordo.

Los escépticos podrían objetar que toda esta descripción humaniza innecesariamente a las ratas. Las ratas no experimentan esperanza ni desesperación. Unas veces las ratas se mueven deprisa y otras se quedan quietas, pero nunca sienten nada. Solo las impulsan algoritmos inconscientes. Pero, si tal es el caso, ¿qué sentido tienen todos estos experimentos? Los medicamentos psiquiátricos están destinados a inducir cambios no solo en el comportamiento humano, sino sobre todo en las sensaciones humanas. Cuando un cliente va a la consulta de un psiquiatra y le dice: «Doctor, deme algo que me saque de esta depresión», no quiere un estimulante mecánico que haga que se mueva febrilmente mientras sigue sintiéndose triste. Quiere sentirse alegre. Realizar experimentos con ratas puede ayudar a las empresas a desarrollar esta píldora

Figura 16. Izquierda: una rata esperanzada bregando para escapar del tubo de vidrio. Derecha: una rata apática flotando en el tubo de vidrio, después de haber perdido toda esperanza.

mágica solo si presuponen que el comportamiento de las ratas está acompañado de emociones como las humanas. Y, efectivamente, este es un supuesto común en los laboratorios de fármacos psiquiátricos.[10]

EL CHIMPANCÉ CON CONCIENCIA DE SÍ MISMO

Otro intento de consagrar la superioridad humana acepta que ratas, perros y otros animales tienen conciencia, pero que, a diferencia de los humanos, carecen de conciencia de sí mismos. Pueden sentirse deprimidos, felices, hambrientos o ahítos, pero no tienen noción del yo, y no son conscientes de que la depresión o el hambre que sienten pertenecen a una entidad única llamada «yo».

Esta idea es tan común como opaca. Es evidente que cuando un perro tiene hambre, coge un pedazo de carne para él en lugar de servirle comida a otro perro. Si se deja que un perro olisquee un árbol regado por los perros del vecindario, sabrá inmediatamente si el olor es de su propia orina, del bonito labrador del vecino o de algún perro extraño. Los perros reaccionan de manera muy diferente a su propio olor y a los olores de parejas reproductivas y rivales potenciales.[11] ¿Qué quiere decir entonces que carecen de conciencia de sí mismos?

Una versión más refinada del argumento sostiene que existen niveles diferentes de conciencia de uno mismo. Solo los humanos se entienden a sí mismos como un yo perdurable, con un pasado y un futuro, quizá porque solo los humanos pueden usar el lenguaje para contemplar sus experiencias pasadas y sus actos futuros. Los demás animales viven en un presente eterno. Incluso cuando parece que recuerdan el pasado o planean algo futuro, en realidad solo reaccionan a estímulos presentes y necesidades momentáneas.[12] Por ejemplo, una ardilla que esconde nueces para el invierno no recuerda en verdad el hambre que sintió el invierno anterior, ni piensa en el futuro. Se limita a seguir un ansia momentánea, ajena a los orígenes y al propósito de dicha ansia. Esta es la razón por la que incluso ardillas muy jóvenes, que aún no han vivido un invierno y, por lo tanto, no pueden recordarlo, esconden no obstante nueces durante el verano.

Pero no está claro por qué el lenguaje tendría que ser una condición necesaria para ser consciente de acontecimientos pasados o futuros. El hecho de que los humanos utilicen el lenguaje para hacerlo apenas es una prueba. Los humanos también emplean el lenguaje para expresar su amor o su miedo, pero otros animales bien pueden experimentar e incluso expresar amor y miedo de forma no verbal. De hecho, los mismos humanos son conscientes a veces de acontecimientos pasados y futuros sin verbalizarlos. Especialmente en estados de sueño, podemos ser conscientes de narraciones enteras no verbales, que, al despertar, intentamos describir en palabras.

Varios experimentos indican que al menos algunos animales (entre los que se encuentran aves como los loros y las charas californianas) recuerdan sucesos individuales y planifican conscientemente eventualidades futuras.[13] Sin embargo, es imposible demostrar esto más allá de toda duda, porque, al margen de lo sofisticado que sea el comportamiento que un animal exhiba, los escépticos siempre podrán aducir que es el resultado de algoritmos inconscientes de su cerebro y no de imágenes conscientes de su mente.

Para ilustrar este problema, considere el lector el caso de Santino, un chimpancé macho del zoo de Furuvik, en Suecia. Para mitigar el aburrimiento en su recinto, Santino desarrolló una emocionante afición: lanzar piedras a los visitantes. En sí mismo, no se trata de un hecho insólito. Los chimpancés airados suelen lanzar piedras, palos e incluso excrementos. Sin embargo, Santino planificaba sus movimientos con antelación. A primera hora de la mañana, mucho antes de que el zoo abriera sus puertas al público, Santino ya había reunido proyectiles y los había colocado en un montón, sin mostrar ningún indicio visible de enfado. Guías y visitantes pronto aprendieron a estar atentos a Santino, en especial cuando lo veían de pie junto a su montón de piedras, de manera que este tenía cada vez mayores dificultades en encontrar blancos.

En mayo de 2010, Santino respondió con una nueva estrategia. A primera hora de la mañana cogía balas de paja de su dormitorio y las colocaba cerca de la pared del recinto, donde se suelen reunir los visitantes para observar a los chimpancés. Después recogía piedras y las escondía bajo la paja. Aproximadamente una hora después, cuando los primeros visitantes se acercaban, Santino aparentaba indiferencia, sin mostrar indicios de irritación o agresividad. Solo cuando las víctimas se hallaban a una distancia adecuada, Santino cogía de golpe las piedras de donde las tenía escondidas y bombardeaba a los atemorizados humanos, que se dispersaban en todas direcciones. En el verano de 2012, Santino aceleró la carrera armamentista al esconder piedras no solo bajo las balas de paja, sino también en troncos de árboles, edificaciones y cualquier otro lugar adecuado.

Pero ni siquiera Santino satisfizo a los escépticos. ¿Cómo podemos estar seguros de que a las siete de la mañana, cuando sale para recoger piedras, Santino está imaginando cuánto se divertirá bombardeando a los visitantes humanos a mediodía? ¿No será que Santino está impulsado por algún algoritmo no consciente, al igual que la joven ardilla que esconde nueces «para el invierno» aunque aún no haya vivido ningún invierno?[14]

De manera parecida, dicen los escépticos, un macho de chimpancé que ataca a un rival que lo hirió semanas antes en realidad no está vengando la antigua afrenta. Reacciona simplemente a una sensación momentánea de ira, cuya causa trasciende a su comprensión. Cuando una madre elefanta ve que un león amenaza a su cría, se abalanza hacia el león y arriesga su vida, pero no porque recuerde que se trata de su hijo querido, al que ha estado criando durante meses; más bien, se ve impelida por algún insondable sentido de hostilidad hacia el león. Y cuando un perro salta de alegría al ver que su amo vuelve a casa, no está reconociendo al hombre que lo ha alimentado y cuidado desde que era un cachorro. Se halla simplemente abrumado por un éxtasis inexplicable.[15]

No podemos demostrar o refutar ninguna de estas afirmaciones, porque en realidad son variaciones del Problema de Otras Mentes. Puesto que no estamos familiarizados con ningún algoritmo que requiera conciencia, todo lo que un animal hace puede verse como el producto de algoritmos no conscientes en lugar de recuerdos y planes conscientes. De modo que, también en el caso de Santino, la cuestión real se refiere a la carga de la prueba. ¿Cuál es la explicación más probable del comportamiento de Santino? ¿Hemos de suponer que planifica conscientemente el futuro, y que quien no esté de acuerdo ha de proporcionar alguna prueba en contra? ¿O es más razonable pensar que el chimpancé es impulsado por un algoritmo no consciente, y que todo lo que siente de manera consciente es un misterioso impulso a colocar piedras bajo balas de paja?

E, incluso, si Santino no recuerda el pasado y no imagina el futuro, ¿significa esto que carece de conciencia de sí mismo? Después de todo, adscribimos conciencia de uno mismo a los humanos aunque no estén ocupados recordando el pasado o soñando con el futuro. Por ejemplo, cuando una madre humana ve que su bebé se encamina hacia una calle con mucho tráfico, no se detiene a pensar en el pasado o en el futuro. Al igual que la madre elefanta, solo corre para salvar a su hijo. ¿Por qué no decimos en referencia a ella lo que decimos de la elefanta, es decir, que «cuando la madre se apresuró a salvar a su bebé del peligro inminente, lo hizo sin ninguna conciencia de sí misma: estuvo simplemente impelida por un impulso momentáneo»?

De forma similar, considérese una joven pareja que se besa apasionadamente en su primera cita; un soldado que, a pesar del fuego enemigo, se decide a salvar a un camarada herido, o un artista que pinta una obra maestra con un frenesí de pinceladas. Ninguno de ellos se detiene a contemplar el pasado o el futuro. ¿Significa eso que carezcan de conciencia de sí mismos, y que su condición sea inferior al de un político que da un discurso electoral sobre sus logros en el pasado y sus planes futuros?

El caballo inteligente

En 2010, unos científicos llevaron a cabo un experimento con ratas que fue insólitamente conmovedor. Encerraron a una rata en una jaula minúscula, colocaron la jaula en una celda mucho mayor y permitieron que otra rata deambulara libremente por dicha celda. La rata encerrada emitía señales de angustia, lo que hacía que la rata libre mostrara también señales de ansiedad y estrés. En la mayoría de los casos, la rata libre se dedicaba a ayudar a su compañera atrapada y, después de varios intentos, normalmente conseguía abrir la jaula y liberar a la prisionera.

Luego, los investigadores repitieron el experimento, esta vez colocando chocolate en la celda. En esta ocasión, la rata libre tenía que elegir entre liberar a la prisionera o disfrutar ella sola del chocolate. Muchas ratas prefirieron liberar primero a su compañera y compartir el chocolate (aunque algunas se comportaron de manera más egoísta, demostrando sí quizá que algunas ratas son más mezquinas que otras).

Los escépticos desestimaron estos resultados, aduciendo que la rata libre ayudaba a la prisionera no por empatía, sino simplemente para detener las molestas señales de angustia. Las ratas estaban motivadas por las sensaciones desagradables que sentían, y no buscaban nada más elevado que dar fin a esas sensaciones. Tal vez. Pero podemos decir exactamente lo mismo acerca de nosotros, los humanos. Cuando doy limosna a un mendigo, ¿acaso no reacciono ante las sensaciones desagradables que la visión del mendigo me hace sentir? ¿Me preocupa realmente el mendigo o sencillamente quiero sentirme mejor?[16]

En esencia, los humanos no somos tan diferentes de ratas, perros, delfines y chimpancés. Al igual que ellos, carecemos de alma. Al igual que nosotros, ellos también tienen conciencia y un complejo mundo de sensaciones y emociones. Desde luego, cada animal posee sus rasgos y talentos únicos. También los humanos poseemos nuestros dones especiales. No deberíamos humanizar innecesariamente a los animales e imaginar que son simplemente versiones más peludas de nosotros mismos. Esto no es solo mala ciencia, sino que también nos impide comprender y valorar a otros animales en sus propios términos.

En los primeros años de la década de 1900, un caballo llamado Hans der Kluge («Hans el Listo») se convirtió en una celebridad alemana. Mientras recorría ciudades y pueblos alemanes, Hans demostró una notable comprensión del idioma alemán y un dominio aún más notable de las matemáticas. Cuando se le preguntaba: «Hans, ¿cuánto es cuatro por tres?», Hans golpeaba el suelo doce veces con un casco. Cuando se le mostraba un mensaje escrito que rezaba: «¿Cuánto es veinte menos once?», Hans daba nueve golpes, con encomiable precisión prusiana.

En 1904, la Junta de Educación alemana designó una comisión científica especial, encabezada por un psicólogo, para que estudiara el asunto. Los trece miembros de la comisión (entre los que había un director de circo y un veterinario) estaban convencidos que tenía que tratarse de un fraude, pero, a pesar de sus denodados esfuerzos, no consiguieron descubrir fraude ni truco algunos. Incluso cuando se separaba a Hans de su amo y las preguntas se las hacían completos extraños, Hans daba la mayoría de las respuestas correctas.

En 1907, el psicólogo Oskar Pfungst inició otra investigación, que finalmente desveló la verdad. Resultó que Hans daba las respuestas adecuadas al observar detenidamente el lenguaje corporal y las expresiones faciales de sus interlocutores. Cuando a Hans se le preguntaba cuánto es cuatro por tres, sabía por la experiencia acumulada que el humano esperaba que golpeara con su pezuña un determinado número de veces. Empezaba a golpetear, al tiempo que observaba atentamente al humano. Cuando Hans se acercaba al número correcto de golpes, el humano se ponía cada vez más tenso. Cuando Hans golpeaba el número correcto, la tensión alcanzaba su punto álgido. Hans sabía reconocerlo por la postura del cuerpo del humano y por la expresión de su cara. Entonces dejaba de golpetear, y observaba la manera en que la tensión era sustituida por asombro o risa. Hans sabía que había acertado.

A veces se presenta a Hans el Listo como un ejemplo de la manera en que los humanos humanizamos equivocadamente a los animales,

Figura 17. Hans el Listo en escena en 1904.

adjudicándoles muchas más capacidades asombrosas de las que en verdad poseen. En realidad, no obstante, la lección es exactamente la contraria. El relato demuestra que al humanizar a los animales por lo general subestimamos la cognición animal y pasamos por alto las capacidades únicas de otros animales. En lo que se refiere a las matemáticas, Hans no era ningún genio. Cualquier niño de ocho años lo podría hacer mucho mejor. Sin embargo, en su capacidad de deducir emociones e intenciones a partir del lenguaje corporal, Hans era un verdadero genio. Si un chino me preguntara en mandarín cuánto son cuatro por tres, de ningún modo conseguiría dar correctamente doce golpes con el pie solo observando sus expresiones faciales y su lenguaje corporal. Hans el Listo gozaba de esta capacidad porque los caballos suelen comunicarse entre sí por medio del lenguaje corporal. Lo que sí era notable en Hans era su capacidad para utilizarlo para descifrar las emociones e intenciones, no solo de sus compañeros equinos, sino también de humanos desconocidos.

Si los animales son tan inteligentes, ¿por qué razón los caballos no enjaezan a los humanos, las ratas no realizan experimentos con nosotros y los delfines no hacen que saltemos a través de aros? Ciertamente, *Homo sapiens* posee alguna capacidad única que le permite dominar a todos los demás animales. Después de haber rechazado las ideas pretenciosas de que *Homo sapiens* existe en un plano completamente distinto del de los demás animales, o que los humanos poseen alguna esencia única como el alma o la conciencia, podemos finalmente descender al nivel de la realidad y examinar las capacidades físicas o mentales concretas que confieren a nuestra especie su ventaja.

La mayoría de los estudios citan la producción de utensilios y la inteligencia como dos factores particularmente importantes en el progreso de la humanidad. Aunque otros animales también producen utensilios, no cabe duda de que los humanos los superan con mucho en este terreno. Las cosas no están tan claras en el caso de la inteligencia. Existe toda una industria consagrada a definir y a medir la inteligencia, y estamos lejos de alcanzar un consenso. Por suerte, no hemos de entrar en este campo minado, porque, al margen de cómo definamos la inteligencia, es bastante evidente que ni la inteligencia ni la producción de utensilios, por sí solas, pueden explicar la conquista humana del mundo. Según la mayoría de las definiciones de inteligencia, hace un millón de años los humanos ya eran los animales más inteligentes de su entorno, así como los campeones mundiales en la fabricación de utensilios, pero seguían siendo animales insignificantes con poco impacto en el ecosistema circundante. Era evidente que carecían de alguna característica clave, que no era ni la inteligencia ni la fabricación de útiles.

¿Es posible que la humanidad finalmente llegara a dominar el planeta, no debido a algún tercer ingrediente clave impreciso, sino simplemente a la evolución de una inteligencia superior y a capacidades todavía mejores de producción de utensilios? No lo parece, porque cuando examinamos el registro histórico, no vemos una correlación directa entre la inteligencia y la capacidad de producir útiles de humanos individuales y el poder de nuestra especie en su conjunto. Hace veinte mil años, el sapiens medio probablemente superaba en inteligencia y en capacidad de fabricación de utensilios al sapiens medio actual. Las escuelas y los empresarios modernos pueden poner a prueba nuestras aptitudes de cuando en cuando, pero, con independencia de lo mal que lo hagamos, el estado del bienestar siempre garantizará que nuestras necesidades básicas estén cubiertas. En la Edad de Piedra, la selección natural nos ponía a prueba en todo momento todos los días, y si no superábamos alguna de sus numerosas pruebas, inmediatamente criábamos malvas. Pero a pesar de las capacidades superiores de nuestros antepasados de la Edad de Piedra a la hora de producir utensilios, y a pesar de poseer una mente más astuta y unos sentidos mucho más agudos, hace veinte mil años la humanidad era mucho más débil de lo que es en la actualidad.

A lo largo de estos veinte mil años, la humanidad ha pasado de cazar mamuts con lanzas de punta de piedra a explorar el sistema solar con naves espaciales, no gracias a la evolución de manos más diestras o de un cerebro mayor (de hecho, en la actualidad nuestro cerebro parece ser menor).[17] En cambio, el factor crucial en nuestra conquista del mundo fue nuestra capacidad de conectar entre sí a muchos seres humanos.[18] Hoy en día, los humanos dominan completamente el planeta, no porque el individuo humano sea mucho más inteligente y tenga los dedos más ágiles que un chimpancé o un lobo, sino porque *Homo sapiens* es la única especie en la Tierra capaz de cooperar de manera flexible en gran número. Es evidente que la inteligencia y la elaboración de útiles fueron asimismo muy importantes. Pero si los humanos no hubieran aprendido a cooperar de manera flexible en gran número, nuestro astuto cerebro y nuestras manos hábiles todavía estarían fisionando pedernales en lugar de átomos de uranio.

Si la cooperación es la clave, ¿cómo es que las hormigas y las abejas no nos adelantaron en la invención de la bomba nuclear aunque aprendieron a cooperar en grandes números millones de años antes que nosotros? Porque su cooperación carece de flexibilidad. Las abejas cooperan de formas muy refinadas, pero no pueden reinventar su sistema social de la noche a la mañana. Si una colmena se enfrenta a una nueva amenaza o una nueva oportunidad, las abejas no pueden, por ejemplo, guillotinar a la reina y establecer una república.

Los mamíferos sociales, como los elefantes y los chimpancés, cooperan de manera mucho más flexible que las abejas, pero solo lo hacen con un pequeño número de amigos y de miembros de la familia. Su cooperación se basa en el conocimiento personal. Si yo soy un chimpancé y tú eres un chimpancé y quiero cooperar contigo, tengo que conocerte personalmente: ¿qué tipo de chimpancé eres? ¿Eres un chimpancé simpático? ¿Eres un chimpancé malo? ¿Cómo voy a cooperar contigo si no te conozco? Hasta donde sabemos, solo los sapiens tienen la capacidad de cooperar de formas muy flexibles con un número incontable de extraños. Esta capacidad concreta, más que un alma eterna o algún tipo único de conciencia, explica nuestro dominio del planeta Tierra.

¡VIVA LA REVOLUCIÓN!

La historia proporciona muchas pruebas de la importancia crucial de la cooperación a gran escala. Casi de manera invariable, la victoria la han logrado quienes han cooperado mejor, no solo en las luchas entre *Homo sapiens* y otros animales, sino también en los conflictos entre diferentes grupos humanos. Así, Roma conquistó Grecia no porque los romanos tuvieran un cerebro mayor o mejores técnicas de fabricación de herramientas, sino porque fueron capaces de cooperar de manera más eficaz. A lo largo de la historia, los ejércitos disciplinados derrotaron fácilmente a las hordas desorganizadas, y las élites unificadas dominaron a las masas desorganizadas. Por ejemplo, en 1914, tres millones de nobles, oficiales y empresarios rusos señoreaban a 180 millones de campesinos y obreros. La élite rusa sabía cómo cooperar en defensa de sus intereses comunes, mientras que 180 millones de plebeyos eran incapaces de llevar a cabo una movilización efectiva. De hecho, gran parte de los esfuerzos de la élite se centraban en asegurar que los 180 millones de personas situadas por debajo nunca aprendieran a cooperar.

Para organizar una revolución, nunca basta con los números. Por lo general, las revoluciones las hacen pequeñas redes de agitadores y no las masas. Si queremos poner en marcha una revolución, no nos preguntemos: «¿Cuántas personas apoyan mis ideas?». Preguntémonos, en cambio: «¿Cuántos de los que me dan su apoyo son capaces de participar de una colaboración efectiva?». La Revolución rusa estalló finalmente, no cuando 180 millones de campesinos se alzaron contra el zar, sino cuando un puñado de comunistas se situaron en el lugar adecuado en el momento adecuado. En 1917, cuando las clases superior y media rusas sumaban al menos tres millones de personas, el Partido Comunista tenía solo 23.000 miembros.[19] No obstante, los comunistas se hicieron con el control del inmenso Imperio ruso porque se organizaron bien. Cuando en Rusia la autoridad se escurrió de las decrépitas manos del zar y de las manos igualmente temblorosas del gobierno provisional de Kerensky, los comunistas se apoderaron de él con celeridad, agarrando las riendas del poder como un bulldog cierra sus mandíbulas sobre un hueso.

Los comunistas no soltaron el poder hasta los últimos años de la década de 1980. Una eficaz organización los mantuvo en el poder ocho largas décadas, y finalmente cayeron debido a una organización deficiente. El 21 de diciembre de 1989, Nicolae Ceaușescu, el dictador comunista de Rumanía, organizó una manifestación masiva de apoyo en el centro de Bucarest. A lo largo de los meses anteriores, la Unión

Soviética había retirado su respaldo a los regímenes comunistas de la Europa Oriental, el Muro de Berlín había caído, y en Polonia, Alemania Oriental, Hungría, Bulgaria y Checoslovaquia habían estallado revoluciones. Ceauşescu, que gobernaba Rumanía desde 1965, creía ser capaz de resistir al tsunami, aunque en la ciudad rumana de Timişoara se habían producido disturbios contra su gobierno el 17 de diciembre. Como una de las contramedidas que puso en marcha, Ceauşescu organizó un mitin multitudinario en Bucarest para demostrar a los rumanos y al resto del mundo que la mayoría de la población todavía lo quería…, o al menos lo temía. El chirriante aparato del partido movilizó a 80.000 personas para llenar la plaza central de la ciudad, y se indicó a los ciudadanos de toda Rumanía que interrumpieran sus actividades y sintonizaran radios y televisores.

Ante el clamor de la multitud, aparentemente entusiasta, Ceauşescu salió al balcón que daba a la plaza, como había hecho decenas de veces en las décadas anteriores. Flanqueado por su esposa Elena, por funcionarios importantes del partido y por un grupo de guardaespaldas, Ceauşescu empezó uno de sus deprimentes y característicos discursos. Durante ocho minutos alabó las glorias del socialismo rumano, y parecía muy complacido de sí mismo cuando la multitud aplaudía mecánicamente. Y entonces algo fue mal. El lector puede verlo por sí mismo en YouTube: busque «El último discurso de Ceauşescu» y contemple la historia en acción.[20]

El vídeo de YouTube muestra a Ceauşescu iniciando otra larga frase: «Quiero dar las gracias a los promotores y a los organizadores de este gran acontecimiento en Bucarest, pues lo considero un…», y entonces se queda mudo; con los ojos como platos, se queda helado, sin dar crédito a lo que ve. No terminó la frase. Se puede ver en esta fracción de segundo cómo todo un mundo se desmorona. Alguien del público lo abucheó. Todavía hoy la gente discute quién fue la primera persona que se atrevió a abuchearlo. Y después, otra persona lo abucheó, y otra, y otra, y al cabo de pocos segundos las masas empezaron a silbar, a vociferar insultos y a gritar «¡Ti-mi-şoa-ra! ¡Ti-mi-şoa-ra!».

Todo esto ocurrió en directo en la televisión rumana, mientras tres cuartas partes de la población se hallaban sentadas ante los televisores,

Figura 18. Momento en que un mundo se desploma: un anonadado Ceauşescu no da crédito a lo que ve y oye.

con los corazones desbocados. La notoria policía secreta (la Securitate) ordenó que la emisión se interrumpiera de inmediato, pero los equipos de filmación desobedecieron. El cámara dirigió el objetivo al cielo para que los espectadores no pudieran ver el pánico de los líderes del partido, en el balcón, pero el técnico de sonido siguió grabando, y la retransmisión prosiguió. Toda Rumanía oyó a la multitud abuchear, mientras Ceauşescu gritaba: «¡Hola! ¡Hola! ¡Hola!», como si el problema fuera cosa del micrófono. Elena, su esposa, empezó a gritar al público: «¡Callaos! ¡Callaos!», hasta que Ceauşescu se giró y le gritó (mientras la televisión seguía emitiendo): «¡Cállate tú!». Después, Ceauşescu se dirigió a la multitud de la plaza, implorándoles: «¡Camaradas! ¡Camaradas! ¡Callaos, camaradas!».

Pero los camaradas no querían callarse. La Rumanía comunista se desmoronó cuando 80.000 personas, en la plaza central de Bucarest, se dieron cuenta de que eran mucho más fuertes que el viejo tocado con un sombrero de piel que había en el balcón. Lo realmente asombroso, sin embargo, no es el momento en que el sistema se vino abajo, sino el hecho de que hubiera conseguido sobrevivir décadas. ¿Por qué son tan escasas las revoluciones? ¿Cómo es que a veces las masas aplaudan y aclamen, y hagan todo lo que el hombre del balcón les ordena, aunque en teoría en cualquier momento podrían abalanzarse sobre él y despedazarlo?

Ceaușescu y sus secuaces dominaron a 20 millones de rumanos durante cuatro décadas porque garantizaron tres condiciones vitales. En primer lugar, colocaron a esbirros comunistas leales en el control de todas las redes de cooperación, como el ejército, los sindicatos e incluso las asociaciones deportivas. En segundo lugar, impidieron la creación de toda organización rival, ya fuera política, económica o social, que pudiera servir de base para la cooperación anticomunista. En tercer lugar, se basaron en el apoyo de partidos comunistas hermanos de la Unión Soviética y de la Europa Oriental. A pesar de las tensiones ocasionales, estos partidos se ayudaron los unos a los otros en momentos de necesidad, o al menos garantizaron que ningún extranjero metiera las narices en el paraíso socialista. En tales condiciones, y pese a todas las penalidades y el sufrimiento que les infligía la élite dominante, los 20 millones de rumanos no pudieron organizar ninguna oposición eficaz.

Ceaușescu solo cayó del poder cuando ya no se mantuvieron las tres condiciones. A finales de la década de 1980, la Unión Soviética retiró su protección, y los regímenes comunistas empezaron a caer como fichas de dominó. En diciembre de 1989, Ceaușescu no podía esperar ninguna ayuda exterior. Precisamente lo contrario: las revoluciones en los países vecinos alentaron a la oposición. Asimismo, el mismo Partido Comunista empezó a dividirse en campos rivales. Los moderados querían desembarazarse de Ceaușescu e iniciar reformas antes de que fuera demasiado tarde. Por último, al organizar la manifestación de Bucarest y retransmitirla en directo por televisión, el propio Ceaușescu proporcionó a los revolucionarios la oportunidad perfecta para descubrir su poder y acometer contra él. ¿Qué manera más rápida de propagar una revolución que mostrarla por televisión?

Pero cuando el poder se escurrió de las manos del torpe organizador del balcón, no pasó a las masas de la plaza. Aunque numerosa y entusiasta, la multitud no sabía cómo organizarse. De ahí que, al igual que en Rusia en 1917, el poder pasó a un pequeño grupo de actores políticos cuya única ventaja era la buena organización. La Revolución rumana fue secuestrada por el autoproclamado Frente de Salvación Nacional, que en realidad era una cortina de humo para el ala moderada del Partido Comunista. El Frente no tenía conexiones reales con la multitud que se manifestó. Lo lideraban funcionarios del partido de rango intermedio, dirigidos por Ion Iliescu, un antiguo miembro del Comité Central del Partido Comunista que había sido jefe del departamento de propaganda. Iliescu y sus camaradas del Frente de Salvación Nacional se reinventaron como políticos demócratas, declararon ante todos los micrófonos disponibles que eran los líderes de la revolución, y después emplearon su prolongada experiencia y su red de compinches para tomar el control del país y embolsarse sus recursos.

En la Rumanía comunista, casi todo era propiedad del Estado. La Rumanía democrática pronto privatizó sus activos, vendiéndolos a precio de saldo a los excomunistas, que fueron los únicos que advirtieron lo que ocurría y colaboraron para llenarse mutuamente los bolsillos. Las empresas estatales que controlaban las infraestructuras nacionales y los recursos naturales fueron vendidas a antiguos funcionarios comunistas a precio de saldo, mientras que los soldados de a pie del partido compraron casas y apartamentos por pocos céntimos.

Ion Iliescu fue elegido presidente de Rumanía, mientras que sus colegas se convirtieron en ministros, parlamentarios, directores de banco y multimillonarios. La nueva élite rumana que controla el país hasta el día de hoy está compuesta principalmente por antiguos comunistas y por sus familias. Las masas que se jugaron el cuello en Timişoara y Bucarest se conformaron con migajas, porque no supieron cómo cooperar y cómo crear una organización eficaz para cuidar de sus propios intereses.[21]

Una suerte similar corrió la Revolución egipcia de 2011. Lo que la televisión hizo en 1989, lo hicieron Facebook y Twitter en 2011. Los nuevos medios de comunicación ayudaron a las masas a coordinar sus actividades, de manera que miles de personas inundaron las calles y plazas en el momento oportuno, y derrocaron el régimen de Mubarak. Sin embargo, una cosa es reunir a 100.000 personas en la plaza Tahrir y otra muy distinta controlar la maquinaria política, estrechar las manos adecuadas en las salas secretas adecuadas y dirigir un país con eficacia. En consecuencia, cuando Mubarak dimitió, los manifestantes no pudieron llenar el vacío. Egipto solo tenía dos instituciones suficientemente organizadas para gobernar el país: el ejército y los Hermanos Musulmanes. De ahí que la revolución fuera secuestrada primero por los Hermanos y finalmente por el ejército.

Los excomunistas rumanos y los generales egipcios no eran más inteligentes ni tenían los dedos más hábiles que los viejos dictadores o los manifestantes de Bucarest o El Cairo. Su ventaja residía en la cooperación flexible. Cooperaron mejor que las masas, y estuvieron más dispuestos a demostrar mucha más flexibilidad que los rígidos Ceauşescu y Mubarak.

Más allá del sexo y la violencia

Si los sapiens gobiernan el mundo porque solo nosotros podemos cooperar de manera flexible en gran número, esto socava nuestra creencia en la sacralidad de los seres humanos. Nos gusta creer que somos especiales y que, por lo tanto, merecemos todo tipo de privilegios. Como prueba, señalamos los asombrosos logros de nuestra especie: hemos construido las pirámides y la Gran Muralla de China, hemos descifrado la estructura de los átomos y de las moléculas de ADN, hemos llegado hasta el Polo Sur y a la Luna. Si tales logros fueran el resultado de alguna esencia única que cada individuo humano posee (un alma inmortal, pongamos por caso), entonces tendría sentido sacralizar la vida humana. No obstante, dado que estos triunfos en realidad se derivan de la cooperación masiva, está mucho menos claro por qué tendrían que hacernos venerar a los individuos humanos.

Una colmena tiene un poder mucho mayor que una mariposa individual, pero esto no implica que una abeja sea más sagrada que una mariposa. El Partido Comunista rumano dominó con éxito a la desorganizada población rumana. ¿Acaso se infiere de ello que la vida de un miembro del partido fuera más sagrada que la vida de un ciudadano de a pie? Los humanos saben cómo cooperar de manera más efectiva que los chimpancés, razón por la que los humanos lanzan naves espaciales a la Luna mientras que los chimpancés lanzan piedras a los visitantes del zoológico. ¿Significa ello que los humanos son seres superiores?

Bien, tal vez. Para empezar, depende de qué es lo que permite a los humanos cooperar tan bien. ¿Por qué solo los humanos son capaces de construir estos sistemas sociales tan extensos y sofisticados? La cooperación social entre la mayoría de los mamíferos sociales, como los chimpancés, los lobos y los delfines, se basa en la relación estrecha. Entre los chimpancés comunes, los individuos solo van a cazar juntos después de haberse conocido bien y haber establecido una jerarquía social. De ahí que inviertan mucho tiempo en interacciones sociales y luchas de poder. Cuando chimpancés mutuamente desconocidos se encuentran, por lo general no pueden cooperar, sino que en cambio se gritan los unos a los otros, luchan o huyen tan deprisa como pueden.

Entre los chimpancés pigmeos, también llamados bonobos, las cosas son un poco distintas. Los bonobos suelen emplear el sexo para disipar las tensiones y cimentar los lazos sociales. No es sorprendente, por lo tanto, que las relaciones homosexuales sean en consecuencia muy comunes entre ellos. Cuando dos grupos desconocidos de bonobos se encuentran, en un primer momento exhiben miedo y hostilidad, y la jungla se llena de gritos y aullidos. Sin embargo, las hembras de un grupo enseguida cruzan la tierra de nadie que los separa e invitan a los extraños a hacer el amor en lugar de la guerra. Por lo general, la invitación es aceptada, y a los pocos minutos el campo de batalla potencial es un hervidero de bonobos manteniendo relaciones sexuales en casi cualquier postura concebible; entre ellas, colgados cabeza abajo de árboles.

Los sapiens conocen bien estos trucos cooperativos. A veces establecen jerarquías de poder similares a las de los chimpancés comunes, mientras que en otras ocasiones cimientan los lazos sociales con sexo, al igual que los bonobos. Pero el conocimiento personal (ya implique luchar o copular) no puede conformar la base de una cooperación a gran escala. No es posible resolver la crisis de la deuda griega invitando a los políticos griegos y a los banqueros alemanes a un combate a puñetazos o a una orgía. La investigación indica que los sapiens no pueden tener relaciones íntimas (ya sean hostiles o amorosas) con más de 150 individuos.[22] Sea lo que sea que permite a los humanos organizar redes de cooperación masiva, no son las relaciones íntimas.

Esto es una mala noticia para los psicólogos, los sociólogos, los economistas y otros que intentan descifrar la sociedad humana mediante experimentos de laboratorio. Tanto por razones organizativas como económicas, la inmensa mayoría de los experimentos se llevan a cabo o bien con individuos o bien con pequeños grupos de participantes. Pero es arriesgado extrapolar a partir del comportamiento de un grupo pequeño a la dinámica de las sociedades de masas. Un país con 100 millones de personas funciona de una manera fundamentalmente diferente a una banda de un centenar de individuos.

Tomemos, por ejemplo, el Juego del Ultimátum, uno de los experimentos más famosos en economía de la conducta. Por lo general, este experimento se realiza con dos personas. Una de ellas tiene 100 dólares, que debe repartirse con el otro participante de la manera que quiera. Puede quedárselo todo, dividir el dinero en dos partes iguales o ceder la mayoría del mismo. El otro jugador tiene dos opciones: aceptar el reparto sugerido o rechazarla de pleno. Si lo rechaza, ninguno obtiene nada.

Las teorías económicas clásicas sostienen que los humanos son máquinas de cálculo racionales. Proponen que la mayoría de las personas se quedarán con 99 dólares y ofrecerán un dólar al otro participante, y que el otro participante aceptará la oferta. Una persona racional a la que se ofrezca un dólar siempre dirá sí. ¿Qué le importa si el otro jugador gana 99 dólares?

Los economistas clásicos probablemente nunca abandonaron sus laboratorios y aulas para aventurarse en el mundo real. La mayoría de las personas que participan en el Juego del Ultimátum rechazan las ofertas muy bajas por considerarlas «injustas». Prefieren perder un dólar a parecer incautos. Puesto que así es como funciona el mundo real, pocas personas empiezan haciendo ofertas muy bajas. La mayoría de la gente reparte el dinero de manera equitativa o se dan solo una ventaja moderada, y ofrecen 30 o 40 dólares al otro jugador.

El Juego del Ultimátum contribuyó notablemente a socavar las teorías económicas clásicas y a afirmar el descubrimiento económico más importante de las últimas décadas: los sapiens no se comportan según una fría lógica matemática, sino según una cálida lógica social. Nos rigen las emociones. Dichas emociones, como vimos anteriormente, son en realidad algoritmos refinados que reflejan los mecanismos sociales de las antiguas tropillas de cazadores-recolectores. Si hace treinta mil años yo te ayudé a cazar un gallo silvestre y tú te quedaste casi con todo el gallo y solo me ofreciste una ala, yo no me dije: «Mejor una ala que nada». En lugar de eso, aparecieron mis algoritmos evolutivos, mi sistema se vio inundado de adrenalina y testosterona, mi sangre hirvió, pateé con fuerza y grité con toda la potencia de mi voz. A corto plazo, puede que pasara hambre e incluso que me arriesgara a recibir uno o dos golpes. Pero a la larga valió la pena, porque tú te lo pensaste dos veces antes de estafarme de nuevo. Rechazamos las ofertas injustas porque la gente que aceptó con actitud sumisa ofertas injustas no sobrevivió en la Edad de Piedra.

Las observaciones de tropillas de cazadores-recolectores contemporáneos respaldan esta idea. La mayoría de las tropillas son muy igualitarias, y cuando un cazador vuelve al campamento cargando con un ciervo gordo, todos reciben una parte. Lo mismo ocurre con los chimpancés. Cuando un chimpancé caza un cochinillo, los demás miembros de la tropilla se reúnen a su alrededor con las manos extendidas, y por lo general todos obtienen un pedazo.

En otro experimento reciente, el primatólogo Frans de Waal instaló a dos monos capuchinos en dos jaulas adyacentes, de modo que cada uno pudiera ver todo lo que el otro hacía. De Waal y sus colegas pusieron piedras pequeñas dentro de ambas jaulas y adiestraron a los monos para que les dieran dichas piedras. Cada vez que un mono daba una piedra, recibía comida a cambio. Al principio, el premio era un trozo de pepino. Esto complacía mucho a los dos monos, y comían alegremente el pepino. Un tiempo después, De Waal pasó a la siguiente fase del experimento. Esta vez, cuando el primer mono dio una piedra, obtuvo una uva. Las uvas son mucho más sabrosas que los pepinos. Sin embargo, cuando el segundo mono dio una piedra, siguió obteniendo un trozo de pepino. El segundo mono, que previamente había estado muy contento con el pepino, se enfureció. Cogió el trozo de pepino, lo contempló incrédulamente un momento, lo lanzó enfadado contra el científico y empezó a saltar y a chillar a voz en grito. No era un incauto.[23]

Este hilarante experimento (que el lector puede ver en YouTube), junto con el Juego del Ultimátum, han hecho que muchos crean que los primates poseen una moralidad natural, y que la igualdad es un valor universal e intemporal. Las personas son igualitarias por naturaleza, y las sociedades desiguales nunca pueden funcionar bien debido al resentimiento y a la insatisfacción.

Pero ¿es realmente así? Estas teorías pueden funcionar bien con chimpancés, monos capuchinos y pequeñas tropillas de cazadores-recolectores. También funcionan bien en el laboratorio, donde se las pone a prueba con grupos reducidos de personas. Pero cuando se observa la conducta de masas humanas, se descubre una realidad completamente distinta. La mayoría de los reinos e imperios humanos eran muy desiguales, pero muchos de ellos fueron sorprendentemente estables y eficientes. En el antiguo Egipto, el faraón se tendía sobre cómodos almohadones dentro de un palacio fresco y suntuoso, y llevaba sandalias doradas y túnicas tachonadas de piedras preciosas mientras hermosas doncellas le ponían dulces uvas en la boca. A través de la ventana abierta podía ver a los campesinos en los campos, trabajando con ahínco y harapientos bajo un sol de justicia, y afortunado era el campesino que tenía un pepino que comer al acabar el día. Pero los campesinos rara vez se rebelaban.

En 1740, el rey Federico II de Prusia invadió Silesia, iniciando así una serie de guerras sangrientas que le valieron el apodo de Federico el Grande, convirtieron Prusia en una gran potencia y dejaron centenares de miles de personas muertas, tullidas o indigentes. La mayoría de los soldados de Federico eran reclutas desventurados, sometidos a una férrea disciplina y a un entrenamiento riguroso. Como no podía ser de otro modo, los soldados no profesaban un gran amor a su comandante supremo. Mientras Federico contemplaba a sus tropas, que se reunían para iniciar la invasión, le dijo a uno de sus generales que lo que más le sorprendía de aquella escena era que «aquí estamos, completamente seguros, contemplando a 60.000 hombres; todos son nuestros enemigos, y no hay uno solo de ellos que no esté mejor armado ni sea más fuerte que nosotros, y sin embargo todos tiemblan en nuestra presencia, mientras que nosotros no tenemos razón alguna para temerles».[24] Ciertamente, Federico podía contemplarlos con perfecta seguridad. Durante los años siguientes, a pesar de todas las penalidades de la guerra, estos 60.000 hombres armados nunca se rebelaron contra él; de hecho, muchos de ellos le sirvieron con una valentía excepcional, arriesgando e incluso sacrificando sus vidas.

¿Por qué los campesinos egipcios y los soldados prusianos actuaron de manera tan diferente a lo que cabía esperar según el Juego del Ultimátum y del experimento con los monos capuchinos? Porque las personas en gran número se comportan de una manera fundamentalmente diferente a cuando se encuentran en pequeño número. ¿Qué verían los científicos si realizaran el experimento del Juego del Ultimátum en dos grupos de un millón de personas cada uno que tuvieran que repartirse 100.000 millones de dólares?

Probablemente serían testigos de una dinámica extraña y fascinante. Por ejemplo, puesto que un millón de personas no puede tomar decisiones de manera colectiva, en cada grupo podría surgir una pequeña élite dominante. ¿Y qué pasaría si una élite ofreciera a la otra 10.000 millones de dólares y se quedara con 90.000 millones? Los líderes del segundo grupo bien podrían aceptar esta oferta injusta y destinar la mayor parte de los 10.000 millones de dólares a sus cuentas en bancos suizos, al tiempo que impedirían la rebelión entre sus seguidores mediante una combinación de palos y zanahorias. El liderazgo podría amenazar con castigar de manera severa e inmediata a los disidentes, al tiempo que prometería a los sumisos y pacientes recompensas eternas en la otra vida. Esto es lo que ocurría en el antiguo Egipto y en la Prusia del siglo XVIII, y así es como las cosas siguen funcionando en numerosos países de todo el mundo.

Tales amenazas y promesas suelen surtir efecto al crear jerarquías humanas estables y redes de cooperación masiva, siempre y cuando la gente crea que reflejan las leyes inevitables de la naturaleza o las órdenes divinas de Dios, y no simplemente caprichos humanos. Toda la cooperación humana a gran escala se basa en último término en nuestra creencia en órdenes imaginados. Se trata de conjuntos de normas que, a pesar de existir únicamente en nuestra imaginación, creemos que son tan reales e inviolables como la gravedad. «Si sacrificas diez toros al dios del cielo, lloverá; si honras a tus padres, irás al cielo, y si no crees lo que te digo…, ¡irás al infierno!» Mientras todos los sapiens que viven en una localidad determinada crean las mismas historias, observan las mismas normas, lo que facilita predecir el comportamiento de los extraños y organizar redes de cooperación masiva. Los sapiens suelen usar marcas visuales como un turbante, una barba o un traje de negocios para comunicar: «Puedes confiar en mí, creo en la misma historia que tú». Nuestros primos chimpancés no tienen la capacidad de inventar y difundir este tipo de historias, razón por la que no pueden cooperar en gran número.

La red del sentido

A la gente le cuesta entender la idea de los «órdenes imaginados» porque da por hecho que solo hay dos tipos de realidades: las realidades objetivas y las realidades subjetivas. En la realidad objetiva, las cosas existen independientemente de nuestras creencias y sentimientos. La gravedad, por ejemplo, es una realidad objetiva. Existía mucho antes de que Newton naciera, y afecta tanto a la gente que no cree en ella como a la gente que sí cree.

En cambio, la realidad subjetiva depende de mis creencias y sentimientos personales. Así, supongamos que me duele mucho la cabeza y voy al médico. La doctora me examina con detenimiento, pero no encuentra nada extraño. De modo que me envía a que me hagan un análisis de sangre, un análisis de orina, un análisis de ADN, radiografías, electrocardiogramas, una fMRI y otra serie de trámites. Cuando llegan los resultados, me dice que estoy perfectamente sano y que puedo irme a casa. Pero yo sigo sintiendo un fuerte dolor en la cabeza. Aunque pruebas muy objetivas no han encontrado nada extraño en mí y aunque nadie que no sea yo siente el dolor, para mí el dolor es cien por cien real.

La mayoría de la gente presume que la realidad es o bien objetiva o bien subjetiva, y que no hay una tercera opción. De ahí que cuando se convencen de que algo no es solo un sentimiento subjetivo, llegan a la conclusión de que tiene que ser objetivo. Si hay mucha gente que cree en Dios, si el dinero hace que el mundo gire, y si el nacionalismo inicia guerras y construye imperios..., todo ello no es solo una creencia subjetiva mía. Por lo tanto, Dios, el dinero y las naciones deben de ser realidades objetivas.

Sin embargo, hay un tercer nivel de realidad: el nivel intersubjetivo. Las entidades intersubjetivas dependen de la comunicación entre muchos humanos y no de las creencias y sentimientos de individuos humanos. Muchos de los agentes más importantes de la historia son intersubjetivos. El dinero, por ejemplo, no tiene valor objetivo. No podemos comer, beber ni vestirnos con un billete de un dólar. Pero mientras millones de personas crean en su valor, lo podemos utilizar para comprar comida, bebidas y ropa. Si el panadero pierde de pronto su fe en el dólar y rehúsa darme una hogaza de pan a cambio de este trozo de papel verde, no importa mucho. Simplemente, puedo ir al supermercado más cercano, unas manzanas más allá. Sin embargo, si las cajeras del supermercado también rehúsan aceptar este trozo de papel, y lo mismo hacen los vendedores ambulantes del mercado y los dependientes del centro comercial, entonces el dólar perderá su valor. Los trozos de papel verde seguirán existiendo, desde luego, pero no tendrán ningún valor.

Estas cosas ocurren en verdad de cuando en cuando. El 3 de noviembre de 1985, el gobierno de Myanmar anunció inesperadamente que los billetes de 25, 50 y 100 kyats ya no eran moneda legal. A la gente no se le dio la oportunidad de cambiar los billetes, y los ahorros de toda una vida se convirtieron instantáneamente en montones de papel inútil. Para reemplazar los que habían quedado fuera de circulación, el gobierno emitió nuevos billetes de 75 kyats, supuestamente en honor del septuagésimo quinto aniversario del dictador de Myanmar, el general Ne Win. En agosto de 1986 se emitieron billetes de 15 y 35 kyats. Los rumores indicaban que el dictador, que tenía una enorme fe en la numerología, creía que el 15 y el 35 son números de la suerte. No supusieron mucha suerte para sus súbditos. El 5 de septiembre de 1987, el gobierno decretó sin más que todos los billetes de 15 y 35 kyats ya no eran moneda.

El valor del dinero no es lo único que puede evaporarse cuando la gente deja de creer en ello. Lo mismo puede ocurrir con leyes, dioses e incluso imperios enteros. En un momento dado están atareados modelando el mundo, y al siguiente ya no existen. Zeus y Hera fueron antaño poderes importantes en la cuenca del Mediterráneo, pero actualmente carecen de toda autoridad, porque nadie cree en ellos. La Unión Soviética podía haber destruido antaño a toda la especie humana, pero dejó de existir de un plumazo. A las dos de la tarde del 8 de diciembre de 1991, en una dacha estatal cerca de Viskuli, los líderes de Rusia, Ucrania y Bielorrusia firmaron los Acuerdos de Belavezha, que declaraban: «Nosotros, la República de Bielorrusia, la Federación Rusa y Ucrania, como estados fundadores de la URSS que firmaron el tratado de unión de 1922, por la presente establecemos que la URSS, como sujeto de ley internacional y realidad geopolítica, deja de existir».[25] Y eso fue todo. Ya no había Unión Soviética.

Es relativamente fácil aceptar que el dinero es una realidad intersubjetiva. La mayoría de la gente también está dispuesta a reconocer que los antiguos dioses griegos, los imperios del mal y los valores de las culturas ajenas existen únicamente en la imaginación. Pero no queremos aceptar que nuestro Dios, nuestra nación o nuestros valores sean meras ficciones, porque estas cosas dan sentido a nuestra vida. Queremos creer que nuestra vida tiene algún sentido objetivo, y que nuestros sacrificios son importantes para algo que trascienda las historias que habitan nuestra cabeza. Pero, en realidad, la vida de la mayoría de las personas tiene sentido únicamente dentro de la red de historias que se cuentan las unas a las otras.

El sentido se crea cuando muchas personas entretejen conjuntamente una red común de historias. ¿Por qué le encuentro sentido a un acto concreto (como por ejemplo casarse por la Iglesia, ayunar en el ramadán o votar el día de las elecciones)? Porque mis padres también creen que es significativo, al igual que mis hermanos, mis vecinos, la gente de ciudades cercanas e incluso los residentes de países lejanos.

FIGURA 19. Firma de los Acuerdos de Belavezha. La pluma toca el papel y, ¡abracada-bra!, la Unión Soviética desaparece.

¿Y por qué toda esa gente cree que tiene sentido? Porque sus amigos y vecinos comparten también esa misma opinión. La gente refuerza constantemente las creencias del otro en un bucle que se perpetúa a sí mismo. Cada ronda de confirmación mutua estrecha aún más la red de sentido, hasta que uno no tiene más opción que creer lo que todos los demás creen.

Sin embargo, con el transcurso de décadas y siglos, la red de sentido se desenreda y en su lugar se teje una nueva red. Estudiar historia implica contemplar cómo estas redes se tejen y se destejen, y comprender que lo que en una época a la gente le parece lo más importante de su vida se vuelve totalmente absurdo para sus descendientes.

En 1187, Saladino derrotó al ejército de cruzados en la batalla de Hattin y conquistó Jerusalén. En respuesta, el Papa puso en marcha la Tercera Cruzada para reconquistar la ciudad sagrada. Imagine el lector a un joven noble inglés llamado John que abandonara el hogar para ir a luchar contra Saladino. John creía que sus actos tenían un sentido objetivo. Creía que si moría en la cruzada, su alma ascendería después al cielo, donde gozaría de una dicha celestial eterna. Se habría sentido horrorizado al descubrir que el alma y el cielo son solo historias inventadas por los humanos. John creía a pies juntillas que si llegaba a Tierra Santa, y si algún guerrero musulmán con un gran bigote le atizaba con un hacha en la cabeza, sentiría un dolor insoportable, le atronarían los oídos, le flaquearían las piernas y se le nublaría la visión..., y que en el instante inmediatamente posterior vería una luz brillante en derredor, oiría voces angelicales y arpas melodiosas, y querubines alados y radiantes le indicarían que cruzara una magnífica entrada dorada.

John tenía una fe muy sólida en todo esto, porque estaba enmarañado en una red de sentido extremadamente densa y poderosa. Sus recuerdos más antiguos eran los de la herrumbrosa espada del abuelo Henry, que colgaba en el salón principal del castillo. Desde que era niño, John había oído los relatos del abuelo Henry, que murió en la Segunda Cruzada y que desde entonces estaba sentado con los ángeles en el cielo, velando por John y su familia. Cuando los trovadores visitaban el castillo, solían cantar acerca de los valientes cruzados que habían luchado en Tierra Santa. Cuando John iba a la iglesia, le gustaba contemplar los vitrales de las ventanas. Uno de ellos mostraba a Godofredo de Bouillon montado a caballo y ensartando con su lanza a un musulmán de aspecto malvado. Otro ilustraba las almas de los pecadores ardiendo en el infierno. John escuchaba con atención al sacerdote de su parroquia, el hombre más sabio que conocía. Casi todos los domingos, el sacerdote explicaba (ayudándose de parábolas bien construidas y divertidas bromas) que no había salvación fuera de la Iglesia católica, que el Papa de Roma era nuestro santo padre y que teníamos que obedecer siempre sus órdenes. Si matábamos o robábamos, Dios nos enviaría al infierno; pero si matábamos a musulmanes infieles, Dios nos recibiría en el cielo.

Un día, cuando John acababa de cumplir los dieciocho años, un caballero desaliñado cabalgó hasta la verja del castillo y, con voz ahogada, anunció la noticia: «¡Saladino ha destruido al ejército cruzado en Hattin! ¡Jerusalén ha caído! ¡El Papa ha declarado una nueva cruzada y ha prometido la salvación eterna a quien muera en ella!». La gente que lo rodeaba se quedó conmovida y preocupada, pero a John se le iluminó la cara con un resplandor sobrenatural, y proclamó: «¡Iré a luchar contra los infieles y a liberar Tierra Santa!». Todos permanecieron en silencio un momento, y después sonrisas y lágrimas aparecieron en sus rostros. Su madre se enjugó las lágrimas, dio a John un fuerte abrazo y le dijo lo orgullosa que estaba de él. Su padre le dio una fuerte palmada en la espalda y le dijo: «Si tuviera tu edad, hijo, me sumaría a ti. El honor de nuestra familia está en juego… ¡Estoy seguro de que no nos decepcionarás!». Dos de sus amigos anunciaron que ellos también irían. Incluso el rival declarado de John, el barón del otro lado del río, le hizo una visita para desearle buena suerte.

Cuando abandonó el castillo, los aldeanos salieron de sus chozas para despedirle, y todas las chicas bonitas miraron anhelantes al valiente cruzado que se iba a luchar contra los infieles. Se hizo a la mar en Inglaterra y más tarde se abrió paso a través de tierras extrañas y distantes (Normandía, Provenza, Sicilia), y por el camino se le unieron bandas de caballeros extranjeros, todos ellos con el mismo destino y la misma fe. Cuando el ejército desembarcó finalmente en Tierra Santa y entabló batalla con las huestes de Saladino, John quedó asombrado al descubrir que incluso los malvados sarracenos compartían sus creencias. Cierto, estaban un poco confundidos y creían que los cristianos eran los infieles y que los musulmanes obedecían la voluntad de Dios. Pero también ellos aceptaban el principio básico de que los que luchaban por Dios y Jerusalén irían directamente al cielo cuando murieran.

De esta manera, hilo a hilo, la civilización medieval tejió su red de sentido, atrapando en ella como a moscas a John y a sus contemporáneos. Para John era inconcebible que todas estas historias no fueran más que fantasías de la imaginación. Quizá sus padres y tíos estaban equivocados, pero ¿acaso también lo estaban los trovadores, y todos sus amigos, y las chicas de la aldea, y el sabio sacerdote, y el barón del otro lado del río, y el Papa de Roma, y los caballeros provenzales y sicilianos, e incluso los mismos musulmanes? ¿Era posible que todos ellos estuvieran alucinando?

Y los años pasan. A medida que el historiador observa, la red de sentido se desenmaraña, y otra se teje en su lugar. Los padres de John mueren, y después, todos sus hermanos y amigos. En lugar de trovadores dedicados a cantar las cruzadas, la nueva moda son obras de teatro sobre trágicas aventuras amorosas. El castillo familiar arde hasta los cimientos, y cuando se reconstruye, no queda rastro de la espada del abuelo Henry. Las ventanas de la iglesia se hacen añicos en una tormenta invernal, y el vidrio que las sustituye ya no retrata a Godofredo de Bouillon y a los pecadores en el infierno, sino el gran triunfo del rey de Inglaterra sobre el rey de Francia. El sacerdote ya no llama al Papa «nuestro santo padre»: ahora se refiere a él como «aquel demonio de Roma». En una universidad cercana, los estudiosos leen atentamente antiguos manuscritos griegos, diseccionan cadáveres y susurran en voz baja y a puerta cerrada que quizá eso que llamamos alma no exista.

Y los años siguen pasando. Donde antaño se erguía el castillo, ahora hay un centro comercial. En el cine proyectan por enésima vez *Monty Python y el Santo Grial*. En una iglesia vacía, un aburrido vicario se alegra sobremanera al ver a dos turistas japoneses. Les explica con detalle el significado de los vitrales de las ventanas mientras ellos sonríen educadamente y asienten sin entender nada en absoluto. En las escalinatas exteriores, una pandilla de adolescentes juega con sus iPhone. Miran en YouTube un nuevo remix de «Imagine», de John Lennon. «Imagina que no hay cielo —canta Lennon—, es fácil si lo intentas.» Un barrendero paquistaní barre las aceras mientras una radio cercana retransmite las noticias: las matanzas en Siria continúan, y la reunión del Consejo de Seguridad ha acabado en un punto muerto. De pronto se abre un agujero en el tiempo y un misterioso rayo de luz ilumina la cara de uno de los adolescentes, que anuncia: «¡Voy a luchar contra los infieles y a liberar Tierra Santa!».

¿Infieles y Tierra Santa? Estas palabras ya no tienen ningún sentido para la mayoría de la gente en la Inglaterra de hoy en día. Incluso el vicario probablemente pensaría que el adolescente padece algún tipo de episodio psicótico. En cambio, si un joven inglés decidiera unirse a Amnistía Internacional y viajar hasta Siria para proteger los derechos humanos de los refugiados, sería considerado un héroe. En la Edad Media, la gente pensaría que se habría vuelto majareta. Nadie en la Inglaterra del siglo XII sabía qué eran los derechos humanos. ¿Quieres viajar a Oriente Medio y arriesgar tu vida, no para matar musulmanes, sino para proteger a un grupo de musulmanes de otro? Tienes que haberte vuelto loco.

Así es como se desarrolla la historia. La gente teje una red de sentido, cree en ella con todo su corazón, pero más pronto o más tarde la red se desenmaraña, y cuando miramos atrás, no podemos entender cómo nadie pudo haberla tomado en serio. En retrospectiva, ir a las cruzadas con la esperanza de alcanzar el paraíso parece una locura total. En retrospectiva, la Guerra Fría parece una locura todavía mayor. ¿Cómo es posible que hace treinta años la gente estuviera dispuesta a arriesgarse a sufrir un holocausto nuclear por creer en un paraíso comunista? Dentro de cien años, nuestra creencia en la democracia y en los derechos humanos quizá les parezca igualmente incomprensible a nuestros descendientes.

Tiempo de soñar

Los sapiens dominan el mundo porque solo ellos son capaces de tejer una red intersubjetiva de sentido: una red de leyes, fuerzas, entidades y lugares que existen puramente en su imaginación común. Esta red permite que los humanos organicen cruzadas, revoluciones socialistas y movimientos por los derechos humanos.

Es posible que otros animales también imaginen cosas. Un gato que espera al acecho a un ratón podría en realidad no ver al ratón, sino tan solo imaginar su forma e incluso su sabor. Pero, hasta donde sabemos, los gatos únicamente son capaces de imaginar cosas que existen en el mundo, como los ratones. No pueden imaginar cosas que nunca han visto u olido o degustado, como el dólar estadounidense, la compañía Google o la Unión Europea. Solo los sapiens pueden imaginar tales quimeras.

En consecuencia, mientras que los gatos y los demás animales están confinados en el reino objetivo y solo emplean sus sistemas de comunicación para describir la realidad, los sapiens utilizan el lenguaje para crear realidades completamente nuevas. Durante los últimos setenta mil años, las realidades intersubjetivas que los sapiens inventaron se hicieron cada vez más poderosas, hasta el punto de que hoy dominan el mundo. ¿Sobrevivirán al siglo XXI los chimpancés, los elefantes, la selva amazónica y los glaciares árticos? Ello depende de los deseos y las decisiones de entidades intersubjetivas tales como la Unión Europea y el Banco Mundial, entidades que solo existen en nuestra imaginación compartida.

No hay otro animal que pueda medirse con nosotros, no porque carezcan de alma o de mente, sino porque carecen de la imaginación necesaria. Los leones pueden correr, saltar, morder y desgarrar. Pero no pueden abrir una cuenta bancaria o poner un pleito. Y en el siglo XXI, un banquero que sepa poner un pleito es más poderoso que el más feroz de los leones de la sabana.

De la misma manera que separa a los humanos de los demás animales, esta capacidad de crear entidades intersubjetivas separa también las humanidades de las ciencias de la vida. Los historiadores buscan comprender el desarrollo de entidades intersubjetivas como los dioses y las naciones, mientras que los biólogos difícilmente reconocen la existencia de tales cosas. Algunos creen que si pudiéramos descifrar el código genético y cartografiar todas y cada una de las neuronas del cerebro, conoceríamos todos los secretos de la humanidad. A fin de cuentas, si los humanos no tienen alma y si los pensamientos, emociones y sensaciones son solo algoritmos bioquímicos, ¿por qué no puede la biología explicar todos los caprichos de las sociedades humanas? Desde esta perspectiva, las cruzadas fueron disputas territoriales modeladas por presiones evolutivas, y los caballeros ingleses que viajaron a Tierra Santa para luchar contra Saladino no eran muy distintos de los lobos que intentan apropiarse del territorio de una jauría vecina.

Las humanidades, en cambio, ponen énfasis en la importancia crucial de entidades intersubjetivas, que no pueden reducirse a hormonas y neuronas. Pensar desde el punto de vista histórico significa adscribir poder real a los contenidos de nuestros relatos imaginarios. Evidentemente, los historiadores no obvian los factores objetivos, como los cambios climáticos y las mutaciones genéticas, pero confieren mucha mayor importancia a los relatos que la gente inventa y en los que cree. Corea del Norte y Corea del Sur son tan diferentes entre sí no porque la gente de Pyongyang tenga genes diferentes a los genes de la gente de Seúl o porque el norte sea más frío y más montañoso. Ello se debe a que el norte está dominado por ficciones muy distintas.

Quizá algún día los descubrimientos en neurobiología nos permitan explicar el comunismo y las cruzadas en términos estrictamente bioquímicos, pero estamos muy lejos de este momento. Durante el siglo XXI es probable que la frontera entre la historia y la biología se desvanezca, no porque descubramos explicaciones biológicas de los acontecimientos históricos, sino más bien porque las ficciones ideológicas reescriban las cadenas de ADN, los intereses políticos y económicos reescriban el clima, y la geografía de montañas y ríos dé paso al ciberespacio. A medida que las ficciones humanas se traduzcan en códigos genéticos y electrónicos, la realidad intersubjetiva engullirá por completo la realidad objetiva, y la biología se fusionará con la historia. En el siglo XXI, la ficción puede, por lo tanto, convertirse en la fuerza más poderosa de la Tierra, sobrepasando incluso a los asteroides caprichosos y a la selección natural. De ahí que si queremos entender nuestro futuro, en absoluto bastará con descifrar genomas y calcular números. También tenemos que descifrar las ficciones que dan sentido al mundo.

FIGURA 20. El creador: Jackson Pollock en un momento de inspiración.

Parte II

Homo sapiens da sentido al mundo

¿Qué clase de mundo crearon los humanos?

¿Cómo llegaron a convencerse los humanos de que no solo controlan el mundo, sino que también le dan sentido?

¿Cómo se convirtió el humanismo (la veneración de la humanidad) en la más importante de todas las religiones?

4

Los narradores

Animales como los lobos y los chimpancés viven en una realidad dual. Por un lado, están familiarizados con entidades objetivas externas, como árboles, rocas y ríos. Por otro, son conscientes de experiencias subjetivas internas, como miedo, alegría y deseo. Los sapiens, en cambio, viven en una realidad de tres capas. Además de árboles, ríos, miedos y deseos, el mundo de los sapiens contiene también relatos sobre dinero, dioses, naciones y compañías. A medida que la historia se iba desarrollando, el impacto de dioses, naciones y compañías creció a expensas de ríos, miedos y deseos. Todavía hay muchos ríos en el mundo, y la gente todavía se siente motivada por sus temores y sus deseos, pero Jesucristo, la República francesa y Apple Inc. han represado y explotado ríos, y han aprendido a modelar nuestras ansiedades y anhelos más profundos.

Puesto que es probable que las nuevas tecnologías del siglo XXI hagan que estas ficciones sean más poderosas todavía, para comprender nuestro futuro necesitamos comprender cómo los relatos sobre Jesucristo, la República francesa y Apple. Inc. han adquirido tanto poder. Los humanos creen que son ellos quienes hacen la historia, pero en realidad la historia gira alrededor de esta red de relatos de ficción. Las capacidades básicas de los individuos humanos no han cambiado mucho desde la Edad de Piedra. Pero la red de relatos ha ido ganando en fuerza, y de esta manera ha empujado a la historia desde la Edad de Piedra hasta la Edad del Silicio.

Todo comenzó hace unos setenta mil años, cuando la revolución cognitiva permitió a los sapiens empezar a hablar de cosas que solo existían en su imaginación. Durante los sesenta mil años siguientes, los sapiens tejieron muchas redes ficticias, pero estas fueron siempre pequeñas y locales. El espíritu de un antepasado venerado por una tribu era completamente desconocido para sus vecinos, y las conchas marinas valiosas en una localidad carecían de valor al otro lado de la cordillera cercana. Los relatos sobre espíritus ancestrales y conchas marinas preciosas seguían confiriendo una ventaja enorme a los sapiens, porque permitían que centenares y a veces incluso miles de sapiens cooperaran de manera efectiva, que era mucho más de lo que neandertales o chimpancés podían hacer. Sin embargo, mientras los sapiens fueron cazadores-recolectores, no pudieron cooperar a una escala realmente considerable, porque era imposible alimentar a una ciudad o a un reino con la caza y la recolección. En consecuencia, los espíritus, las hadas y los demonios de la Edad de Piedra eran entidades relativamente débiles.

La revolución agrícola, que se inició hace unos doce mil años, proporcionó la base material necesaria para agrandar y reforzar las redes intersubjetivas. La agricultura posibilitó dar de comer a miles de personas en ciudades atestadas y a miles de soldados de ejércitos disciplinados. Sin embargo, las redes intersubjetivas encontraron entonces un nuevo obstáculo. Para preservar los mitos colectivos y de organizar la cooperación masiva, los primeros agricultores dependieron de las capacidades de procesamiento de datos del cerebro humano, que estaban estrictamente limitadas.

Los agricultores creían en relatos sobre grandes dioses. Construían templos dedicados a su dios favorito, celebraban festivales en su honor, le ofrecían sacrificios y le daban tierras, diezmos y presentes. En las primeras ciudades de la antigua Sumeria, hace unos seis mil años, los templos no eran solo centros de adoración, sino también los focos políticos y económicos más importantes. Los dioses sumerios cumplían una función análoga a la de las marcas y sociedades anónimas modernas. En la actualidad, las empresas son entidades legales ficticias que poseen propiedades, prestan dinero, contratan empleados e inician proyectos comerciales. En las antiguas ciudades de Uruk, Lagash y Shurupak, los dioses hacían las veces de entidades legales que podían poseer campos y esclavos, dar y recibir préstamos, pagar salarios y construir presas y canales.

Puesto que nunca morían y puesto que no tenían hijos que se pelearan por su herencia, los dioses acumulaban cada vez más propiedades y más poder. Un número creciente de sumerios eran empleados por los dioses, recibían préstamos de los dioses, labraban las tierras de los dioses, y debían impuestos y diezmos a los dioses. De la misma manera que en el San Francisco de hoy en día John es un empleado de Google mientras que Mary trabaja para Microsoft, en la antigua Uruk una persona estaba empleada por el gran dios Enki mientras que su vecino trabajaba para la diosa Inanna. Los templos de Enki e Inanna dominaban el horizonte de Uruk, y sus logos divinos marcaban edificios, productos y vestidos. Para los sumerios, Enki e Inanna eran tan reales como Google y Microsoft lo son para nosotros. Comparados con sus predecesores (los espectros y los espíritus de la Edad de Piedra), los dioses sumerios eran entidades muy poderosas.

Ni que decir tiene que en verdad los dioses no dirigían sus negocios, por la simple razón de que no existían en ningún otro lugar que no fuera la imaginación humana. Las actividades cotidianas las gestionaban los sacerdotes del templo (de la misma manera que Google y Microsoft necesitan contratar a humanos de carne y hueso para que gestionen sus negocios). Sin embargo, a medida que los dioses adquirían cada vez más propiedades y poder, los sacerdotes empezaron a no dar abasto. Podían haber representado al poderoso dios del cielo o a la diosa de la tierra que todo lo sabía, pero ellos mismos eran mortales falibles. Tenían dificultades a la hora de recordar qué fincas, huertos y campos pertenecían a la diosa Inanna, qué empleados de Inanna habían recibido ya su salario, qué arrendatarios de la diosa no habían pagado todavía el alquiler, y qué tasa de interés cargaba la diosa a sus deudores. Esta fue una de las principales razones por las que en Sumeria, como en todo el planeta, las redes de cooperación humana no podían expandirse mucho, ni siquiera miles de años después de la revolución agrícola. No había reinos enormes, ni redes comerciales extensas, ni religiones universales.

Este obstáculo se eliminó finalmente hace unos cinco mil años, cuando los sumerios inventaron a la vez la escritura y el dinero. Estos hermanos siameses (nacidos de los mismos progenitores en la misma época y en el mismo lugar) quebraron las limitaciones del cerebro humano para procesar datos. La escritura y el dinero hicieron posible empezar a recaudar impuestos a centenares de miles de personas, organizar burocracias complejas y establecer reinos extensos. En Sumeria, estos reinos eran gestionados en nombre de los dioses por reyes-sacerdotes humanos. En el cercano valle del Nilo, la gente fue un paso más allá al fusionar el rey-sacerdote con el dios para crear una deidad viviente: el faraón.

Los egipcios consideraban que el faraón era un dios real y no solo un representante divino. Todo Egipto pertenecía a este dios, y todas las personas tenían que obedecer sus órdenes y pagar sus impuestos. Tal como ocurría en los templos sumerios, tampoco en el Egipto faraónico gestionaba el dios por sí solo el negocio de su imperio. Algunos faraones gobernaban con mano de hierro mientras que otros pasaban los días en banquetes y fiestas, pero en ambos casos el trabajo práctico de administrar Egipto se delegaba en miles de funcionarios instruidos. Al igual que cualquier otro humano, el faraón tenía un cuerpo biológico con necesidades, deseos y emociones biológicos. Pero el faraón biológico tenía poca importancia. El verdadero dirigente del valle del Nilo era un faraón imaginado que existía en los relatos que millones de egipcios se contaban.

Mientras el faraón estaba sentado en su palacio de la ciudad de Menfis, la capital, comiendo uvas y cortejando a sus esposas y amantes, los funcionarios del faraón recorrían el reino de extremo a extremo, desde las costas del Mediterráneo al desierto de Nubia. Los burócratas calculaban los impuestos que cada aldea tenía que pagar, los registraban en largos rollos de papiro y los enviaban a Menfis. Cuando de Menfis llegaba una orden escrita que estipulaba el reclutamiento de soldados para el ejército u obreros para algún proyecto de construcción, los funcionarios reunían a los hombres necesarios. Calculaban cuánto trigo contenían los graneros reales, cuántos días de trabajo eran necesarios para limpiar canales y embalses, y cuántos patos y cerdos había que enviar a Menfis para que el harén del faraón pudiera cenar bien. Incluso cuando la deidad viviente moría y su cuerpo era embalsamado y conducido en una extravagante procesión funeraria hasta la necrópolis real, situada en las afueras de Menfis, la burocracia seguía funcionando. Los funcionarios continuaban escribiendo rollos de papiro, recaudando impuestos, enviando órdenes y lubricando los engranajes de la máquina faraónica.

Si los dioses sumerios nos recuerdan a las marcas comerciales actuales, el dios viviente que era el faraón puede compararse con las marcas personales modernas, como Elvis Presley, Madonna o Justin Bieber. Al igual que el faraón, Elvis también tenía un cuerpo biológico, con todas sus necesidades, deseos y emociones biológicos. Elvis comía, bebía y dormía. Pero era mucho más que un cuerpo biológico. Como el faraón, Elvis era una historia, un mito, una marca, y la marca era mucho más importante que el cuerpo biológico. Durante la vida de Elvis, la marca ganó millones de dólares con la venta de discos, entradas, pósteres y derechos, pero únicamente una pequeña fracción del trabajo necesario lo llevó a cabo Elvis en persona: la mayor parte la realizaba un pequeño ejército de agentes, abogados, productores y secretarias. En consecuencia, cuando el Elvis biológico murió, para la marca la rueda siguió girando. Incluso en la actualidad, los fans de Elvis siguen comprando los pósteres y álbumes del Rey, las emisoras de radio siguen pagando derechos de autor por emitir sus temas, y más de medio millón de peregrinos acuden en tropel todos los años a Graceland, la necrópolis del Rey, en Memphis (Tennessee).

Antes de la invención de la escritura, los relatos estaban restringidos por la capacidad limitada del cerebro humano. No se podían inventar relatos excesivamente complejos que la gente fuera incapaz de recordar. Pero la escritura posibilitó de pronto la creación de relatos muy largos e intrincados, que se almacenaban en tablillas y papiros en lugar de en el cerebro de humanos. Ningún egipcio antiguo era capaz de recordar todas las tierras, impuestos y diezmos del faraón; Elvis Presley no leyó nunca todos los contratos firmados en su nombre; no hay alma humana que esté familiarizada con todas las leyes y reglamentos de la Unión Europea, y ningún banquero ni agente de la CIA conoce el paradero de todos y cada uno de los dólares del mundo. Pero todas estas minucias están

escritas en alguna parte, y el conjunto de documentos relevantes define la identidad y el poder del faraón, de Elvis, de la Unión Europea y
del dólar.

Así pues, la escritura ha contribuido a organizar sociedades enteras
de una manera algorítmica. Ya nos encontramos con el término «algoritmo» anteriormente, cuando intentamos entender lo que son las emociones y cómo funciona el cerebro, y en su momento lo definimos
como un conjunto metódico de pasos que puede utilizarse para efectuar cálculos, resolver problemas y tomar decisiones. En las sociedades
analfabetas, la gente efectúa todos los cálculos y toma todas las decisiones en su cabeza. En las sociedades alfabetizadas, la gente está organiza-
da en redes, de manera que cada persona constituye únicamente un
pequeño paso de un algoritmo enorme, y es el algoritmo en su conjun-

Figura 21. Las marcas no son una invención moderna. Al igual que Elvis Presley, también el faraón era más una marca que un organismo vivo. Para millones de seguidores,
su imagen contaba mucho más que su realidad de carne y hueso, y siguieron adorán-
dolo mucho tiempo después de muerto.

to el que toma todas las decisiones importantes. Esta es la esencia de la burocracia.

Piense el lector en un hospital moderno, por ejemplo. Cuando llegamos, la recepcionista nos proporciona un formulario estándar y nos hace una serie de preguntas protocolarias. Nuestras respuestas son trasladadas a una enfermera, que las compara con el reglamento del hospital para decidir qué pruebas preliminares deben hacernos. Después nos toma, pongamos por caso, la tensión arterial y el ritmo cardíaco, y una muestra de sangre. El médico de guardia examina los resultados de estas pruebas iniciales, y sigue un protocolo estricto a la hora de decidir en qué ala del hospital nos va a ingresar. Una vez allí, nos someten a exámenes mucho más completos, como una radiografía o una fMRI, tal como estipulan gruesas guías médicas. Después, unos especialistas analizan los resultados según unas bases de datos estadísticos bien conocidas, y deciden qué medicamentos nos van a dar o qué pruebas adicionales nos harán.

Dicha estructura algorítmica garantiza que en realidad no importe quién sea la recepcionista, la enfermera o el médico de guardia. Su personalidad, sus opiniones políticas y su estado de ánimo en ese momento son irrelevantes. Mientras todos sigan las normas y los protocolos, existe una gran probabilidad de que nos curen. Según el ideal algorítmico, nuestra suerte está en manos «del sistema» y no en las de los mortales de carne y hueso que casualmente ocupan tal o cual puesto.

Lo dicho de los hospitales es también aplicable a ejércitos, prisiones, escuelas, empresas… y reinos antiguos. Desde luego, el antiguo Egipto era mucho menos refinado desde el punto de vista tecnológico que un hospital moderno, pero el principio algorítmico era el mismo. También en el antiguo Egipto, la mayoría de decisiones no las tomaba una única persona sabia, sino una red de funcionarios vinculados por medio de inscripciones en papiros y en piedra. Actuando en el nombre del faraón, el dios viviente, la red reestructuró la sociedad humana y remodeló el mundo natural. Por ejemplo, los faraones Senusret III y su hijo Amenemhat III, que gobernaron Egipto de 1878 a.C. a 1814 a.C., excavaron un enorme canal que conectaba el Nilo con los pantanos del valle de Fayum. Un intrincado sistema de presas, embalses y canales subsidiarios desviaban parte de las aguas del Nilo a Fayum, creando un inmenso lago artificial que contenía 50.000 millones de metros cúbicos de agua.[1] En comparación, el lago Mead, el mayor embalse artificial de Estados Unidos (formado por la presa Hoover) contiene a lo sumo 35.000 millones de metros cúbicos de agua.

El proyecto de ingeniería de Fayum concedió al faraón el poder de regular el Nilo, impedir inundaciones destructivas y desembalsar un agua muy valiosa en tiempos de sequía. Además, convirtió el valle de Fayum, que hasta entonces había sido un pantano infestado de cocodrilos y rodeado de desierto yermo, en el granero de Egipto. A orillas del nuevo lago artificial se erigió la nueva ciudad de Shedet, que los griegos llamaron Cocodrilópolis, «la ciudad de los cocodrilos». Estaba dominada por el templo del dios cocodrilo Sobek, que se identificaba con el faraón (las estatuas de la época muestran a veces al faraón con cabeza de cocodrilo). El templo albergaba un cocodrilo sagrado llamado Petsuchos, que se consideraba la encarnación en vida de Sobek. Al igual que el dios viviente que era el faraón, el dios viviente Petsuchos era atendido con mimo por sacerdotes a su servicio, que proporcionaban al afortunado reptil deliciosa comida e incluso juguetes, y lo vestían con mantos dorados y coronas con gemas incrustadas. Después de todo, Petsuchos era la marca de los sacerdotes, y su autoridad y sustento dependían de él. Cuando Petsuchos moría, se elegía inmediatamente a un nuevo cocodrilo para que calzara sus sandalias, mientras que el reptil muerto era cuidadosamente embalsamado y momificado.

En la época de Senusret III y Amenemhat III, los egipcios no tenían excavadoras ni dinamita. Ni siquiera tenían herramientas de hierro, bestias de carga ni ruedas (la rueda no fue de uso común en Egipto hasta aproximadamente 1500 a.C.). Los utensilios de bronce se consideraban tecnología punta, pero eran tan caros y escasos que la mayoría de los trabajos de construcción se realizaban únicamente con utensilios hechos con piedra y madera, accionados mediante la fuerza muscular humana. Mucha gente aduce que los grandes proyectos de construcción del antiguo Egipto (todas las presas, embalses y pirámides) tuvieron que haber sido construidos por alienígenas procedentes del espacio exterior. ¿De qué otro modo pudo llevar a cabo estas maravillas una cultura que carecía incluso de ruedas y hierro?

La verdad es muy diferente. Los egipcios construyeron el lago Fayum y las pirámides no gracias a la ayuda extraterrestre, sino a la de magníficas habilidades de organización. Confiando en miles de burócratas alfabetizados, el faraón reclutó a decenas de miles de trabajadores y suficiente comida para mantenerlos durante años. Cuando decenas de miles de obreros cooperan durante varias décadas, pueden construir un lago artificial o una pirámide incluso con herramientas de piedra.

El propio faraón no levantó siquiera un dedo, obsta decir. No recaudaba los impuestos por sí mismo, no dibujó ningún plano arquitectónico y, desde luego, nunca agarró una pala. Pero los egipcios creían que solo las plegarias al dios viviente que era el faraón y a su patrón celestial Sobek podrían salvar el valle del Nilo de las inundaciones y las sequías devastadoras. Estaban en lo cierto. El faraón y Sobek eran entidades imaginarias que no hicieron nada para que el nivel del agua del Nilo subiera o bajara, pero cuando millones de personas creyeron en el faraón y en Sobek y, por ello, cooperaron para construir presas y excavar canales, las inundaciones y las sequías empezaron a escasear. Comparados con los dioses sumerios, por no decir ya con los espíritus de la Edad de Piedra, los dioses del antiguo Egipto fueron entidades muy poderosas que fundaron ciudades, levantaron ejércitos y controlaron la vida de millones de humanos, vacas y cocodrilos.

Podría parecer extraño atribuir a entidades imaginarias la construcción o el control de cosas. Pero hoy decimos de forma habitual que Estados Unidos hizo la primera bomba nuclear, que China hizo la presa de las Tres Gargantas o que Google está haciendo un coche autónomo. ¿Por qué no decir, pues, que el faraón hizo un embalse, y Sobek, un canal?

VIVIR DEL PAPEL

Así, la escritura fomentó la aparición de poderosas entidades ficticias que organizaron a millones de personas y remodelaron la realidad de ríos, pantanos y cocodrilos. Simultáneamente, hizo también más fácil para los humanos creer en la existencia de estas entidades ficticias, porque habituaba a la gente a experimentar la realidad por medio de símbolos abstractos.

Los cazadores-recolectores pasaban sus días encaramándose a los árboles, buscando setas y persiguiendo jabalíes y conejos. Su realidad cotidiana consistía en árboles, setas, jabalíes y conejos. Los campesinos trabajaban todo el día en el campo, arando, cosechando, moliendo maíz y cuidando de los animales de granja. Su realidad cotidiana era sentir la tierra fangosa bajo los pies descalzos, el olor de los bueyes que tiraban del arado y el sabor del pan caliente acabado de salir del horno. En cambio, los escribas del antiguo Egipto dedicaban la mayor parte de su tiempo a leer, escribir y calcular. Su realidad cotidiana consistía en marcas de tinta sobre rollos de papiro que determinaban a quién pertenecía tal campo, cuánto costaba un buey y qué impuestos anuales tenían que pagar los campesinos. Un escriba podía decidir la suerte de toda una aldea con un trazo de estilo.

La inmensa mayoría de la gente fue analfabeta hasta la era moderna, pero los importantísimos administradores vieron cada vez más la realidad por medio de los textos escritos. Para esta élite alfabetizada, ya fuera en el antiguo Egipto o en la Europa del siglo xx, cualquier cosa escrita en un papel era tan real al menos como los árboles, los bueyes y los seres humanos.

En la primavera de 1940, cuando los nazis invadieron Francia desde el norte, gran parte de la población judía intentó huir del país por el sur. Para poder cruzar la frontera, necesitaban visados de España y de Portugal, y decenas de miles de judíos, junto con otros muchos refugiados, cercaron el consulado portugués, en Burdeos, en un intento desesperado de conseguir el pedazo de papel que les salvaría la vida. El gobierno portugués prohibió a sus cónsules en Francia que emitieran visados sin la aprobación previa del Ministerio de Asuntos Exteriores, pero el cónsul, Aristides de Sousa Mendes, decidió no hacer caso de la orden, con lo que lanzó por la borda una carrera diplomática de treinta años. Mientras los tanques nazis se acercaban a la ciudad, Sousa Mendes y su equipo trabajaron contra reloj durante diez días y diez noches, apenas parando para dormir, y no haciendo más que emitir visados y sellando

FIGURA 22. Aristides de Sousa Mendes, el ángel que tenía un sello de goma.

pedazos de papel. Sousa Mendes expidió miles de visados antes de caer rendido de agotamiento.

El gobierno portugués, que no tenía deseo alguno de aceptar ni a uno solo de estos refugiados, envió agentes para que escoltaran al desobediente cónsul de regreso a casa, y lo expulsó del ministerio. Pero los funcionarios, a quienes les importaban poco los aprietos de los seres humanos, tenían sin embargo un profundo respeto por los documentos, y los visados que Sousa Mendes expidió a pesar de las órdenes en contra fueron respetados por los burócratas franceses, españoles y portugueses, y así 30.000 personas pudieron escapar de la trampa mortal nazi. Sousa Mendes, armado con poco más que un sello de goma, fue responsable de la mayor operación de rescate efectuada por un solo individuo durante el Holocausto.[2]

La sacralidad de los registros escritos tuvo a menudo efectos mucho menos positivos. De 1958 a 1961, la China comunista emprendió el Gran Salto Adelante cuando Mao Tsé-tung quiso transformar rápidamente la república en una superpotencia. Mao ordenó que se duplicara y triplicara la producción agrícola, y que se utilizara el excedente para

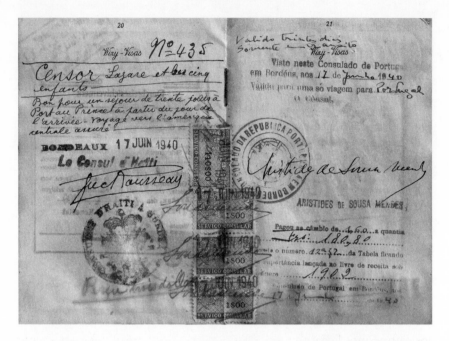

FIGURA 23. Uno de los miles de visados salvavidas firmados por Sousa Mendes en junio de 1940 (visado número 1.902, expedido para Lazare Censor y familia, y fechado el 17 de junio de 1940).

financiar ambiciosos proyectos industriales y militares. Las órdenes imposibles de Mao se abrieron camino a lo largo de la escala burocrática, desde las oficinas gubernamentales en Beijing, a través de los administradores provinciales y directamente hasta los jefes de las aldeas. Los funcionarios locales, temerosos de expresar crítica alguna y deseosos de ganarse el favor de sus superiores, pergeñaron informes de aumentos imaginarios espectaculares de la producción agrícola. A medida que los números inventados iban subiendo por la jerarquía burocrática, cada funcionario no hacía sino exagerarlos más, añadiendo de un plumazo un cero aquí o allí.

En consecuencia, en 1958 al gobierno chino se le informó que la producción anual de cereales era un 50 por ciento superior a la que realmente se había obtenido. Al creer los informes, el gobierno vendió millones de toneladas de arroz a países extranjeros a cambio de armas y maquinaria pesada, suponiendo que quedaba suficiente para dar de comer a la población china. El resultado fue la peor hambruna de la historia y la muerte de decenas de millones de chinos.[3]

Mientras tanto, los informes entusiastas del milagro agrícola de China llegaron a oídos de todo el mundo. Julius Nyerere, el idealista presidente de Tanzania, quedó muy impresionado por el éxito chino. Con el fin de modernizar la agricultura tanzana, Nyerere decidió establecer granjas colectivas según el modelo chino. Cuando los campesinos se opusieron al plan, Nyerere envió al ejército y a la policía para que destruyeran las aldeas tradicionales y desplazaran por la fuerza a centenares de miles de campesinos a las nuevas granjas colectivas.

La propaganda del gobierno presentaba las granjas como paraísos en miniatura, pero muchas de ellas existían únicamente en los documentos gubernamentales. Los protocolos e informes escritos en la capital de Dar es Salaam decían que en tal y cual fecha los habitantes de tal y cual aldea serían reubicados en tal y cual granja. En realidad, cuando los campesinos llegaron a su destino, no encontraron allí absolutamente nada. Ni casas, ni campos, ni herramientas. Los funcionarios informaron de grandes éxitos a sus colegas y al presidente Nyerere. En realidad, en menos de diez años, Tanzania pasó de ser el mayor exportador de alimentos de África a ser un importador neto de alimentos incapaz de subsistir sin ayuda externa. En 1979, el 90 por ciento de los agricultores de Tanzania vivían en granjas colectivas, pero generaban únicamente el 5 por ciento de la producción agrícola del país.[4]

Aunque la historia de la escritura está repleta de percances similares, en la mayoría de los casos capacitó a los oficiales para organizar el Estado con mayor eficacia que antes. De hecho, ni siquiera el desastre del Gran Santo Adelante hizo zozobrar al Partido Comunista en el poder. La catástrofe fue provocada por la capacidad para imponer fantasías escritas a la realidad, pero exactamente la misma capacidad permitió al partido proyectar una imagen edulcorada de sus éxitos y aferrarse tenazmente al poder.

El lenguaje escrito pudo haberse concebido como un medio modesto para describir la realidad, pero gradualmente se convirtió en un medio poderoso para remodelarla. Cuando los informes oficiales chocaban contra la realidad objetiva, a menudo era la realidad la que tenía que ceder el paso. Quienquiera que haya tratado con las autoridades encargadas de los impuestos, con el sistema educativo o con cualquier otra burocracia compleja sabe que la verdad apenas cuenta. Lo que está escrito en el formulario es muchísimo más importante.

Las sagradas escrituras

¿Es cierto que cuando el texto y la realidad chocan, a veces la realidad tiene que ceder el paso? ¿No será solo una calumnia exagerada de los sistemas burocráticos? La mayoría de los burócratas (ya sirvieran al faraón o a Mao Tsé-tung) eran personas razonables, y seguramente habrían hecho el siguiente razonamiento: «Empleamos la escritura para describir la realidad de campos, canales y graneros. Si la descripción es exacta, tomamos decisiones realistas. Si la descripción es inexacta, ello causa hambrunas e incluso rebeliones. Entonces nosotros, o los administradores de algún régimen futuro, aprendemos de este error, y nos esforzamos para elaborar descripciones más veraces. Así, con el tiempo, nuestros documentos están destinados a ser cada vez más precisos».

Esto es verdad hasta cierto punto, pero pasa por alto una dinámica histórica opuesta. A medida que las burocracias acumulan poder, se hacen inmunes a sus propios errores. En lugar de cambiar sus relatos para que encajen con la realidad, pueden cambiar la realidad para que encaje con sus relatos. Al final, la realidad externa concuerda con sus fantasías burocráticas, pero solo porque forzaron a la realidad a hacerlo. Por ejemplo, las fronteras de muchos países africanos no tienen en cuenta la trayectoria de ríos, cordilleras y rutas comerciales, dividen innecesariamente zonas históricas y económicas, y obvian las identidades étnicas y religiosas locales. La misma tribu puede encontrarse dividida entre varios países, mientras que un país puede incorporar escisiones de numerosos clanes rivales. Estos problemas aquejan a países de todo el mundo, pero en África son particularmente graves porque las fronteras africanas modernas no reflejan los deseos y luchas de sus naciones. Fueron establecidas por burócratas europeos que nunca pusieron el pie en África.

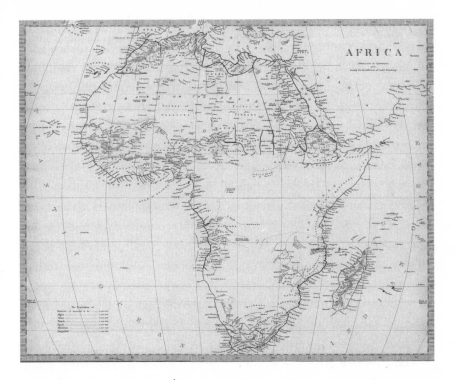

FIGURA 24. Mapa europeo de África de mediados del siglo XIX. Los europeos sabían muy poco del interior del continente africano, pero ello no les impidió dividirlo y trazar sus fronteras.

A finales del siglo XIX, varias potencias europeas reclamaron territorios africanos. Temiendo que las reclamaciones en conflicto pudieran desembocar en una guerra europea sin cuartel, las partes afectadas se reunieron en Berlín en 1884 y repartieron África como si fuera un pastel. En aquel entonces, gran parte del interior africano era *terra incognita* para los europeos. Los ingleses, los franceses y los alemanes tenían mapas exactos de las regiones costeras africanas, y sabían con precisión dónde el Níger, el Congo y el Zambeze se vaciaban en el océano. Sin embargo, sabían poca cosa acerca del curso que dichos ríos seguían tierra adentro, de los reinos y tribus que vivían en sus riberas, y de la religión, la historia y la geografía locales. Esto apenas importaba a los diplomáticos europeos. Extendieron un mapa casi en blanco de África sobre una mesa

191

bien barnizada de Berlín, dibujaron unas cuantas líneas aquí y allí, y se repartieron el continente.

Cuando, a su debido tiempo, los europeos penetraron en el interior de África, pertrechados con el mapa acordado, descubrieron que muchas de las fronteras dibujadas en Berlín hacían poca justicia a la realidad geográfica, económica y étnica del continente. Sin embargo, para evitar nuevos enfrentamientos, los invasores mantuvieron sus acuerdos, y esas líneas imaginarias se convirtieron en las fronteras reales de las colonias europeas. Durante la segunda mitad del siglo xx, a medida que los imperios europeos se desintegraban y sus colonias se independizaban, los nuevos países aceptaron las fronteras coloniales, temiendo que la alternativa fuera el estallido de guerras y conflictos inacabables. Muchas de las dificultades a las que se enfrentan los países africanos en la actualidad son en realidad consecuencia de que sus fronteras no tienen demasiado sentido. Cuando las fantasías escritas de las burocracias europeas toparon con la realidad africana, la realidad se vio obligada a rendirse.[5]

Los sistemas educativos modernos proporcionan numerosos ejemplos más de la realidad que se postra ante los registros escritos. Cuando mido la anchura de mi mesa, la regla que utilizo importa poco. La anchura de mi mesa sigue siendo la misma con independencia de que yo diga que es de 225 centímetros o de 78,74 pulgadas. Sin embargo, cuando las burocracias miden a la gente, las reglas que emplean suponen toda la diferencia. Cuando las escuelas empezaron a evaluar a la gente según calificaciones numéricas precisas, la vida de millones de estudiantes y profesores cambió drásticamente. Las calificaciones son un invento relativamente nuevo. A los cazadores-recolectores no se les calificó nunca por sus logros, e, incluso miles de años después de la revolución agrícola, pocos sistemas educativos utilizaban calificaciones precisas. Un aprendiz de zapatero medieval no recibía al final del año un pedazo de papel que dijera que había conseguido un sobresaliente en cordones pero un aprobado justo en hebillas. Un estudiante en la época de Shakespeare se iba de Oxford con solo uno de dos resultados posibles: con un grado o sin él. Nadie pensó en dar a un estudiante una nota final de 74 y a otro, un 88.[6]

Fueron los sistemas de educación masiva de la época industrial los que empezaron a emplear notas precisas con regularidad. Cuando tanto las fábricas como los ministerios del gobierno se hubieron acostumbrado a pensar en el lenguaje de los números, las escuelas hicieron lo propio. Empezaron a evaluar el mérito de todos los estudiantes según su calificación media, mientras que el mérito de todos los profesores y del rector se juzgaba según la calificación media total de la escuela. Cuando los burócratas adoptaron esta regla de medir, la realidad se transformó.

Originalmente, las escuelas debían centrarse en ilustrar y educar a los estudiantes, y las notas eran simplemente un medio de medir el éxito. Pero, de manera totalmente natural, pronto empezaron a centrarse en conseguir calificaciones altas. Como todo niño, profesor e inspector sabe, las habilidades necesarias para obtener calificaciones elevadas en un examen no equivalen a una comprensión verdadera de la literatura, la biología o las matemáticas. Todo niño, profesor e inspector saben asimismo que si se las obligara a elegir entre las dos cosas, la mayoría de las escuelas preferirían las calificaciones.

El poder de los registros escritos alcanzó su apogeo con la aparición de las sagradas escrituras. Sacerdotes y escribas de las antiguas civilizaciones se acostumbraron a ver los documentos como guías para la realidad. Al principio, los textos les contaban la realidad de los impuestos, los campos y los graneros. Pero a medida que la burocracia aumentaba su poder, también los textos empezaron a ganar autoridad. Los sacerdotes registraban no solo listados con las propiedades del dios, sino también las obras, los mandamientos y los secretos del mismo. Las escrituras resultantes pretendían describir la realidad en su totalidad, y generaciones de eruditos se acostumbraron a buscar todas las respuestas en las páginas de la Biblia, el Corán o los Vedas.

En teoría, si algún libro sagrado representaba erróneamente la realidad, sus discípulos lo descubrirían tarde o temprano y el texto perdería su autoridad. Abraham Lincoln dijo que no se puede engañar a todo el mundo todo el tiempo. Bien, esto es una ilusión. En la práctica, el poder de las redes de cooperación humana depende de un delicado equilibrio entre la verdad y la ficción. Si distorsionamos demasiado la realidad, ello nos debilitará y no seremos capaces de competir contra rivales más perspicaces. Por otra parte, no podemos organizar con eficacia a masas de gente sin recurrir a algunos mitos ficticios. De modo que si nos mantenemos en la pura realidad, sin mezclar en ella algo de ficción, poca gente nos seguirá.

Si usáramos una máquina del tiempo para enviar a una científica moderna al antiguo Egipto, no sería capaz de hacerse con el poder en caso de que denunciara las ficciones de los sacerdotes y sermoneara a los campesinos sobre la evolución, la relatividad y la física cuántica. Naturalmente, si nuestra científica pudiera emplear sus conocimientos para producir algunos rifles y piezas de artillería, podría conseguir una gran ventaja sobre el faraón y el dios cocodrilo Sobek. Pero para extraer el hierro de minas, construir altos hornos y fabricar pólvora, la científica necesitaría gran cantidad de campesinos que trabajaran con ahínco. ¿De verdad cree el lector que podría inspirarlos explicándoles que la energía dividida por la masa es igual a la velocidad de la luz al cuadrado? Si acaso lo cree, le invito a viajar a los actuales Afganistán o Siria y a probar suerte.

Organizaciones humanas realmente poderosas, como el Egipto faraónico, la China comunista, los imperios europeos y el sistema escolar moderno, no son necesariamente perspicaces. Gran parte de su poder estriba en su capacidad de imponer sus creencias ficticias a una realidad sumisa. Esta es la idea del dinero, por ejemplo. El gobierno coge trozos de papel que no valen nada, declara que son valiosos y después los utiliza para computar el valor de todo lo demás. El gobierno ostenta el poder de obligar a los ciudadanos a pagar impuestos mediante el uso de estos trozos de papel, de modo que los ciudadanos no tienen más opción que hacerse con, al menos, algunos billetes. En consecuencia, los billetes cobran un valor verdadero, los funcionarios del gobierno son vindicados en sus creencias y, puesto que es el gobierno quien controla la emisión de papel moneda, su poder aumenta. Si alguien objetase que «¡Esto no es más que trozos de papel!» y se comportase como si solo fueran trozos de papel, no llegaría muy lejos en la vida.

Lo mismo ocurre cuando el sistema educativo declara que los exámenes de acceso son el mejor método para evaluar a los estudiantes. El sistema tiene suficiente autoridad para influir en las condiciones de admisión en universidades, sectores públicos de empleo y en empresas privadas. Por lo tanto, los estudiantes invierten todos sus esfuerzos en conseguir buenas calificaciones. Los puestos más codiciados los ocupan las personas con calificaciones altas, que naturalmente apoyan el sistema que los llevó a ellos. El hecho de que el sistema educativo controle los exámenes más cruciales le confiere más poder y aumenta su influencia en universidades, departamentos gubernamentales y el mercado laboral. Si alguien objeta que «¡El certificado del título no es más que un trozo de papel!» y se comporta en consecuencia, es poco probable que llegue muy lejos en la vida.

Las sagradas escrituras funcionan de la misma manera. La institución religiosa proclama que el libro sagrado contiene las respuestas a todas nuestras preguntas. Simultáneamente, presiona a tribunales, gobiernos y empresas para que se comporten de acuerdo con lo que dice el libro sagrado. Cuando una persona sabia lee las escrituras y después contempla el mundo, ve que, efectivamente, hay una buena concordancia entre ambos. «Las escrituras dicen que tenemos que pagar diezmos a Dios… y, mira, todo el mundo los paga. Las escrituras dicen que las mujeres son inferiores a los hombres y que no pueden hacer de jueces ni dar testimonio en los tribunales… y, mira, ciertamente no hay mujeres juezas y los tribunales rechazan su testimonio. Las escrituras dicen que quien estudie la palabra de Dios tendrá éxito en la vida… y, mira, todos los empleos buenos los tienen personas que se saben de memoria el libro sagrado».

Naturalmente, una tal persona sabia empezará a estudiar el libro sagrado, y, puesto que es sabia, se convertirá en un experto en las escrituras y será nombrado juez. Cuando sea juez, no permitirá que las mujeres den testimonio en el tribunal, y cuando elija a su sucesor, este será obviamente alguien que conozca bien el libro sagrado. Si alguien objeta que «¡Este libro es solo papel!» y se comporta en consecuencia, ese hereje no llegará muy lejos en la vida.

Aunque las escrituras engañen a la gente acerca de la verdadera naturaleza de la realidad, pueden no obstante conservar su autoridad durante miles de años. Por ejemplo, la percepción bíblica de la historia es fundamentalmente defectuosa, pero consiguió extenderse por el mundo, y todavía hay muchos millones de personas que se la creen. La

Biblia diseminó una teoría monoteísta de la historia, que afirma que el mundo está gobernado por una única deidad todopoderosa que se preocupa, por encima de todo, de mí y de mis actividades. Si ocurre algo bueno, tiene que ser un premio por mis buenos actos. Cualquier catástrofe será con seguridad un castigo por mis pecados.

Así, los antiguos judíos creían que si padecían una sequía o que si el rey Nabucodonosor de Babilonia invadía Judea y exiliaba a su pueblo, a buen seguro estos fueron castigos divinos por sus pecados. Y si el rey Ciro de Persia derrotaba a los babilonios y permitía a los exiliados judíos volver a su hogar y reconstruir Jerusalén, Dios en su misericordia tenía que haber escuchado sus contritas oraciones. La Biblia no reconoce la posibilidad de que quizá la sequía fuese el resultado de una erupción volcánica en Filipinas, que Nabucodonosor invadiera Judea siguiendo los intereses comerciales de Babilonia y que el rey Ciro tuviera sus razones políticas para favorecer a los judíos. Así, la Biblia no muestra ningún interés en absoluto por entender la ecología global, la economía babilónica y el sistema político persa.

Este ensimismamiento caracteriza a todos los humanos en su infancia. Los niños de todas las religiones y culturas creen que son el centro del mundo y por ello muestran poco interés genuino en las condiciones y los sentimientos de las demás personas. Esta es la razón por la que el divorcio es tan traumático para ellos. Un niño de cinco años no puede comprender que ocurra algo importante por razones que no tengan que ver con él. No importa la cantidad de veces que mamá y papá le digan que son personas independientes con sus propios problemas y deseos, y que no se divorcian por culpa del niño; este no puede asimilarlo. Está convencido de que todo ocurre por su causa. La mayoría de las personas abandonan esta ilusión infantil cuando crecen. Los monoteístas se aferran a ella hasta el día de su muerte. Al igual que un niño cree que sus padres se pelean por su culpa, el monoteísta está convencido de que los persas luchan contra los babilonios debido a él.

Ya en tiempos bíblicos, algunas culturas tenían una percepción mucho más exacta de la historia. Las religiones animistas y politeístas presentaban el mundo como el patio de juego de numerosos poderes diferentes y no de un único dios. En consecuencia, para los animistas y los

politeístas era fácil aceptar que muchos acontecimientos no tienen relación con uno o con su deidad favorita, y que no son ni castigos por sus
pecados ni premios por sus buenas obras. Historiadores griegos como
Heródoto y Tucídides y chinos como Sima Qian desarrollaron complejas teorías de la historia que son muy parecidas a nuestras concepciones
modernas. Explicaban que las guerras y las revoluciones estallaban debido a una plétora de factores políticos, sociales y económicos. La gente
puede ser víctima de una guerra sin que sea culpa suya. En consecuencia, Heródoto desarrolló un gran interés por comprender la política
persa, mientras que Sima Qian estaba muy interesado en la cultura y la
religión de los pueblos bárbaros de la estepa.[7]

Los estudiosos de hoy están más de acuerdo con Heródoto y Sima
Qian que con la Biblia. Esta es la razón por la que todos los estados modernos invierten tanto esfuerzo en acopiar información sobre otros países, y en analizar las tendencias ecológicas, políticas y económicas globales. Cuando la economía de Estados Unidos se tambalea, incluso los
republicanos evangélicos suelen dirigir un dedo acusador a China y no
a sus propios pecados.

Pero, aunque Heródoto y Tucídides comprendieron la realidad mucho mejor que los autores de la Biblia, cuando los dos mundos colisio-
naron, la Biblia ganó por KO. Los griegos adoptaron la visión judía de
la historia, y no a la inversa. Mil años después de Tucídides, los griegos
se convencieron de que si alguna horda salvaje los invadía, con toda
seguridad ello sería un castigo divino por sus pecados. Con independencia de lo errónea que fuera la visión bíblica del mundo, proporcionó
una mejor base para la cooperación humana a gran escala.

¡PERO FUNCIONA!

Las ficciones nos permiten cooperar mejor. El precio que pagamos es
que la misma ficción también determina los objetivos de nuestra cooperación. Así, podemos disponer de sistemas de cooperación muy complejos, que se emplean al servicio de objetivos e intereses ficticios. En
consecuencia, puede parecer que el sistema funciona bien, pero única-

mente si adoptamos los criterios propios del sistema. Por ejemplo, un mulá musulmán podrá decir: «Nuestro sistema funciona. En la actualidad hay 1.500 millones de musulmanes en todo el mundo, y más gente que estudia el Corán y que se somete a la voluntad de Alá que nunca antes». Pero la pregunta clave es si esta es la vara de medir el éxito adecuada. Un director de escuela podrá decir: «Nuestro sistema funciona. Durante los últimos cinco años, los resultados de los exámenes han mejorado en un 7,3 por ciento». Pero ¿es esta la mejor manera de juzgar una escuela? Un funcionario del antiguo Egipto podría decir: «Nuestro sistema funciona. Recaudamos más impuestos, excavamos más canales y construimos pirámides más grandes que nadie en el mundo». Y era cierto: el Egipto faraónico era el número uno del mundo en impuestos, irrigación y construcción de pirámides. Pero ¿es esto lo que realmente cuenta?

Las personas tienen muchas necesidades materiales, sociales y mentales. No es en absoluto seguro que los campesinos del antiguo Egipto gozaran de más amor o de mejores relaciones sociales que sus antepasados cazadores-recolectores, y en términos de nutrición, salud y mortalidad infantil parece que en realidad la vida era peor. Un documento del reinado de Amenemhat III (el faraón que creó el lago Fayum), fechado alrededor de 1850 a.C., cuenta de un hombre adinerado llamado Dua-Khety que llevaba a su hijo Pepy a la escuela para que aprendiera a ser un escriba. De camino a la escuela, Dua-Khety describía a Pepy la vida miserable de campesinos, obreros, soldados y artesanos para animarle a que dedicase toda su energía a estudiar, con lo que se libraría del triste destino de la mayoría de los humanos.

Según Dua-Khety, la vida de un trabajador del campo que carece de tierras está llena de penalidades y desgracia. Vestido con simples harapos, trabaja todo el día hasta que los dedos se le llenan de ampollas. Después vienen unos funcionarios del faraón y se lo llevan para que haga trabajos forzados. A cambio de todo su duro trabajo solo recibe la enfermedad. Aun en el caso de que llegue vivo a su casa, estará completamente agotado y destrozado. La suerte del campesino propietario de tierras apenas es mejor. Pasa el día transportando agua en cubos desde el río al campo. La pesada carga le dobla la espalda y le cubre el cuello de inflamaciones que se ulceran. Por la mañana tiene que regar la parcela de puerros; por la tarde, las palmeras datileras, y al atardecer, el campo de cilantro. Al final cae muerto.[8] El texto quizá exagere las cosas a propósito, pero no demasiado. El Egipto faraónico era el reino más poderoso de su época, pero para el campesino humilde todo ese poder se traducía en impuestos y trabajo forzado en lugar de en clínicas y servicios de bienestar social.

Este no era un defecto exclusivamente egipcio. A pesar de los inmensos logros de las dinastías chinas, los imperios musulmanes y los reinos europeos, incluso en 1850 d.C. la vida de la persona media no era mejor (y, en realidad, pudo haber sido peor) que la vida de los cazadores-recolectores arcaicos. En 1850, un campesino chino y un obrero de una fábrica de Manchester trabajaban más horas que sus antepasados cazadores-recolectores, sus trabajos eran más duros desde el punto de vista físico y menos satisfactorios desde el punto de vista mental, su dieta era menos equilibrada, las condiciones higiénicas que le rodeaban eran incomparablemente peores, y las enfermedades infecciosas eran mucho más comunes.

Suponga el lector que le dan a elegir entre los dos paquetes de vacaciones que siguen:

Paquete de la Edad de Piedra: El primer día, excursión a pie de diez horas por un bosque prístino e instalación del campamento para pernoctar en un calvero junto a un río. El segundo día bajaremos en canoa por el río durante diez horas y acamparemos en la orilla de un pequeño lago. El tercer día, los nativos nos enseñarán a pescar en el lago y a encontrar setas en los bosques cercanos.

Paquete de proletario moderno: El primer día trabajaremos diez horas en una fábrica textil contaminada, y pasaremos la noche en un bloque de pisos repleto de gente. El segundo día trabajaremos diez horas como cajeros en unos grandes almacenes, e iremos a dormir al mismo bloque de pisos. En el tercer día los nativos nos enseñarán a abrir una cuenta bancaria y a rellenar los impresos para pedir una hipoteca.

¿Qué paquete elegiría el lector?

De ahí que cuando nos disponemos a evaluar las redes de cooperación humana, todo depende de la vara de medir y del punto de vista que adoptemos. El Egipto de los faraones, ¿lo juzgamos en términos de producción, de nutrición o quizá de armonía social? ¿Nos centramos en la aristocracia, los campesinos humildes, o los cerdos y los cocodrilos? La historia no es una narración única, sino miles de narraciones alternativas. Siempre que decidimos contar una, también decidimos silenciar las otras.

Las redes cooperativas humanas suelen juzgarse a sí mismas con varas de medir de su propia invención y, algo nada sorprendente, a menudo se adjudican calificaciones elevadas. En particular, las redes humanas construidas en el nombre de entidades imaginarias como dioses, naciones y empresas suelen juzgar su éxito según el punto de vista de la entidad imaginaria. Una religión tiene éxito si sigue al pie de la letra los mandamientos divinos, una nación es gloriosa si promueve el interés nacional y una empresa prospera si gana muchísimo dinero.

Por lo tanto, al examinar la historia de cualquier red humana es recomendable detenerse de cuando en cuando y considerar las cosas desde la perspectiva de alguna entidad real. ¿Cómo sabemos si una entidad es real? Muy sencillo. Bastará con que nos preguntemos: «¿Puede sufrir?». Cuando la gente prende fuego al templo de Zeus, Zeus no sufre. Cuando el euro pierde su valor, el euro no sufre. Cuando un banco quiebra, el banco no sufre. Cuando un país es derrotado en una guerra, el país en realidad no sufre. Es solo una metáfora. En cambio, cuando un soldado es herido en la batalla, sí que sufre. Cuando una campesina hambrienta no tiene nada que comer, sufre. Cuando una vaca es separada de su ternero recién nacido, sufre. Esto es la realidad.

Obviamente, el sufrimiento bien pudiera ser causado por nuestra creencia en las ficciones. Por ejemplo, la creencia en mitos nacionales y religiosos podría causar el estallido de una guerra en la que millones de personas perdieran su casa, sus extremidades e incluso su vida. La causa de la guerra sería ficticia, pero el sufrimiento sería cien por cien real. Esta es exactamente la razón por la que debemos esforzarnos para distinguir la ficción de la realidad.

La ficción no es mala. Es vital. Sin relatos aceptados de manera generalizada sobre cosas como el dinero, los estados y las empresas, ninguna sociedad humana compleja puede funcionar. No podemos jugar al fútbol a menos que todos creamos en las mismas normas inventadas, y no podemos disfrutar de los beneficios de los mercados y de los tribunales sin relatos fantásticos similares. Pero los relatos solo son herramientas. No deberían convertirse en nuestros objetivos ni en nuestras varas de medir. Cuando olvidamos que son pura ficción, perdemos el contacto con la realidad. Entonces iniciamos guerras enteras «para ganar mucho dinero para la empresa» o «para proteger el interés nacional». Empresas, dinero y naciones existen únicamente en nuestra imaginación. Los inventamos para que nos sirvieran, ¿cómo es que ahora nos encontramos sacrificando nuestra vida a su servicio?

En el siglo XXI crearemos más ficciones poderosas y más religiones totalitarias que en ninguna era anterior. Con la ayuda de la biotecnología y los algoritmos informáticos, estas religiones no solo controlarán nuestra existencia, minuto a minuto, sino que además serán capaces de modelar nuestros cuerpos, cerebros y mentes, y de crear mundos virtuales enteros. Diferenciar la ficción de la realidad y la religión de la ciencia será en consecuencia más difícil, pero también más esencial que nunca.

5

La extraña pareja

Los relatos hacen las veces de cimientos y pilares de las sociedades humanas. A medida que la historia se desarrollaba, los relatos sobre dioses, naciones y empresas se hicieron tan poderosos que empezaron a dominar la realidad objetiva. Creer en el gran dios Sobek, en el Mandato del Cielo o en la Biblia capacitó a la gente para construir el lago Fayum, la Gran Muralla de China y la catedral de Chartres. Lamentablemente, la fe ciega en estos relatos supuso con frecuencia que los esfuerzos humanos se centraran ante todo en aumentar la gloria de entidades ficticias tales como dioses y naciones en lugar de mejorar la vida de seres conscientes reales.

¿Sigue siendo cierto este análisis en la actualidad? A primera vista, parece que la sociedad moderna es muy diferente de los reinos del antiguo Egipto o de la China medieval. ¿Acaso el auge de la ciencia moderna no ha cambiado las reglas básicas del juego humano? ¿No sería verdad decir que, a pesar de la importancia continua de los mitos tradicionales, los sistemas sociales modernos se basan cada vez más en teorías científicas objetivas tales como la teoría de la evolución, que sencillamente no existía en el antiguo Egipto ni en la China medieval?

Podríamos aducir, claro está, que las teorías científicas son un nuevo tipo de mito, y que nuestra creencia en la ciencia no es diferente de la fe de los antiguos egipcios en el gran dios Sobek. Pero la comparación no se sostiene. Sobek existía únicamente en la imaginación colectiva de sus devotos. Rezar a Sobek ayudó a cohesionar el sistema social egipcio, con lo que permitió que la gente construyera presas y canales que evitaban las inundaciones y las sequías. Pero las oraciones mismas no hicieron que el nivel del agua del Nilo subiera o bajara un solo milímetro. En cambio, las teorías científicas no son solo una manera de unir a las personas. A menudo se dice que Dios ayuda a quienes se ayudan. Esta es una manera indirecta de decir que Dios no existe, pero si nuestra fe en Él nos inspira a hacer algo, ayuda. Los antibióticos, a diferencia de Dios, ayudan incluso a quienes no se ayudan. Curan infecciones al margen de si creemos o no en ellos.

En consecuencia, el mundo moderno es muy distinto del mundo premoderno. Los faraones egipcios y los emperadores chinos no consiguieron vencer el hambre, la peste y la guerra a pesar de milenios de esfuerzos. Las sociedades modernas lo consiguieron en unos pocos siglos. ¿No es este el fruto de abandonar los mitos intersubjetivos en favor del saber científico objetivo? ¿Y no cabe esperar que este proceso se acelere en las próximas décadas? A medida que la tecnología nos permita mejorar a los humanos, superar la vejez y encontrar la clave de la felicidad, la gente se preocupará menos de los dioses, las naciones y las empresas ficticios, y se centrará en descifrar la realidad física y biológica.

Sin embargo, la verdad es que las cosas son mucho más complicadas. Es cierto que la ciencia moderna cambió las reglas del juego, pero no sustituyó simplemente los mitos con hechos. Los mitos continúan dominando a la humanidad. La ciencia solo hace que esos mitos sean más fuertes. En lugar de destruir la realidad intersubjetiva, la ciencia la capacitará para que controle las realidades objetivas y subjetivas de manera más completa que antes. Gracias a los ordenadores y la bioingeniería, la diferencia entre ficción y realidad se difuminará, a medida que la gente remodele la realidad para que se ajuste a sus ficciones favoritas.

Los sacerdotes de Sobek imaginaron la existencia de cocodrilos divinos, mientras que el faraón soñaba con la inmortalidad. En realidad, el cocodrilo sagrado era un reptil de pantano muy corriente ataviado con galas doradas, y el faraón era tan mortal como el más humilde de los campesinos. Después de que muriese, su cuerpo era momificado mediante el empleo de ungüentos conservantes y perfumes, pero estaba tan muerto como se puede estar. En cambio, los científicos del siglo XXI podrían ser capaces de producir supercocodrilos y de proporcionar a la élite humana la juventud eterna aquí, en la Tierra.

En consecuencia, el auge de la ciencia hará que al menos algunos mitos y religiones sean más poderosos que nunca. Por lo tanto, para comprender por qué, y para enfrentarnos a los retos del siglo XXI, debemos volver a abordar una de las cuestiones más inquietantes de todas: ¿cómo se relaciona la ciencia moderna con la religión? Da la impresión de que ya se ha dicho un millón de veces todo lo que hay que decir sobre esta cuestión. Pero en la práctica, la ciencia y la religión son como un marido y una esposa que después de quinientos años de asesoramiento matrimonial siguen sin conocerse. Él todavía sueña con Cenicienta y ella sigue esperando al Príncipe Azul, al tiempo que discuten sobre a quién le toca sacar la basura.

GÉRMENES Y DEMONIOS

La mayoría de los malentendidos en relación con la ciencia y la religión se derivan de definiciones equivocadas de la religión. Con demasiada frecuencia, la gente confunde la religión con superstición, espiritualidad, creencia en poderes sobrenaturales o creencia en dioses. La religión no es ninguna de esas cosas. La religión no puede equipararse con la superstición, porque es improbable que la mayoría de la gente llame a sus amadas creencias «supersticiones». Siempre creemos en «la verdad». Solo son los demás los que creen en supersticiones.

De manera parecida, pocas personas depositan su fe en poderes sobrenaturales. Para los que creen en demonios, los demonios no son sobrenaturales. Son una parte integral de la naturaleza, como los puercoespines, los escorpiones y los gérmenes. Los médicos modernos achacan la enfermedad a gérmenes invisibles, y los sacerdotes del vudú la atribuyen a demonios invisibles. No hay nada de sobrenatural en ello: hacemos enfadar a algún demonio, y el demonio entra en nuestro cuerpo y nos causa dolor. ¿Qué podría ser más natural que esto? Solo los que no creen en demonios piensan en ellos como algo que se aparta del orden natural de las cosas.

Equiparar la religión a la fe en poderes sobrenaturales implica que es posible comprender todos los fenómenos naturales sin la religión, que esta no es más que un suplemento opcional. Una vez que hemos comprendido perfectamente bien toda la naturaleza, podemos decidir si añadimos o no algún dogma religioso «sobrenatural». Sin embargo, la mayoría de las religiones aducen que no es posible entender el mundo sin ellas. Uno no comprenderá la verdadera razón de las enfermedades, las sequías o los terremotos si no tiene en cuenta su dogma.

Definir la religión como la «creencia en dioses» también es problemático. Solemos decir que un cristiano devoto es religioso porque cree en Dios, mientras que un ferviente comunista no es religioso, porque el comunismo no tiene dioses. Sin embargo, la religión la crean los humanos y no los dioses, y se define por su función social y no por la existencia de deidades. La religión es cualquier historia de amplio espectro que confiere legitimidad superhumana a leyes, normas y valores. Legitima las estructuras sociales asegurando que reflejan leyes superhumanas.

La religión asevera que los humanos estamos sujetos a un sistema de leyes morales que no hemos inventado y que no podemos cambiar. Un judío devoto diría que este es el sistema de leyes morales creado por Dios y revelado por la Biblia. Un hindú diría que Brahma, Visnú y Shiva crearon las leyes, y que estas nos fueron reveladas a los humanos en los Vedas. Otras religiones, desde el budismo y el taoísmo al nazismo, el comunismo y el liberalismo indican que las leyes superhumanas son leyes naturales, y no la creación de tal o cual dios. Por descontado, cada una cree en un conjunto distinto de leyes naturales descubierto y revelado por diferentes visionarios y profetas, desde Buda y Lao-tsé a Hitler y Lenin.

Un muchacho judío se acerca a su padre y le pregunta: «Papá, ¿por qué no debemos comer cerdo?». El padre se acaricia la larga barba blanca con aire pensativo y le contesta: «Bueno, Yankele, así es como funciona el mundo. Todavía eres joven y no lo entiendes, pero si comemos cerdo, Dios nos castigará y acabaremos mal. No es una idea mía. Ni siquiera es una idea del rabino. Si el rabino hubiera creado el mundo, quizá habría creado un mundo en que el cerdo fuera perfectamente *kosher*. Pero el rabino no creó el mundo: Dios lo hizo. Y Dios dijo, no sé por qué, que no teníamos que comer cerdo. De modo que no debemos comerlo. ¿Lo entiendes?».

En 1943, un muchacho alemán se acerca a su padre, un oficial superior de las SS, y le pregunta: «Papá, ¿por qué estamos matando a los judíos?». El padre se calza sus relucientes botas de cuero y, mientras tanto, explica: «Bueno, Fritz, así es como funciona el mundo. Todavía eres joven y no lo entiendes, pero si permitiéramos que los judíos vivieran, causarían la degeneración y la extinción de la humanidad. No es una idea mía, y ni siquiera es una idea del *Führer*. Si Hitler hubiera creado el mundo, quizá habría creado un mundo en el que no fueran de aplicación las leyes de la selección natural, y judíos y arios pudieran vivir todos juntos en perfecta armonía. Pero Hitler no creó el mundo. Solo consiguió descifrar las leyes de la naturaleza, y después nos instruyó para poder vivir de acuerdo con ellas. Si desobedecemos dichas leyes, acabaremos mal. ¿Está claro?».

En 2016, un muchacho inglés se acerca a su padre, un parlamentario liberal, y le pregunta: «Papá, ¿por qué deben preocuparnos los derechos humanos de los musulmanes de Oriente Medio?». El padre deja la taza de té en la mesa, piensa un momento y dice: «Bueno, Duncan, así funciona el mundo. Todavía eres joven y no lo entiendes, pero todos los humanos, incluso los musulmanes de Oriente Medio, tienen la misma naturaleza y, por lo tanto, gozan de los mismos derechos naturales. No es una idea mía, y ni siquiera es una decisión del Parlamento. Si el Parlamento hubiera creado el mundo, los derechos humanos universales podrían haber quedado enterrados en algún subcomité, junto con todo ese asunto de la física cuántica. Pero el Parlamento no creó el mundo, solo intenta darle sentido, y debemos respetar los derechos naturales, incluso los de los musulmanes de Oriente Medio, o muy pronto también se violarían nuestros derechos y acabaríamos mal. Ahora, puedes irte».

A los liberales, comunistas y seguidores de otros credos modernos no les gusta describir sus respectivos sistemas como «religión», porque identifican la religión con supersticiones y poderes sobrenaturales. Si decimos a comunistas o liberales que son religiosos, pensarán que les acusamos de creer ciegamente en sueños dorados sin fundamento. De hecho, ello significa únicamente que creen en algún sistema de leyes morales que no fue inventado por los humanos pero que, no obstante, los humanos tienen que obedecer. Hasta donde sabemos, todas las sociedades humanas creen en esto. Todas las sociedades dicen a sus miembros que tienen que creer en alguna ley moral superhumana, y que infringir dicha ley acarreará una catástrofe.

Desde luego, las religiones difieren entre sí en los detalles de sus narraciones, en sus mandamientos particulares, y en los premios y castigos que prometen. Así, en la Europa medieval, la Iglesia católica afirmaba que a Dios no le gustan los ricos. Jesús dijo que era más difícil que un rico cruzara las puertas del cielo que un camello pasara por el ojo de una aguja, y la Iglesia alentaba a los ricos a dar muchas limosnas con la amenaza de que los avaros arderían en el infierno. Al comunismo moderno también le desagradan los ricos, pero los amenaza con conflictos de clase aquí y allá, en lugar de hacerlo con azufre ardiendo después de la muerte.

Las leyes comunistas de la historia se asemejan a los mandamientos del Dios cristiano, puesto que se trata de fuerzas superhumanas que los humanos no pueden cambiar a voluntad. Las personas pueden decidir de un día para otro cambiar la norma del fuera de juego en el fútbol, porque nosotros inventamos esta ley y somos libres de cambiarla. Sin embargo, al menos según Marx, no podemos cambiar las leyes de la historia. Con independencia de lo que hagan, mientras los capitalistas continúen acumulando propiedad privada, es seguro que crearán conflictos de clases y que están destinados a ser derrotados por el proletariado en auge.

Si resulta que el lector es comunista, podría aducir que el comunismo y el cristianismo son, no obstante, muy diferentes, porque el comunismo está bien mientras que el cristianismo está equivocado. La lucha de clases es en verdad inherente al sistema capitalista, mientras que los ricos no padecen torturas eternas en el infierno después de morir. Pero, aunque este sea el caso, ello no significa que el comunismo no sea una religión. Más bien, significa que el comunismo es la única religión verdadera. Los seguidores de cada una de las religiones están convencidos que solo la suya es la verdadera. Quizá los seguidores de una religión estén en lo cierto.

Si te encuentras a Buda

La afirmación de que la religión es una herramienta para preservar el orden social y para organizar la cooperación a gran escala puede ofender a muchas personas para las que representa, ante todo, un camino espiritual. Sin embargo, de la misma manera que la brecha entre la religión y la ciencia es menor de lo que solemos pensar, la brecha entre la religión y la espiritualidad es mucho mayor. La religión es un pacto, mientras que la espiritualidad es un viaje.

La religión proporciona una descripción completa del mundo y nos ofrece un contrato bien definido con objetivos predeterminados. «Dios existe. Nos dijo que nos comportáramos de determinadas formas. Si obedecemos a Dios, seremos admitidos en el cielo. Si Lo desobedecemos, arderemos en el infierno.» La claridad misma de este pacto permite que la sociedad defina normas y valores comunes que regulan el comportamiento humano.

Los viajes espirituales no se parecen en nada a esto. Por lo general, llevan a las personas de manera misteriosa hacia destinos desconocidos. La búsqueda suele empezar con alguna gran pregunta como «¿Quién soy?», «¿Cuál es el sentido de la vida?», «¿Qué es bueno?». Mientras que muchas personas aceptan sin más las respuestas al uso que ofrecen los poderes que sean, los buscadores espirituales no quedan satisfechos tan fácilmente. Están dispuestos a seguir la gran pregunta a donde quiera que los conduzca, y no solo a lugares que conocen bien o quieren visitar. Así, para la mayoría de la gente, los estudios académicos son un pacto y no un viaje espiritual, porque nos conducen a un objetivo predeterminado aprobado por nuestros mayores, nuestros gobiernos y nuestros bancos. «Estudiaré tres años, aprobaré los exámenes, conseguiré mi diploma y me aseguraré un trabajo bien remunerado.» Los estudios académicos podrían transformarse en un viaje espiritual si las grandes preguntas que fuéramos encontrando por el camino nos desviaran hacia destinos inesperados, que al principio ni siquiera habríamos imaginado. Por ejemplo, una joven puede empezar estudiando Economía para asegurarse un puesto de trabajo en Wall Street. Sin embargo, si lo que aprende hace que, de alguna manera, termine en un *ashram* hindú o ayudando a pacientes con VIH en Zimbabue, entonces a esto podemos considerarlo un viaje espiritual.

¿Por qué calificar de «espiritual» este viaje? Se trata de una herencia de las antiguas religiones dualistas que creían en la existencia de dos dioses, uno bueno y otro malo. Según el dualismo, el dios bueno creó almas puras y eternas que vivían en un maravilloso mundo de espíritu. Sin embargo, el dios malo (a veces llamado Satanás) creó otro mundo con materia. Satanás no supo cómo hacer que su creación perdurara, de manera que en el mundo de la materia todo se pudre y se desintegra. Para insuflar vida a su defectuosa creación, Satanás tentó a las almas del mundo puro del espíritu y las encerró dentro de cuerpos materiales. Esto es lo que son los humanos: una buena alma espiritual atrapada dentro de un cuerpo material malo. Puesto que la prisión del alma (el cuerpo) se deteriora y acaba por morir, Satanás tienta sin cesar al alma con placeres corporales y, por encima de todo, con comida, sexo y poder. Cuando el cuerpo se desintegra y el alma tiene la posibilidad de escapar de nuevo al mundo espiritual, su anhelo de deleites corporales la retiene dentro de algún nuevo cuerpo material. Así, el alma transmigra de cuerpo en cuerpo, desperdiciando sus días en busca de comida, sexo y poder.

El dualismo conmina a la gente a que rompa estos grilletes materiales y emprenda el viaje de regreso al mundo espiritual, que nos es totalmente desconocido pero que es nuestro verdadero hogar. Durante esta búsqueda debemos rechazar todas las tentaciones y los pactos materiales. Debido a esta herencia dualista, todo viaje en el que dudamos de las convenciones y de los pactos del mundo material y caminamos hacia un destino desconocido se llama «viaje espiritual».

Tales viajes son fundamentalmente diferentes de las religiones, porque el objetivo de las religiones es cimentar el orden mundano, mientras que el de la espiritualidad es escapar de él. Con mucha frecuencia, la demanda más importante que se hace a los viajeros espirituales es que pongan en duda las creencias y las convenciones de las religiones dominantes. En el budismo zen se dice que «Si te encuentras a Buda por el camino, mátalo», lo que significa que si mientras caminas por la senda espiritual te encuentras con las ideas rígidas y las rígidas leyes del budismo institucionalizado, también debes liberarte de ellas.

Para las religiones, la espiritualidad es una amenaza peligrosa. Las religiones se esfuerzan típicamente por refrenar las búsquedas espirituales de sus seguidores, y muchos sistemas religiosos fueron puestos en tela de juicio, no por seglares preocupados por la comida, el sexo y el poder, sino más bien por buscadores de la verdad espiritual que querían algo más que tópicos. Así, la revuelta protestante contra la autoridad de la Iglesia católica no fue desatada por ateos hedonistas, sino por un monje devoto y ascético: Martín Lutero. Lutero quería respuestas a las preguntas existenciales de la vida, y rechazó contentarse con los ritos, los rituales y los pactos que la Iglesia le ofrecía.

En la época de Lutero, la Iglesia prometía a sus seguidores pactos muy tentadores. Si pecabas y temías la condena eterna en la otra vida, todo lo que tenías que hacer era comprar una indulgencia. A principios del siglo XVI, la Iglesia empleaba a «buhoneros de salvación» profesionales que recorrían los pueblos y las aldeas de Europa vendiendo indulgencias a precios establecidos. ¿Quieres un visado para entrar en el cielo? Paga diez monedas de oro. ¿Quieres estar allí en compañía del abuelo Heinz y la abuela Gertrud? No hay problema, pero esto te costará treinta monedas. Según se cuenta, el más famoso de estos buhoneros, el fraile dominico Johannes Tetzel, decía que en el momento en que la moneda tintineaba en el cofre del dinero, el alma volaba desde el purgatorio el cielo.[1]

Cuanto más pensaba Lutero en ello, más dudaba de este pacto y de la Iglesia que lo ofrecía. Sencillamente, uno no puede comprar el camino a la salvación. No era posible que el Papa ostentara la autoridad para perdonar los pecados a la gente y para abrir las puertas del cielo. Según la tradición protestante, el 31 de octubre de 1517, Lutero se dirigió a la Iglesia de Todos los Santos, en Wittenberg, llevando consigo un extenso documento, un martillo y algunos clavos. El documento relataba 95 tesis contra las prácticas religiosas del momento, entre las que constaba la venta de indulgencias. Lutero lo clavó en la puerta de la iglesia, con lo que prendió la chispa de la Reforma protestante, que hacía un llamamiento a todo humano preocupado por la salvación para que se rebelara contra la autoridad del Papa y buscara rutas alternativas hacia el cielo.

Figura 25. El Papa vendiendo indulgencias por dinero. (Ilustración extraída de un panfleto protestante.)

Desde una perspectiva histórica, el viaje espiritual siempre resulta trágico, porque es una senda solitaria adecuada para individuos y no para sociedades enteras. La cooperación humana requiere respuestas firmes y no solo preguntas, y los que se enfurecen contra las estructuras religiosas anquilosadas acaban forjando nuevas estructuras en su lugar. Les ocurrió a los dualistas, cuyos viajes espirituales se convirtieron en instituciones religiosas. Le ocurrió a Martín Lutero, quien después de cuestionar las leyes, las instituciones y los rituales de la Iglesia católica escribió nuevos libros de leyes, fundó nuevas instituciones e inventó nuevas ceremonias. Les ocurrió incluso a Buda y a Jesús. En su búsqueda intransigente de la verdad subvirtieron las leyes, los rituales y las estructuras del hinduismo y el judaísmo tradicionales. Pero al cabo se crearon más leyes, más rituales y más estructuras en su nombre que en el nombre de ninguna otra persona de la historia.

FALSIFICAR A DIOS

Ahora que comprendemos mejor la religión, podemos volver atrás y examinar la relación entre religión y ciencia. Existen dos interpretaciones extremas de esta relación. Una de las teorías afirma que la ciencia y la religión son enemigas juradas, y que la historia moderna fue modelada por la lucha a vida o muerte del saber científico contra la superstición religiosa. Con el tiempo, la luz de la ciencia disipó la oscuridad de la religión, y el mundo se hizo cada vez más secular, racional y próspero. Sin embargo, aunque algunos descubrimientos científicos socaven ciertamente los dogmas religiosos, no es algo inevitable. Por ejemplo, el dogma musulmán sostiene que el islamismo fue fundado por el profeta Mahoma en la Arabia del siglo VII, y hay sobradas pruebas científicas que lo respaldan.

Más importante todavía: la ciencia siempre necesita ayuda religiosa en la creación de instituciones humanas viables. Los científicos estudian cómo funciona el mundo, pero no existe método científico alguno para determinar cómo deberían comportarse los humanos. La ciencia nos dice que los humanos no pueden sobrevivir sin oxígeno. Sin embargo, ¿es correcto ejecutar a criminales asfixiándolos? La ciencia no sabe cómo dar respuesta a esta pregunta. Solo las religiones nos proporcionan la orientación necesaria.

De ahí que cada proyecto práctico que los científicos emprenden se base asimismo en percepciones religiosas. Tomemos como ejemplo la construcción de la presa de las Tres Gargantas sobre el río Yangtsé. Cuando el gobierno chino decidió construir la presa en 1992, los físicos pudieron calcular qué presiones tendría que soportar la presa, los economistas pudieron estimar aproximadamente el dinero que costaría, mientras que los ingenieros eléctricos pudieron predecir cuánta electricidad produciría. Sin embargo, el gobierno necesitaba tener en cuenta factores adicionales. La construcción de la presa inundó un territorio enorme, que albergaba muchas aldeas y pueblos, miles de yacimientos arqueológicos, y paisajes y hábitats únicos. Más de un millón de personas tuvieron que ser desplazadas y centenares de especies se vieron amenazadas. Al parecer, la presa fue la causa directa de la extinción del delfín fluvial chino. Al margen de lo que uno opine de la presa de las Tres Gargantas, es evidente que su construcción fue una cuestión no solo puramente científica, sino también ética. Ningún experimento físico, ningún modelo económico ni ninguna ecuación matemática puede determinar si generar miles de megavatios y ganar miles de millones de yuanes es más valioso que salvar una antigua pagoda o el delfín fluvial chino. En consecuencia, China no puede funcionar solo a partir de teorías científicas. También necesita alguna religión o ideología.

Algunos saltan al extremo opuesto, y dicen que la ciencia y la religión son reinos completamente separados. La ciencia estudia hechos, la religión habla de valores, y las dos nunca se encontrarán. La religión no tiene nada que decir a propósito de los hechos científicos, y la ciencia debe mantener la boca cerrada en lo que concierne a las convicciones religiosas. Si el Papa cree que la vida humana es sagrada y el aborto es, por consiguiente, un pecado, los biólogos no pueden demostrar ni refutar esta afirmación. En tanto que individuos y en el plano personal, los biólogos tienen el derecho de discrepar con el Papa. Pero como científicos, no pueden entrar en la refriega.

Este enfoque puede parecer sensato, pero malinterpreta la religión. Aunque es cierto que la ciencia solo aborda hechos, la religión no se limita a los juicios éticos. La religión no puede proporcionarnos ninguna guía práctica a menos que también haga algunas afirmaciones fácticas, y es ahí donde puede entrar en conflicto con la ciencia. Los segmentos más importantes de muchos dogmas religiosos no son sus principios éticos, sino más bien afirmaciones fácticas tales como «Dios existe», «El alma es castigada por sus pecados en la otra vida», «La Biblia fue escrita por una deidad y no por humanos», «El Papa nunca se equivoca». Todas estas afirmaciones son fácticas. Muchos de los debates religiosos más acalorados, y muchos de los conflictos entre ciencia y religión, implican estas afirmaciones fácticas y no tanto juicios éticos.

Pongamos como ejemplo el aborto. Los cristianos devotos suelen oponerse a él, mientras que muchos liberales lo defienden. La principal manzana de la discordia es fáctica, no ética. Tanto los cristianos como los liberales creen que la vida humana es sagrada y que el asesinato es un crimen abominable. Pero no están de acuerdo en lo que respecta a determinados hechos biológicos: la vida humana, ¿empieza en el momento de la concepción, en el momento del nacimiento o en algún punto intermedio? De hecho, algunas culturas sostienen que la vida no empieza siquiera después del nacimiento. Según los !kung del desierto del Kalahari y varios grupos de inuits del Ártico, la vida humana solo se inicia después de haber puesto nombre a la persona. Cuando nace un niño, la gente espera un tiempo antes de ponerle nombre. Si deciden no conservar el bebé (ya sea porque padece alguna deformidad o debido a dificultades económicas), lo matan. Mientras lo hagan antes de la ceremonia de imposición del nombre, no se considera un asesinato.[2] Estas gentes podrían estar de acuerdo con liberales y cristianos en que la vida es sagrada y que el asesinato es un crimen terrible, pero respaldan el infanticidio.

Cuando las religiones se promocionan a sí mismas, tienden a destacar sus valores bonitos. Pero a menudo Dios se esconde en la letra pequeña de las afirmaciones fácticas. La religión católica se anuncia como la religión del amor y la compasión universales. ¡Qué maravilloso! ¿Quién podría oponerse a eso? ¿Por qué, pues, no son católicos todos los humanos? Porque, cuando se lee la letra pequeña, se descubre que el catolicismo también exige obediencia ciega a un papa «que nunca se equivoca», ni siquiera cuando nos ordena que organicemos cruzadas y que quememos a los herejes en la hoguera. Estas instrucciones prácticas no se deducen únicamente a partir de juicios éticos. Más bien, resultan de mezclar juicios éticos con afirmaciones fácticas.

Cuando dejamos la esfera etérea de la filosofía y observamos realidades históricas, encontramos que los relatos religiosos casi siempre incluyen tres partes:

1. Juicios éticos, como «La vida humana es sagrada».
2. Afirmaciones fácticas, como «La vida humana empieza en el momento de la concepción».

3. Una mezcla de juicios éticos y afirmaciones fácticas, cuyo resultado son directrices tales como «Nunca debes permitir el aborto, ni siquiera un solo día después de la concepción».

La ciencia no tiene autoridad ni capacidad para refutar o corroborar los juicios éticos que emiten las religiones. Pero los científicos sí tienen mucho que decir acerca de sus afirmaciones fácticas. Por ejemplo, los biólogos están más cualificados que los sacerdotes para dar respuesta a preguntas fácticas tales como: «¿Tienen los fetos humanos un sistema nervioso una semana después de la concepción? ¿Pueden sentir dolor?».

Para dejar las cosas más claras, examinemos en profundidad un ejemplo histórico real del que el lector seguramente no habrá oído hablar en los anuncios comerciales religiosos, pero que tuvo un impacto social y político enorme en su época. En la Europa medieval, los papas gozaban de una autoridad política trascendental. Siempre que estallaba un conflicto en algún lugar de Europa, hacían valer tal autoridad para dirimir la cuestión. Con el fin de establecer su derecho de autoridad, recordaban repetidamente a los europeos la Donación de Constantino. Según este relato, el 30 de marzo de 315, el emperador romano Constantino firmó un decreto oficial que concedía al papa Silvestre I y a sus herederos el control perpetuo de la parte occidental del Imperio romano. Los papas guardaban este documento precioso en su archivo, y lo utilizaban como una poderosa herramienta de propaganda siempre que se enfrentaban a la oposición por parte de príncipes ambiciosos, ciudades beligerantes o campesinos rebeldes.

Las gentes de la Europa medieval tenían un gran respeto por los antiguos decretos imperiales. Creían firmemente que reyes y emperadores eran representantes de Dios en la tierra, y también que cuanto más antiguo fuera el documento, más autoridad contenía. Constantino, en particular, era reverenciado porque convirtió el Imperio romano, que hasta entonces había sido un reino pagano, en un imperio cristiano. En un conflicto entre los deseos de algún consejo municipal moderno y un decreto emitido por el mismo Constantino el Grande, era incuestionable que la gente tenía que obedecer el documento antiguo. De ahí que cada vez que el Papa se enfrentaba a una oposición política, esgrimía la Donación de Constantino y exigía obediencia. No es que ello funcionara siempre, pero la Donación de Constantino era una piedra angular básica de la propaganda papal y del orden político medieval.

Cuando examinamos detenidamente la Donación de Constantino, encontramos que el relato está compuesto por tres partes distintas:

Juicio ético	Declaración fáctica	Directriz
La gente debía respetar los antiguos decretos imperiales más que las opiniones populares del momento.	El 30 de marzo de 315, el emperador Constantino concedió a los papas el dominio sobre Europa.	En 1315, los europeos tenían que obedecer las órdenes del Papa.

La autoridad ética de los antiguos decretos imperiales dista mucho de ser evidente. La mayoría de los europeos del siglo XXI creen que los deseos de los ciudadanos son hoy superiores a los dictados de reyes que llevan mucho tiempo muertos. Sin embargo, la ciencia no puede inmiscuirse en este debate ético, porque no hay experimento ni ecuación que pueda dirimir el asunto. Si una científica de la actualidad pudiera viajar en el tiempo hasta la Europa medieval, no podría demostrar a nuestros antepasados que los decretos de los antiguos emperadores son irrelevantes en las disputas políticas contemporáneas.

Pero el relato de la Donación de Constantino no se basaba únicamente en juicios éticos. También implicaba algunas declaraciones fácticas muy concretas que la ciencia está muy cualificada para verificar o falsar. En 1441, Lorenzo Valla, sacerdote católico y pionero lingüista, publicó un estudio científico que demostraba que la Donación de Constantino estaba falsificada. Valla analizó el estilo y la gramática del documento, y las diversas palabras y términos que aparecían en él. Demostró que el documento contenía palabras que eran desconocidas en el latín del siglo IV, y que lo más probable es que hubiera sido falsificado unos cuatrocientos años después de la muerte de Constantino. Además, la fecha que aparecía en el documento era el «30 de marzo, en el año en que Constantino era cónsul por cuarta vez, y Galicano era cónsul por primera vez». En el Imperio romano, todos los años se elegían dos cónsules, y era costumbre fechar los documentos por sus años de consulado. Lamentablemente, el cuarto consulado de Constantino fue en 315, mientras que Galicano no fue elegido cónsul hasta el año 317. Si este importantísimo documento hubiera sido realmente elaborado en la época de Constantino, no habría contenido este error manifiesto. Es como si Thomas Jefferson y sus colegas hubieran fechado la Declaración de la Independencia de Estados Unidos el «34 de julio de 1776».

Hoy en día, todos los historiadores están de acuerdo en que la Donación de Constantino fue falsificada en la corte papal en algún momento del siglo VIII. Aunque Valla nunca cuestionó la autoridad moral de los antiguos decretos imperiales, su estudio científico socavó la directriz de que los europeos deben obedecer al Papa.[3]

El 20 de diciembre de 2013, el Parlamento de Uganda aprobó la Ley contra la Homosexualidad, que criminalizaba las actividades homosexuales y penalizaba algunas actividades con la cadena perpetua. Dicha ley estaba tanto inspirada como respaldada por grupos cristianos evangélicos, que sostenían que Dios prohíbe la homosexualidad. Como prueba, citaban el Levítico 18:22 («No te ayuntarás con hombre como con mujer; es una abominación») y 20:13 («Si uno se acuesta con otro como se hace con mujer, ambos hacen cosa abominable y serán castigados con la muerte; caiga sobre ellos su sangre»). En siglos anteriores, la misma narración religiosa fue responsable de atormentar a millones de personas en todo el mundo. Esta narración puede resumirse brevemente como sigue:

Juicio ético	Declaración fáctica	Directriz
Los humanos deben obedecer las órdenes de Dios.	Hace unos tres mil años, Dios ordenó a los humanos que evitaran las actividades homosexuales.	Las personas deben evitar incurrir en actividades homosexuales.

¿Es cierta esta narración? Los científicos no pueden discutir el juicio según el cual los humanos deben obedecer a Dios. En el plano personal, podemos cuestionarlo. Podemos creer que los derechos humanos son superiores a la autoridad divina, y si Dios nos ordena violar los derechos humanos, no debemos escucharle. Pero no hay experimento científico que pueda dirimir esta cuestión.

En cambio, la ciencia tiene mucho que decir acerca de la declaración fáctica de que hace tres mil años el Creador del Universo ordenó a los miembros de la especie *Homo sapiens* que se abstuvieran de la «actividad chico-con-chico». ¿Cómo podemos saber que esta declaración es cierta? El examen de la literatura relevante demuestra que aunque esta afirmación se repite en millones de libros, artículos y sitios de internet, todos ellos se basan en una única fuente: la Biblia. Si es así, un científico preguntaría: «¿Quién elaboró la Biblia, y cuándo?». Adviértase que esta es a todas luces una cuestión fáctica, no una cuestión de valores. Los judíos y los cristianos devotos sostienen que al menos el libro del Levítico fue dictado por Dios a Moisés en el monte Sinaí, y que desde aquel momento no se le añadió ni se le borró ni una sola letra. «Pero —insistiría el científico— ¿cómo podemos estar seguros de ello? Después de todo, el Papa aducía que la Donación de Constantino fue elaborada por el propio Constantino en el siglo IV, cuando en realidad fue falsificada cuatrocientos años más tarde por los propios empleados del Papa».

Hoy podemos utilizar todo un arsenal de métodos científicos para determinar quién elaboró la Biblia, y cuándo. Los científicos han estado haciendo exactamente eso durante más de un siglo, y si uno está interesado en el tema, puede leer libros enteros sobre sus hallazgos. Para resumir una larga historia, la mayoría de los estudios científicos sometidos a evaluación paritaria coinciden en que la Biblia es una colección de numerosos textos diferentes elaborados por personas diferentes en épocas diferentes, y que dichos textos no fueron reunidos en un único libro sagrado hasta mucho después de los tiempos bíblicos. Por ejemplo, mientras que el rey David vivió probablemente alrededor del año 1000 a.C., se suele aceptar que el libro del Deuteronomio se compuso en la corte del rey Josías de Judá, en algún momento alrededor del año 620 a.C., como parte de una campaña de propaganda destinada a reforzar la autoridad de Josías. El Levítico fue compilado en una fecha aún posterior, no antes del año 500 a.C.

En lo que respecta a la idea de que los antiguos judíos conservaban cuidadosamente el texto bíblico, sin añadir ni quitar nada, los científicos señalan que el judaísmo bíblico en absoluto fue una religión basada en las escrituras. Por el contrario, fue un culto típico de la Edad del Hierro, similar a muchos de los cultos de sus vecinos de Oriente Medio. No tenía sinagogas, *yeshivas*, rabinos..., ni siquiera una biblia. En cambio, sí tenía complejos rituales de templo, la mayoría de los cuales implicaban sacrificar animales a un celoso dios celestial para que bendijera a su pueblo con lluvias estacionales y victorias militares. Su élite religiosa estaba constituida por familias de sacerdotes, que lo debían todo al nacimiento y nada a su pericia intelectual. Los sacerdotes, en su mayoría analfabetos, estaban atareados con las ceremonias en el templo, y tenían poco tiempo para escribir o estudiar escritura alguna.

Durante el período del Segundo Templo se formó una élite religiosa rival. Debido en parte a influencias persas y griegas, los estudiosos judíos que escribían e interpretaban textos alcanzaron una prominencia creciente. Dichos estudiosos acabaron por ser conocidos como rabinos, y los textos que compilaron fueron bautizados como «la Biblia». La autoridad rabínica estribaba en las capacidades intelectuales individuales y no en el nacimiento. El choque entre la nueva élite alfabetizada y las antiguas familias de sacerdotes fue inevitable. Por suerte para los rabinos, los romanos incendiaron Jerusalén y su templo al tiempo que suprimían la Gran Revuelta Judía (70 d.C.). Con el templo en ruinas, las familias de sacerdotes perdieron su autoridad religiosa, la base de su poder económico y hasta su misma *raison d'être*. El judaísmo tradicional (un judaísmo de templos, sacerdotes y guerreros que hendían cabezas) desapareció. Su lugar lo ocupó un nuevo judaísmo de libros, rabinos y eruditos que estudiaban las sutilezas de los textos. El principal punto fuerte de tales eruditos era la interpretación. Empleaban esta capacidad no solo para explicar por qué un Dios todopoderoso había permitido que Su templo fuera destruido, sino también para salvar las brechas inmensas que existían entre el antiguo judaísmo, descrito en los relatos bíblicos, y el judaísmo, muy distinto, que ellos habían creado.[4]

De ahí que, según nuestros mejores conocimientos científicos, los mandatos del Levítico contra la homosexualidad no reflejen nada más elevado que la parcialidad de unos pocos sacerdotes y estudiosos de la antigua Jerusalén. Aunque la ciencia no puede decidir si las personas deberían obedecer las órdenes de Dios, sí tiene muchas cosas relevantes que decir acerca de la procedencia de la Biblia. Si los políticos ugandeses creen que el poder que creó el cosmos, las galaxias y los agujeros negros se disgusta enormemente siempre que dos machos de *Homo sapiens* se divierten un poco juntos, la ciencia puede ayudar a abrirles los ojos con respecto a esta idea más bien estrafalaria.

DOGMA SAGRADO

En verdad, no siempre es fácil separar los juicios éticos de las declaraciones fácticas. Las religiones tienen una molesta tendencia a transformar las declaraciones fácticas en juicios éticos, con lo que crean una confusión terrible y complican lo que tendrían que haber sido debates relativamente sencillos. Así, la declaración fáctica «Dios escribió la Biblia» se transforma con demasiada frecuencia en el mandamiento ético «Tienes que creer que Dios escribió la Biblia». El simple hecho de creer en esta declaración fáctica se convierte en una virtud, mientras que dudar de ella se convierte en un pecado terrible.

Y viceversa: los juicios éticos esconden a menudo en su interior declaraciones fácticas que la gente no se molesta en mencionar, porque cree que se han demostrado más allá de toda duda. Así, el juicio ético «La vida humana es sagrada» (que la ciencia no puede poner a prueba) podría ocultar la declaración fáctica «Todo humano posee un alma eterna» (que está abierta al debate científico). Asimismo, cuando los nacionalistas norteamericanos proclaman que «La nación estadounidense es sagrada», este juicio aparentemente ético en realidad se predica en declaraciones fácticas tales como «Estados Unidos ha encabezado la mayor parte de los avances morales, científicos y económicos de los últimos siglos». Mientras que es imposible escudriñar científicamente la afirmación de que la nación estadounidense sea sagrada, una vez que desempaquetamos este juicio podemos examinar desde el punto de vista científico si en verdad Estados Unidos ha sido responsable de una fracción desproporcionada de los logros morales, científicos y económicos del mundo.

Esto ha conducido a algunos filósofos, como Sam Harris, a declarar que la ciencia siempre puede resolver dilemas éticos porque los valores humanos siempre ocultan en su interior algunas declaraciones fácticas. Harris cree que todos los humanos compartimos un único valor supremo (minimizar el sufrimiento y maximizar la felicidad), y que todos los debates éticos son argumentos fácticos que se refieren a la manera más eficaz de maximizar la felicidad.[5] Los fundamentalistas islámicos quieren alcanzar el cielo para ser felices, los liberales creen que aumentar la libertad humana maximiza la felicidad, y los nacionalistas alemanes consideran que a todos nos iría mucho mejor si se dejara que Berlín dirigiera este planeta. Según Harris, islamistas, liberales y nacionalistas no tienen ningún conflicto ético: tienen una discrepancia fáctica acerca de cómo alcanzar su objetivo común.

No obstante, incluso en el caso de que Harris esté en lo cierto e incluso si todos los humanos anhelan la felicidad, en la práctica sería muy difícil usar este conocimiento para dirimir conflictos éticos, en particular porque no tenemos una definición científica ni un sistema de medición de la felicidad. Considérese el caso de la presa de las Tres Gargantas. Aun en la hipótesis de que estuviéramos de acuerdo en que el fin último del proyecto es hacer del mundo un lugar más feliz, ¿cómo podemos saber si generar electricidad barata contribuye más a la felicidad global que proteger los estilos de vida tradicionales o salvar el delfín fluvial chino? Puesto que no hemos descifrado los misterios de la conciencia, no podemos desarrollar un sistema universal de medición de la felicidad y del sufrimiento, y no sabemos cómo comparar la felicidad y el sufrimiento de individuos diferentes, por no decir ya de especies diferentes. ¿Cuántas unidades de felicidad se generan cuando 1.000 millones de chinos gozan de electricidad más barata? ¿Cuántas unidades de desgracia se producen cuando una especie entera de delfín se extingue?

De hecho, y para empezar, ¿son la felicidad y la desgracia entidades matemáticas que puedan sumarse o restarse? Comer helado es agradable. Encontrar el amor verdadero es más agradable. ¿Cree el lector que si comemos suficiente helado, el placer acumulado podría llegar a equipararse con el embeleso del amor verdadero?

En consecuencia, aunque la ciencia tiene mucho más que aportar a los debates éticos de lo que solemos creer, hay una línea que no puede cruzar; al menos, todavía no. Sin la mano orientadora de alguna religión, es imposible mantener órdenes sociales a gran escala. Incluso las universidades y los laboratorios necesitan el respaldo religioso. La religión proporciona la justificación ética de la investigación científica, y a cambio obtiene la influencia en la agenda científica y en el uso de los descubrimientos científicos. De ahí que no sea posible entender la historia de la ciencia sin tener en cuenta las creencias religiosas. Los científicos rara vez se preocupan por este hecho, pero la propia revolución científica se inició en una de las sociedades más dogmáticas, intolerantes y religiosas de la historia.

LA CAZA DE BRUJAS

Solemos asociar la ciencia a los valores del secularismo y la tolerancia. Si así fuera, el albor de la Europa moderna es el último lugar donde que uno habría esperado que se produjera una revolución científica. En la época de Colón, Copérnico y Newton, Europa tenía la mayor concentración de fanáticos religiosos del mundo, y el nivel más bajo de tolerancia. Las celebridades de la revolución científica vivían en una sociedad que expulsaba a judíos y a musulmanes, quemaba herejes en masa, veía una bruja en toda anciana que amara a los gatos e iniciaba una nueva guerra religiosa con cada luna llena.

Si hubiéramos viajado a El Cairo o a Estambul hacia 1600, habríamos encontrado allí una metrópolis multicultural y tolerante en la que suníes, chiíes, cristianos ortodoxos, católicos, armenios, coptos, judíos e incluso algún que otro hindú vivían en relativa armonía. Aunque tampoco estaban libres de discrepancias y disturbios, y aunque el Imperio otomano discriminaba rutinariamente a la gente por motivos religiosos, el lugar era un paraíso liberal en comparación con Europa. Si hubiéramos viajado al París o al Londres de la misma época, habríamos encontrado ciudades llenas de extremismo religioso en las que solo podían vivir los pertenecientes a la secta dominante. En Londres mataban a los católicos, en París asesinaban a los protestantes, los judíos hacía tiempo que habían sido expulsados, y nadie en sus cabales habría soñado con permitir que entrara ningún musulmán. Y, no obstante, la revolución científica empezó en Londres y en París y no en El Cairo ni en Estambul.

Se acostumbra contar la historia de la modernidad como una lucha entre la ciencia y la religión. En teoría, tanto la ciencia como la religión están interesadas por encima de todo en la verdad, y, debido a que cada una defiende una verdad diferente, están condenadas a entrar en conflicto. En realidad, ni a la ciencia ni a la religión les importa demasiado la verdad, y por lo tanto pueden alcanzar fácilmente acuerdos, coexistir e incluso cooperar.

La religión está interesada por encima de todo en el orden. Pretende crear y mantener la estructura social. La ciencia está interesada por encima de todo en el poder. Pretende adquirir el poder de curar las enfermedades, combatir las guerras y producir alimento. Como individuos, los científicos y los sacerdotes pueden conceder una importancia inmensa a la verdad, pero, como instituciones colectivas, ciencia y religión prefieren el orden y el poder a la verdad. De ahí la posibilidad de que sean buenos compañeros de cama. La búsqueda intransigente de la verdad es un viaje espiritual que raramente puede permanecer dentro de los confines de las instituciones religiosas o científicas.

En consecuencia, sería mucho más correcto considerar la historia moderna como el proceso de formular un pacto entre la ciencia y una religión particular, a saber: el humanismo. La sociedad moderna cree en los dogmas humanistas y usa la ciencia no con la finalidad de cuestionar dichos dogmas, sino con la finalidad de ponerlos en marcha. En el siglo XXI es improbable que los dogmas humanistas sean sustituidos por teorías puramente científicas. Sin embargo, bien pudiera ser que el contrato entre la ciencia y el humanismo se desmoronara y diera paso a un tipo de pacto muy diferente entre la ciencia y alguna nueva religión posthumanista. Dedicaremos los dos capítulos siguientes a comprender el contrato moderno entre la ciencia y el humanismo. A continuación, la tercera y última parte del libro explicará porqué este contrato se está desintegrando, y qué nuevo pacto podría sustituirlo.

6

La alianza moderna

La modernidad es un pacto. Todos firmamos este pacto el día en que nacemos, y él regula nuestra vida hasta el día en que morimos. Muy pocos podemos llegar a rescindir o trascender este pacto. Modela nuestra comida, nuestros puestos de trabajo y nuestros sueños, y decide dónde habitamos, a quién amamos y cómo pasamos a mejor vida.

A primera vista, la modernidad parece un pacto enormemente complicado, de ahí que pocos intenten comprender qué es lo que han firmado. Es como cuando descargamos un programa informático y nos piden que firmemos para ello un contrato que tiene docenas de páginas de jerga legal; le echamos un vistazo, inmediatamente vamos a la última página, pulsamos «Estoy de acuerdo» y nos olvidamos de ello. Pero, en realidad, la modernidad es un pacto sorprendentemente sencillo. Todo el contrato puede resumirse en una única frase: los humanos estamos de acuerdo en renunciar al sentido a cambio del poder.

Hasta llegar a la época moderna, la mayoría de las culturas creían que los humanos desempeñamos un papel en algún gran plan cósmico. El plan fue concebido por los dioses omnipotentes o por las leyes eternas de la naturaleza, y no estaba en manos de la humanidad cambiarlo. El plan cósmico daba sentido a la vida humana, pero también restringía el poder humano. Los humanos eran muy parecidos a actores en un escenario. El guion daba sentido a todas sus palabras, lágrimas y gestos, pero estipulaba límites estrictos a su actuación. Hamlet no puede matar a Claudio en el primer acto o decidir que abandona Dinamarca para ir a un *ashram* de la India. Shakespeare no lo permitiría. De manera parecida, los humanos no pueden vivir eternamente, no pueden escapar de todas las enfermedades y no pueden hacer lo que les plazca. No está en el guion.

A cambio de renunciar al poder, los humanos premodernos creían que su vida ganaba en sentido. Era muy importante si luchaban valientemente en el campo de batalla, si apoyaban al rey legítimo, si comían alimentos prohibidos en el desayuno o si tenían una aventura con la vecina de al lado. Esto, desde luego, generaba algunas inconveniencias, pero confería a los humanos protección psicológica frente a los desastres. Si ocurría algo terrible, como el advenimiento de la guerra, la peste o la sequía, la gente se consolaba diciendo: «Todos desempeñamos un papel en algún gran drama cósmico, ideado por los dioses o por las leyes de la naturaleza. No estamos al tanto del guion, pero podemos tener la certeza de que todo ocurre con una finalidad. Incluso esta guerra, esta peste o esta sequía terrible tiene su lugar en el plan superior de las cosas. Además, podemos contar que, con este dramaturgo, el relato seguramente acabará bien. Así que incluso la guerra, la peste o la sequía ocurren para bien…, si no aquí y ahora, en la otra vida».

La cultura moderna rechaza esta creencia en un gran plan cósmico. No somos actores en ningún drama de proporciones épicas. La vida no tiene guion, ni dramaturgo, ni director, ni productor… ni sentido. Hasta donde sabemos, desde el punto de vista científico, el universo es un proceso ciego y sin propósito, lleno de ruido y furia pero que no significa nada. Durante nuestra estancia infinitesimalmente breve en la diminuta mota que es nuestro planeta, nos preocupamos y nos pavoneamos de esto o de aquello, y después ya no se oye más de nosotros.

Puesto que no hay guion y puesto que los humanos no encarnamos ningún papel en ningún gran drama, pueden sucedernos cosas terribles y ningún poder vendrá a salvarnos o a dar sentido a nuestro sufrimiento. No habrá un final feliz, ni un final malo, ni ningún final en absoluto. Las cosas, simplemente, ocurren, una después de otra. El mundo moderno no cree en la finalidad, solo en la causa. Si la modernidad tiene un lema, este es «Así es la vida».

Por otra parte, si así es la vida, sin ningún guion ni finalidad vinculantes, entonces tampoco los humanos están obligados a desempeñar ningún papel predeterminado. Podemos hacer todo lo que queramos mientras encontremos la manera de hacerlo. No estamos limitados por nada excepto por nuestra propia ignorancia. Las pestes y las sequías no tienen ningún sentido cósmico, pero podemos erradicarlas. Las guerras no son un mal necesario en el camino hacia un futuro mejor, pero podemos alcanzar la paz. Ningún paraíso nos espera después de la muerte, pero podemos crear el paraíso aquí, en la Tierra, y vivir eternamente en él, siempre que consigamos superar algunas dificultades técnicas.

Si invertimos dinero en investigación, los descubrimientos científicos acelerarán el progreso tecnológico. Las nuevas tecnologías fomentarán el crecimiento económico, y una economía en crecimiento podrá dedicar todavía más dinero a la investigación. Con cada década que pase gozaremos de más comida, vehículos más rápidos y mejores medicamentos. Un día, nuestro conocimiento será tan vasto y nuestra tecnología tan avanzada que podremos destilar el elixir de la eterna juventud, el elixir de la verdadera felicidad, y cualquier otra droga que deseemos…, y ningún dios nos detendrá.

Así, el pacto moderno ofrece a los humanos una enorme tentación, unida a una amenaza colosal. Tenemos delante mismo la omnipotencia, casi a nuestro alcance, pero bajo nosotros se abre el abismo de la nada más absoluta. A nivel práctico, la vida moderna consiste en una búsqueda constante del poder en el seno de un universo desprovisto de sentido. La cultura moderna es la más poderosa de la historia y está investigando, inventando, descubriendo y creciendo sin cesar. Al mismo tiempo, se encuentra acosada por más angustia existencial que ninguna otra cultura previa.

Este capítulo trata de la búsqueda moderna del poder. El capítulo siguiente examinará de qué manera la humanidad ha utilizado su creciente poder para, de alguna manera, llevar de vuelta a hurtadillas el sentido a la infinita vacuidad del cosmos. Sí, nosotros, los modernos, hemos prometido renunciar al sentido a cambio del poder, pero no hay nadie ahí fuera que nos obligue a cumplir nuestra promesa. Nos creemos lo bastante listos para gozar de todos los beneficios del pacto moderno sin tener que pagar su precio.

Por qué los banqueros son diferentes de los vampiros

La búsqueda moderna del poder se ve alimentada por la alianza entre el progreso científico y el crecimiento económico. Durante la mayor parte de la historia, mientras la economía estaba ultracongelada, la ciencia avanzó a paso de tortuga. El aumento gradual de la población humana condujo al correspondiente aumento de la producción, y descubrimientos esporádicos se derivaban a veces incluso en un crecimiento per cápita, pero era un proceso muy lento.

Si en el año 1000 d.C. 100 campesinos producían 100 toneladas de trigo y en el año 1100 d.C. 105 campesinos producían 107 toneladas de trigo, este aumento no cambió los ritmos de la vida ni el orden sociopolítico. Mientras que en la actualidad todo el mundo está obsesionado con el crecimiento, en la era premoderna la gente era ajena a él. Príncipes, sacerdotes y campesinos asumían que la producción humana era más o menos estable, que una persona solo podía enriquecerse robando a alguna otra persona, y que era improbable que sus nietos gozaran de mejores condiciones de vida.

Este estancamiento provenía en gran parte de las dificultades de la financiación de nuevos proyectos. Sin ella, no era fácil drenar marismas, tender puentes y construir puertos, por no hablar de producir nuevas variedades de trigo, descubrir nuevas fuentes de energía o abrir nuevas rutas comerciales. Los fondos eran escasos porque en aquellos tiempos había poco crédito, había poco crédito porque la gente no creía en el crecimiento, y la gente no creía en el crecimiento porque la economía estaba estancada. Por lo tanto, el estancamiento se perpetuaba.

Suponga el lector que vive en un pueblo medieval que padece episodios anuales de disentería. El lector se decide a encontrar una cura. Necesita inversión para instalar un laboratorio, comprar plantas medicinales y sustancias químicas exóticas, pagar a los ayudantes y viajar para consultar a médicos famosos. También necesita dinero para comer, tanto él como su familia, mientras investiga. Pero no tiene mucho dinero. Puede dirigirse al leñador, al herrero y al panadero y pedirles que satisfagan todas sus necesidades durante unos años, y prometerles que, cuando finalmente descubra la cura y se haga rico, saldará todas sus deudas.

Lamentablemente, es poco probable que el leñador, el herrero y el panadero accedan. Necesitan dar de comer a sus familias hoy y no tienen fe en los medicamentos milagrosos. No nacieron ayer, y jamás han sabido de alguien que haya dado con un medicamento para alguna enfermedad temida. Si el lector quiere provisiones, tiene que pagarlas en efectivo. Pero ¿cómo va tener el lector dinero suficiente si todavía no ha descubierto el medicamento y consagra todo su tiempo a la investigación? De mala gana, se dirige de nuevo a labrar su campo, la disentería sigue atormentando a los aldeanos, nadie intenta desarrollar nuevos remedios y ni una sola moneda cambia de manos. Así es como la economía se congeló y la ciencia permaneció inmóvil.

Finalmente, el ciclo se rompió en la época moderna gracias a la creciente confianza de la gente en el futuro y al milagro resultante del crédito. El crédito es la manifestación económica de la confianza. Hoy en día, si quiero desarrollar un nuevo medicamento pero no tengo dinero suficiente, puedo obtener un préstamo del banco, o dirigirme a inversores privados y a fondos de capital riesgo. Cuando el ébola surgió en África Occidental en el verano de 2014, ¿qué cree el lector que ocurrió con las acciones de las compañías farmacéuticas que estaban atareadas desarrollando medicamentos y vacunas contra esa enfermedad? Se dispararon. Las acciones de Tekmira subieron un 50 por ciento y las de BioCryst, un 90 por ciento. En la Edad Media, el brote de una peste hacía que la gente elevara la mirada al cielo y rogara a Dios para que les perdonara por sus pecados. En la actualidad, cuando la gente se entera de alguna epidemia nueva, coge el teléfono y llama a su corredor de Bolsa. Para la Bolsa de Valores, incluso una epidemia es una oportunidad de negocio.

Si un número suficiente de empresas prosperan, la confianza de la gente en el futuro aumenta, el crédito se expande, las tasas de interés caen, los emprendedores consiguen dinero con mayor facilidad y la economía crece. En consecuencia, la gente tiene todavía más confianza en el futuro, la economía sigue creciendo y la ciencia progresa.

Sobre el papel parece sencillo. ¿Por qué, entonces, tuvo que esperar la humanidad hasta la época moderna para que el crecimiento económico cogiera velocidad? Durante miles de años, la gente tuvo poca fe en el crecimiento futuro, no porque fueran estúpidos, sino porque ello contradice nuestros instintos, nuestra herencia evolutiva y la manera en que el mundo funciona. La mayoría de los sistemas naturales existen en equilibrio, y la mayoría de las luchas por la supervivencia son un juego de suma cero en el que uno solo puede prosperar a expensas del otro.

Por ejemplo, todos los años crece aproximadamente la misma cantidad de hierba en un valle determinado. La hierba sustenta a una población de unos 10.000 conejos en la que hay suficientes conejos lentos, tontos o infortunados para proporcionar presas a un centenar de zorros. Si un zorro es muy diligente y captura más conejos de lo habitual, probablemente otro zorro se morirá de hambre. Si todos los zorros consiguen capturar más conejos simultáneamente, la población conejil se derrumbará, y al año siguiente muchos zorros morirán de hambre. Aunque existen fluctuaciones ocasionales en el mercado de conejos, a la larga los zorros no pueden confiar en cazar, pongamos por caso, un 3 por ciento más de conejos por año que el año anterior.

Desde luego, algunas realidades ecológicas son más complejas, y no todas las luchas por la supervivencia son juegos de suma cero. Muchos animales cooperan de manera eficaz, y unos pocos incluso conceden préstamos. Los prestamistas más famosos de la naturaleza son los vampiros. Dichos vampiros se congregan por miles dentro de cuevas, y todas las noches salen en busca de presas. Cuando encuentran un ave dormida o un mamífero descuidado, efectúan una pequeña incisión en su piel y succionan su sangre. No todos estos murciélagos encuentran una víctima por noche. Con el fin de superar la incertidumbre de su vida, los vampiros se prestan sangre. El vampiro que no consigue encontrar una presa volverá al hogar y pedirá algo de sangre prestada a un amigo más afortunado. Los vampiros recuerdan muy bien a quien prestaron sangre, de modo que en una fecha posterior, si el amigo vuelve al hogar con las manos vacías, se acercará a su deudor, quien le devolverá el favor.

Sin embargo, a diferencia de los banqueros humanos, los vampiros nunca cargan intereses. Si el vampiro A le prestó al vampiro B diez centilitros de sangre, este le reembolsará la misma cantidad. Tampoco utilizan préstamos para financiar nuevos negocios o fomentar el crecimiento en el mercado de succión de sangre: puesto que la sangre es producida por otros animales, los vampiros no tienen manera de aumentar la producción. Aunque el mercado de la sangre tiene sus altibajos, los vampiros no pueden presumir que en 2017 habrá un 3 por ciento más de sangre que en 2016, ni que en 2018 el mercado de la sangre volverá a crecer un 3 por ciento. En consecuencia, los vampiros no creen en el crecimiento.[1] Durante millones de años de evolución, los humanos vivieron en condiciones similares a los vampiros, los zorros y los conejos. De ahí que a los humanos les resulte difícil creer en el crecimiento.

EL PASTEL MILAGROSO

Las presiones evolutivas han acostumbrado a los humanos a ver el mundo como un pastel estático. Si alguien toma una porción mayor del pastel, otro, inevitablemente, obtendrá una porción menor. Una familia o una ciudad concretas pueden prosperar, pero la humanidad en su conjunto no va a producir más de lo que produce hoy. Por lo tanto, las religiones tradicionales como el cristianismo y el islamismo buscaron formas de resolver los problemas de la humanidad con la ayuda de los recursos del momento, ya fuera redistribuyendo el pastel existente o prometiéndonos un pastel en el cielo.

La modernidad, en cambio, se basa en la firme creencia de que el crecimiento económico no solo es posible, sino que es absolutamente esencial. Las oraciones, las buenas obras y la meditación pueden ser reconfortantes e inspiradoras, pero problemas tales como el hambre, la peste y la guerra solo pueden resolverse por medio del crecimiento. Este dogma fundamental puede resumirse en una idea simple: «Si tienes un problema, probablemente necesitas más cosas, y para tener más cosas, debes producir más».

Los políticos y economistas modernos insisten en que el crecimiento es vital por tres razones principales. Primera: cuando producimos más, podemos consumir más, aumentar nuestro nivel de vida y, supuestamente, gozar de una vida más feliz. Segunda: mientras la humanidad se multiplique, el crecimiento económico será necesario simplemente para permanecer donde estemos. Por ejemplo, en la India, la tasa de aumento anual de la población es del 1,2 por ciento. Esto significa que, a menos que la economía crezca un mínimo de un 1,2 por ciento anual, el desempleo aumentará, los salarios caerán y el nivel de vida medio se reducirá. Tercera: aun si los indios dejan de multiplicarse, e incluso si la clase media india está satisfecha con su nivel de vida actual, ¿qué tendrá que hacer el país con sus centenares de millones de ciudadanos afectados por la pobreza? Si la economía no crece y, por lo tanto, el pastel sigue teniendo el mismo tamaño, solo se puede dar más a los pobres quitando algo a los ricos. Esto obligará a tomar decisiones muy duras, y probablemente causará mucho resentimiento e incluso violencia. Si queremos evitar las decisiones duras, el resentimiento y la violencia, necesitamos un pastel mayor.

La modernidad ha transformado «más cosas» en una panacea extensible a casi todos los problemas públicos y privados, desde el fundamentalismo islámico, pasando por el autoritarismo del Tercer Mundo, hasta un matrimonio fracasado. Si países tales como Pakistán y Egipto pudieran mantener una tasa de crecimiento saludable, sus ciudadanos podrían gozar de las ventajas de coches privados y de frigoríficos repletos, y emprenderían el camino de la prosperidad terrenal en lugar de seguir al flautista de Hamelin islámico. De manera parecida, el crecimiento económico en países tales como el Congo y Myanmar produciría una clase media próspera que es el fundamento de la democracia liberal. Y en el caso de la pareja insatisfecha, su matrimonio se salvaría si compraran una casa más grande (para que no tuvieran que compartir un despacho atestado), adquirieran un lavavajillas (para que dejaran de discutir sobre a quién le toca lavar los platos) y asistieran a caras sesiones de terapia dos veces por semana.

El crecimiento económico se ha convertido así en el punto crítico en el que se encuentran casi todas las religiones, ideologías y movimientos modernos. La Unión Soviética, con sus megalómanos Planes Quinquenales, estaba tan obsesionada con el crecimiento como el más despiadado magnate y ladrón norteamericano. De la misma manera que tanto cristianos como musulmanes creían en el cielo y solo estaban en desacuerdo en la manera de alcanzarlo, durante la Guerra Fría, tanto capitalistas como comunistas creían en la posibilidad de crear el cielo en la Tierra mediante el crecimiento económico, y únicamente reñían por el método exacto de conseguirlo.

En la actualidad, predicadores hindúes, piadosos musulmanes, nacionalistas japoneses y comunistas chinos pueden declarar su adhesión a valores y objetivos muy diferentes, pero todos han llegado a convencerse de que el crecimiento económico es la clave para conseguir sus dispares objetivos. Así, en 2014, el devoto hindú Narendra Modi fue elegido primer ministro de la India en gran parte gracias a su exitoso fomento del crecimiento económico en su Estado natal de Gujarat, y gracias a la idea generalizada de que solo él podría revigorizar la indolente economía nacional. Consideraciones análogas han mantenido en el poder en Turquía al islamista Recep Tayyip Erdoğan desde 2003. El nombre de su partido (Partido de la Justicia y el Desarrollo) resalta su compromiso con el desarrollo económico, y el gobierno de Erdoğan ha conseguido, efectivamente, mantener impresionantes tasas de crecimiento durante más de una década.

El primer ministro de Japón, el nacionalista Shinzō Abe, llegó al poder en 2012 prometiendo sacar a la economía japonesa de dos décadas de estancamiento. Sus medidas agresivas y algo insólitas para conseguirlo han recibido el nombre de abenomía. Mientras tanto, en la vecina China, el Partido Comunista sigue hablando de boquilla de los ideales marxistas-leninistas tradicionales, pero en la práctica se guía por el famoso lema de Deng Xiaoping de que «el desarrollo es la única verdad firme» y que «no importa si el gato es blanco o negro, mientras cace ratones». Lo que significa, en lenguaje llano: haz todo lo que sea necesario para promover el crecimiento económico, aunque esto no habría complacido a Marx y a Lenin.

En Singapur, como corresponde a una ciudad Estado que hay que tomar en serio, llevaron esta línea de pensamiento todavía más lejos y ajustaron los salarios ministeriales al PIB. Cuando la economía de Singapur crece, los ministros reciben un aumento de sueldo, como si ese fuera el único objetivo de su trabajo.[2]

Esta obsesión con el crecimiento puede parecer totalmente obvia, pero solo porque vivimos en el mundo moderno. No era así en el pasado. Los marajás indios, los sultanes otomanos, los sogunes de Kamakura y los emperadores han rara vez se jugaban su fortuna política a asegurar el crecimiento económico. Que Modi, Erdoğan, Abe y Xi Jinping, el presidente chino, apuesten sus carreras al crecimiento económico atestigua la condición casi religiosa que el crecimiento ha conseguido adquirir en todo el mundo. De hecho, puede que no sea inapropiado denominar «religión» a la fe en el crecimiento económico, porque ahora pretende resolver muchos, si no casi todos, nuestros dilemas éticos. Puesto que, según parece, es el origen de todo lo bueno, el crecimiento económico anima a la gente a enterrar sus desavenencias éticas y a adoptar cualquier curso de acción que maximice el crecimiento a largo plazo. Así, la India de Modi es el hogar de miles se sectas, partidos, movimientos y gurúes, pero, aunque sus objetivos últimos difieren, todos tienen que pasar por el mismo cuello de botella del crecimiento económico, de modo que ¿por qué no aunar esfuerzos mientras tanto?

En consecuencia, el credo de «más cosas» insta a individuos, a empresas y a gobiernos a descartar todo aquello que pueda obstaculizar el crecimiento económico, como la conservación de la igualdad social, la salvaguarda de la armonía ecológica o la honra a nuestros padres. En la Unión Soviética, cuando la gente creía que el comunismo controlado por el Estado era la vía de crecimiento más rápida, todo lo que se opusiera a la colectivización era arrasado, y esto incluía millones de *kulaks*, la libertad de expresión y el mar de Aral. En la actualidad se acepta de manera generalizada que una versión del capitalismo de libre mercado es una forma mucho más eficaz de asegurar el crecimiento a largo plazo, de ahí que se proteja a los agricultores ricos y la libertad de expresión, pero los hábitats ecológicos, las estructuras sociales y los valores tradicionales que se interponen en el camino del capitalismo de libre mercado son destruidos y desmantelados.

Tomemos como ejemplo el caso de una ingeniera informática que gana 250 dólares la hora trabajando para una empresa emergente de alta tecnología. Un día, su anciano padre sufre una apoplejía y empieza a necesitar ayuda para ir a comprar, cocinar e incluso ducharse. La ingeniera podría llevarse a su padre a su casa, salir más tarde por la mañana, volver más pronto por la tarde y hacerse cargo personalmente de él. Tanto sus ingresos como la productividad de la empresa se resentirían, pero su padre gozaría del cuidado de una hija respetuosa y amantísima. Alternativamente, la ingeniera podría contratar a una cuidadora mexicana quien, por 25 dólares la hora, viviría con su padre y atendería a todas sus necesidades. Para la ingeniera y su empresa, esto significaría no cambiar las cosas, e incluso la cuidadora y la economía mexicana saldrían beneficiadas. ¿Qué debería hacer la ingeniera?

El capitalismo de libre mercado tiene una respuesta clara. Si el crecimiento económico exige que relajemos los lazos familiares, animemos a la gente a vivir lejos de sus padres e importemos cuidadores del otro extremo del mundo, que así sea. Sin embargo, esta respuesta implica un juicio ético más que una declaración fáctica. No hay duda que cuando algunas personas se especializan en ingeniería informática mientras que otras invierten su tiempo en cuidar de los ancianos, podemos producir más programas informáticos y dar a los ancianos una atención más profesional. Pero ¿acaso el crecimiento económico es más importante que los lazos familiares? Al atreverse a efectuar juicios éticos de este tipo, el capitalismo de libre mercado ha cruzado la frontera que separa el terreno de la ciencia y el de la religión.

A la mayoría de los capitalistas probablemente no les guste el calificativo de religión, pero, tal como son las religiones, el capitalismo puede al menos llevar la cabeza bien alta. A diferencia de otras religiones que nos prometen un pastel en el cielo, el capitalismo promete milagros aquí, en la Tierra…, y a veces incluso los proporciona. Gran parte del mérito de la superación del hambre y la peste pertenece a la ardiente fe capitalista en el crecimiento. El capitalismo merece incluso algún prestigio por reducir la violencia humana y aumentar la tolerancia y la cooperación. Tal como explica el siguiente capítulo, aquí entran en juego factores adicionales, pero es cierto que el capitalismo hizo una contribución importante a la armonía global al animar a la gente a que dejara de considerar la economía un juego de suma cero, en el que tu beneficio es mi pérdida, y en lugar de ello verla como una situación en la que todos ganan, en la que tu beneficio es también mi beneficio. Es posible que esto haya contribuido más a la armonía global que siglos de oraciones cristianas acerca de amar a mi vecino y ofrecer la otra mejilla.

A partir de su creencia en el valor supremo del crecimiento, el capitalismo deduce su mandamiento número uno: invertirás tus beneficios en aumentar el crecimiento. Durante la mayor parte de la historia, príncipes y sacerdotes malgastaban sus beneficios en carnavales ostentosos, palacios suntuosos y guerras innecesarias, o bien guardaban monedas de oro en un cofre de hierro, lo sellaban y lo enterraban en una mazmorra. Hoy en día, los capitalistas devotos emplean sus beneficios para contratar a nuevos empleados, agrandar la fábrica o desarrollar un producto nuevo.

Si no saben hacerlo por sí mismos, dan el dinero a alguien que sí sabe, como banqueros e inversores de capital riesgo. Estos prestan el dinero a varios emprendedores. Los agricultores consiguen préstamos para sembrar nuevos campos de trigo, los contratistas construyen nuevas casas, las compañías energéticas exploran nuevos yacimientos petrolíferos y las fábricas de armamento desarrollan armas innovadoras. Los beneficios de todas estas actividades permiten a los emprendedores devolver los préstamos con interés. Ahora no solo tenemos más trigo, más casas, más petróleo y más armas, sino también más dinero, que bancos y fondos de inversión pueden volver a prestar. Esta rueda nunca se detendrá, al menos según el capitalismo. Nunca llegará un momento en el que el capitalismo diga: «Ya está. Ya habéis crecido lo suficiente. Ahora podéis tomároslo con calma». Si el lector quiere saber por qué es improbable que el capitalismo llegue a detenerse, hable durante una hora con un amigo que acabe de ganar 100.000 dólares y se pregunte qué hacer con ellos.

«Los bancos ofrecen intereses muy bajos —se quejará—. No quiero poner mi dinero en una cuenta de ahorro que apenas rinde el 0,5 por ciento anual. Con los bonos del Estado puedes ganar hasta el 2 por ciento. Mi primo Richie compró un piso en Seattle el año pasado, ¡y ya ha ganado el 20 por ciento de lo que invirtió! Quizá también yo debería dedicarme a los pisos, pero todo el mundo dice que hay una nueva burbuja inmobiliaria. Entonces ¿qué opinas de la Bolsa? Un amigo me ha dicho que ahora el mejor negocio es comprar un fondo que cotice en

Bolsa que siga a las economías emergentes, como Brasil o China». Cuando se detiene un momento para respirar, el lector le pregunta: «Bueno, ¿y por qué no simplemente conformarte con tus 100.000 dólares?». El amigo le explicará al lector mejor que yo por qué el capitalismo nunca se detiene.

Esta lección se inculca incluso a los niños y adolescentes mediante juegos capitalistas ubicuos. Los juegos premodernos, como el ajedrez, presuponían una economía estancada. Uno empieza una partida de ajedrez con dieciséis piezas y nunca termina el juego con más. En algunas ocasiones, pocas, un peón puede transformarse en una reina, pero no es posible producir nuevos peones ni transformar los caballos en tanques. De modo que los que juegan al ajedrez nunca tienen que pensar en inversiones. En cambio, muchos juegos de mesa y de ordenador modernos giran en torno a la inversión y al crecimiento.

Particularmente reveladores son los juegos de estrategia ambientados en civilizaciones, como Minecraft, Los colonos de Catán o Civilization, de Sid Meier. Ya se desarrolle el juego en la Edad Media, en la Edad de Piedra o en algún país imaginario de cuento de hadas, los principios siempre son los mismos... y siempre son capitalistas. El objetivo del jugador es fundar una ciudad, un reino o quizá una civilización entera. Se empieza a partir de una base muy modesta, quizá solo una aldea y los campos adyacentes. Sus activos proporcionan al jugador una ganancia inicial de trigo, madera, hierro u oro, que después tiene que invertir con sensatez. Hay que escoger entre herramientas improductivas pero necesarias, como soldados, y activos productivos, como más aldeas, campos y minas. La estrategia ganadora es por lo general invertir un mínimo absoluto en cosas esenciales no productivas al tiempo que se maximizan los activos productivos. Fundar aldeas adicionales significa que en el siguiente nivel el jugador tendrá unos ingresos mayores que le permitirán no solo comprar más soldados (si es necesario), sino también aumentar simultáneamente su inversión en producción. Pronto podrá transformar sus aldeas en pueblos; construir universidades, puertos y fábricas; explorar mares y océanos, establecer su civilización y ganar la partida.

El síndrome del arca

Pero ¿puede en verdad la economía seguir creciendo eternamente? ¿No acabará por quedarse sin recursos y deteniéndose? Con el fin de asegurar el crecimiento perpetuo, de algún modo debemos descubrir una reserva inagotable de recursos.

Una solución es explorar y conquistar nuevas tierras y territorios. Durante siglos, el crecimiento de la economía europea se basó en gran medida en las conquistas imperiales de ultramar. Sin embargo, en la Tierra solo hay las islas y continentes que hay, y no más. Algunos emprendedores esperan que acabemos explorando y conquistando nuevos planetas e incluso galaxias, pero, mientras tanto, la economía moderna ha tenido que encontrar un método mejor para expandirse.

La ciencia ha proporcionado a la modernidad la alternativa. La economía del zorro no puede crecer, porque los zorros no saben producir más conejos. La economía del conejo se estanca, porque los conejos no tienen forma de hacer que la hierba crezca más deprisa. Pero la economía humana puede crecer porque los humanos tienen la capacidad de descubrir nuevos materiales y nuevas fuentes de energía.

La consideración tradicional del mundo como un pastel de tamaño invariable presupone que solo hay dos tipos de recursos en el mundo: materias primas y energía. Pero en realidad hay tres tipos de recursos: materias primas, energía y conocimiento. Las materias primas y la energía pueden agotarse: cuanto más las usamos, menos tenemos. El conocimiento, en cambio, es un recurso en aumento: cuanto más lo usamos, más tenemos. De hecho, cuanto más aumentamos nuestras existencias de conocimiento, más materias primas y energía pueden proporcionarnos estas. Si invierto 100 millones de dólares en buscar petróleo en Alaska y lo encuentro, tendré más petróleo, pero mis nietos tendrán menos. En cambio, si invierto 100 millones de dólares en investigar la energía solar y encuentro una manera nueva y más eficiente de utilizarla, tanto yo como mis nietos tendremos más energía.

Durante miles de años, el camino científico que llevaba al crecimiento estaba bloqueado porque la gente creía que las sagradas escrituras y las tradiciones antiguas ya contenían todo el conocimiento importante que el mundo tenía por ofrecer. Una empresa que creyera que ya se habían descubierto todos los yacimientos petrolíferos del mundo no perdería tiempo y dinero en buscar petróleo. De manera parecida, una cultura que creyera que ya sabía todo lo que merecía la pena conocer no se preocuparía en buscar nuevo conocimiento. Esta fue la postura de la mayoría de las civilizaciones humanas premodernas. Sin embargo, la revolución científica liberó a la humanidad de tal convicción. El mayor de los descubrimientos científicos fue el de la ignorancia. Cuando los humanos se dieron cuenta de lo poco que sabían acerca del mundo, de repente tuvieron una muy buena razón para buscar nuevo conocimiento, lo cual abrió el camino científico hacia el progreso.

Con cada nueva generación, la ciencia contribuía al descubrimiento de nuevas fuentes de energía, nuevos tipos de materias primas, mejor maquinaria y nuevos métodos de producción. En consecuencia, en 2016 la humanidad controla mucha más energía y materias primas que nunca, y la producción ha aumentado muchísimo. Invenciones como la máquina de vapor, el motor de combustión interna y el ordenador han creado industrias totalmente nuevas desde cero. Cuando contemplamos los próximos veinte años, esperamos con confianza producir y consumir mucho más en 2036 que lo que consumimos en la actualidad. Confiamos en que la nanotecnología, la ingeniería genética y la inteligencia artificial revolucionarán una vez más la producción y abrirán secciones completamente nuevas en nuestros megamercados, que no dejarán de expandirse.

Tenemos, por lo tanto, muchas probabilidades de superar el problema de la escasez de recursos. La némesis real de la economía moderna es el colapso ecológico. Tanto el progreso científico como el crecimiento económico tienen lugar en el seno de una biosfera frágil, y a medida que adquieren impulso, sus ondas expansivas desestabilizan la ecología. Para proporcionar a cada uno de los habitantes del planeta el mismo nivel de vida que tienen los norteamericanos prósperos, necesitaríamos unos cuantos planetas más..., pero solo tenemos este. Si el progreso y el crecimiento acaban destruyendo el ecosistema, el coste será elevado no solo para los vampiros, los zorros y los conejos, sino también para los sapiens. Una catástrofe ecológica causaría la ruina económica, agitación política y una caída en el nivel de vida, e incluso podría amenazar la existencia misma de la civilización humana.

Podríamos reducir el peligro enlenteciendo el ritmo del progreso y del crecimiento. Si este año los inversores esperan obtener un 6 por ciento de beneficios de su cartera de valores, dentro de diez años se conformarán con beneficios de un 3 por ciento; dentro de veinte años, con beneficios del 1 por ciento, y dentro de treinta años la economía dejará de crecer y seremos felices con lo que ya tengamos. Pero el credo del crecimiento se opone firmemente a una idea tan herética y sugiere que tendríamos que correr aún más deprisa. Si nuestros descubrimientos desestabilizan el ecosistema y amenazan a la humanidad, debemos descubrir algo para protegernos. Si la capa de ozono se reduce y nos expone al cáncer de piel, tenemos que inventar mejores fábricas de protectores solares y mejores tratamientos del cáncer, con lo que también promoveremos el crecimiento de nuevas protectores solares y centros de tratamiento del cáncer. Si todas las industrias nuevas contaminan la atmósfera y los océanos, provocando el calentamiento global y extinciones masivas, deberíamos construirnos mundos virtuales y santuarios de alta tecnología que nos proporcionen todo lo bueno de la vida, aunque el planeta esté tan caliente, triste y contaminado como el infierno.

Beijing ya está tan contaminado que la gente evita salir a la calle, y los chinos ricos pagan miles de dólares por sistemas de purificación del aire en sus casas. Los superricos construyen artilugios protectores incluso sobre el jardín. En 2013, la Escuela Internacional de Beijing, que atiende a hijos de diplomáticos extranjeros y de chinos de clase alta, dio un paso más allá y construyó una cúpula gigante, con un coste de cinco millones de dólares, sobre sus seis pistas de tenis y campos de deporte. Otras escuelas están haciendo lo mismo, y el mercado chino de purificadores de aire está en auge. Desde luego, la mayoría de los residentes de Beijing no pueden permitirse tales lujos en su casa ni tampoco enviar a sus hijos a la Escuela Internacional.[3]

La humanidad se encuentra trabada en una carrera doble. Por un lado, nos sentimos obligados a acelerar el progreso científico y el crecimiento económico. En la actualidad, 1.000 millones de chinos y 1.000 millones de indios quieren vivir como los norteamericanos de clase media, y no ven ninguna razón por la que tengan que poner en suspenso sus sueños cuando los norteamericanos no quieren dejar de poseer vehículos todoterreno y centros comerciales. Por otro lado, debemos ir al menos un paso por delante del Armagedón ecológico. Gestionar esta doble carrera se hace más difícil con cada año que pasa, porque cada paso que acerca a los habitantes de los suburbios de Nueva Delhi al Sueño Americano también hace que el planeta se aproxime más al borde del precipicio.

La buena noticia es que durante siglos la humanidad ha gozado de una economía en crecimiento sin caer presa de la debacle ecológica. Otras muchas especies han perecido en el proceso, y también los humanos se han enfrentado a varias crisis económicas y desastres ecológicos, pero hasta el momento siempre hemos conseguido superarlos. Sin embargo, el éxito futuro no está garantizado por alguna ley de la naturaleza. ¿Quién sabe si la ciencia siempre podrá salvar simultáneamente a la economía de congelarse y a la ecología de hervir? Y puesto que el ritmo no hace más que acelerarse, los márgenes de error son cada vez más pequeños. Si previamente bastaba con inventar algo sorprendente una vez cada siglo, en la actualidad necesitamos encontrar un milagro cada dos años.

También nos debe preocupar el hecho de que un apocalipsis ecológico podría tener consecuencias diferentes para castas humanas diferentes. No hay justicia en la historia. Cuando el desastre embiste, casi siempre los pobres sufren más que los ricos, aunque de entrada fueran los ricos los que causaran la tragedia. El calentamiento global ya está afectando más a la vida de la gente pobre que vive en los países africanos áridos que a la vida de los occidentales ricos. Paradójicamente, el mismo poder de la ciencia puede aumentar el peligro, porque hace que los ricos sean complacientes.

Consideremos las emisiones de gases de efecto invernadero. La mayoría de los expertos y un número creciente de políticos reconocen la realidad del calentamiento global y la magnitud del peligro. Pero hasta ahora este reconocimiento no ha conseguido cambiar nuestra conducta real. Hablamos mucho del calentamiento global, pero en la práctica la humanidad es renuente a efectuar sacrificios económicos, sociales o políticos serios para detener la catástrofe. Entre los años 2000 y 2010, las emisiones no se redujeron en absoluto. Por el contrario, aumentaron a una tasa anual del 2,2 por ciento, en comparación con una tasa de incremento anual del 1,3 por ciento entre 1970 y 2000.[4] El Protocolo de Kioto sobre reducción de gases de efecto invernadero pretendía meramente enlentecer el calentamiento global, más que detenerlo, pero el principal contaminador del mundo, Estados Unidos, se negó a ratificarlo, y no ha hecho ninguna tentativa de reducir de manera significativa sus emisiones, por temor a que su crecimiento económico se desacelere.[5]

En diciembre de 2015 se establecieron objetivos más ambiciosos en el Acuerdo de París, que propone limitar el aumento medio de la temperatura a 1,5 grados más que los niveles preindustriales. Pero muchos de los difíciles pasos que se precisan para alcanzar este objetivo se han pospuesto con gran conveniencia hasta después de 2030, o incluso a la segunda mitad del siglo XXI, con lo que se ha pasado eficazmente la patata caliente a la siguiente generación. Las administraciones actuales podrán cosechar los beneficios políticos inmediatos de parecer ecológicos, mientras que el duro precio político de reducir las emisiones (y de desacelerar el crecimiento) se lega a las siguientes generaciones. Aun así, en el momento de escribir esto (enero de 2016) no es en absoluto seguro que Estados Unidos y otros importantes contaminadores ratifiquen el Acuerdo de París. Demasiados políticos y votantes creen que, mientras la economía crezca, científicos e ingenieros podrán salvarnos siempre de la catástrofe. Cuando se trata del cambio climático, muchos creyentes convencidos en el crecimiento no solo esperan milagros: dan por sentado que los milagros ocurrirán.

¿Cuán racional es arriesgar el futuro de la humanidad a partir de la suposición de que los científicos del mañana harán algunos descubrimientos desconocidos? La mayoría de los presidentes, los ministros y los directores ejecutivos que dirigen el mundo son personas muy racionales. ¿Por qué están dispuestos a jugársela de este modo? Quizá porque no creen que se están jugando su propio futuro. Incluso si lo malo se vuelve peor y la ciencia no puede detener el diluvio, los ingenieros todavía podrán construir un Arca de Noé tecnológica para la casta superior, al tiempo que dejarán que miles de millones de personas se ahoguen. La fe en esta Arca de alta tecnología es en la actualidad una de las mayores amenazas al futuro de la humanidad y de todo el ecosistema. A la gente que cree en ella no se la debería poner a cargo de la ecología global, por la misma razón que a la gente que cree en un más allá celestial no se le debería proporcionar armas nucleares.

¿Y qué hay de los pobres? ¿Por qué no protestan? Si llega el diluvio, se llevarán la peor parte. Sin embargo, también serán los primeros

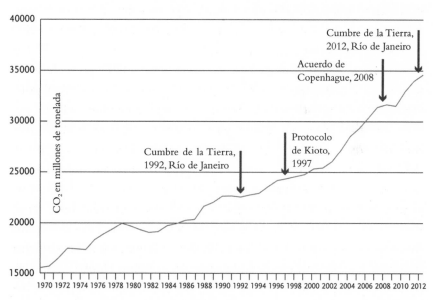

Emisiones globales de CO_2, 1970-2013

FIGURA 26. Todos los debates sobre el cambio climático y todos los congresos, cumbres y protocolos que se han celebrado hasta ahora no han conseguido reducir las emisiones globales de gases de efecto invernadero. Si se observa atentamente el gráfico, se puede ver que las emisiones se reducen únicamente durante los períodos de crisis económicas y de estancamiento. Así, la pequeña desaceleración de las emisiones de gases de efecto invernadero que tuvo lugar en 2008-2009 se debió no a la firma del Acuerdo de Copenhague, sino a la crisis financiera global.

de padecer el coste del estancamiento económico. En un mundo capitalista, las vidas de los pobres solo mejoran cuando la economía crece. De ahí la improbabilidad de que respalden ninguna medida para reducir las futuras amenazas ecológicas que se base en desacelerar el crecimiento económico actual. Proteger el ambiente es una idea muy bonita, pero los que no pueden pagar el alquiler están mucho más preocupados por su descubierto bancario que por la fusión de los casquetes de hielo.

LA CARRERA DE RATAS

Aun si corriéramos lo bastante deprisa y consiguiéramos eludir tanto el colapso económico como el derrumbe ecológico, la propia carrera generaría problemas enormes. A escala individual, provoca altos niveles de estrés y tensión. Después de siglos de crecimiento económico y progreso científico, la vida tendría que haberse vuelto calma y pacífica, al menos en los países más avanzados. Si nuestros antepasados hubieran sabido qué herramientas y recursos tenemos a nuestra disposición, habrían supuesto que gozaríamos de una tranquilidad celestial, libres de todo cuidado y preocupación. La verdad es muy distinta. A pesar de todos nuestros logros, sentimos una presión constante por hacer y producir cada vez más.

Nos culpamos, culpamos a nuestro jefe, a la hipoteca, al gobierno, al sistema escolar. Pero nada de eso es lo culpable. Lo es el pacto moderno, que todos firmamos el día en que nacimos. En el mundo premoderno, la gente era como los empleados más humildes en una burocracia socialista. Fichaban al iniciar la jornada de trabajo y esperaban que algún otro empleado hiciera algo. En el mundo moderno, somos los humanos los que hacemos funcionar el negocio. De modo que nos hallamos sometidos noche y día a una presión constante.

En el plano colectivo, la carrera se manifiesta en turbulencias incesantes. Mientras que los sistemas sociales y políticos previos perduraban siglos, en la actualidad cada nueva generación destruye el mundo antiguo y construye uno nuevo en su lugar. Tal como expuso de manera brillante el *Manifiesto comunista*, el mundo moderno sin duda requiere

incertidumbre y disturbio. Se abandonan todas las relaciones establecidas y los antiguos prejuicios, y las nuevas estructuras devienen anticuadas antes de que puedan incluso arraigar. Todo lo que es sólido se
funde en aire. No es fácil vivir en un mundo caótico como este, y todavía es más difícil gobernarlo.

Por lo tanto, la modernidad necesita trabajar con denuedo para
asegurarse de que ni los individuos ni el colectivo humano intenten
retirarse de la carrera, a pesar de todas las tensiones y el caos que esta
crea. Para ello, la modernidad sostiene que el crecimiento es el valor
supremo en cuyo beneficio debemos hacer todos los sacrificios y correr
todos los peligros que sea necesario. En el plano colectivo, se anima a
gobiernos, empresas y organizaciones a que midan su éxito en términos
de crecimiento, y a temer el equilibrio como si fuera el diablo. En el
plano individual, se nos anima a aumentar constantemente nuestros ingresos y nuestro nivel de vida. Aunque uno esté bastante satisfecho con
sus condiciones actuales, debe esforzarse por conseguir más. Los lujos de
ayer se convierten en las necesidades de hoy. Si antaño uno podía vivir
bien en un apartamento de tres habitaciones con un coche y un único
ordenador de sobremesa, ahora necesita una casa de cinco habitaciones
con dos coches y una serie de iPods, tabletas y teléfonos inteligentes.

No fue muy difícil convencer a los individuos para que desearan
más. A los humanos la codicia les llega fácilmente. El gran problema fue
convencer a las instituciones colectivas como estados e iglesias para que
se adaptaran al nuevo ideal. Durante milenios, las sociedades se esfor-
zaron por limitar los deseos individuales y llevarlos a algún tipo de
equilibrio. Era bien conocido que las personas querían cada vez más
para sí, pero cuando el pastel tenía un tamaño invariable, la armonía
social dependía de la limitación. La avaricia era mala. La modernidad
volvió el mundo patas arriba. Convenció a los colectivos humanos de
que el equilibrio es mucho más aterrador que el caos, y puesto que la
avaricia alimenta el crecimiento, es una fuerza del bien. En consecuencia, la modernidad animó a la gente a desear más, y desmanteló las disciplinas milenarias que refrenaban a la codicia.

Las ansiedades resultantes fueron aliviadas en gran medida por el
capitalismo de libre mercado, una de las razones por la que esta ideolo-

gía concreta se ha hecho tan popular. Los pensadores capitalistas nos tranquilizan repetidamente: «No te preocupes, todo irá bien. Mientras la economía crezca, la mano invisible del mercado se ocupará de todo lo demás». Así, el capitalismo ha santificado un sistema voraz y caótico que crece a pasos agigantados, sin que nadie comprenda qué es lo que ocurre y hacia dónde nos dirigimos tan apresuradamente. (El comunismo, que también creía en el crecimiento, pensaba que podía impedir el caos y orquestar el crecimiento mediante la planificación estatal. Después de algunos éxitos iniciales, acabó por quedar muy atrás en la desordenada cabalgata del libre mercado.)

Hoy en día, vituperar al capitalismo de libre mercado figura en los primeros lugares de la agenda intelectual. Puesto que el capitalismo domina nuestro mundo, ciertamente deberíamos hacer todos los esfuerzos necesarios para entender sus defectos, antes de que cause catástrofes apocalípticas. Pero criticar el capitalismo no debería cegarnos ante sus ventajas y logros. Hasta ahora, ha sido un éxito asombroso…, al menos si pasamos por alto su potencial para el futuro desastre ecológico, y si medimos el éxito con la vara de la producción y el crecimiento. Puede que en 2016 vivamos en un mundo estresante y caótico, pero las profecías apocalípticas de colapso y violencia no se han materializado, mientras que las escandalosas promesas de crecimiento perpetuo y cooperación global se han cumplido. Aunque experimentemos crisis económicas y guerras internacionales de forma ocasional, a la larga el capitalismo no solo ha conseguido prevalecer, sino también superar el hambre, la peste y la guerra. Durante miles de años, sacerdotes, rabinos y muftíes explicaron que los humanos no podían vencer el hambre, la peste y la guerra solo con sus esfuerzos. Después llegaron los banqueros, los inversores y los industriales, y en doscientos años consiguieron hacer exactamente eso.

De modo que el pacto moderno nos prometió un poder sin precedentes, y la promesa se ha cumplido. Ahora bien, ¿a qué precio? A cambio del poder, el pacto moderno espera de nosotros que renunciemos al sentido. ¿Cómo se las arreglaron los humanos con esta espeluznante exigencia? Acatarla podría haber dado lugar fácilmente a un mundo oscuro, desprovisto de ética, estética y compasión. Pero lo cierto es que hoy en día la humanidad es no solo mucho más poderosa que nunca, sino también más pacífica y cooperativa. ¿Cómo lo consiguieron los humanos? ¿Cómo sobrevivieron e incluso medraron la moralidad, la belleza y hasta la compasión en un mundo desprovisto de dioses, de cielo y de infierno?

De nuevo, los capitalistas están dispuestos a conceder todo el mérito a la mano invisible del mercado. Pero la mano del mercado es ciega además de invisible, y por sí sola no habría podido salvar nunca a la sociedad humana. De hecho, ni siquiera una feria rural puede mantenerse sin la mano amiga de algún dios, rey o iglesia. Si todo está a la venta, incluidos los tribunales y la policía, la confianza se evapora y el negocio se marchita.[6] ¿Qué fue, entonces, lo que salvó a la sociedad moderna del colapso? La humanidad fue salvada no por la ley de la oferta y la demanda, sino por el auge de una nueva religión revolucionaria: el humanismo.

7

La revolución humanista

El pacto moderno nos ofrece poder a condición de que renunciemos a nuestra creencia en un gran plan cósmico que da sentido a la vida. Pero cuando examinamos detenidamente el pacto, encontramos una ingeniosa cláusula de excepción. Si de alguna manera los humanos consiguen encontrar sentido sin derivarlo de un gran plan cósmico, esto no se considera un incumplimiento de contrato.

Esta cláusula de excepción ha sido la salvación de la sociedad moderna, porque es imposible mantener el orden sin sentido. El gran proyecto político, artístico y religioso de la modernidad ha sido encontrar un sentido a la vida que no esté originado en algún gran plan cósmico. No somos actores de un drama divino y a nadie le importamos nosotros ni nuestras obras, de modo que nadie pone límites a nuestro poder, pero todavía estamos convencidos de que nuestra vida tiene sentido.

Hasta 2016, la humanidad ha conseguido ciertamente nadar y guardar la ropa. No solo poseemos mucho más poder que nunca antes, sino que, contra toda expectativa, la muerte de Dios no ha conducido al colapso social. A lo largo de la historia, profetas y filósofos han argumentado que si los humanos dejábamos de creer en un gran plan cósmico, toda ley y orden desaparecerían. Pero en la actualidad, los que plantean la mayor amenaza para la ley y el orden globales son precisamente aquellas personas que continúan creyendo en Dios y en Sus planes universales. La Siria temerosa de Dios es un lugar mucho más violento que la atea Holanda.

Si no hay plan cósmico y no estamos comprometidos con ninguna ley divina o natural, ¿qué impide el colapso social? ¿Cómo es que podemos viajar a lo largo de miles de kilómetros, desde Amsterdam a Bucarest o desde Nueva Orleans a Montreal, sin que nos secuestren mercaderes de esclavos, nos embosquen bandoleros o nos maten tribus enemistadas?

MIRAR DENTRO

El antídoto contra una existencia sin sentido y sin ley lo proporcionó el humanismo, un credo nuevo y revolucionario que conquistó el mundo durante los últimos siglos. La religión humanista venera a la humanidad, y espera que esta desempeñe el papel que Dios desempeñaba en el cristianismo y el islamismo y que las leyes de la naturaleza desempeñaban en el budismo y el taoísmo. Mientras que tradicionalmente el gran plan cósmico daba sentido a la vida de los humanos, el humanismo invierte los papeles y espera que las experiencias de los humanos den sentido al gran cosmos. Según el humanismo, los humanos deben extraer de sus experiencias internas no solo el sentido de su propia vida, sino también el sentido del universo entero. Este es el mandamiento primario que el humanismo nos ha dado: crea sentido para un mundo sin sentido.

Según esto, la revolución religiosa fundamental de la modernidad no fue perder la fe en Dios; más bien, fue adquirir fe en la humanidad. Hicieron falta siglos de duro trabajo. Los pensadores escribieron panfletos, los artistas compusieron poemas y sinfonías, los políticos acordaron pactos, y todos juntos convencieron a la humanidad de que el humanismo podía imbuir de sentido el universo. Para comprender la profundidad y las implicaciones de la revolución humanista, considérese de qué manera la cultura europea moderna difiere de la cultura europea medieval. Las gentes en Londres, París o Toledo en 1300 no creían que los humanos pudieran determinar por sí mismos lo que es bueno y lo que es malo, lo que está bien y lo que está mal, lo que es hermoso y lo que es feo. Solo Dios podía crear y definir la bondad, la virtud y la belleza.

Aunque se consideraba que los humanos gozaban de capacidades y oportunidades únicas, también se veían como seres ignorantes y corruptibles. Sin supervisión y orientación externas, nunca podrían comprender la verdad eterna, y en cambio serían atraídos hacia placeres sensuales fugaces e ilusiones mundanas. Además, los pensadores medievales señalaban que los humanos son mortales, y que sus opiniones y sentimientos son tan caprichosos como el viento. Hoy amo algo con todo mi corazón, mañana me siento asqueado por la misma cosa, y la semana siguiente estoy muerto y enterrado. De ahí que cualquier sentido que dependa de la opinión humana sea frágil y efímero. Las verdades absolutas y el sentido de la vida y del universo deben basarse por lo tanto en alguna ley eterna que emane de un origen superhumano.

Esta idea hizo de Dios el origen supremo no solo del sentido, sino también de la autoridad. Sentido y autoridad van siempre de la mano. Quienquiera que determine el sentido de nuestros actos (si son buenos o malos, correctos o incorrectos, bellos o feos) obtiene asimismo la autoridad para decirnos qué pensar y cómo actuar.

El papel de Dios como origen del sentido y la autoridad no era solo una teoría filosófica. Afectaba a todas las facetas de la vida cotidiana. Supongamos que en 1300, en algún pueblecito inglés, una mujer casada se encaprichara del vecino de al lado y tuviera una aventura con él. Mientras volviera a hurtadillas a su casa, ocultando una sonrisa y alisándose el vestido, su mente empezaría a acelerarse: «¿Qué ha pasado? ¿Por qué lo he hecho? ¿Ha estado bien o mal? ¿Qué supone para mí? ¿Volveré a hacerlo?». Para dar respuesta a tales preguntas, la mujer tendría que acudir al sacerdote local, confesar y pedir consejo al santo padre. El sacerdote habría sido muy versado en escrituras, y los textos sagrados le revelarían exactamente qué era lo que Dios pensaba acerca del adulterio. Basándose en la palabra eterna de Dios, el sacerdote podría determinar más allá de toda duda que la mujer había cometido un pecado mortal, que si no se enmendaba acabaría en el infierno, y que tenía que arrepentirse de inmediato, donar diez monedas de oro a la cruzada que se preparaba, evitar comer carne durante los siguientes seis meses y realizar un peregrinaje a la tumba de santo Tomás de Canterbury. Y, obsta decirlo, la mujer no tenía que repetir nunca su horrendo pecado.

Hoy en día las cosas son muy distintas. Durante siglos, el humanismo nos ha estado convenciendo de que somos el origen último del sentido, y que nuestro libre albedrío es, por consiguiente, la mayor autoridad de todas. En lugar de esperar que alguna entidad externa nos diga qué es qué, podemos fiarnos de nuestros propios sentimientos y deseos. Desde la infancia se nos bombardea con una descarga continua de consignas humanistas que nos aconsejan: «Escúchate, sigue los dictados de tu corazón, sé fiel a ti mismo, confía en ti, haz lo que te plazca». Jean-Jacques Rousseau lo resumió todo en su novela *Emilio*, la biblia de los sentimientos del siglo XVIII. Rousseau sostenía que cuando buscaba las normas de la conducta en la vida, las encontró «en lo más recóndito de mi corazón, delineadas por la naturaleza en caracteres que nada puede borrar. Solo he de consultarme a mí mismo en relación con lo que quiero hacer; lo que siento que es bueno, es bueno, lo que siento que es malo, es malo».[1]

Así, cuando una mujer moderna quiere comprender el sentido de su aventura amorosa, está mucho menos dispuesta a aceptar el juicio de un sacerdote o de un libro antiguo. En lugar de eso, escudriñará sus sentimientos. Si estos no son muy claros, llamará a una buena amiga, irán a tomar café y le abrirá el corazón. Si las cosas siguen confusas, irá al psicólogo y se lo contará todo. Teóricamente, el psicólogo moderno ocupa el mismo lugar que el sacerdote medieval, y un lugar común muy manido es comparar las dos profesiones. Pero en la práctica las separa un abismo. El psicólogo no posee un libro sagrado que defina el bien y el mal. Cuando la mujer acabe de contarle su relato, es muy improbable que el psicólogo le grite: «¡Tú, mujer malvada! ¡Has cometido un pecado terrible!». Es igualmente improbable que le diga: «¡Maravilloso! ¡Bien por ti!». En cambio, al margen de lo que la mujer haya hecho y dicho, lo más probable es que el psicólogo le pregunte con una voz comprensiva: «Y bien, ¿cómo se siente usted en relación con lo ocurrido?».

Es verdad que la estantería del psicólogo se comba por el peso de Freud, Jung y el *Manual diagnóstico y estadístico de los trastornos mentales (DSM)*. Pero estas no son sagradas escrituras. El *DSM* diagnostica los achaques de la vida, no su sentido. La mayoría de los psicólogos creen que solo los sentimientos humanos están autorizados para determinar el verdadero sentido de nuestros actos. De modo que, al margen de lo que el psicólogo opine acerca de la aventura de su paciente y de lo que Freud, Jung y el *DSM* opinen acerca de las aventuras amorosas en general, el psicólogo no impondrá sus opiniones a la paciente. Por el contrario, la ayudará a examinar las cámaras más recónditas de su corazón. Allí, y solo allí, encontrará ella las respuestas. Mientras que los sacerdotes medievales tenían una línea directa con Dios y podían distinguir por nosotros entre el bien y el mal, los psicólogos modernos solo nos ayudan a ponernos en contacto con nuestros sentimientos íntimos.

Ello explica en parte la fortuna cambiante de la institución del matrimonio. En la Edad Media, el matrimonio se consideraba un sacramento ordenado por Dios, y Dios autorizaba también al padre a casar a sus hijos según los deseos e intereses del mismo. Por lo tanto, una aventura extramarital era una rebelión descarada tanto contra la autoridad divina como contra la paterna. Era un pecado mortal, sin importar lo que los amantes sintieran o pensaran al respecto. Hoy en día, la gente se casa por amor, y son sus sentimientos íntimos lo que confiere valor a ese lazo. De ahí que si los mismos sentimientos que una vez te empujaron a los brazos de un hombre ahora te empujan a los brazos de otro, ¿qué hay de malo en ello? Si una aventura extramarital proporciona una válvula de escape para deseos emocionales y sexuales que no satisface quien ha sido tu cónyuge veinte años, y si tu amante es atento, apasionado y sensible ante tus necesidades, ¿por qué no disfrutar de ello?

«Pero..., un momento», podría decir el lector. No podemos ignorar los sentimientos de las otras partes concernidas. La mujer y su amante pueden sentirse maravillosamente bien en brazos el uno del otro, pero si sus cónyuges respectivos lo descubren, probablemente todos se sentirán fatal cierto tiempo. Y si ello provoca el divorcio, sus hijos podrán tener cicatrices emocionales durante décadas. Y aunque la aventura no se descubra nunca, esconderla implica mucha tensión, y puede conducir a sentimientos crecientes de alienación y resentimiento.

Los debates más interesantes de la ética humanista se refieren a situaciones como las aventuras extramaritales, cuando los sentimientos humanos entran en conflicto. ¿Qué ocurre cuando el mismo acto hace que una persona se sienta bien, y otra, mal? ¿Cómo ponemos en la balanza unos y otros sentimientos? ¿Acaso los buenos sentimientos de los dos amantes pesan más que los malos sentimientos de sus cónyuges e hijos?

No importa lo que el lector piense acerca de esta cuestión particular. Es mucho más importante comprender el tipo de argumentos que ambas partes utilizan. Las personas modernas tienen ideas diversas sobre las aventuras extramaritales, pero, al margen de su posición, tienden a justificarlas en el nombre de los sentimientos humanos más que en el de las sagradas escrituras y de los mandamientos divinos. El humanismo nos ha enseñado que algo puede ser malo solo si hace que alguien se sienta mal. El asesinato está mal no porque algún dios dijera una vez «No matarás». Lo que ocurre es que el asesinato está mal porque causa un sufrimiento terrible a la víctima, a los miembros de su familia y a sus amigos y conocidos. El robo está mal no porque algún texto antiguo diga «No robarás». Lo que ocurre es que el robo está mal porque cuando pierdes tu propiedad, te sientes mal por ello. Y si un acto no hace que nadie se sienta mal, no puede haber nada malo en él. Si el mismo texto antiguo dice que Dios nos ordenó no producir imágenes ni de humanos ni de animales (Éxodo 20:4), pero disfruto esculpiendo dichas figuras y en el proceso no hago daño a nadie, ¿qué puede haber de malo en ello?

La misma lógica domina los debates actuales sobre la homosexualidad. Si dos hombres adultos disfrutan teniendo sexo entre ellos y no dañan a nadie al hacerlo, ¿por qué tendría que estar mal y por qué habría que ilegalizarlo? Es un asunto privado entre estos dos hombres, que son libres de decidir sobre ello según sus sentimientos íntimos. En la Edad Media, si dos hombres confesaban a un sacerdote que se amaban y que nunca se habían sentido más felices, sus buenos sentimientos no habrían cambiado el juicio condenatorio del sacerdote; de hecho, su falta de culpa no habría hecho más que empeorar la situación. Hoy en día, en cambio, si dos hombres se aman, se les dice: «Si os gusta, ¡hacedlo! No dejéis que ningún sacerdote se interfiera en vuestra mente. Solo seguid vuestro corazón. Vosotros sabéis lo que es bueno para vosotros».

Resulta interesante que en la actualidad incluso los fanáticos religiosos adopten este discurso humanista cuando quieren influir sobre la opinión pública. Por ejemplo, durante la última década, la comunidad LGBT israelí ha organizado todos los años un desfile gay en las calles de Jerusalén. Es un día único de armonía en esta ciudad asediada por los conflictos, porque es la única ocasión en que los judíos, los musulmanes y los cristianos religiosos encuentran de repente una causa común: todos se enfurecen a la vez contra el desfile gay. Pero lo que es realmente interesante es el argumento que emplean. No dicen: «No tendríais que organizar un desfile gay porque Dios prohíbe la homosexualidad». Más bien, explican ante cualquier micrófono o cámara de televisión disponibles que «ver un desfile gay cruzando la ciudad santa de Jerusalén hiere nuestros sentimientos. De la misma manera que los gays quieren que respetemos sus sentimientos, ellos deberían respetar los nuestros».

El 7 de enero de 2015, fanáticos musulmanes asesinaron a varios empleados de la revista francesa *Charlie Hebdo*, porque la revista había publicado caricaturas del profeta Mahoma. En los días subsiguientes, muchas organizaciones musulmanas condenaron el ataque, pero algunas no pudieron resistirse a añadir una cláusula de «pero». Por ejemplo, el Sindicato de Periodistas Egipcio denunció a los terroristas por el uso de la violencia, y en el mismo texto denunciaba a la revista por «herir los sentimientos de millones de musulmanes de todo el mundo».[2] Adviértase que el sindicato no culpaba a la revista por desobedecer la voluntad de Dios. Esto es lo que llamamos progreso.

Nuestros sentimientos aportan sentido no solo a nuestra vida privada, sino también a los procesos sociales y políticos. Cuando queremos saber quién debería dirigir el país, qué política exterior se debería adoptar y qué pasos económicos se deberían dar, no buscamos las respuestas en las escrituras. Ni obedecemos las órdenes del Papa ni del Consejo de los Premios Nobel. Por el contrario, en la mayoría de los países celebramos elecciones democráticas y preguntamos a la gente qué opina. Creemos que los votantes son quienes mejor saben lo que les conviene, y que la libre elección de los individuos es la autoridad política suprema.

Pero ¿cómo sabe el votante qué elegir? Teóricamente al menos, se supone que el votante consulta sus sentimientos más íntimos y los sigue. No siempre es fácil. Para entrar en contacto con mis sentimientos, necesito filtrarlos de los vacuos eslóganes de propaganda, la infinidad de mentiras de políticos despiadados, el ruido generado por ingeniosos tergiversadores para distraer y las sabias opiniones de expertos pagados. Debo obviar todo este barullo y atender solo a mi auténtica voz interior. Y entonces mi auténtica voz interior me susurra al oído: «Vota a Cameron» o «Vota a Modi» o «Vota a Clinton» o a quien sea, y pongo una cruz ante dicho nombre en la papeleta de voto..., y así es como sabemos quién debería dirigir el país.

En la Edad Media, esto se habría considerado el colmo de la insensatez. Los fugaces sentimientos de los ignorantes plebeyos en absoluto eran una base sólida para las decisiones políticas importantes. Cuando Inglaterra se vio desgarrada por las Guerras de las Rosas, nadie pensó en acabar el conflicto celebrando un referéndum nacional, en el que cada palurdo y cada golfa emitieran un voto a favor de Lancaster o bien de York. De manera parecida, cuando el papa Urbano II puso en marcha la Primera Cruzada en 1095, no dijo que fuera la voluntad del pueblo. Era la voluntad de Dios. La autoridad política bajaba directamente del cielo, no surgía de los corazones y las mentes de los humanos mortales.

Cuanto pueda decirse de la ética y la política es también aplicable a la estética. En la Edad Media, el arte se regía por criterios objetivos. Los patrones de belleza no reflejaban modas humanas pasajeras. Más bien, se suponía que los gustos humanos se adecuaban a los dictados superhumanos. Esto tenía perfecto sentido en un período en el que la gente creía que el arte estaba inspirado por fuerzas superhumanas y no por sentimientos humanos. Supuestamente, las manos de pintores, poetas, compositores y arquitectos las movían musas, ángeles y el Espíritu Santo. Más de una vez, cuando un compositor escribía un bello himno, no se le reconocía el mérito, por la misma razón que no se le reconocía a la pluma. La pluma era sostenida y dirigida por dedos humanos que a su vez eran sostenidos y dirigidos por la mano de Dios.

Los estudiosos medievales se aferraban a una teoría griega clásica, según la cual los movimientos de las estrellas en el cielo crean música celestial que impregna todo el universo. Los humanos gozan de salud física y mental cuando los movimientos internos de su cuerpo y su alma están en armonía con la música celestial creada por las estrellas. Por lo tanto, la música humana debe ser un eco de la melodía divina del cosmos, más que reflejar las ideas y los caprichos de los compositores de carne y hueso. Los himnos, las canciones y las melodías más hermosos

FIGURA 27. El Espíritu Santo, en forma de paloma, entrega una ampolla de óleo sagrado para el bautismo del rey Clovis, fundador del reino Franco (ilustración extraída de
las *Grandes Chroniques de France*, *c.* 1380). Según el mito fundacional de Francia, esta
ampolla se conserva desde entonces en la catedral de Reims, y, a partir de entonces,
todos los reyes de Francia fueron ungidos con el óleo divino en su coronación. De este
modo, cada coronación implicaba un milagro, porque la ampolla vacía se volvía a llenar
espontáneamente con óleo. Esto indicaba que era el mismo Dios quien elegía al rey y
le daba Su bendición. Si Dios no hubiera querido que Luis IX, Luis XIV o Luis XVI
hubieran sido reyes, la ampolla no se habría rellenado.

por lo general se atribuían no al genio de algún artista humano, sino a
la inspiración divina.

Tales ideas ya no están en boga. En la actualidad, los humanistas
creen que la única fuente de la creación artística y del valor estético son
los sentimientos humanos. La música es creada y juzgada por nuestra
voz interior, que no necesita seguir ni los ritmos de las estrellas ni las
órdenes de las musas y los ángeles. Porque las estrellas son mudas, mien-

tras que las musas y los ángeles existen únicamente en nuestra imaginación. Los artistas modernos buscan estar en contacto con ellos mismos y sus sentimientos, más que con Dios. Así, no es extraño que cuando nos disponemos a evaluar el arte, ya no creamos en ningún criterio objetivo. En lugar de ello, y una vez más, nos fiamos de nuestros sentimientos subjetivos.

En ética, el lema de los humanistas es: «Si hace que te sientas bien, hazlo». En política, el humanismo nos enseña que «el elector es quien mejor sabe lo que le conviene». En estética, el humanismo dice que «la belleza está en los ojos del espectador».

En consecuencia, la definición misma de arte está abierta al debate. En 1917, Marcel Duchamp compró un urinario industrial corriente, declaró que era una obra de arte, lo llamó *Fuente*, lo firmó y lo colocó en un museo de París. Las gentes del medioevo ni se habrían molestado en discutir sobre ello. ¿Por qué gastar oxígeno en semejante tontería? Pero en el mundo humanista moderno, la obra de Duchamp se considera un importante hito artístico. En innumerables aulas de todo el mundo, a los estudiantes de arte de primer curso se les enseña una imagen de la *Fuente* de Duchamp, y a una indicación del profesor, se desata la algarabía. ¡Es arte! ¡No, no lo es! ¡Sí, lo es! ¡En absoluto! Después de dejar que sus estudiantes se desahoguen un poco, el profesor centra la discusión al preguntar: «¿Qué es, exactamente, el arte? ¿Y cómo determinamos si algo es una obra de arte o no?». Pasados unos minutos más de tira y afloja, el profesor dirige la clase en la dirección adecuada: «Arte es cualquier cosa que la gente crea que es arte, y la belleza está en los ojos del espectador». Si la gente cree que un urinario es una magnífica obra de arte…, entonces lo es. ¿Qué autoridad superior existe que pueda decir que la gente está equivocada? Hoy en día hay copias de la obra de arte de Duchamp en algunos de los museos más importantes del mundo, entre ellos el San Francisco Museum of Modern Art, la National Gallery de Canadá, la Tate Gallery de Londres y el Centre Pompidou de París. (Las copias están situadas en las salas de exhibición de los museos, no en los lavabos.)

Estos enfoques humanistas han tenido asimismo un profundo impacto en el ámbito económico. En la Edad Media, los gremios contro-

Figura 28. El papa Gregorio Magno compone los cantos gregorianos epónimos. El Espíritu Santo, con su uniforme favorito de paloma, se halla posado en su hombro derecho y le susurra los cantos al oído. El Espíritu Santo es su verdadero autor, mientras que Gregorio es solo un medio transmisor. Dios es el origen último del arte y de la belleza.

laban el proceso de producción, y dejaban poco margen para la iniciativa o el gusto de los artesanos y clientes individuales. El gremio de los carpinteros determinaba qué era una buena silla, el gremio de los panaderos definía el buen pan y el gremio de los *Meistersinger* decidía qué canciones eran de primera clase y cuáles eran basura. Mientras tanto, príncipes y concejos municipales regulaban salarios y precios, y ocasionalmente obligaban a la gente a comprar cantidades fijas de bienes a un precio no negociable. En el mercado libre moderno, todos estos gremios, concejos y príncipes han sido superados por una nueva autoridad suprema: el libre albedrío del cliente.

Supongamos que Toyota decide producir el automóvil perfecto. Convoca un comité de expertos procedentes de varios ámbitos: contrata a los mejores ingenieros y diseñadores, reúne a físicos y a economistas excelentes e incluso consulta a varios sociólogos y psicólogos. Para ir sobre seguro, añade a uno o dos premios Nobel, a una actriz ganadora de un Oscar y a varios artistas de fama mundial. Después de cinco años de investigación y desarrollo, por fin dan a conocer el coche perfecto. Se fabrican millones de vehículos, que se envían a concesionarios de automóviles de todo el mundo. Pero nadie compra el coche. ¿Quiere ello decir que los clientes se equivocan y que no saben lo que es bueno para ellos? No. En un mercado libre, el cliente siempre tiene la razón. Si los clientes no lo quieren, ello significa que no es un buen coche. Tanto daría que todos los profesores de universidad y todos los sacerdotes y muláes gritasen desde todos los púlpitos del mundo que es un coche maravilloso: si los clientes lo rechazan, es un mal coche. Nadie tiene la autoridad de decirles que están equivocados, y Dios nos libre de que un gobierno intente obligar a los ciudadanos a comprar un coche concreto contra su voluntad.

Y lo dicho de los coches es asimismo aplicable a todos los demás productos. Escuchemos, por ejemplo, al profesor Leif Andersson, de la Universidad de Upsala. Se especializa en la mejora genética de animales de granja para dar lugar a cerdos que crezcan más deprisa, a vacas lecheras que produzcan más leche y a pollos con más carne sobre los huesos. En una entrevista en el periódico *Haaretz*, la periodista Naomi Darom le planteó a Andersson el hecho de que tales manipulaciones genéticas pudieran causar mucho sufrimiento a los animales. Ya actualmente, las vacas lecheras «mejoradas» tienen unas ubres tan pesadas que apenas pueden andar, mientras que los pollos «renovados» ni siquiera son capaces de tenerse en pie. La respuesta del profesor Andersson fue contundente: «Todo se reduce al cliente individual y a la cuestión de cuánto está dispuesto a pagar el cliente por la carne [...]. Debemos

El humanismo en cinco imágenes

FIGURA 29. Política humanista: el votante es quien mejor sabe lo que le conviene.

FIGURA 30. Economía humanista: el cliente siempre tiene la razón.

Figura 31. Estética humanista: la belleza está en los ojos del espectador. (*Fuente*, de Marcel Duchamp, en una exposición especial de arte moderno en la National Gallery de Escocia.)

Figura 32. Ética humanista:
si hace que te sientas bien, ¡hazlo!

Figura 33. Educación humanista:
¡piensa por ti mismo!

recordar que sería del todo imposible mantener los niveles actuales de consumo de carne sin el pollo moderno [mejorado].[...] Si el cliente nos pide la carne más barata posible, eso es lo que tendrá [...]. El cliente debe decidir qué es más importante para él: si el precio o alguna otra cuestión».[3]

El profesor Andersson puede irse a dormir por la noche con la conciencia tranquila. El hecho de que los clientes compren sus productos animales mejorados implica que está satisfaciendo sus necesidades y deseos, y que, por lo tanto, está actuando bien. Por la misma lógica, si alguna empresa multinacional quiere saber si está a la altura de su lema «No seas malo», no tiene más que echar un vistazo a su cuenta de resultados. Si gana gran cantidad de dinero, ello significa que a millones de personas les gustan sus productos, lo que implica que es una fuerza para el bien. Si alguien objeta y dice que la gente podría haberse equivocado, rápidamente se le recordará que el cliente tiene siempre la razón, y que los sentimientos humanos son el origen de todo sentido y toda autoridad. Si millones de personas eligen libremente comprar los productos de la compañía, ¿quién eres tú para decirles que están equivocados?

Por último, el auge de las ideas humanistas también ha revolucionado el sistema educativo. En la Edad Media, el origen de todo sentido y toda autoridad era externo, y por lo tanto la educación se centraba en instilar en los discípulos obediencia, memorizar las escrituras y estudiar las tradiciones antiguas. Los profesores planteaban una pregunta a los discípulos, y los discípulos tenían que recordar de qué manera Aristóteles, el rey Salomón o santo Tomás de Aquino la habían contestado.

En cambio, la educación humanista moderna cree en enseñar a los alumnos a pensar por sí mismos. Es bueno saber qué opinaban Aristóteles, Salomón o santo Tomás de la política, el arte y la economía, pero, puesto que el origen supremo del sentido y la autoridad reside en nosotros mismos, es mucho más importante saber qué es lo que uno opina acerca de estas cuestiones. Pregúntesele a una profesora (ya sea de parvulario, de escuela o de instituto) qué es lo que intenta enseñar. «Bueno —contestará—, a los chicos les enseño historia o física cuántica o arte, pero, por encima de todo, intento enseñarles a pensar por sí mismos.» Puede que no siempre lo consiga, pero eso es lo que la educación humanista trata de hacer.

Cuando el origen del sentido y la autoridad se trasladaron del cielo a los sentimientos humanos, la naturaleza de todo el cosmos cambió. El universo exterior, que hasta entonces había estado lleno de dioses, musas, hadas y espíritus malignos, se convirtió en un espacio vacío. El mundo interior, que hasta entonces había sido un enclave insignificante de pasiones vulgares, se hizo desmesuradamente profundo y rico. Ángeles y demonios dejaron de ser entidades reales que deambulaban por los bosques y desiertos del mundo para transformarse en fuerzas interiores de nuestra propia psique. El cielo y el infierno dejaron también de ser lugares reales situados en algún lugar por encima de las nubes y por debajo de los volcanes, respectivamente, y pasaron a interpretarse como estados mentales internos. Experimentamos el infierno cada vez que encendemos los fuegos de la ira y el odio en nuestro corazón, y gozamos de la dicha celestial cada vez que perdonamos a nuestros enemigos, nos arrepentimos de nuestras fechorías y compartimos nuestra riqueza con los pobres.

Cuando Nietzsche declaró que Dios había muerto, se refería a esto. Al menos en Occidente, Dios se ha convertido en una idea abstracta que algunos aceptan y otros rechazan, pero, ya sea lo uno o lo otro, la diferencia es poca. En la Edad Media, sin un dios, yo no tenía ninguna fuente de autoridad política, moral o estética. No podía decir qué era justo, bueno o bello. ¿Quién podía vivir así? Hoy en día, en cambio, es muy fácil no creer en Dios, porque no pago ningún precio por mi descreimiento. Puedo ser un completo ateo, y aun así tener una mezcla muy rica de valores políticos, morales y estéticos procedentes de mi experiencia interior.

Si acaso creo en Dios, creer es mi elección. Si mi yo interior me dice que crea en Dios, entonces creo. Creo porque siento la presencia de Dios, y mi corazón me dice que Él está aquí. Pero si ya no siento la presencia de Dios y si mi corazón me dice de pronto que no hay Dios, dejaré de creer. De una manera u otra, la verdadera fuente de la autoridad son mis propios sentimientos. De modo que aunque diga que creo en Dios, lo cierto es que tengo una fe mucho más fuerte en mi propia voz interior.

Sigue el camino de baldosas amarillas

Como cualquier otra fuente de autoridad, los sentimientos también tienen sus limitaciones. El humanismo asume que cada humano tiene un único yo interior auténtico, pero que cuando intenta escucharlo, a menudo con lo que se encuentra es o bien el silencio o bien una cacofonía de voces opuestas. Para superar este problema, el humanismo ha defendido no solo una nueva fuente de autoridad, sino también un nuevo método para entrar en contacto con la ella y obtener de este modo el verdadero conocimiento.

En la Europa medieval, la principal fórmula para el saber era la siguiente: CONOCIMIENTO = ESCRITURAS × LÓGICA.* Si queremos conocer la respuesta a alguna pregunta importante, debemos leer las escrituras y emplear nuestra lógica para comprender el sentido exacto del texto. Por ejemplo, los estudiosos que querían saber qué forma tenía la Tierra leían detenidamente la Biblia en busca de referencias relevantes. Uno de ellos señaló que en Job 38:13 se dice que Dios «ocupe los extremos de la Tierra y eche fuera a los malhechores». Esto implica, razonaba el erudito, que puesto que la Tierra tiene «extremos» que se pueden «ocupar», tiene que ser un cuadrado plano. Otro sabio rechazaba esta inter-

---

* La fórmula tiene un signo de multiplicar porque los elementos funcionan el uno sobre el otro. Al menos según los escolásticos medievales, no se puede comprender la Biblia sin lógica. Si el valor de nuestra lógica es cero, aunque leamos todas y cada una de las páginas de la Biblia, la suma de nuestro conocimiento seguirá siendo cero. Y al contrario: si el valor de nuestras escrituras es cero, entonces no habrá cantidad de lógica que pueda ayudarnos. Si la fórmula empleara el signo de sumar, la implicación sería que alguien con mucha lógica y sin escrituras seguiría teniendo mucho conocimiento, cosa que el lector y yo podemos considerar razonable, pero que los escolásticos medievales no.

pretación y llamaba la atención sobre Isaías 40:22, donde se dice que «está Él sentado sobre el círculo de la tierra». ¿No es esto prueba de que la Tierra es redonda? En la práctica, esto significaba que los estudiosos buscaban el conocimiento mientras pasaban años en escuelas y bibliotecas, leyendo cada vez más textos y aguzando su lógica para poder entenderlos correctamente.

La revolución científica propuso una fórmula muy diferente del conocimiento: CONOCIMIENTO = DATOS EMPÍRICOS × MATEMÁTICAS. Si queremos conocer la respuesta a alguna cuestión, en primer lugar necesitamos reunir datos empíricos relevantes y después emplear herramientas matemáticas para analizarlos. Por ejemplo, para estimar la forma real de la Tierra, podemos observar el Sol, la Luna y los planetas desde varias localidades repartidas por todo el mundo. Una vez hayamos reunido suficientes observaciones, podremos recurrir a la trigonometría para deducir no solo la forma de la Tierra, sino también la estructura de todo el sistema solar. En la práctica, esto significa que los científicos buscan el conocimiento mientras pasan años en observatorios, laboratorios y expediciones científicas, acopiando cada vez más datos empíricos y aguzando sus herramientas matemáticas para poder interpretarlos correctamente.

La fórmula científica del conocimiento condujo a asombrosos descubrimientos en astronomía, física, medicina y numerosas disciplinas más. Pero tenía un inconveniente enorme: no podía abordar cuestiones de valor y sentido. Los eruditos medievales podían determinar con absoluta certeza que asesinar y robar está mal, y que el propósito de la vida humana es cumplir los mandatos de Dios, porque así lo decían las escrituras. Los científicos no podían emitir estos juicios éticos. No hay cantidad de datos ni hechicería matemática que pueda demostrar que asesinar está mal. Pero las sociedades humanas no pueden sobrevivir sin estos juicios de valor.

Una manera de superar esta dificultad era seguir empleando la vieja fórmula medieval junto con el nuevo método científico. Cuando nos enfrentamos a un problema práctico (como determinar la forma de la Tierra, construir un puente o curar una enfermedad), acopiamos datos empíricos y los analizamos matemáticamente. Cuando nos enfrentamos a un problema ético (como determinar si hay que permitir el divorcio, el aborto o la homosexualidad), leemos las escrituras. Esta solución fue adoptada en cierta medida por numerosas sociedades modernas, desde la Gran Bretaña victoriana al Irán del siglo XXI.

Sin embargo, el humanismo ofrecía una alternativa. Cuando los humanos adquirieron más confianza en sí mismos, apareció una nueva fórmula del saber ético: CONOCIMIENTO = EXPERIENCIAS × SENSIBILIDAD. Si queremos conocer la respuesta a una cuestión ética, necesitamos conectar con nuestras experiencias íntimas y observarlas con la mayor de las sensibilidades. En la práctica, esto significa que buscamos el conocimiento invirtiendo muchos años en acopiar experiencias y aguzando nuestra sensibilidad para poder comprender dichas experiencias correctamente.

¿Qué son, exactamente, las «experiencias»? No son datos empíricos. Una experiencia no está hecha de átomos, moléculas, proteínas o números. Por el contrario, es un fenómeno subjetivo que incluye tres ingredientes principales: sensaciones, emociones y pensamientos. En cualquier momento concreto, mi experiencia comprende todo lo que perciba (calor, placer, tensión, etcétera), cualquier emoción que sienta (amor, temor, ira, etcétera) y cualesquiera pensamientos que surjan en mi mente.

¿Y qué es «sensibilidad»? Significa dos cosas. En primer lugar, prestar atención a mis sensaciones, emociones y pensamientos. En segundo lugar, permitir que estas sensaciones, emociones y pensamientos influyan en mí. Doy por hecho que no debo permitir que cualquier brisa pasajera me lleve. Pero debo estar abierto a nuevas experiencias y permitir que cambien mis puntos de vista, mi comportamiento e incluso mi personalidad.

Experiencias y sensibilidad se retroalimentan en un ciclo que nunca acaba. No puedo experimentar nada si no tengo sensibilidad, y no puedo desarrollar sensibilidad a menos que esté expuesto a una diversidad de experiencias. La sensibilidad no es una aptitud abstracta que pueda desarrollarse mediante la lectura de libros o asistiendo a conferencias. Es una habilidad práctica que puede madurar únicamente si se aplica a la práctica.

Tomemos como ejemplo el té. Empiezo bebiendo té corriente y muy dulce por la mañana mientras leo el periódico. El té es poco más que una excusa para proporcionar a mi cuerpo un subidón de azúcar. Un día me doy cuenta que, entre el azúcar y el periódico, apenas saboreo el té. De modo que reduzco la cantidad de azúcar, dejo el periódico a un lado, cierro los ojos y me centro en el té. Al instante empiezo a registrar su aroma y sabor únicos. Pronto me encuentro experimentando con diferentes tés, negros y verdes, y comparando sus sabores fuertes y exquisitos y sus buqués delicados. Pasados unos meses, abandono las marcas del supermercado y compro el té en Harrods. Me gusta en particular el «Té de excremento de panda», de las montañas de Ya'an en la provincia de Sichuan, hecho con hojas de árboles de té fertilizados con el estiércol de pandas. Así es como, de taza en taza, perfecciono mi sensibilidad con el té y me vuelvo un entendido. Si en mis primeros días de bebedor de té me hubieran servido té de excremento de panda en una taza de porcelana de la dinastía Ming, no lo habría apreciado mucho más que un té común en una taza de papel. No se puede experimentar algo si no se tiene la sensibilidad necesaria, y no se puede desarrollar esta sensibilidad a menos que se experimente una larga sarta de experiencias.

Y lo mismo que acabamos de decir del té puede afirmarse de todo el conocimiento estético y ético. No nacemos con una conciencia ya preparada. A medida que transcurrimos por la vida, herimos a otros y otros nos hieren, actuamos de manera compasiva y otros nos muestran compasión. Si prestamos atención, nuestra sensibilidad moral se agudiza, y estas experiencias se transforman en una fuente de valioso conocimiento ético acerca de lo que es bueno, de lo que es justo y de quién soy en verdad.

Así, el humanismo ve la vida como un proceso gradual de cambio interior, que lleva de la ignorancia al esclarecimiento por medio de experiencias. La finalidad superior de la vida humanista es desarrollar completamente nuestro conocimiento a través de una gran variedad de experiencias intelectuales, emocionales y físicas. En los inicios del siglo XIX, Wilhelm von Humboldt (uno de los principales arquitectos del moderno sistema educativo) dijo que el objetivo de la existencia es «una destilación de la más amplia experiencia posible de la vida en sabiduría». También escribió que «Solo hay una cumbre en la vida: haber tomado la medida en sentimiento de todo lo que es humano».[4] Este bien podría ser el lema humanista.

Según la filosofía china, el mundo se sostiene por la interacción de fuerzas opuestas pero complementarias llamadas yin y yang. Puede que esto no pueda aplicarse al mundo físico, pero sí al mundo moderno que ha sido creado por el contrato entre la ciencia y el humanismo. Cada yang científico contiene en su interior un yin humanista, y viceversa. El yang nos proporciona poder, mientras que el yin nos proporciona sentido y juicios éticos. El yang y el yin de la modernidad son la razón y la emoción, el laboratorio y el museo, la cadena de producción y el supermercado. La gente suele ver solo el yang e imagina que el mundo moderno es árido, científico, lógico y utilitario: igual que un laboratorio o una fábrica. Pero el mundo moderno también es un supermercado extravagante.

En la historia, ninguna cultura ha concedido nunca tanta importancia a los sentimientos, los deseos y las experiencias humanos. La concepción humanista de la vida como una serie de experiencias se ha convertido en el mito fundacional de numerosas industrias modernas, desde el turismo al arte. Los agentes de viajes y los chefs de restaurantes no nos venden billetes de avión, hoteles y cenas sofisticadas: nos venden experiencias nuevas. De forma parecida, mientras que la mayoría de las narraciones premodernas se centraban en acontecimientos y actos externos, las novelas, las películas y los poemas modernos suelen girar alrededor de sentimientos. Las epopeyas grecorromanas y las aventuras caballerescas medievales eran catálogos de hazañas heroicas, no de sentimientos. Un capítulo contaba cómo el valiente caballero luchaba contra un ogro monstruoso y lo mataba. En otro capítulo se relataba cómo el caballero rescataba a una hermosa princesa presa por un dragón que escupía fuego y lo mataba. Un tercer capítulo narraba cómo un malvado hechicero secuestraba a la princesa y cómo el caballero perseguía al hechicero y lo mataba. No sorprendía que el héroe fuera invariablemente un caballero, en lugar de un carpintero o un campesino, porque los campesinos no realizaban hazañas heroicas.

De manera significativa, los héroes nunca experimentaban ningún proceso importante de cambio interno. Aquiles, Arturo, Roldán y Lanzarote eran guerreros intrépidos que ya tenían una visión caballeresca del mundo antes de que emprendieran sus aventuras, y seguían siendo guerreros intrépidos con la misma concepción del mundo al final. Todos los ogros que mataron y todas las princesas que rescataron confirmaron su coraje y perseverancia, pero en último término les enseñaron pocas cosas.

Que el foco humanista se centrara en los sentimientos y las experiencias, en lugar de en las hazañas, transformó el arte. A Wordsworth, a Dostoievski, a Dickens y a Zola les importaban poco los valientes caballeros y sus proezas, y en cambio describieron cómo se sentía la gente corriente y las amas de casa. Algunas personas opinan que el *Ulises* de Joyce representa el apogeo de este foco moderno en la vida interior en lugar de en los actos externos; en 260.000 palabras, Joyce describe un único día en la vida de los dublineses Stephen Dedalus y Leopold Bloom, que a lo largo de la jornada hacen…, bueno, no demasiado.

Pocas personas han leído el *Ulises* de principio a fin, pero los mismos principios socalzan también gran parte de nuestra cultura popular. En Estados Unidos, a la serie *Survivor* a menudo se le ha atribuido (o culpado de) convertir la telerrealidad en una moda. *Survivor* fue el primer *reality* que llegó al primer puesto de los índices de audiencia Nielsen, y en 2007 la revista *Time* lo incluyó entre los cien mejores espectáculos televisivos de todas las épocas.[5] En cada temporada, se aísla a veinte aspirantes ataviados con la mínima expresión de traje de baño en alguna isla tropical. Allí tienen que enfrentarse a todo tipo de retos, y en cada episodio votan para echar a uno de sus miembros. El que queda último se lleva un millón de dólares a casa.

En la Grecia homérica, en el Imperio romano o en la Europa medieval, esta idea habría resultado al público familiar y muy atractiva. Entran veinte contendientes y solo sale un héroe. «¡Maravilloso!», habría pensado un príncipe homérico, un patricio romano o un caballero cruzado mientras se sentaban para contemplar el espectáculo. «A buen seguro vamos a ver aventuras increíbles, luchas a vida o muerte, y actos de heroísmo y traición incomparables. Probablemente los guerreros se apuñalarán por la espalda, o desparramarán sus entrañas para que todos lo vean.»

¡Qué decepción! Las puñaladas por la espalda y las entrañas desparramadas se quedan solo en metáfora. Cada episodio dura alrededor de una hora. De esta, quince minutos los ocupan anuncios de dentífricos, champú y cereales. Cinco minutos se dedican a desafíos increíblemente infantiles, como quién es capaz de lanzar más cocos a una canasta o quién consigue comer el mayor número de bichos en un minuto. ¡El resto del tiempo, los «héroes» solo hablan de sus sentimientos! Él dijo y ella dijo, y yo sentí esto y yo sentí aquello. Si un caballero cruzado se hubiera sentado ante un televisor para ver *Survivor*, probablemente habría agarrado el hacha de combate y habría destrozado el televisor, aburrido y frustrado.

En la actualidad podemos pensar que los caballeros medievales eran brutos insensibles. Si vivieran entre nosotros, los enviaríamos a un psicólogo, que podría ayudarlos a entrar en contacto con sus sentimientos. Esto es lo que hace el Hombre de Hojalata en *El mago de Oz*. Recorre el camino de baldosas amarillas con Dorothy y sus amigos, confiando en que cuando lleguen a Oz el gran mago le dé un corazón, mientras que el Espantapájaros quiere un cerebro y el León desea valor. Al final de su viaje descubren que el gran mago es un charlatán y que no puede darles nada de eso. Pero descubren algo mucho más importante: todo lo que desean ya está en ellos. No se precisa ningún mago divino para obtener sensibilidad, sabiduría o valor. Solo tenemos que seguir el camino de baldosas amarillas y abrirnos a cualesquiera experiencias que nos encontremos.

La misma lección, exactamente, aprenden el capitán Kirk y el capitán Jean-Luc Picard mientras recorren la galaxia en la nave espacial *Enterprise*, y Tom Sawyer y Huckelberry Finn mientras descienden por el río Mississippi, y Wyatt y Billy mientras conducen sus Harley-Davidson en *Easy Rider*, y otros muchos personajes en miles de películas de viajes por carretera que se salen de su pueblo natal de Pennsylvania (o quizá de Nueva Gales del Sur), viajan en un viejo descapotable (o quizá en un autobús), viven varias experiencias que les cambiarán la vida, se encuentran a sí mismos, hablan de sus sentimientos y al final llegan a San Francisco (o quizá a Alice Springs) como individuos mejores y más sabios.

La verdad acerca de la guerra

La fórmula CONOCIMIENTO = EXPERIENCIAS × SENSIBILIDAD ha cambiado no solo nuestra cultura popular, sino incluso nuestra percepción de cuestiones importantes, como la guerra. A lo largo de la mayor parte de la historia, cuando la gente quería saber si una guerra determinada era justa, preguntaban a Dios, preguntaban a las escrituras y a los reyes, nobles y sacerdotes. A pocos les importaban las opiniones y experiencias de un soldado raso o de un civil de a pie. Las narraciones bélicas como las de Homero, Virgilio y Shakespeare se centraban en los actos de emperadores, generales y héroes destacados, y aunque no ocultaban la miseria de la guerra, esta quedaba más que compensada por un menú completo de gloria y heroísmo. Los soldados rasos aparecían o bien como montones de cuerpos masacrados por algún Goliat o como una multitud entusiasta que levantaba a un David triunfante sobre sus hombros.

Considérese, por ejemplo, el cuadro de *Gustavo Adolfo de Suecia en la batalla de Breitenfeld* (figura 34), batalla que tuvo lugar el 17 de septiembre de 1631. El pintor, Jean-Jacques Walter, glorifica al rey Gustavo Adolfo, quien aquel día dirigió a su ejército a una victoria decisiva. Gustavo Adolfo está por encima del campo de batalla como si fuera un dios de la guerra. Se tiene la impresión de que el rey controla la batalla igual que un jugador de ajedrez mueve los peones. Los propios peones son en su mayoría figuras genéricas o minúsculos puntos en segundo plano. A Walter no le interesaba cómo se sentían mientras atacaban, huían, mataban o morían. Son un colectivo sin rostro.

Incluso cuando los pintores se centraban en la batalla misma, y no en el comandante, seguían mirándola desde arriba, y se preocupaban mucho más por las maniobras colectivas que por los sentimientos per-

FIGURA 34. *Gustavo Adolfo de Suecia en la batalla de Breitenfeld* (1631), de Jean-Jacques Walter.

sonales. Un buen ejemplo de ello es el cuadro de Pieter Snayers de la batalla de la Montaña Blanca, que tuvo lugar en noviembre de 1620 (figura 35). El cuadro ilustra una célebre victoria católica en la guerra de los Treinta Años sobre los herejes protestantes rebeldes. Snayers quería conmemorar esta victoria al reproducir minuciosamente las diversas formaciones, maniobras y movimientos de las tropas. En el lienzo se distinguen claramente las diferentes unidades, su armamento y su lugar en el orden de batalla. Snayers prestó mucha menos atención a las experiencias y los sentimientos de los soldados rasos. Al igual que Jean-Jacques Walter, hace que observemos la batalla desde el lugar olímpico con vistas privilegiadas de los dioses y los reyes, y nos da la impresión de que la guerra es una partida de ajedrez gigantesca.

Si observamos con más detenimiento (para lo cual se necesita una lente de aumento), vemos que *La batalla de la Montaña Blanca* es algo más compleja que una partida de ajedrez. Lo que a primera vista parecen abstracciones geométricas se transforman, si se escrutan de muy cerca, en sanguinarias escenas de matanza. Aquí y allí se puede incluso

FIGURA 35. *La batalla de la Montaña Blanca*, de Pieter Snayers.

divisar el rostro de soldados concretos que corren o huyen, disparan sus armas o empalan a un enemigo con sus picas. Sin embargo, estas escenas adquieren sentido a partir del lugar que ocupan en el cuadro global. Cuando vemos que una bala de cañón hace trizas a un soldado, entendemos que esto forma parte de la gran victoria católica. Si el soldado lucha en el bando protestante, su muerte es una justa recompensa por la rebelión y la herejía. Si el soldado combate en el ejército católico, su muerte es un noble sacrificio para una causa digna. Si miramos la parte superior, vemos ángeles que se ciernen a gran altura sobre el campo de batalla. Sostienen un cartel que explica en latín lo que ocurrió en dicha batalla, y por qué fue tan importante. El mensaje es que Dios ayudó al emperador Fernando II a derrotar a sus enemigos el 8 de noviembre de 1620.

Durante miles de años, cuando la gente consideraba la guerra, veía dioses, emperadores, generales y grandes héroes. Pero durante los dos últimos siglos, reyes y generales han sido dejados cada vez más de lado, y el centro de atención se ha dirigido al soldado raso y a sus experiencias. Novelas bélicas tales como *Sin novedad en el frente* y películas bélicas como *Platoon* empiezan con un recluta joven e ingenuo que sabe pocas cosas de sí mismo y del mundo, pero que acarrea una pesada carga de esperanzas e ilusiones. Cree que la guerra es gloriosa, que nuestra causa es justa y que el general es un genio. Unas cuantas semanas de guerra real (de fango, sangre y olor de muerte) hacen añicos sus ilusiones, una tras otra. Si sobrevive, el ingenuo recluta dejará la guerra como un hombre mucho más sabio, que ya no cree en los estereotipos e ideales difundidos por profesores, directores de cine y políticos elocuentes.

Paradójicamente, esta narración se ha vuelto tan influyente que hoy en día la cuentan una y otra vez profesores, directores de cine y políticos elocuentes. «¡La guerra no es lo que se ve en las películas!», advierten los grandes éxitos de Hollywood como *Apocalypse Now*, *La chaqueta metálica* y *Black Hawk derribado*. Consagrados en el celuloide, la prosa o la poesía, los sentimientos del soldado de infantería se han convertido en la autoridad suprema sobre la guerra, que todos han aprendido a respetar. Tal como cuenta el chiste: «"¿Cuántos veteranos de la guerra de Vietnam hacen falta para cambiar una bombilla?" "No puedes saberlo, tú no estuviste allí."».[6]

También los pintores han perdido el interés por los generales y los caballos en las maniobras tácticas. En cambio, se esfuerzan por ilustrar cómo se siente el soldado raso. Observemos de nuevo *La batalla de Breitenfeld* y *La batalla de la Montaña Blanca*. Contemplemos ahora otros dos cuadros, considerados obras de arte del arte bélico del siglo xx: *La guerra*, de Otto Dix (figura 36) y *La mirada de dos mil metros*, de Thomas Lea (figura 37).

Dix sirvió como sargento en el ejército alemán en la Primera Guerra Mundial. Lea cubrió la batalla de la isla de Peleliu en 1944 para la revista *Life*. Mientras que Walter y Snayers consideraban la guerra un fenómeno militar y político y querían que supiéramos qué ocurrió en batallas concretas, Dix y Lea la consideraban un fenómeno emocional y querían que supiéramos cómo hace sentir. No les importaba el genio de los generales o los detalles tácticos de esta o aquella batalla. El soldado de Dix podría estar en Verdún o Ypres o el Somme: no importa el lugar, porque la guerra es un infierno en todas partes. El de Lea resulta ser un

Figura 36. *La guerra* (1929-1932), de Otto Dix.

Figura 37. *La mirada de dos mil metros* (1944), de Thomas Lea.

275

soldado de infantería estadounidense destinado en Peleliu, pero se podría ver exactamente la misma mirada de dos mil metros en la cara de un soldado japonés en Iwo Jima, de un soldado alemán en Stalingrado o de un soldado inglés en Dunquerque.

En los cuadros de Dix y Lea, el sentido de la guerra no emana de movimientos tácticos o proclamaciones divinas. Si queremos entender la guerra, no miremos al general de la colina, ni a los ángeles del cielo. Por el contrario, miremos directamente a los ojos del soldado común. En el cuadro de Lea, los ojos exorbitados de un soldado traumatizado abren una ventana a la terrible verdad de la guerra. En el cuadro de Dix, la verdad es tan insoportable que debe ocultarse parcialmente detrás de una máscara de gas. No hay ángeles que vuelen sobre el campo de batalla..., solo un cadáver que se pudre, que cuelga de una viga quebrada y que señala con un dedo acusador.

Artistas como Dix y Lea dieron la vuelta a la jerarquía tradicional de la guerra. En épocas anteriores las guerras pudieron haber sido tan horrendas como en el siglo xx. Sin embargo, incluso las experiencias atroces se situaban en un contexto más amplio que les confería un sentido positivo. La guerra podía ser el infierno, pero también era la puerta de entrada al cielo. Un soldado católico que luchara en la batalla de la Montaña Blanca podría decirse: «Sí, estoy sufriendo. Pero el Papa y el emperador dicen que luchamos por una buena causa, de modo que mi sufrimiento tiene sentido». Otto Dix empleó una lógica opuesta. Consideraba la experiencia personal el origen de todo el sentido, de manera que su línea de pensamiento decía: «Estoy sufriendo (y esto es malo); por lo tanto, toda la guerra es mala. Y si, no obstante, el káiser y el clero apoyan la guerra, tienen que estar equivocados».[7]

EL CISMA HUMANISTA

Hasta aquí hemos comentado el humanismo como si fuera una concepción del mundo única y coherente. En realidad, el humanismo compartió la misma suerte que toda religión de éxito, como el cristianismo y el budismo. A medida que se extendía y evolucionaba, se fue fragmentándose en diversas sectas opuestas. Todas las sectas humanistas creen que la experiencia humana es el origen supremo de la autoridad y del sentido, pero interpretan la experiencia humana de maneras distintas.

El humanismo se escindió en tres ramas principales. La rama ortodoxa sostiene que cada ser humano es un individuo único que posee una voz interior distintiva y una serie de experiencias que nunca se repetirán. Cada ser humano es un rayo de luz singular, que ilumina el mundo desde una perspectiva diferente y que añade color, profundidad y sentido al universo. Por ello deberíamos dar tanta libertad como fuera posible a todos los individuos para que experimenten el mundo, sigan su voz interior y expresen su verdad interna. Ya sea en política, economía o arte, el libre albedrío individual debería tener mucho más peso que los intereses del Estado o las doctrinas religiosas. Cuanto mayor sea la libertad de que disfrutan los individuos, más hermoso, rico y significativo es el mundo. Debido a este énfasis en la libertad, la rama ortodoxa del humanismo se conoce como «humanismo liberal» o simplemente «liberalismo».*

Es la política liberal la que cree que el votante es quien mejor sabe lo que le conviene. El arte liberal afirma que la belleza está en los ojos del espectador. La economía liberal sostiene que el cliente siempre tiene la razón. La ética liberal nos aconseja que si nos gusta, debemos hacerlo. La educación liberal nos enseña a pensar por nosotros mismos, porque la respuesta la encontraremos en nuestro interior.

Durante los siglos XIX y XX, el aumento de la credibilidad social y del poder político del humanismo dio vida a dos brotes muy diferentes: el humanismo socialista, que incluía una plétora de movimientos socialistas y comunistas, y el humanismo evolutivo, cuyos defensores más famosos fueron los nazis. Ambos coincidían con el liberalismo en que la experiencia humana es el origen último del sentido y la autori-

---

* En la política norteamericana suele interpretarse el liberalismo de manera mucho más estricta, y se contrasta con el «conservadurismo». Sin embargo, en el sentido amplio del término, la mayoría de los conservadores norteamericanos son también liberales.

dad. Ninguno creía en ningún poder trascendental ni en ningún libro de leyes divino. Por ejemplo, si hubiéramos preguntado a Karl Marx qué había de malo en que niños de diez años trabajaran en turnos de doce horas en fábricas llenas de humo, habría contestado que ello hacía que los niños se sintieran mal. Debemos evitar la explotación, la opresión y la desigualdad, no porque Dios lo dijera, sino porque provoca que la gente sea desgraciada.

Sin embargo, tanto los humanistas socialistas como los evolutivos indicaban que la comprensión liberal de la experiencia humana está equivocada. Los liberales creen que la experiencia humana es un fenómeno individual. Pero hay muchos individuos en el mundo, estos a menudo sienten cosas diferentes y tienen deseos contradictorios. Si toda autoridad y sentido fluyen desde las experiencias individuales, ¿cómo se dirimen las contradicciones entre experiencias diferentes?

El 17 de julio de 2015, la canciller alemana Angela Merkel se encontraba ante una adolescente palestina refugiada del Líbano, cuya familia buscaba asilo en Alemania pero se enfrentaba a una deportación inminente. La chica, Reem, le dijo a Merkel en un alemán fluido: «Realmente es muy duro ver como otras personas pueden disfrutar de la vida y uno no. No sé lo que me deparará el futuro». Merkel replicó que «la política puede ser dura», y le explicó que hay centenares de miles de refugiados palestinos en el Líbano, y que Alemania no los puede integrar a todos. Anonadada ante esta sensata respuesta, Reem se puso a llorar. Merkel acarició la espalda de la desesperada chica, pero se mantuvo en sus trece.

En el revuelo público subsiguiente, muchos acusaron a Merkel de insensibilidad desalmada. Para aplacar las críticas, Merkel cambió de rumbo, y Reem y su familia obtuvieron el asilo. En los meses que siguieron, Merkel abrió todavía más la puerta y dio la bienvenida a Alemania a centenares de miles de refugiados. Pero no es posible contentar a todo el mundo. Muy pronto recibió fuertes ataques por sucumbir al sentimentalismo y por no adoptar una postura lo bastante firme. Numerosos padres alemanes temieron que el giro de ciento ochenta grados de Merkel significara que sus hijos fueran a tener un nivel de vida inferior, y quizá que padecieran una oleada de islamización. ¿Por qué habrían de arriesgar la paz y la prosperidad de sus familias por unos desconocidos que quizá ni siquiera creyeran en los valores del liberalismo? Todo el mundo es muy sensible ante esta cuestión. ¿Cómo resolver las contradicciones entre los sentimientos de los refugiados desesperados y los de los alemanes inquietos?[8]

A los liberales siempre les han atormentado estas contradicciones. Los esfuerzos denodados de Locke, Jefferson, Mill y sus colegas no han conseguido proporcionarnos una solución rápida y fácil a estos interrogantes. Celebrar elecciones democráticas no ayuda, porque entonces la pregunta será quién podrá votar en estas elecciones: ¿solo los ciudadanos alemanes o también los millones de asiáticos y africanos que quieren emigrar a Alemania? ¿Por qué dar trato de favor a un grupo en detrimento del otro? Asimismo, no se puede resolver el conflicto árabe-israelí haciendo que ocho millones de ciudadanos israelíes y 350 millones de ciudadanos de las naciones de la Liga Árabe voten al respecto. Por razones obvias, los israelíes no se sentirían obligados por el resultado de dicho plebiscito.

La gente únicamente se siente comprometida por las elecciones democráticas cuando comparte un vínculo básico con la mayoría de los demás votantes. Si la experiencia de otros votantes me es ajena, y creo que no entienden mis sentimientos y no les importan mis intereses vitales, no tendré en absoluto ninguna razón para aceptar el veredicto si pierdo la votación, aunque sea por cien votos a uno. Por lo general, las elecciones democráticas solo funcionan en el seno de poblaciones que ya comparten algún vínculo, como creencias religiosas y mitos nacionales comunes. Son un método para zanjar desacuerdos entre personas que ya están de acuerdo sobre cosas básicas.

En consecuencia, en muchos casos, el liberalismo se ha fusionado con identidades colectivas y sentimientos tribales inmemoriales para formar el nacionalismo moderno. Hoy en día, muchos asocian el nacionalismo con fuerzas antiliberales, pero, al menos durante el siglo XIX, el nacionalismo se alineó estrechamente con el liberalismo. Los liberales celebran la experiencia única de los individuos humanos. Cada humano tiene sentimientos, gustos y peculiaridades distintos, y debe ser libre para poder expresarlos y explorarlos mientras no lastime a nadie. De manera parecida, los nacionalistas del siglo XIX como Giuseppe Mazzini celebraban el carácter único de las naciones individuales. Destacaban que muchas experiencias humanas son comunales. Uno no puede bailar la polka en solitario, y no puede inventar y conservar la lengua alemana en solitario. Empleando la palabra, el baile, la comida y la bebida, cada nación promueve experiencias diferentes en sus miembros, y desarrolla sus sensibilidades propias y peculiares.

Los nacionalistas liberales como Mazzini pretendían proteger estas experiencias nacionales distintivas para que no fueran oprimidas ni obliteradas por imperios intolerantes, e imaginaron una comunidad de naciones pacífica, cada una de ellas libre de expresar y explorar sus sentimientos comunales sin lastimar a sus vecinas. Esta sigue siendo la ideología oficial de la Unión Europea, cuya constitución de 2004 afirma que Europa es «unidad en la diversidad» y que los diferentes pueblos de Europa siguen estando «orgullosos de sus identidades nacionales». El valor de conservar las experiencias comunales únicas de la nación alemana permite que incluso los liberales alemanes se opongan a abrir las compuertas de la inmigración.

Por supuesto, la alianza con el nacionalismo no consiguió despejar todos los interrogantes, mientras que sí creó toda una serie de problemas. ¿Cómo se compara el valor de las experiencias colectivas con el de las individuales? ¿Acaso conservar la polka, el bratwurst y el idioma alemán justifica dejar a millones de refugiados expuestos a la pobreza e incluso a la muerte? ¿Y qué ocurre cuando estallan conflictos fundamentales en el seno de una nación relacionados con la definición misma de su identidad, como ocurrió en Alemania en 1933, en Estados Unidos en 1861, en España en 1936 o en Egipto en 2011? En tales casos, celebrar elecciones democráticas no es en absoluto una panacea, porque los partidos enfrentados no tienen razón alguna para respetar los resultados.

Finalmente, mientras se baila la polka nacionalista, un paso pequeño pero importantísimo puede llevarnos de creer que nuestra nación es diferente de todas las demás a creer que es la mejor. El nacionalismo liberal del siglo XIX requería que el imperio de los Habsburgo y el zarista respetaran las experiencias únicas de alemanes, italianos, polacos y eslovenos. El ultranacionalismo del siglo XX procedió a desencadenar guerras de conquista y a construir campos de concentración para la gente que bailaba siguiendo una tonada distinta.

El humanismo socialista ha tomado una deriva muy distinta. Los socialistas acusan a los liberales de centrar su atención en nuestros propios sentimientos en lugar de hacerlo en lo que otras personas experimentan. Sí, la experiencia humana es el origen de todo sentido, pero hay miles de millones de personas en el mundo, y todas ellas son tan valiosas como yo. Mientras que el liberalismo dirige mi mirada hacia el interior, destacando mi carácter único y el carácter único de mi nación, el socialismo exige que yo deje de estar obsesionado conmigo y con mis sentimientos y en cambio me centre en lo que los demás sienten y en cómo mis actos influyen en sus experiencias. La paz global solo se conseguirá no celebrando el carácter distintivo de cada nación, sino mediante la unificación de todos los trabajadores del mundo, y la armonía social no se conseguirá mediante la exploración narcisista por parte de cada persona de sus profundidades íntimas, sino más bien si cada persona antepone a sus deseos las necesidades y experiencias de los demás.

Un liberal podría replicar que al explorar su propio mundo interior desarrolla su compasión y su comprensión de los demás, pero este razonamiento habría dejado fríos a Lenin o a Mao. Ambos habrían explicado que la autoexploración individual es un vicio indulgente burgués, y que cuando intente entrar en contacto con mi yo interior, es muy probable que caiga en alguna de las trampas capitalistas. Mis opiniones políticas actuales, lo que me gusta y lo que no me gusta, y mis aficiones y ambiciones no reflejan mi auténtico yo. Reflejan más bien la educación que he recibido y mi entorno social. Dependen de mi clase social y están modelados por mi vecindario y mi escuela. Tanto a los ricos como a los pobres se les somete a un lavado de cerebro desde el momento en que nacen. A los ricos se les enseña a obviar a los pobres, mientras que a los pobres se les enseña a obviar sus verdaderos intereses. Ninguna cantidad de reflexión ni de psicoterapia ayudará, porque los psicoterapeutas trabajan también para el sistema capitalista.

En realidad, es probable que este tipo de reflexión me distancie aún más de comprender la verdad sobre mí, porque confiere mucho crédito a decisiones personales y demasiado poco crédito a las condiciones sociales. Si soy rico, es probable que llegue a la conclusión de que ello se debe a que tomé decisiones sensatas. Si soy pobre, se deberá a que he cometido algunas equivocaciones. Si estoy deprimido, es probable que un psicólogo liberal culpe de ello a mis padres y me anime a establecer nuevos objetivos en la vida. Si sugiero que quizá estoy deprimido porque los capitalistas me explotan y porque bajo el sistema social dominante no tengo posibilidad de que mis objetivos se hagan realidad, el psicólogo bien podría decir que estoy proyectando sobre «el sistema social» mis propias dificultades internas, y que estoy proyectando sobre «los capitalistas» cuestiones no resueltas con mi madre.

Según el socialismo, en lugar de invertir años hablando de mi madre, mis emociones y mis complejos, debería preguntarme: «¿Quién es dueño de los medios de producción en mi país? ¿Cuáles son sus principales exportaciones e importaciones? ¿Cuál es la conexión entre los políticos gobernantes y la banca internacional?». Únicamente entendiendo el sistema socioeconómico que me rodea y teniendo en cuenta las experiencias de todas las demás personas podré comprender realmente lo que siento, y solo mediante la acción común podremos cambiar el sistema. Pero ¿qué persona puede tener en cuenta las experiencias de todos los seres humanos, y sopesarlas y compararlas de manera justa?

Esta es la razón por la que los socialistas disuaden de la exploración propia y abogan por el establecimiento de instituciones colectivas fuertes, como partidos y sindicatos socialistas, cuyo objetivo es descifrar el mundo para nosotros. Mientras que en la política liberal es el votante quien mejor sabe lo que le conviene y en la economía liberal el cliente siempre tiene la razón, en la política socialista el partido es quien mejor sabe lo que nos conviene y en la economía socialista el sindicato siempre tiene la razón. La autoridad y el sentido siguen procediendo de la experiencia humana (tanto el partido como el sindicato están formados por personas y trabajan para aliviar la desgracia humana), pero los individuos deben escuchar al partido y al sindicato y no a sus sentimientos personales.

El humanismo evolutivo tiene una solución diferente para las experiencias humanas enfrentadas. Con sus raíces en el terreno firme de la teoría evolutiva darwinista, afirma que el conflicto es algo que hay que aplaudir en lugar de lamentar. El conflicto es la materia prima de la selección natural, que impulsa la evolución. Algunos humanos son simplemente superiores a otros, y cuando las experiencias humanas entran en colisión, los humanos más aptos deben arrollar a todos los demás. La misma lógica que hace que la humanidad extermine a los lobos salvajes y que explote sin piedad a los corderos domesticados exige también la opresión de los humanos inferiores por parte de sus superiores. Es bueno que los europeos conquisten a los africanos y que los hombres de negocios astutos lleven a los mentecatos a la bancarrota. Si seguimos esta lógica evolutiva, la humanidad se irá haciendo gradualmente más fuerte y estará mejor adaptada, y al final dará origen a superhumanos. La evolución no se detuvo con *Homo sapiens*: todavía queda mucho camino por recorrer. Sin embargo, si en nombre de los derechos humanos o de la igualdad humana castramos a los humanos más adaptados, ello impedirá la aparición del superhombre, e incluso podría causar la degeneración y la extinción de *Homo sapiens*.

¿Quiénes son exactamente estos humanos superiores que anuncian la llegada del superhombre? Pues podrían ser razas enteras, tribus concretas o genios individuales excepcionales. En cada caso, lo que los hace superiores es que poseen unas capacidades mejores que se manifiestan en la creación de nuevo conocimiento, tecnología más avanzada, sociedades más prósperas o arte más bello. La experiencia de un Einstein o un Beethoven es mucho más valiosa que la de un borracho inútil, y es absurdo tratarlos como si tuvieran el mismo mérito. De manera similar, si una nación concreta ha liderado de forma continuada el progreso humano, debemos considerarla justamente superior a otras naciones que contribuyeron poco o nada a la evolución de la humanidad.

Así, en contraste con artistas liberales como Otto Dix, el humanismo evolutivo piensa que la experiencia humana de la guerra es valiosa e incluso esencial. La película *El tercer hombre* está ambientada en la Viena inmediatamente posterior a la Segunda Guerra Mundial. Reflexionando sobre el reciente conflicto, el personaje Harry Lime dice: «Después de todo, no es tan espantoso... En Italia, cuando mandaban los Borgia, hubo mucho terror, guerras y matanzas, pero también fue la época de Miguel Ángel, de Leonardo da Vinci y del Renacimiento. En Suiza pasó lo contrario: hubo quinientos años de amor, de democracia y de paz. ¿Y cuál fue el resultado? El reloj de cuco». Lime se equivoca en casi todo: Suiza fue probablemente el rincón más sanguinario de la Europa moderna temprana (su principal artículo de exportación eran soldados mercenarios), y el reloj de cuco en verdad lo inventaron los alemanes, pero los hechos que narra Lime son menos importantes que la idea que pretende transmitir: que la experiencia de la guerra empuja a la humanidad a nuevos logros. La guerra al fin da rienda suelta a la selección natural. Extermina a los débiles y recompensa a los violentos y a los ambiciosos. La guerra expone la verdad acerca de la vida y despierta el deseo de poder, gloria y conquista. Nietzsche lo resumió diciendo que la guerra es «la escuela de la vida» y que «lo que no me mata me hace más fuerte».

Ideas similares las expresó el teniente Henry Jones, del ejército inglés. Tres días antes de su muerte en el frente occidental en la Primera Guerra Mundial, Jones, que tenía veintiún años, envió una carta a su hermano en la que describía la experiencia de la guerra en términos brillantes:

> ¿Has pensado alguna vez en el hecho de que, a pesar de los horrores de la guerra, al menos es algo grande? Quiero decir que en ella uno se enfrenta a realidades. Las tonterías, el egoísmo, el lujo y la mezquindad general de la existencia vil y comercial que llevan las nueve décimas partes de las personas del mundo en tiempos de paz son sustituidas en la guerra por un salvajismo que al menos es más honesto y franco. Considéralo de esta manera: en tiempo de paz, uno vive únicamente su pequeña vida dedicado a trivialidades, preocupado por las propias comodidades, por asuntos de dinero y todas esas cosas: viviendo solo para sí. ¡Qué vida más sórdida! En la guerra, en cambio, incluso si te matan solo anticipas lo inevitable unos cuantos años en cualquier caso, y tienes la satisfacción de saber que la has «palmado» en el intento de ayudar a tu país. En realidad,

has cumplido un ideal que, hasta donde puedo ver, rara vez consigues en la vida cotidiana. La razón es que la vida cotidiana funciona sobre una base comercial y egoísta; si quieres «ser alguien», como suele decirse, no puedes mantener las manos limpias.

Personalmente, a menudo me alegra que la guerra me haya salido al encuentro. Ha hecho que me dé cuenta de qué cosa más baladí es la vida. Pienso que la guerra ha dado a cada uno la oportunidad de «salir de sí mismo», por así decirlo. [...] Ciertamente, y hablando por mí, puedo decir que en toda mi vida había experimentado un alborozo tan salvaje como al inicio de un gran ataque, como el del pasado abril por ejemplo. La excitación de la última media hora aproximadamente antes del ataque es algo sin igual en la Tierra.[9]

En su gran éxito *Black Hawk derribado*, el periodista Mark Bowden relata en términos parecidos la experiencia de combate de Shawn Nelson, un soldado estadounidense, en Mogadiscio en 1993:

Era difícil describir cómo se sentía [...], era como una epifanía. Cerca de la muerte, nunca se había sentido tan completamente vivo. Había habido instantes en su vida en los que había sentido que la muerte pasaba muy cerca, como cuando otro coche que se desplazaba a gran velocidad salió bruscamente de una curva cerrada y casi chocó frontalmente contra el suyo. Aquel día había vivido con aquel sentimiento, con la muerte respirando directamente en su cara [...] en un momento tras otro y tras otro, durante tres horas o más [...] El combate era [...] un estado de total conciencia mental y física. En aquellas horas en la calle él no había sido Shawn Nelson, no tenía conexión con el mundo mayor, ni facturas que pagar, ni lazos emocionales, nada. Había sido simplemente un ser humano que permaneció vivo desde un nanosegundo al siguiente, inhalando una bocanada después de otra, completamente consciente de que cada una podía ser la última. Sintió que nunca volvería a ser el mismo.[10]

También a Adolf Hitler le cambió e iluminó su experiencia en la guerra. En *Mi lucha* explica cómo, poco después de que su unidad llegara a la línea del frente, el entusiasmo inicial de los soldados se transformó en miedo, contra el cual cada soldado tenía que entablar una guerra interna e implacable, tensando hasta el último nervio para evitar que este lo atenazara. Hitler dice que ganó su guerra interna en el invierno de 1915-1916. «Finalmente —escribe—, mi voluntad fue el dueño indiscutible... Estaba sereno y decidido. Y esto perduró. El destino podía imponerme las pruebas supremas sin que mis nervios se destrozaran o mi razón sucumbiera.»[11]

La experiencia de la guerra reveló a Hitler la verdad acerca del mundo: es una jungla dirigida por las leyes implacables de la selección natural. Los que rehúsan reconocer esta verdad no pueden sobrevivir. Si queremos medrar, no solo tenemos que comprender las leyes de la jungla, sino adoptarlas alegremente. Debe indicarse que, al igual que los artistas liberales que se oponían a la guerra, Hitler sacralizó la experiencia de los soldados rasos. De hecho, la carrera política de Hitler es uno de los mejores ejemplos que tenemos de la inmensa autoridad que se concedió a la experiencia personal de la gente común en la política del siglo XX. Hitler no era un oficial de rango: en cuatro años de guerra, no pasó de cabo. No tenía educación formal, ni habilidades profesionales, ni experiencia política. No era un empresario exitoso ni un activista sindical, no tenía amigos ni parientes en puestos importantes, ni tampoco dinero. Al principio, ni siquiera tenía la ciudadanía alemana. Era un inmigrante pobre.

Cuando Hitler apelaba a los votantes alemanes y les pedía su confianza, solo podía esgrimir un argumento a su favor: sus experiencias en las trincheras le habían enseñado lo que nunca se puede aprender en la universidad, en los cuarteles generales o en un ministerio gubernamental. La gente le seguía y le votaba porque se identificaba con él y porque también creía que el mundo era una jungla, y que lo que no nos mata nos hace más fuertes.

Mientras que el liberalismo se fusionó con las versiones más moderadas del nacionalismo para proteger las experiencias únicas de cada comunidad humana, los humanistas evolutivos como Hitler identificaron naciones concretas como los motores del progreso humano, y concluyeron de que estas deberían apalear o incluso exterminar a quien se interpusiera en su camino. Sin embargo, debe recordarse que Hitler y los nazis representan solo una versión extrema del humanismo evolutivo. Así como los gulags de Stalin no invalidan automáticamente todas y cada una de las ideas y argumentos socialistas, los horrores del nazismo no deben cegarnos ante las posibles perspicacias que el humanismo evolutivo pudiera ofrecer. El nazismo nació de emparejar el humanismo evolutivo con teorías raciales concretas y emociones ultranacionalistas. No todos los humanistas evolutivos son racistas, y no toda creencia en el potencial de la humanidad para seguir evolucionando exige necesariamente establecer estados policiacos y campos de concentración.

Auschwitz debiera servir como una señal de aviso escrita en rojo sangre en lugar de ser un telón negro que oculta secciones enteras del horizonte humano. El humanismo evolutivo desempeñó un papel importante en el modelado de la cultura moderna, y es probable que desempeñe un papel todavía mayor en el modelado del siglo XXI.

¿Es Beethoven mejor que Chuck Berry?

Para estar seguros de que comprendemos la diferencia entre las tres ramas humanistas, comparemos algunas experiencias humanas.

Experiencia n.º 1: Un profesor de musicología está sentado en la Casa de la Ópera de Viena, escuchando la obertura de la *Quinta Sinfonía* de Beethoven. «¡Pa pa pa PAM!» Cuando las ondas sonoras inciden en sus tímpanos, su nervio auditivo envía señales a su cerebro, y su glándula suprarrenal inunda su torrente sanguíneo de adrenalina. Su ritmo cardíaco se acelera, su respiración se intensifica, el vello de la nuca se le eriza y un escalofrío les recorre la columna. «¡Pa pa pa PAM!»

Experiencia n.º 2: Corre el año 1965. Un Mustang convertible viaja a gran velocidad por la carretera del Pacífico que une San Francisco con Los Ángeles. El joven conductor escucha a Chuck Berry a todo volumen: «Go! Go, Johnny, go, go!». Cuando las ondas sonoras inciden en sus tímpanos, su nervio auditivo envía señales a su cerebro, y su glándula suprarrenal inunda su torrente sanguíneo de adrenalina. Su ritmo cardíaco se acelera, su respiración se intensifica, el vello de la nuca se le eriza y un escalofrío le recorre la columna. «Go! Go, Johnny, go, go!»

Experiencia n.º 3: En las profundidades de la jungla congolesa, un cazador pigmeo se halla inmóvil, fascinado. Desde la aldea cercana le llega el sonido de un coro de muchachas que entonan su cántico de iniciación. «Ye oh, oh! Ye oh, oh!» Cuando las ondas sonoras inciden en sus tímpanos, su nervio auditivo envía señales al cerebro, y su glándula suprarrenal inunda su torrente sanguíneo de adrenalina. Su ritmo cardíaco se acelera, su respiración se intensifica, el vello de la nuca se le eriza y un escalofrío le recorre la columna. «¡Ye oh, oh! ¡Ye oh, oh!»

Experiencia n.º 4: Noche de luna llena, en algún lugar de las Montañas Rocosas canadienses. Hay un lobo situado en la cumbre de una colina, escuchando los aullidos de una hembra en celo. «¡Auuuuuu! ¡Auuuuuu!» Cuando las ondas sonoras inciden en sus tímpanos, su nervio auditivo envía señales a su cerebro, y su glándula suprarrenal inunda su torrente sanguíneo de adrenalina. Su ritmo cardíaco se acelera, su respiración se intensifica, se le eriza el pelo del cogote y un escalofrío le recorre la columna. «¡Auuuuuu! ¡Auuuuuu!»

¿Cuál de estas cuatro experiencias es la más valiosa?

Si somos liberales, diremos seguramente que las experiencias del profesor de musicología, del joven conductor o del cazador congolés son valiosas por igual, y que deben apreciarse por igual. Toda experiencia humana aporta algo único y enriquece el mundo con nuevo sentido. A algunas personas les gusta la música clásica, a otras les encanta el rock y aún otras prefieren los cánticos tradicionales africanos. Los estudiantes de música deberían verse expuestos al más amplio rango posible de géneros, y al acabar el día todos podrían entrar en la tienda de iTunes, introducir el número de su tarjeta de crédito y comprar lo que quisieran. La belleza está en los oídos del oyente, y el cliente siempre tiene la razón. Pero el lobo no es humano, de ahí que sus experiencias sean mucho menos valiosas. Esta es la razón por la que la vida de un lobo vale menos que la vida de un humano, y por la que es perfectamente razonable matar un lobo para salvar a un humano. A fin de cuentas, los lobos no van a votar en ningún concurso de belleza ni poseen ninguna tarjeta de crédito.

Este enfoque liberal se manifiesta, por ejemplo, en el disco de oro de la *Voyager*. En 1977, los estadounidenses lanzaron la sonda espacial *Voyager I* en un viaje al espacio exterior. En la actualidad ya ha abandonado el sistema solar, con lo que es el primer objeto fabricado por el hombre en surcar el espacio interestelar. Además de equipo científico de última generación, la NASA incluyó a bordo un disco de oro, destinado a presentar el planeta Tierra a cualesquiera extraterrestres curiosos que pudieran encontrar la sonda.

El disco contiene variada información científica y cultural sobre la Tierra y sus habitantes, algunas imágenes y voces, y varias docenas de piezas musicales de todo el mundo, que se supone que representan una buena muestra de logros artísticos terrestres. La muestra musical mezcla sin ningún orden aparente piezas clásicas, que incluyen el movimiento inicial de la *Quinta Sinfonía* de Beethoven; música popular contemporánea, como «Johnny B. Goode», de Chuck Berry, y música tradicional de todo el mundo, que incluye un cántico de iniciación de muchachas pigmeas del Congo. Aunque el disco también contiene algunos aullidos lobunos, no forman parte de la muestra de música, sino que están relegados a una sección diferente que incluye también el sonido del viento, la lluvia y el oleaje. El mensaje a oyentes potenciales de Alfa Centauri es que Beethoven, Chuck Berry y el cántico de iniciación de muchachas pigmeas tienen el mismo mérito, mientras que los aullidos lobunos pertenecen a una categoría totalmente diferente.

Si somos socialistas, probablemente estemos de acuerdo con los liberales en que la experiencia del lobo tiene poco valor. Pero nuestra actitud hacia las tres experiencias humanas será muy diferente. Un socialista convencido explicará que el valor real de la música no depende de las experiencias del oyente individual, sino del impacto que tiene en las experiencias de otras personas y de la sociedad en su conjunto. Tal como dijo Mao: «No existe tal cosa como el arte por el arte, el arte que se sitúe por encima de las clases, el arte que esté desligado o sea independiente de la política».[12]

De modo que cuando se trate de evaluar las experiencias musicales, un socialista se fijará, por ejemplo, en el hecho de que Beethoven escribió la *Quinta Sinfonía* para un auditorio de europeos blancos de clase alta, exactamente cuando Europa estaba a punto de embarcarse en su conquista de África. Su sinfonía reflejaba los ideales de la Ilustración, que glorificaban a los hombres blancos de clase alta y calificaba la conquista de África como «la carga del hombre blanco».

El rock and roll, dirían los socialistas, lo inventaron músicos afroamericanos oprimidos que se inspiraron en géneros como el blues, el jazz y el góspel. Sin embargo, en las décadas de 1950 y 1960 fue secuestrado por la Norteamérica blanca convencional y puesto al servicio del consumismo, del imperialismo norteamericano y de la Coca-Colonización. El rock and roll lo comercializaron y se lo apropiaron adolescentes blancos pudientes en su fantasía de rebelión pequeñoburguesa. El propio Chuck Berry se doblegó a los dictados del gigante capitalista. Mientras que originalmente cantaba acerca de «un chico de color llamado Johnny B. Goode», bajo la presión de las emisoras de radio de propietarios blancos cambió la letra por «un chico de pueblo llamado Johnny B. Goode».

En cuanto al coro de muchachas pigmeas congolesas, sus cánticos de iniciación forman parte de una estructura patriarcal de poder que lava el cerebro tanto a hombres como a mujeres para que se amolden a un orden de género opresivo. Y si una grabación de un tal cántico iniciático llega alguna vez al mercado global, solo servirá para reforzar las fantasías coloniales occidentales sobre África en general y sobre las mujeres africanas en particular.

Así, pues, ¿qué música es mejor: la *Quinta Sinfonía* de Beethoven, «Johnny B. Goode» o el canto iniciático de las pigmeas? ¿Qué debe financiar el gobierno: la construcción de teatros de ópera, escenarios para el rock and roll o exposiciones sobre el patrimonio africano? ¿Y qué debemos enseñar a los estudiantes de música en escuelas e institutos? Bueno, no me pregunten a mí. Pregúntenle al delegado cultural del partido.

Mientras que los liberales caminan de puntillas alrededor del campo minado de las comparaciones culturales, temerosos de dar algún paso en falso políticamente incorrecto, y mientras que los socialistas dejan que el partido encuentre el sendero adecuado a través del campo de minas, los humanistas evolutivos saltan alegremente dentro del mismo, haciendo estallar todas las minas y disfrutando con el caos. Pueden empezar indicando que tanto liberales como socialistas marcan el límite de los demás animales, y no tienen ningún problema en admitir que los humanos son superiores a los lobos y que, en consecuencia, la música humana es mucho más valiosa que los aullidos de los lobos. Pero la misma humanidad no está exenta de las fuerzas de la evolución. De la misma manera que los humanos son superiores a los lobos, algunas culturas humanas están más avanzadas que otras. Existe una jerarquía inequívoca de experiencias humanas, y no tenemos que disculparnos por ello. El Taj Mahal es más bello que una choza de paja, el *David* de Miguel Ángel es superior a la última figurita de arcilla que ha modelado mi sobrina de cinco años, y Beethoven compuso música mucho mejor que la de Chuck Berry o la de las pigmeas congolesas. ¡Vale, ya lo hemos dicho!

Según los humanistas evolutivos, quienquiera que argumente que todas las experiencias humanas son igual de valiosas es un imbécil o un cobarde. Tal vulgaridad y timidez solo conducirá a la degeneración y a la extinción de la humanidad, pues impide el progreso humano en nombre del relativismo cultural o de la igualdad social. Si liberales y socialistas hubieran vivido en la Edad de Piedra, probablemente habrían visto poco mérito en los murales de Lascaux y Altamira, y habrían insistido en que de ningún modo son superiores a los garabatos de los neandertales.

Las guerras religiosas humanistas

En un principio, las diferencias entre humanismo liberal, humanismo socialista y humanismo evolutivo parecían bastante frívolas. Comparadas con la enorme brecha que separaba a todas las sectas humanistas del cristianismo, el islamismo o el hinduismo, las discusiones entre las diferentes versiones del humanismo eran insignificantes. Mientras todos estemos de acuerdo en que Dios está muerto y en que solo la experiencia humana da sentido al universo, ¿importa en verdad si pensamos que todas las experiencias humanas son iguales o que algunas son superiores a otras? Pero, a medida que el humanismo conquistaba el mundo, estos cismas internos fueron agravándose y acabaron estallando en la más mortífera guerra religiosa de la historia.

En la primera década del siglo xx, la ortodoxia liberal confiaba aún en su fuerza. Los liberales estaban convencidos de que únicamente si se concedía a los individuos la máxima libertad para expresarse y seguir los dictados de su corazón, el mundo gozaría de una paz y una prosperidad sin precedentes. Puede que tome tiempo desmantelar completamente las trabas de las jerarquías tradicionales, las religiones oscurantistas y los imperios brutales, pero cada década aportará nuevas libertades y nuevos logros, y al final crearemos el paraíso en la Tierra. En los idílicos días de junio de 1914, los liberales creían que la historia estaba de su parte.

En la Navidad de 1914, los liberales estaban traumatizados por la guerra, y en las décadas que siguieron, sus ideas se vieron sometidas a un doble ataque: desde la derecha y desde la izquierda. Los socialistas argumentaban que el liberalismo era en realidad una hoja de parra para un sistema despiadado, explotador y racista. En lugar de la tan cacareada «libertad», léase «propiedad». La defensa de los derechos del individuo para hacer lo que considere bueno supone en muchos casos salvaguardar la propiedad y los privilegios de las clases media y alta. ¿Qué tiene de bueno la libertad para que uno viva donde quiera cuando no puede pagar el alquiler, estudiar lo que le interesa, costearse la matrícula, viajar a dónde desea ni comprarse un coche? Bajo el liberalismo se hizo famoso un chiste: todo el mundo es libre de morirse de hambre. Lo que era aún peor, al animar a la gente a considerarse individuos aislados, el liberalismo la separa de los demás miembros de la clase y le impide unirse contra el sistema que la oprime. Por lo tanto, el liberalismo perpetúa la desigualdad, y condena a las masas a la pobreza y a la élite a la alienación.

Mientras el liberalismo se tambaleaba por este puñetazo desde la izquierda, el humanismo evolutivo golpeó desde la derecha. Racistas y fascistas culpaban tanto al liberalismo como al socialismo de subvertir la selección natural y causar la degeneración de la humanidad. Advertían que si a todos los humanos se les concedía igual valor y las mismas oportunidades educativas, la selección natural cesaría. Los humanos más adaptados se verían sumergidos en un océano de mediocridad y, en lugar de evolucionar hacia el superhombre, la humanidad se extinguiría.

Desde 1914 a 1989, las tres sectas humanistas libraron una guerra sanguinaria, y al principio el liberalismo sufrió una derrota tras otra. Los regímenes comunistas y fascistas no solo se adueñaron de numerosos países, sino que además las ideas liberales fundamentales se presentaron como ingenuas en el mejor de los casos o bien como rotundamente peligrosas. ¿Solo con dar libertad a los individuos el mundo gozará de paz y prosperidad? Sí, ya.

La Segunda Guerra Mundial, que en retrospectiva recordamos como una gran victoria liberal, no lo parecía en absoluto en aquella época. La guerra se inició como un conflicto entre una poderosa alianza liberal y una Alemania nazi aislada. (Hasta junio de 1940, incluso la Italia fascista prefirió jugar a esperar.) La alianza liberal gozaba de una abrumadora superioridad numérica y económica. Mientras que en 1940 el PIB alemán era de 387 millones de dólares, el de los adversarios europeos de Alemania sumaba 631 millones de dólares (sin incluir el PIB de los dominios de ultramar británicos y de los imperios francés, holandés y belga.) Aun así, en la primavera de 1940 a Alemania le bastaron tres meses para asestar un golpe decisivo a la alianza liberal y ocupar Francia, Países Bajos, Noruega y Dinamarca. El Reino Unido solo se salvó de una suerte parecida gracias al canal de la Mancha.[13]

Los alemanes fueron derrotados únicamente cuando los países liberales se aliaron con la Unión Soviética, que se llevó la peor parte del conflicto y pagó un precio mucho más elevado: 25 millones de ciudadanos soviéticos murieron en la guerra, en comparación con el medio millón de británicos y el medio millón de norteamericanos. Buena parte del mérito de derrotar al nazismo debe concederse al comunismo. Y, al menos a corto plazo, el comunismo fue también el gran beneficiado por la guerra.

La Unión Soviética entró en la guerra como un paria comunista aislado. Salió de ella como una de las dos superpotencias globales y como líder de un bloque internacional en expansión. En 1949, la Europa Oriental se había convertido en un satélite soviético, el Partido Comunista Chino ganó la Guerra Civil china, y Estados Unidos estaba atenazado por la histeria anticomunista. Los movimientos revolucionarios y anticolonialistas de todo el mundo miraban anhelantes hacia Moscú y Beijing, mientras que el liberalismo acabó identificándose con los imperios europeos racistas. Cuando estos imperios se desmoronaron, por lo general fueron sustituidos por dictaduras militares o por regímenes socialistas, no por democracias liberales. En 1956, el primer ministro soviético Nikita Jruschov dijo rebosante de confianza al Occidente liberal: «Os guste o no, la historia está de nuestro lado. ¡Os enterraremos!».

Jruschov lo creía sinceramente, como también un número cada vez mayor de líderes del Tercer Mundo y de intelectuales del Primer Mundo. En las décadas de 1960 y 1970, el término «liberal» se convirtió en una palabra insultante en muchas universidades occidentales. Norteamérica y la Europa Occidental experimentaban una agitación social creciente, cuando diferentes movimientos de la izquierda radical pugnaban por socavar el orden liberal. Estudiantes de Cambridge, La Sorbona, la Universidad Libre de Berlín y la República Popular de Berkeley hojeaban el *Pequeño Libro Rojo* del presidente Mao, y colgaban el heroico retrato del Che Guevara en la cabecera de su cama. En 1968, la ola alcanzó su punto álgido con el estallido de protestas y alborotos en todo el mundo occidental. Las fuerzas de seguridad mexicanas asesinaron a docenas de estudiantes en la tristemente célebre Matanza de Tlatelolco; en Roma, los estudiantes lucharon contra la policía en la llamada Batalla de Valle Giulia, y el asesinato de Martin Luther King desencadenó días de disturbios y protestas en más de un centenar de ciudades estadounidenses. En mayo, los estudiantes se apoderaron de las calles de París, el presidente De Gaulle huyó a una base militar francesa de Alemania y los ciudadanos adinerados temblaban en la cama y soñaban con guillotinas.

En 1970, el mundo tenía 130 países independientes, pero solo 30 de ellos eran democracias liberales, y la mayoría estaban situados en el rincón noroccidental de Europa. La India era el único país importante del Tercer Mundo que se comprometió con la ruta liberal después de asegurarse su independencia, pero incluso ella se distanció del bloque occidental y se inclinó hacia los soviéticos.

En 1975, el campo liberal sufrió la derrota más humillante de todas: la guerra de Vietnam terminó cuando el David norvietnamita venció al Goliat norteamericano. En una rápida sucesión, el comunismo se adueñó de Vietnam del Sur, Laos y Camboya. El 17 de abril de 1975, la capital de Camboya, Phnom Penh, sucumbió ante los Jemeres Rojos. Dos semanas más tarde, todo el mundo pudo ver cómo unos helicópteros evacuaban a los últimos yanquis de la azotea de la Embajada de Estados Unidos en Saigón. Muchos estaban seguros de que el Imperio norteamericano caía. Antes de que nadie pudiera decir «teoría del dominó», el 25 de junio Indira Gandhi proclamó el estado de emergencia en la India, y dio la impresión de que la mayor democracia del mundo iba camino de convertirse en otra dictadura socialista.

FIGURA 38. Evacuación de la embajada estadounidense en Saigón.

La democracia liberal se parecía cada vez más a un club exclusivo de ancianos imperialistas blancos que tenían poco que ofrecer al resto del mundo o incluso a sus propios jóvenes. Washington se presentaba como el líder del mundo libre, pero la mayoría de sus aliados eran o bien reyes autoritarios (como el rey Jalid de Arabia Saudita, el rey Hassan de Marruecos y el sah de Persia) o bien dictadores militares (como los coroneles griegos, el general Pinochet en Chile, el general Franco en España, el general Park en Corea del Sur, el general Geisel en Brasil y el generalísimo Chiang Kai-shek en Taiwán).

A pesar del apoyo de todos estos coroneles y generales, desde el punto de vista militar, el Pacto de Varsovia tenía una enorme superioridad numérica sobre la OTAN. Para alcanzar la paridad en armamento convencional, probablemente los países occidentales tendrían que haber abandonado la democracia liberal y el mercado libre y haberse convertido en estados totalitarios en permanente pie de guerra. Únicamente las armas nucleares salvaron la democracia liberal. La OTAN adoptó la doctrina de la DMA (destrucción mutua asegurada), según la cual incluso los ataques soviéticos convencionales tendrían una respuesta en forma de ataque nuclear total. «Si nos atacáis— amenazaban los liberales—,

nos aseguraremos de que nadie salga vivo.» Detrás de este escudo monstruoso, la democracia liberal y el mercado libre consiguieron conservar
sus últimos bastiones, y los occidentales pudieron gozar de sexo, drogas
y rock and roll, así como de lavadoras, frigoríficos y televisores. Sin
bombas nucleares no habría existido Woodstock, ni los Beatles, ni supermercados abarrotados. Pero a mediados de la década de 1970, y a pesar
de las armas nucleares, parecía que el futuro pertenecía al socialismo.

Y entonces todo cambió. La democracia liberal salió arrastrándose del
cubo de basura de la historia, se aseó y conquistó el mundo. El supermercado resultó ser mucho más fuerte que el gulag. La *Blitzkrieg* empezó en
el sur de Europa, donde los regímenes autoritarios de Grecia, España y
Portugal sucumbieron y dieron paso a gobiernos democráticos. En 1977,
Indira Gandhi puso fin al estado de emergencia en la India al restablecer
la democracia. Durante la década de 1980, las dictaduras militares de Asia
Oriental y América Latina fueron sustituidas por gobiernos democráticos; algunos ejemplos son Brasil, Argentina, Taiwán y Corea del Sur. En
los últimos años de la década de 1980 y en los primeros de la de 1990,
la oleada liberal se transformó en un verdadero tsunami que barrió al
poderoso Imperio soviético y creó expectativas sobre el inminente final
de la historia. Después de décadas de derrotas y contratiempos, el liberalismo obtuvo una victoria decisiva en la Guerra Fría, y salió triunfante de las guerras religiosas humanistas, aunque algo malparado.

Cuando el Imperio soviético implosionó, las democracias liberales
sustituyeron a los regímenes comunistas no solo en la Europa Oriental,
sino también en muchas de las antiguas repúblicas soviéticas, como los
estados bálticos, Ucrania, Georgia y Armenia. Hoy en día, incluso Rusia
pretende ser una democracia. La victoria en la Guerra Fría dio un ímpetu renovado a la expansión del modelo liberal en otras partes del
mundo, muy especialmente en América Latina, Asia meridional y África. Algunos experimentos liberales terminaron en lamentables fracasos,
pero el número de éxitos es impresionante. Por ejemplo, Indonesia, Nigeria y Chile habían sido gobernadas por autócratas militares durante
décadas, pero ahora todas son democracias en activo.

Si un liberal se hubiera quedado dormido en junio de 1914 y hubiera despertado en junio de 2014, se habría sentido como en casa. La gente cree de nuevo que si simplemente damos más libertad a los individuos, el mundo gozará de paz y prosperidad. Todo el siglo XX parece un enorme error. La humanidad aceleraba en la autopista liberal en el verano de 1914 cuando de pronto tomó un desvío equivocado y entró en una vía sin salida. Entonces necesitó ocho décadas y tres horrendas guerras globales para encontrar de nuevo el camino a la autopista. Por supuesto, estas décadas no fueron un desperdicio total, pues nos dieron los antibióticos, la energía nuclear y los ordenadores, así como el feminismo, la descolonización y la libertad sexual. Además, el propio liberalismo escarmentó con la experiencia, y ahora es menos presuntuoso que hace un siglo. Ha adoptado varias ideas e instituciones de sus rivales socialista y fascista, en particular el compromiso de proporcionar a la población en general servicios de educación, salud y bienestar. Pero el paquete liberal esencial ha cambiado sorprendentemente poco. El liberalismo sigue sacralizando las libertades individuales por encima de todo, y todavía cree firmemente en el votante y el cliente. A principios del siglo XXI, esta parece la única opción.

ELECTRICIDAD, GENÉTICA Y EL ISLAMISMO RADICAL

En 2016 no existe una alternativa seria al paquete liberal de individualismo, derechos humanos, democracia y mercado libre. Las protestas sociales que barrieron el mundo occidental en 2011 (como Occupy Wall Street y el movimiento del 15-M español) no tienen absolutamente nada contra la democracia, el individualismo y los derechos humanos, ni siquiera contra los principios básicos de la economía de libre mercado. Todo lo contrario: llaman la atención de los gobiernos por no estar a la altura de estos ideales liberales. Exigen que el mercado sea realmente libre, en lugar de estar controlado y manipulado por empresas y bancos «demasiado grandes para quebrar». Demandan instituciones democráticas realmente representativas, que estén al servicio de los intereses de los ciudadanos de a pie y no de los de miembros adinerados de lobbys y los poderosos grupos de interés. Incluso los que arremeten contra las bolsas de valores y los parlamentos con las más duras críticas carecen de un modelo alternativo viable para hacer funcionar el mundo. Aunque uno de los pasatiempos favoritos de los académicos y los activistas occidentales es encontrar fallos en el paquete liberal, hasta el momento no han conseguido idear nada mejor.

China parece ofrecer un reto mucho más serio que los detractores sociales occidentales. A pesar de haber liberalizado su política y su economía, China no es una democracia ni una verdadera economía de libre mercado, lo que no le ha impedido convertirse en el gigante económico del siglo XXI. Pero este gigante económico arroja una sombra ideológica muy pequeña. Nadie parece saber en qué creen los chinos en la actualidad..., ni siquiera los propios chinos. En la teoría, el país todavía es comunista, pero en la práctica no. Algunos pensadores y líderes chinos le dan vueltas a la idea de volver al confucianismo, que en realidad no es más que una interesada capa de barniz. Este vacío ideológico hace de China el caldo de cultivo más prometedor para las tecnorreligiones que surgen en Silicon Valley (y que abordaremos en los capítulos posteriores). Pero estas tecnorreligiones, con su creencia en la inmortalidad y los paraísos virtuales, tardarán al menos una década en consolidar. De manera que, a día de hoy, China no plantea una alternativa real al liberalismo. Si los insolventes griegos pierden la esperanza en el modelo liberal y buscan un sustitutivo, «imitar a los chinos» no significaría gran cosa.

Entonces ¿qué hay del islamismo radical? ¿O del cristianismo fundamentalista, del judaísmo mesiánico y del hinduismo predicador? Mientras que los chinos no saben en qué creen, los fundamentalistas religiosos lo saben demasiado bien. Más de un siglo después de que Nietzsche afirmara que Dios había muerto, parece que Dios ha vuelto. Pero es un espejismo. Dios está muerto, solo que hace falta un poco de tiempo para desembarazarse de su cuerpo. El islamismo radical no plantea ninguna amenaza seria al paquete liberal, porque, a pesar de todo su fervor, los fanáticos en realidad no entienden el mundo del siglo XXI, y no tienen nada relevante que decir acerca de los nuevos peligros y oportunidades que las nuevas tecnologías generan a nuestro alrededor.

Religión y tecnología bailan siempre un tango delicado. Se empujan, dependen la una de la otra y no pueden separarse demasiado. La tecnología depende de la religión, porque cada invento tiene muchas aplicaciones potenciales y los ingenieros necesitan que algún profeta haga la elección crucial y señale el destino obligado. Así, en el siglo XIX, los ingenieros inventaron las locomotoras, las radios y los motores de combustión interna. Pero, tal como demostró el siglo XX, se pueden usar estas mismas herramientas para crear sociedades fascistas, dictaduras comunistas y democracias liberales. Sin algunas convicciones religiosas, las locomotoras no pueden decidir hacia dónde ir.

Por otro lado, la tecnología suele definir el alcance y los límites de nuestras visiones religiosas, como un camarero que delimita nuestro apetito al ofrecernos un menú. Las nuevas tecnologías matan a los dioses antiguos y dan a luz a otros. Esta es la razón por la que las deidades agrícolas eran diferentes de los espíritus de los cazadores-recolectores, por la que los obreros de las fábricas fantasean con paraísos diferentes de los de los campesinos, y por la que las tecnologías revolucionarias del siglo XXI tienen muchas más probabilidades de generar movimientos religiosos sin precedentes que de revivir credos medievales. Los fundamentalistas islámicos pueden repetir el mantra de que «El islam es la respuesta», pero las religiones que pierden contacto con las realidades tecnológicas del momento pierden su capacidad de comprender siquiera las preguntas que se plantean. ¿Qué le ocurrirá al mercado laboral cuando la inteligencia artificial consiga mejores resultados que los humanos en la mayoría de las tareas cognitivas? ¿Cuál será el impacto político de una enorme clase nueva de personas inútiles desde el punto de vista económico? ¿Qué les ocurrirá a las relaciones, las familias y los fondos de pensiones cuando la nanotecnología y la medicina regenerativa conviertan a la gente de ochenta años en las nuevas personas de cincuenta? ¿Qué le ocurrirá a la sociedad humana cuando la biotecnología nos permita tener bebés de diseño y abrir brechas sin precedentes entre los ricos y los pobres?

No encontraremos las respuestas a todas estas preguntas en el Corán o la ley de la *sharia*, ni en la Biblia ni en las *Analectas* de Confucio, porque nadie en el Oriente Medio medieval ni en la antigua China sabía demasiado de ordenadores, genética o nanotecnología. El islamismo radical podría prometer un ancla de certeza en un mundo de tormentas tecnológicas y económicas..., pero para navegar en medio de una tormenta se necesita un mapa y un timón, y no solo un ancla. De ahí que el islamismo radical pueda atraer a la gente nacida y criada en su redil, pero tiene poquísimo que ofrecer a los jóvenes españoles sin empleo o a los ansiosos multimillonarios chinos.

Ciertamente, no obstante lo dicho, centenares de millones de personas pueden seguir creyendo en el islamismo, el cristianismo o el hinduismo. Pero los números por sí solos no cuentan mucho en la historia. A menudo, la historia la modelan pequeños grupos de innovadores que miran hacia el futuro y no tanto masas que miran hacia el pasado. Hace diez mil años, la mayoría de las personas eran cazadoras-recolectoras y solo unos pocos pioneros en Oriente Medio eran agricultores. Pero el futuro pertenecía a los agricultores. En 1850, más del 90 por ciento de los humanos eran campesinos, y en las pequeñas aldeas a lo largo del Ganges, el Nilo y el Yangtsé nadie sabía nada de máquinas de vapor, vías férreas ni líneas de telégrafos. Pero el destino de estos campesinos ya se había decidido en Manchester y Birmingham, a manos del puñado de ingenieros, políticos y financieros que encabezaron la revolución industrial. Máquinas de vapor, ferrocarriles y telégrafos transformaron la producción de alimentos, artículos textiles, vehículos y armas, y dieron a las potencias industriales una ventaja decisiva sobre las sociedades agrícolas tradicionales.

Incluso cuando la revolución industrial se extendió por el mundo y penetró río arriba por el Ganges, el Nilo y el Yangtsé, la mayoría de la gente siguió creyendo en los Vedas, la Biblia, el Corán y las *Analectas* más que en la máquina de vapor. Como ocurre en la actualidad, en el siglo XIX no había escasez de sacerdotes, místicos y gurúes que afirmasen que solo ellos poseían la solución a todos los males de la humanidad, incluidos los nuevos problemas creados por la revolución industrial. Por ejemplo, entre las décadas de 1820 y 1880, Egipto (apoyado por la Gran Bretaña) conquistó Sudán e intentó modernizar el país e incorporarlo a la nueva red de comercio internacional. Esto desestabilizó a la sociedad sudanesa tradicional, generó una animadversión generalizada y promovió revueltas. En 1881, un líder religioso, Muhammad Ahmad bin Abdallá, declaró que él era el Mahdi (el Mesías), enviado para imponer la ley de Dios en la Tierra. Sus partidarios derrotaron al ejército angloegipcio y decapitaron a su comandante, el general Charles Gordon, en un gesto que conmocionó a la Gran Bretaña victoriana. Después establecieron en Sudán una teocracia islámica, regida por la ley de la *sharia*, que duró hasta 1898.

Mientras, en la India, Dayananda Saraswati encabezó un movimiento de resurgimiento hindú, cuyo principio básico era que las escrituras védicas nunca se equivocan. En 1875 fundó la Arya Samaj (la Sociedad Noble), dedicada a la difusión del saber védico (aunque, en verdad, Dayananda interpretaba a menudo los Vedas de una manera sorprendentemente liberal, defendiendo por ejemplo la igualdad de derechos para las mujeres mucho antes de que la idea se popularizara en Occidente).

El papa Pío IX, contemporáneo de Dayananda, tenía opiniones mucho más conservadoras sobre las mujeres, pero compartía la admiración de Dayananda por la autoridad superhumana. Pío IX lideró una serie de reformas en el dogma católico y promulgó el principio innovador de la infalibilidad papal, según el cual el Papa no puede equivocarse nunca en asuntos de fe (esta idea aparentemente medieval no se convirtió en un dogma católico obligatorio hasta 1870, once años después de que Charles Darwin publicara *El origen de las especies*).

Treinta años antes de que el Papa se descubriera incapaz de cometer errores, un fracasado académico chino llamado Hong Xiuquan tuvo una serie de visiones religiosas. En estas visiones, Dios le reveló que Hong no era otro que el hermano menor de Jesucristo. A continuación, Dios encomendó a Hong una misión divina: expulsar a los «demonios» manchúes que habían gobernado China desde el siglo xvii y establecer en la Tierra el Gran y Pacífico Reino del Cielo (*Taiping Tia⁻nguó*). El mensaje de Hong inflamó la imaginación de millones de chinos desesperados y conmocionados por las derrotas de China en las guerras del Opio, así como por el advenimiento de la industria moderna y del imperialismo europeo. Pero Hong no los condujo hasta un reino de paz. Por el contrario, los dirigió contra la dinastía manchú Qing en la Rebelión Taiping, que fue la guerra más mortífera del siglo xix. Entre 1850 y 1864, al menos 20 millones de personas perdieron la vida, muchas más que en las guerras napoleónicas o en la Guerra Civil norteamericana.

Centenares de millones de personas se aferraron a los dogmas religiosos de Hong, Dayananda, Pío IX y el Mahdi, incluso cuando fábricas industriales, ferrocarriles y buques de vapor llenaban el mundo. Pero la mayoría no pensamos en el siglo XIX como en el siglo de la fe. Si pensamos en los visionarios del siglo XIX, es mucho más probable que recordemos a Marx, a Engels y a Lenin que al Mahdi, a Pío IX o a Hong Xiuquan. Y así debe ser. Aunque en 1850 el socialismo era solo un movimiento periférico, pronto adquirió ímpetu, y cambió el mundo en un sentido mucho más profundo que los autoproclamados mesías de China y Sudán. Si el lector cuenta con servicios públicos de salud, fondos de pensiones y escuelas gratuitas, es necesario que dé las gracias a Marx y a Lenin (y a Otto von Bismarck), y no tanto a Hong Xiuquan o al Mahdi.

¿Por qué Marx y Lenin tuvieron éxito allí donde Hong y el Mahdi fracasaron? Ello no se debió a que el humanismo socialista fuera más elaborado desde el punto de vista filosófico que las teologías islámica y cristiana, sino a que dedicaron más atención a comprender las realidades tecnológicas y económicas de su época que a escudriñar textos antiguos y sueños proféticos. Las máquinas de vapor, los ferrocarriles, los telégrafos y la electricidad generaron problemas inauditos y también oportunidades sin precedentes. Las experiencias, necesidades y esperanzas de la nueva clase de proletariados urbanos eran sencillamente demasiado diferentes de las de los campesinos bíblicos. Para dar respuesta a dichas necesidades y esperanzas, Marx y Lenin estudiaron cómo funcionaba una máquina de vapor, cómo operaba una mina de carbón, cómo los ferrocarriles modelaban la economía y cómo la electricidad influía en la política.

En una ocasión, alguien pidió a Lenin que definiera el comunismo en una única frase. «El comunismo es el poder de los soviets —dijo—, más la electrificación de todo el país.» No puede haber comunismo sin electricidad, sin ferrocarriles, sin radio. No era posible establecer un régimen comunista en la Rusia del siglo XVI, porque el comunismo requiere la concentración de la información y los recursos en un núcleo. «De cada cual según sus capacidades, a cada cual según sus necesidades» solo funciona cuando la producción puede recolectarse y distribuirse a lo largo de enormes distancias, y cuando las actividades pueden controlarse y coordinarse a la escala de países enteros.

Marx y sus seguidores comprendieron las nuevas realidades tecnológicas y las nuevas experiencias humanas, de modo que tuvieron respuestas relevantes para los nuevos problemas de la sociedad industrial, así como ideas originales acerca de cómo beneficiarse de oportunidades sin precedentes. Los socialistas crearon una religión valiente y nueva para un mundo valiente y nuevo. Prometieron la salvación mediante la tecnología y la economía, con lo que establecieron la primera tecnorreligión de la historia y cambiaron los cimientos del discurso ideológico. Antes de Marx, la gente se definía y se dividía en función de su enfoque de Dios, no según los métodos de producción. Desde Marx, las cuestiones de tecnología y de estructura económica se hicieron mucho más importantes y divisivas que los debates acerca del alma y del más allá. En la segunda mitad del siglo xx, la humanidad casi se destruyó en una discusión acerca de los métodos de producción. Incluso los críticos más severos de Marx y Lenin adoptaron su actitud básica hacia la historia y la sociedad, y empezaron a pensar de manera mucho más minuciosa en la tecnología y la producción que en Dios y el cielo.

A mediados del siglo xix, pocas personas eran tan intuitivas como Marx, de manera que solo unos pocos países experimentaron una industrialización rápida. Estos pocos países conquistaron el mundo. La mayoría de las sociedades no comprendieron lo que estaba pasando, y por lo tanto perdieron el tren del progreso. La India de Dayananda y el Sudán del Mahdi siguieron mucho más preocupados por Dios que por las máquinas de vapor, y así fueron ocupados y explotados por la Gran Bretaña industrial. Solo en los últimos años ha conseguido la India progresar de manera importante al cerrar la brecha económica y geopolítica que la separaba de Gran Bretaña. Sudán todavía está esforzándose desde una posición muy retrasada.

A principios del siglo xxi, el tren del progreso sale de nuevo de la estación..., y es probable que sea el último tren que salga de la estación llamada *Homo sapiens*. Los que pierdan este tren nunca tendrán una segunda oportunidad. Si queremos conseguir un pasaje para dicho tren, debemos entender la tecnología del siglo XXI, y en particular los poderes de la biotecnología y de los algoritmos informáticos. Estos poderes son mucho más potentes que el vapor y el telégrafo, y no solo se emplearán en la producción de alimento, tejidos, vehículos y armas. Los principales productos del siglo XXI serán cuerpos, cerebros y mentes, y la brecha entre los que saben cómo modificar cuerpos y cerebro y los que no será mucho mayor que la que existió entre la Gran Bretaña de Dickens y el Sudán del Mahdi. De hecho, será mayor que la brecha entre sapiens y neandertales. En el siglo XXI, los que viajen en el tren del progreso adquirirán capacidades divinas de creación y destrucción, mientras que los que se queden rezagados se enfrentarán a la extinción.

El socialismo, que estaba muy al día hace cien años, no consiguió seguir el ritmo de la nueva tecnología. Leonid Brézhnev y Fidel Castro siguieron siendo fieles a las ideas que Marx y Lenin formularon en la época del vapor, y no entendieron el poder de los ordenadores y de la biotecnología. Los liberales, en cambio, se adaptaron mucho mejor a la era de la información. Esto explica en parte por qué la predicción que Jruschov hizo en 1956 nunca llegara a materializarse y por qué fueron los capitalistas liberales los que acabaron por enterrar a los marxistas. Si Marx volviera hoy a la vida, probablemente urgiría a los pocos discípulos que le quedan a que dedicasen menos tiempo a leer *El capital* y más tiempo a estudiar internet y el genoma humano.

El islamismo radical se encuentra en una posición mucho peor que la del socialismo. Todavía no ha aceptado la revolución industrial, con lo que no es de extrañar que no tenga nada importante que decir acerca de la ingeniería genética y la inteligencia artificial. El islamismo, el cristianismo y otras religiones tradicionales siguen siendo actores importantes en el mundo, pero ahora su papel es principalmente reactivo. En el pasado fueron una fuerza creativa. El cristianismo, por ejemplo, difundió la idea, hasta entonces hereje, de que todos los humanos son iguales ante Dios, con lo que cambió las estructuras políticas humanas, las jerarquías sociales e incluso las relaciones de género. En su sermón de la montaña, Jesús fue más allá e insistió en que los mansos y oprimidos eran la gente favorita de Dios, con lo que invirtió la pirámide del poder y proporcionó munición para generaciones de revolucionarios.

Además de fomentar reformas sociales y éticas, el cristianismo fue responsable de importantes innovaciones económicas y tecnológicas. La Iglesia católica estableció el sistema administrativo más refinado de la Europa medieval, y fue pionera en el uso de archivos, catálogos, programaciones y otras técnicas de procesamiento de datos. El Vaticano era lo más cercano a Silicon Valley que tenía la Europa del siglo XII. La Iglesia estableció las primeras empresas económicas europeas: los monasterios, que durante mil años encabezaron la economía europea e introdujeron métodos agrícolas y administrativos avanzados. Los monasterios fueron las primeras instituciones que usaron relojes, y, durante siglos, ellos y las escuelas catedralicias fueron los centros de enseñanza más importantes de Europa, además de contribuir a la fundación de muchas de las primeras universidades europeas, como las de Bolonia, Oxford y Salamanca.

En la actualidad, la Iglesia católica continúa gozando de las lealtades y los diezmos de centenares de millones de seguidores. Pero hace ya tiempo que tanto ella como las demás religiones teístas dejaron de ser una fuerza creativa para transformarse en una reactiva. Están atareadas con operaciones inmobiliarias de retaguardia más que con liderar tecnologías originales, métodos económicos innovadores o ideas sociales revolucionarias. Lo que hacen ahora principalmente es desesperarse con las tecnologías, métodos e ideas que otros movimientos propagan. Los biólogos inventan la píldora contraceptiva… y el Papa no sabe qué hacer al respecto. Los informáticos desarrollan internet… y los rabinos discuten sobre si se ha de permitir a los judíos ortodoxos que naveguen por él. Las pensadoras feministas piden a las mujeres que tomen posesión de su cuerpo… y los doctos muftíes debaten cómo afrentar estas ideas incendiarias.

Pregúntese el lector: ¿cuál fue el descubrimiento, invención o creación más influyente del siglo XX? Es una pregunta difícil, porque es difícil elegir de entre una larga lista de candidatos que incluye descubrimientos científicos como los antibióticos, inventos tecnológicos como los ordenadores y creaciones ideológicas como el feminismo. Ahora pregúntese: ¿cuál fue el descubrimiento, invención o creación de las religiones tradicionales como el islamismo y el cristianismo en el siglo XX? Es también una pregunta muy difícil, porque hay muy poco entre lo que elegir. ¿Qué descubrieron sacerdotes, rabinos y muftíes en el siglo XX que pueda mencionarse al mismo nivel que los antibióticos, los ordenadores o el feminismo? Después de meditar estas dos preguntas, ¿de dónde cree el lector que surgirán los grandes cambios del siglo XXI: de Estado Islámico o de Google? Sí, Estado Islámico sabe colgar vídeos en YouTube, pero, dejando de lado la industria de la tortura, ¿cuántas empresas emergentes han aparecido en Siria o Irak últimamente?

Miles de millones de personas, entre ellas muchos científicos, continúan empleando las escrituras religiosas como fuente de autoridad, pero tales textos ya no son fuente de creatividad. Piénsese, por ejemplo, en la aceptación del matrimonio gay o del clero femenino por parte de las ramas más progresistas del cristianismo. ¿Dónde se originó dicha aceptación? No en la lectura de la Biblia, de san Agustín o de Martín Lutero. Más bien, provino de la lectura de textos tales como *Historia de la sexualidad*, de Michel Foucault, o el «Manifiesto cíborg», de Donna Haraway.[14] Pero los verdaderos creyentes cristianos, por progresistas que sean, no pueden admitir que su ética procede de Foucault y de Haraway, de modo que vuelven a la Biblia, a san Agustín y a Martín Lutero y realizan una búsqueda muy minuciosa. Leen página tras página y relato tras relato con la máxima atención, hasta que encuentran lo que necesitan: alguna máxima, parábola o resolución que, interpretados de manera suficientemente creativa, significan que Dios bendice los matrimonios gays y que las mujeres pueden ser ordenadas para el sacerdocio. Después intentan hacer creer que la idea se originó en la Biblia, cuando en realidad se originó con Foucault. La Biblia se mantiene como fuente de autoridad, aunque ya no es una verdadera fuente de inspiración.

Esta es la razón por la que las religiones tradicionales no ofrecen una alternativa real al liberalismo. Sus escrituras no tienen nada que decir sobre la ingeniería genética o la inteligencia artificial, y la mayoría de los sacerdotes, rabinos y muftíes no entienden los últimos descubrimientos en biología e informática. Porque si se quiere comprender estos descubrimientos, no hay mucha elección: hay que pasar tiempo leyendo artículos científicos y llevando a cabo experimentos de laboratorio en lugar de memorizar y debatir textos antiguos.

Esto no significa que el liberalismo pueda descansar en los laureles. Cierto: ha ganado las guerras religiosas humanistas y en 2016 no tiene alternativa viable. Pero su mismo éxito puede contener las semillas de su ruina. Ahora los ideales liberales triunfantes impulsan a la humanidad a alcanzar la inmortalidad, la dicha y la divinidad. Alentados por los deseos supuestamente infalibles de clientes y votantes, los científicos y los ingenieros dedican más tiempo y más energía a estos proyectos. Pero lo que los científicos descubren y lo que los ingenieros desarrollan puede poner al descubierto los defectos inherentes a la visión liberal del mundo y la ceguera de clientes y votantes. Cuando la ingeniería genética y la inteligencia artificial revelen todo su potencial, el liberalismo, la democracia y el mercado libre podrían quedar tan obsoletos como los cuchillos de pedernal, los casetes, el islamismo y el comunismo.

Este libro empezó pronosticando que en el siglo XXI los humanos intentarán alcanzar la inmortalidad, la dicha y la divinidad. No es un pronóstico muy original ni visionario. Simplemente refleja los ideales tradicionales del humanismo liberal. Puesto que hace tiempo que el humanismo ha sacralizado la vida, las emociones y los deseos de los seres humanos, no resulta sorprendente que una civilización humanista quiera maximizar la duración de la vida humana, la felicidad humana y el poder humano. Pero la tercera y última parte del libro argumentará que intentar realizar este sueño humanista socavará sus mismos cimientos al dar rienda suelta a nuevas tecnologías posthumanistas. La creencia humanista en los sentimientos ha permitido que nos beneficiemos de los frutos de la alianza sin pagar su precio. No necesitamos que ningún dios limite nuestro poder y nos conceda sentido: las decisiones libres de clientes y votantes nos proporcionan todo el sentido que necesitamos. Así, pues, ¿qué ocurrirá cuando nos demos cuenta de que clientes y votantes nunca toman decisiones libres, y cuando tengamos la tecnología para calcular, diseñar o mejorar sus sentimientos? Si todo el universo está sujeto a la experiencia humana, ¿qué sucederá cuando la experiencia humana se convierta en otro producto diseñable más que en esencia no difiera de ningún otro artículo del supermercado?

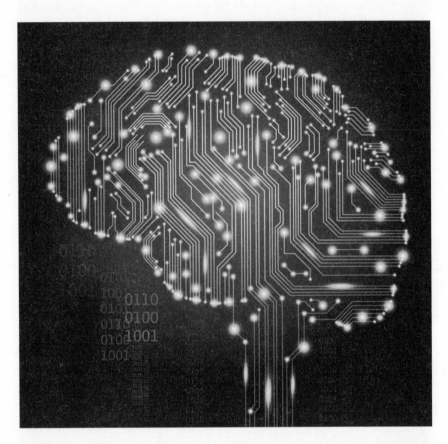

FIGURA 39. Cerebros como ordenadores, ordenadores como cerebros. La inteligencia artificial está preparada para superar la inteligencia humana.

Parte III

Homo sapiens pierde el control

¿Pueden los humanos seguir haciendo funcionar el mundo
y darle sentido?

¿Cómo amenazan la biotecnología y la inteligencia artificial
al humanismo?

¿Quién podría heredar la humanidad, y qué nueva religión
podría sustituir al humanismo?

8

La bomba de tiempo en el laboratorio

En 2016, el mundo está dominado por el paquete liberal del individualismo, los derechos humanos, la democracia y el mercado libre. Pero la ciencia del siglo XXI socava los cimientos del orden liberal. Puesto que la ciencia no aborda cuestiones de valor, no puede determinar si los liberales hacen bien en valorar más la libertad que la igualdad, o al individuo más que al colectivo. Sin embargo, como cualquier otra religión, el liberalismo también se basa en lo que considera declaraciones fácticas u objetivas, además de en juicios éticos abstractos. Y estas declaraciones fácticas sencillamente no resisten el escrutinio científico riguroso.

Los liberales valoran tanto la libertad individual porque creen que los humanos tienen libre albedrío. Según el liberalismo, las decisiones de votantes y clientes no son deterministas ni aleatorias. La gente está, desde luego, influida por fuerzas externas y acontecimientos azarosos, pero al final del día cada uno puede agitar la varita mágica de la libertad y decidir las cosas por sí mismo. Esta es la razón por la que el liberalismo concede tanta importancia a votantes y clientes, y nos enseña a seguir los dictados de nuestro corazón y a hacer lo que hace que nos sintamos bien. Es nuestro libre albedrío lo que infunde sentido al universo, y, puesto que ningún desconocido puede saber cómo nos sentimos en verdad o predecir con seguridad nuestras decisiones, no debemos confiar en ningún Gran Hermano que se ocupe de nuestros intereses y deseos.

Atribuir libre albedrío a los humanos no es un juicio ético: pretende ser una descripción fáctica del mundo. Si bien esta llamada descripción fáctica podría haber tenido sentido en la época de Locke, Rousseau y Thomas Jefferson, no concuerda muy bien con los más recientes descubrimientos de las ciencias de la vida. La contradicción entre libre albedrío y ciencia contemporánea es el elefante en el laboratorio, al que muchos prefieren no ver mientras miran por sus microscopios y sus escáneres fMRI.[1]

En el siglo XVIII, *Homo sapiens* era como una misteriosa caja negra, cuyos mecanismos internos trascendían a nuestra comprensión. De ahí que cuando los estudiosos preguntaban por qué un hombre empuña un cuchillo y apuñala a otro hasta matarlo, una respuesta aceptable era: «Porque decide hacerlo. Utiliza su libre albedrío para elegir el asesinato, por lo que es totalmente responsable de su crimen». A lo largo del último siglo, a medida que los científicos abrían la caja negra de los sapiens, fueron descubriendo que allí no había alma, ni libre albedrío, ni «yo»…, sino solo genes, hormonas y neuronas que obedecen las mismas leyes físicas y químicas que rigen el resto de la realidad. Hoy en día, cuando los estudiosos se preguntan por qué un hombre empuña un cuchillo y apuñala a alguien hasta matarlo, responder: «Porque decide hacerlo» ya no sirve. En lugar de ello, genetistas y neurocientíficos proporcionan una respuesta mucho más detallada: «Lo hace debido a tales o cuales procesos electroquímicos que tienen lugar en el cerebro que fueron modelados por una determinada constitución genética, que a su vez refleja antiguas presiones evolutivas emparejadas con mutaciones aleatorias».

Los procesos electroquímicos cerebrales que culminan en un asesinato son deterministas o aleatorios o una combinación de ambos, pero nunca son libres. Por ejemplo, cuando una neurona dispara una carga eléctrica, ello puede ser una reacción determinista a estímulos externos o el resultado de un acontecimiento aleatorio, como la descomposición espontánea de un átomo radiactivo. Ninguna de las dos opciones deja margen alguno para el libre albedrío. Las decisiones que se alcanzan a través de una reacción en cadena de sucesos bioquímicos, cada uno de ellos determinado por un suceso previo, no son ciertamente libres. Las decisiones que son el resultado de accidentes subatómicos aleatorios tampoco son libres. Son, simplemente, fruto del azar. Y cuando accidentes aleatorios se combinan con procesos deterministas, tenemos resultados probabilistas, pero esto no equivale a libertad.

Supongamos que fabricamos un robot cuya unidad central de procesamiento está conectada a una masa de uranio radiactivo. Cuando elige entre dos opciones (pulsar el botón de la derecha o el de la izquierda, pongamos por caso), el robot cuenta el número de átomos de uranio que se desintegraron durante el minuto anterior. Si el número es par, pulsa el botón de la derecha. Si el número es impar, el de la izquierda. Nunca podremos estar seguros de los actos de un robot así. Pero nadie calificará de «libre» a este artilugio, y ni soñaríamos con permitirle votar en unas elecciones democráticas o en responsabilizarle legalmente de sus actos.

Hasta donde llega nuestro conocimiento científico, el determinismo y la aleatoriedad se han repartido todo el pastel y no han dejado ni una migaja a la «libertad». La palabra sagrada «libertad» resulta ser, al igual que «alma», un término vacuo que no comporta ningún significado discernible. El libre albedrío existe únicamente en los relatos imaginarios que los humanos hemos inventado.

El último clavo en el ataúd de la libertad lo proporciona la teoría de la evolución. De la misma manera que la evolución no puede armonizar con almas eternas, tampoco puede tragarse la idea del libre albedrío. Porque si los humanos son libres, ¿cómo pudo haberlos modelado la selección natural? Según la teoría de la evolución, todas las decisiones que los animales toman (ya se refieran a residencia, alimento o pareja reproductiva) reflejan su código genético. Si, gracias a sus genes adecuados, un animal elige comer una seta nutritiva y copular con parejas sanas y fecundas, sus genes pasan a la generación siguiente. Si, debido a genes inadecuados, un animal elige setas venenosas y parejas anémicas, sus genes se extinguen. Sin embargo, si un animal elige «libremente» qué comer y con quién aparearse, entonces la selección natural se queda sin nada sobre lo que operar.

Cuando a la gente se le plantean estas explicaciones científicas, a menudo las apartan e señalan que ellos se sienten libres y actúan según sus propios deseos y decisiones. Es cierto. Los humanos actúan según sus deseos. Si por «libre albedrío» se entiende la capacidad de actuar según nuestros deseos…, entonces sí, los humanos tienen libre albedrío, al igual que los chimpancés, los perros y los loros. Cuando un loro quiere una galletita, come una galletita. Pero la pregunta del millón de euros no es si loros y humanos pueden llevar a término sus deseos íntimos: la

313

pregunta es si, para empezar, pueden elegir sus deseos. ¿Por qué quiere el loro una galletita en lugar de un pepino? ¿Por qué decido matar al pesado de mi vecino en lugar de ofrecerle la otra mejilla? ¿Por qué quiero comprar el coche rojo en lugar del negro? ¿Por qué prefiero votar por los conservadores en lugar de hacerlo por el Partido Laborista? No elijo ninguno de estos deseos. Siento que un deseo concreto aflora en mí porque esta es la sensación que los procesos bioquímicos crean en mi cerebro. Dichos procesos podrían ser deterministas o aleatorios, pero no libres.

El lector podría replicar que al menos en el caso de decisiones importantes, como matar al vecino o elegir un gobierno, mi decisión no refleja un sentimiento momentáneo, sino una contemplación larga y razonada de argumentos de peso. Sin embargo, hay muchos trenes posibles de argumentos que yo podría seguir, algunos de los cuales harán que vote a los conservadores, otros que vote a los laboristas, y aún otros que vote UKIP o que, simplemente, me quede en casa. ¿Qué hace que me embarque en un tren de razonamientos y no en otro? En la estación Paddington de mi cerebro puedo verme impelido a tomar un determinado tren de razonamiento por procesos deterministas o bien puedo embarcarme al azar. Pero no elijo «libremente» pensar aquellos pensamientos que me harán votar a los conservadores.

No se trata simplemente de hipótesis o especulaciones filosóficas. Hoy en día podemos usar escáneres cerebrales para predecir los deseos y las decisiones de una persona mucho antes de que ella misma sea consciente de ellos. En un experimento en particular, se introduce a la persona en un enorme escáner cerebral y se le da un interruptor para cada mano. Se le dice que pulse uno de los dos siempre que tenga ganas de hacerlo. Los científicos que observan la actividad neural del cerebro pueden predecir qué interruptor pulsará la persona mucho antes de que lo haga, e incluso antes de que esta sea consciente de su intención. Los acontecimientos neurales que tienen lugar en el cerebro y que indican la decisión de la persona empiezan entre unos pocos milisegundos y unos pocos segundos antes de que la persona sea consciente de esta elección.[2]

La decisión de pulsar el interruptor derecho o el izquierdo refleja ciertamente la elección de la persona. Pero no es una elección libre. En realidad, nuestra creencia en el libre albedrío es el resultado de una lógica defectuosa. Cuando una reacción bioquímica en cadena hace que yo desee pulsar el interruptor de la derecha, siento que realmente quiero pulsar el interruptor de la derecha. Y es verdad. Realmente quiero pulsarlo. Pero la gente saca erróneamente la conclusión de que si quiero pulsarlo es porque elegí querer pulsarlo. Esto es, desde luego, falso. Yo no elijo mis deseos. Solo los siento, y actúo en consecuencia.

No obstante, la gente sigue discutiendo sobre el libre albedrío porque incluso los científicos continúan usando con demasiada frecuencia conceptos teológicos obsoletos. Teólogos cristianos, musulmanes y judíos debatieron durante siglos las relaciones entre el alma y el albedrío. Suponían que cada humano posee una esencia interna e íntima (llamada alma) que es mi yo verdadero. Mantenían además que este yo posee varios deseos, de la misma manera que posee vestidos, vehículos y casas. Presuntamente, yo elegía mis deseos de la misma manera que elegía mis vestidos, y mi sino está determinado por estas elecciones. Si elijo buenos deseos, voy al cielo. Si elijo malos deseos, me envían al infierno. Y entonces surgió la pregunta: ¿cómo elijo exactamente mis deseos? Por ejemplo, ¿por qué Eva deseó comer el fruto prohibido que le ofreció la serpiente? ¿Se la obligó a tener este deseo? ¿Surgió en ella por pura casualidad? ¿O bien lo eligió ella «libremente»? Si no lo eligió libremente, ¿por qué castigarla por ello?

Sin embargo, cuando aceptamos que no hay alma y que los humanos no tienen una esencia interna llamada «el yo», ya no tiene sentido preguntar: «¿Cómo elige el yo sus deseos?». Es como preguntarle a un soltero: «¿Cómo elige la ropa tu esposa?». En realidad, solo hay una corriente de conciencia, y los deseos surgen y transcurren dentro de dicha corriente, pero no hay un yo permanente que posea los deseos, de modo que no tiene sentido preguntar si elijo mis deseos de manera determinista, aleatoria o libre.

Puede parecer muy complicado, pero es sorprendentemente fácil comprobar esta idea. La próxima vez que surja un pensamiento en la mente del lector, deténgase y pregúntese: «¿Por qué he pensado este pensamiento concreto? ¿He decidido hace un minuto pensar este pensamiento y solo entonces lo he pensado? ¿O simplemente ha surgido de mi mente, sin mi permiso o mi instrucción? Si soy realmente dueño de mis pensamientos y decisiones, ¿puedo decidir no pensar absolutamente nada en los próximos sesenta segundos?». Pruébelo, y vea qué ocurre.

Dudar del libre albedrío no es solo un ejercicio filosófico. Tiene implicaciones prácticas. Si los organismos en verdad carecen de libre albedrío, ello implica que podemos manipular e incluso controlar sus deseos mediante el uso de drogas, ingeniería genética y estimulación directa del cerebro.

Si el lector quiere ver la filosofía en acción, haga una visita a un laboratorio de roborratas. Una roborrata es una rata común y corriente con una pequeña variación: tienen en las áreas sensoriales y de recompensa del cerebro electrodos implantados por científicos. Esto permite a los mismos manipular a la rata por control remoto. Tras breves sesiones de entrenamiento, los investigadores han conseguido no solo que las ratas giren a la izquierda o a la derecha, sino también que suban escaleras, olisqueen alrededor de montones de basura y hagan cosas que normalmente a las ratas no les gusta hacer, como saltar desde grandes alturas. Ejércitos y empresas muestran un gran interés por las roborratas, con la esperanza de que puedan resultar útiles en muchas tareas y situaciones. Por ejemplo, podrían ayudar a detectar supervivientes atrapados bajo los escombros de un edificio, localizar bombas y trampas escondidas y cartografiar túneles subterráneos y cuevas.

Los activistas defensores del bienestar animal han hecho oír su preocupación sobre el sufrimiento que tales experimentos pueden provocar en las ratas. El profesor Sanjiv Talwar de la Universidad Estatal de Nueva York, uno de los principales investigadores de roborratas, ha desechado tales preocupaciones, aduciendo que en realidad las ratas disfrutan con los experimentos. Después de todo, explica Talwar, las ratas «trabajan por placer», y cuando los electrodos estimulan el centro de recompensa de su cerebro, «la rata siente el nirvana».[3]

Hasta donde sabemos, la rata no percibe que alguien la controla ni que alguien la obliga a hacer algo contra su voluntad. Cuando el profesor Talwar pulsa el control remoto, la rata quiere ir hacia la izquierda, razón por la que se desplaza a la izquierda. Cuando el profesor pulsa otro interruptor, la rata quiere trepar por una escalera, razón por la que trepa por la escalera. Al fin y al cabo, los deseos de la rata no son otra cosa que un patrón de neuronas que disparan. ¿Qué importa si las neuronas disparan porque son estimuladas por otras neuronas o por electrodos trasplantados conectados al control remoto del profesor Talwar? Si le preguntáramos a la rata al respecto, bien podría contestar: «¡Pues claro que tengo libre albedrío! Mira, quiero dirigirme hacia la izquierda, y voy hacia la izquierda. Quiero trepar por una escalera, y trepo por una escalera. ¿No demuestra esto que tengo libre albedrío?».

Experimentos realizados en *Homo sapiens* indican que, al igual que las ratas, los humanos también pueden ser manipulados, y que es posible crear o aniquilar incluso sentimientos complejos tales como el amor, la ira, el temor y la depresión mediante la estimulación de los puntos adecuados del cerebro humano. Recientemente, las fuerzas armadas estadounidenses han iniciado experimentos en los que se implantan chips informáticos en el cerebro de personas, con la esperanza de utilizar este método para tratar a soldados que padecen el trastorno de estrés postraumático.[4] En el hospital Hadassah de Jerusalén, los médicos han iniciado un tratamiento novedoso para pacientes con depresión aguda. Implantan electrodos en su cerebro y conectan los electrodos a un ordenador minúsculo implantado en su pecho. Al recibir una orden del ordenador, los electrodos emplean corrientes eléctricas débiles para paralizar el área cerebral responsable de la depresión. El tratamiento no siempre tiene éxito, pero en algunos casos los pacientes informaron de que la sensación de oscura futilidad que les había atormentado toda la vida desaparecía como por arte de magia.

Un paciente se quejó de que varios meses después de la operación había tenido una recaída, y estaba abrumado por una depresión grave. Al inspeccionarlo, los médicos encontraron el origen del problema: la batería del ordenador se había agotado. Una vez cambiaron la batería, la depresión se desvaneció rápidamente.[5]

Debido a restricciones éticas obvias, los investigadores solo implantan electrodos en el cerebro humano en circunstancias especiales. Por ello, los experimentos más relevantes en humanos se realizan empleando dispositivos no intrusivos con forma de casco (que se conocen técnicamente como «estimuladores transcraneales con corriente continua»). El casco está dotado de electrodos que se fijan al cuero cabelludo desde el exterior. Produce campos electromagnéticos débiles y los dirige hacia áreas específicas del cerebro, con lo que estimula o inhibe las actividades cerebrales seleccionadas.

Las fuerzas armadas estadounidenses experimentan con estos cascos con la esperanza de aguzar la capacidad de concentración y mejorar el rendimiento de los soldados, tanto en las sesiones de instrucción como en el campo de batalla. Los principales experimentos se realizan en la Dirección General de Efectividad Humana, situado en una base de la fuerza aérea de Ohio. Aunque los resultados no son en absoluto concluyentes, y aunque el despliegue publicitario alrededor de los estimuladores transcraneales va mucho más allá de los logros reales, varios estudios han indicado que el método puede efectivamente aumentar la capacidad cognitiva de operadores de drones, controladores de tráfico aéreo, francotiradores y otro personal cuyas funciones requieran largos períodos de atención intensa.[6]

A Sally Adee, periodista de *New Scientist*, se le concedió permiso para visitar unas instalaciones de entrenamiento para francotiradores y comprobó por sí misma los efectos. Al principio entró en un simulador de campo de batalla sin el casco transcraneal. Sally describe cómo se vio abrumada por el miedo al ver a veinte hombres enmascarados, con bombas suicidas fijadas al cuerpo y armados con rifles, arremeter directamente contra ella. «Por cada uno que consigo matar —escribe Sally—, tres nuevos asaltantes aparecen de la nada. Es evidente que no disparo con la suficiente rapidez, y el pánico y la incompetencia hacen que continuamente trabe el rifle.» Por suerte para ella, los asaltantes eran solo imágenes de vídeo proyectadas sobre las enormes pantallas que la rodeaban. Aun así, estaba tan decepcionada por su bajo rendimiento que estuvo a punto de dejar caer el arma y salir del simulador.

Después la conectaron al casco. Informa que no notaba nada extraño, excepto un ligero hormigueo y un raro sabor metálico en la boca. Pero empezó a cazar a los terroristas de uno en uno, tan fría y metódicamente como si fuera Rambo o Clint Eastwood. «Cuando veinte de ellos corren hacia mí blandiendo sus armas, apunto serena con el rifle, me tomo un momento para respirar profundamente y le doy al más cercano, antes de elegir con calma mi siguiente objetivo. Con la sensación de que no ha pasado el tiempo, oigo una voz que dice en alto "Muy bien, ya está". Las luces se encienden en la sala de simulación… En el repentino silencio y entre los cuerpos que me rodean, en verdad esperaba más asaltantes, y me siento un poco decepcionada cuando el equipo empieza a retirarme los electrodos. Miro arriba y me pregunto si alguien habrá adelantado los relojes. Inexplicablemente, han pasado veinte minutos. "¿A cuántos he acertado?", pregunto a la ayudante. Me mira perpleja. "A todos."»

El experimento cambió la vida de Sally. En los días siguientes se dio cuenta de que había pasado por una «experiencia casi espiritual […]; lo que definía la experiencia no era sentirse más listo o aprender más deprisa: lo que hizo que la tierra desapareciera bajo mis pies fue que, por primera vez en mi vida, en mi cabeza todo se había callado al fin. […] La ausencia de inseguridad en mi cerebro fue una revelación. De repente se hizo aquel silencio increíble en mi cabeza […]. Espero que puedan comprenderme, pero lo que más ansiosamente deseé durante las semanas que siguieron a mi experiencia era volver y conectarme de nuevo a aquellos electrodos. También empecé a plantearme muchas preguntas. ¿Quién era yo, al margen de los gnomos airados e implacables que pueblan mi mente y que me empujan al fracaso porque tengo demasiado miedo para probar? ¿Y de dónde procedían aquellas voces?».[7]

Algunas de aquellas voces repiten los prejuicios de la sociedad, otras son el eco de nuestra historia personal, y aún otras articulan nuestra herencia genética. Todas juntas, afirma Sally, crean un relato invisible que modela nuestras decisiones conscientes de formas que rara vez comprendemos. ¿Qué ocurriría si pudiéramos reescribir nuestros monólogos interiores o incluso silenciarlos completamente de cuando en cuando?[8]

En 2016, los estimuladores transcraneales se hallan todavía en su infancia, y no está claro si se convertirán en una tecnología madura ni cuándo lo harán. Por el momento proporcionan capacidades mejoradas solo durante breves períodos, e incluso la experiencia de veinte minutos de Sally Adee podría ser algo excepcional (o quizá incluso el resultado del notorio efecto placebo). La mayoría de los estudios publicados de estimuladores transcraneales se basan en muestras muy reducidas de personas que operaban bajo circunstancias especiales, y los efectos y peligros a largo plazo son totalmente desconocidos. Sin embargo, si la tecnología acaba madurando o si se encuentra algún otro método para manipular las pautas eléctricas del cerebro, ¿cómo repercutirá esto en las sociedades humanas y en los seres humanos?

La gente bien podría manipular sus circuitos eléctricos cerebrales no solo para disparar a terroristas, sino también para conseguir objetivos liberales más mundanos; a saber: para estudiar y trabajar de manera más eficiente, sumergirnos en juegos y pasatiempos y ser capaces de centrarnos en lo que nos interese en cualquier momento particular, ya sean las matemáticas o el fútbol. Sin embargo, si tales manipulaciones se convierten en rutina, el supuesto libre albedrío de los clientes se convertirá simplemente en otro producto que podremos comprar. ¿Queremos dominar el piano pero cada vez que llega la hora de practicar preferimos ver la televisión? No hay problema: solo pongámonos el casco, instalemos el programa adecuado y tendremos muchas ganas de tocar el piano.

El lector podría contraargumentar que la capacidad de silenciar o mejorar las voces de su cabeza reforzará en realidad su libre albedrío, en lugar de socavarlo. Ahora, a menudo no conseguimos alcanzar nuestros deseos más queridos y auténticos debido a distracciones externas. Con la ayuda del casco de atención y de dispositivos similares podríamos silenciar más fácilmente las voces extrañas de sacerdotes, manipuladores, publicistas y vecinos, y centrarnos en lo que queremos. Sin embargo, como veremos en breve, la idea de que tenemos un único yo y que, por lo tanto, podemos distinguir nuestros deseos auténticos de las voces ajenas no es más que otro mito liberal, que investigaciones científicas recientes han desacreditado.

¿QUIÉNES SOMOS YO?

La ciencia socava no solo la creencia liberal en el libre albedrío, sino también la creencia en el individualismo. Los liberales creen que tenemos un yo único e indivisible. Ser un individuo significa que yo soy in-dividuo. Sí, mi cuerpo está constituido por aproximadamente 37 billones de células,[9] y todos los días tanto mi cuerpo como mi mente pasan por incontables permutaciones y transformaciones. Pero si presto atención y me esfuerzo por estar en contacto conmigo mismo, sin duda descubriré en mi interior una única voz clara y auténtica, que es mi verdadero yo, y que es la fuente de todo sentido y autoridad en el universo. Para que el liberalismo tenga sentido, debo tener un verdadero yo (y solo uno), porque si tuviera más de una voz auténtica, ¿cómo sabría a qué voz hacer caso en el colegio electoral, en el supermercado y en el mercado matrimonial?

Sin embargo, durante las últimas décadas, las ciencias de la vida han llegado a la conclusión de que este relato liberal es pura mitología. El yo único y auténtico es tan real como el alma cristiana eterna, Santa Claus y el conejo de Pascua. Si miro en mi interior más profundo, la aparente unidad que damos por sentada se disuelve en una cacofonía de voces en conflicto, ninguna de las cuales es «mi yo verdadero». Los humanos no son individuos. Son «dividuos».

El cerebro humano está compuesto por dos hemisferios, conectados entre sí mediante un grueso cable neural. Cada hemisferio controla el lado opuesto del cuerpo. El hemisferio derecho controla el lado izquierdo del cuerpo, recibe datos del campo de visión izquierdo, y es responsable de mover el brazo y la pierna izquierdos, y viceversa. Esta es la razón por la que las personas que han tenido una apoplejía en el hemisferio derecho a veces obvian el lado izquierdo de su cuerpo (por ejemplo, solo peinan la mitad derecha de su cabello o solo comen la comida situada en el lado derecho del plato).[10]

Existen también diferencias emocionales y cognitivas entre los dos hemisferios, aunque la división está lejos de ser clara. La mayoría de las actividades cognitivas implican a ambos hemisferios, pero no en el mismo grado. Por ejemplo, en la mayoría de los casos, el hemisferio izquierdo desempeña una función más importante en el habla y el razonamiento lógico, mientras que el hemisferio derecho es más dominante en el procesamiento de la información espacial.

Muchos adelantos en la comprensión de la relación entre los dos hemisferios se basaron en el estudio de pacientes con epilepsia. En casos graves de epilepsia, en una parte del cerebro se inician tormentas eléctricas que se propagan rápidamente, causando un brote muy agudo. Durante un ataque epiléptico, el paciente pierde el control de su cuerpo y, en consecuencia, las convulsiones frecuentes impiden que los pacientes conserven un empleo o lleven una vida normal. A mediados del siglo xx, cuando todos los demás tratamientos fallaban, los médicos paliaban el problema cortando el grueso cable neural que conecta los dos hemisferios, de modo que las tormentas eléctricas que se iniciaban en un hemisferio no pudieran propagarse al otro. Para los neurocientíficos, estos pacientes eran un filón de datos sorprendentes.

Algunos de los estudios más notables de estos pacientes con el cerebro escindido los realizó el profesor Roger Wolcott Sperry, que obtuvo el Premio Nobel en Fisiología y Medicina por sus revolucionarios descubrimientos, y su alumno, el profesor Michael S. Gazzaniga. Uno de sus estudios se centró en un adolescente. Se le preguntó al chico qué le gustaría hacer cuando fuera mayor. El chico contestó que quería ser dibujante. Tal respuesta la proporcionó el hemisferio izquierdo, que desempeña una función fundamental en el razonamiento lógico, así como en el habla. Pero el muchacho tenía otro centro del habla activo en el hemisferio derecho, que no podía controlar el lenguaje vocal pero sí deletrear palabras con piezas de Scrabble. Los investigadores estaban deseosos de saber qué diría el hemisferio derecho, de modo que esparcieron piezas de Scrabble sobre la mesa, tomaron una hoja de papel y escribieron en él: «¿Qué quieres hacer cuando seas mayor?». Colocaron el papel en el borde del campo visual izquierdo del chico. Los datos procedentes del campo visual izquierdo se procesan en el hemisferio derecho. Puesto que el hemisferio derecho no podía usar lenguaje verbal, el chico no dijo nada. Pero su mano izquierda empezó a moverse rápidamente sobre la mesa, cogiendo piezas de aquí y de allá. Y deletreó: «Carreras de automóviles». Espeluznante.[11]

Un comportamiento igualmente inquietante fue el del paciente W. J., un veterano de la Segunda Guerra Mundial. Cada mano de W. J. estaba controlada por un hemisferio. Puesto que los dos hemisferios no estaban conectados entre sí, a veces ocurría que su mano derecha se extendía para abrir una puerta, y luego la izquierda intervenía e intentaba cerrar la puerta de golpe.

En otro experimento, Gazzaniga y su equipo proyectaron la imagen de una pata de gallina al hemisferio izquierdo (el lado responsable del habla) y simultáneamente otra de un paisaje nevado al cerebro derecho. Cuando se les preguntaba qué veían, los pacientes contestaban invariablemente que «una pata de gallina». Después, Gazzaniga entregó a un paciente, P. S., una serie de tarjetas y le pidió que señalara la que mejor encajaba con lo que había visto. La mano derecha del paciente (controlada por el cerebro izquierdo) señaló una tarjeta en la que salía una gallina, pero simultáneamente su mano izquierda señaló al instante una pala de quitar nieve. Entonces Gazzaniga le hizo a P. S. la pregunta del millón de dólares: «¿Por qué señaló usted a la vez la gallina y la pala?». P. S. contestó: «¡Oh! La pata de gallina va con la gallina, y se necesita una pala para limpiar el gallinero».[12]

¿Qué fue lo que ocurrió en este caso? El cerebro izquierdo, que controla el habla, no tenía dato alguno acerca de la escena de nieve y, por lo tanto, en verdad no sabía por qué la mano izquierda había señalado la pala. De modo que inventó algo creíble. Después de repetir este experimento muchas veces, Gazzaniga llegó a la conclusión de que el hemisferio izquierdo del cerebro es la sede no solo de nuestras capacidades verbales, sino también de un intérprete interno que intenta constantemente dar sentido a nuestra vida, utilizando pistas parciales con el fin de idear narraciones plausibles.

En otro experimento, al hemisferio derecho, no verbal, se le mostró una imagen pornográfica. La paciente reaccionó ruborizándose y soltando una risilla nerviosa. «¿Qué ha visto usted?», le preguntaron los pícaros investigadores. «Nada, solo un destello luminoso», dijo el hemisferio izquierdo, e inmediatamente la paciente volvió a reírse, cubriéndose la boca con la mano. «Entonces ¿por qué se ríe?», insistieron. El desconcertado intérprete del hemisferio izquierdo, que se esforzaba por encontrar alguna explicación racional, contestó que una de las máquinas de la habitación le parecía muy graciosa.[13]

Es como si la CIA efectuase un ataque con drones en Pakistán sin que el Departamento de Estado de Estados Unidos lo supiera. Cuando un periodista interrogara a funcionarios de dicho departamento acerca del caso, estos prepararían alguna explicación verosímil. En realidad, los manipuladores no tendrían ninguna pista de por qué se ordenó el ataque, de modo que simplemente inventarían algo. Todos los seres humanos emplean un mecanismo similar, no solo los pacientes con el cerebro escindido. Una y otra vez, mi CIA particular hace cosas sin la aprobación o el conocimiento de mi Departamento de Estado, y entonces mi Departamento de Estado improvisa un relato que me presenta de la mejor manera posible. Con mucha frecuencia, el propio Departamento de Estado se convence de las puras fantasías que ha inventado.[14]

A conclusiones parecidas han llegado los economistas del comportamiento, que quieren saber cómo toma la gente las decisiones económicas. O, más exactamente, quién toma esas decisiones. ¿Quién decide comprar un Toyota en lugar de un Mercedes, ir de vacaciones a París en lugar de a Tailandia e invertir en bonos del tesoro de Corea del Sur en lugar de en la Bolsa de Shangai? La mayoría de los experimentos han indicado que no hay un único yo a la hora de tomar ninguna de estas decisiones. Se derivan de un tira y afloja entre diferentes entidades internas que a menudo se hallan en conflicto.

Un experimento trascendental fue el que dirigió Daniel Kahneman, que obtuvo el Premio Nobel de Economía. Kahneman pidió a un grupo de voluntarios que participaran en un experimento compuesto por tres partes. En la parte «corta» del experimento, los voluntarios sumergían una mano en un recipiente lleno de agua a 14 °C durante un minuto, algo desagradable, casi doloroso. Pasados 60 segundos, se les pedía que sacaran la mano del agua. En la parte «larga» del experimento, los voluntarios colocaban la otra mano en otro recipiente con agua. La temperatura de esta también era de 14 °C, pero pasados 60 segundos, se añadía subrepticiamente agua caliente, lo que hacía subir la temperatura a 15 °C. Pasados 30 segundos, se les dijo que sacaran la mano. Algunos voluntarios hicieron primero la parte «corta», mientras que otros empezaron con la parte «larga». En cada caso, exactamente siete minutos después de que ambas partes hubieran terminado, llegaba la tercera parte, la más importante del experimento. A los voluntarios se les dijo que tenían que repetir una de las dos partes, y que ellos debían escoger cuál querían; el 80 por ciento prefirió repetir el experimento «largo», que recordaban menos doloroso.

El experimento del agua fría es muy simple, pero sus implicaciones sacuden el núcleo de la visión liberal del mundo. Revela la existencia de al menos dos yoes diferentes en nosotros: el yo experimentador y el yo narrador. El yo experimentador es nuestra conciencia constante. Para el yo experimentador, era evidente que la parte «larga» del experimento era peor. En primer lugar se experimenta agua a 14 °C durante 60 segundos, que es igual de malo que lo que se experimenta en la parte «corta», y después hay que resistir otros 30 segundos con el agua a 15 °C, que no es tan malo, pero sigue distando mucho de ser agradable. Para el yo experimentador, es imposible que añadir una experiencia ligeramente desagradable a una experiencia muy desagradable haga que todo el episodio sea más atractivo.

Sin embargo, el yo experimentador no recuerda nada. No cuenta relatos y apenas se le consulta cuando hay que tomar grandes decisiones. Recuperar recuerdos, contar relatos y tomar grandes decisiones constituyen el monopolio de una entidad muy distinta de nuestro interior: el yo narrador. El yo narrador es como el intérprete del cerebro izquierdo de Gazzaniga. Está siempre atareado narrando historias sobre el pasado y haciendo planes para el futuro. Como cualquier periodista, poeta y político, el yo narrador toma muchos atajos. No lo narra todo, y por lo general teje el relato únicamente a partir de momentos culminantes y resultados finales. El valor de toda la experiencia viene determinado por el promedio de los momentos culminantes y los finales. Por ejemplo, en la parte corta del experimento con agua fría, el yo narrador encuentra la media entre la peor parte (el agua estaba muy fría) y el último momento (el agua seguía estando muy fría), y concluye que «el agua estaba muy fría». El yo narrador hace lo mismo con la parte larga del experimento. Encuentra la media entre la peor parte (el agua estaba muy fría) y el último momento (el agua no estaba tan fría), y concluye que «el agua estaba algo más caliente». Es un hecho crucial que el yo narrador sea ciego en cuanto a la duración y no dé importancia a la diferente extensión de las dos partes. De modo que cuando tiene que elegir entre las dos, prefiere repetir la parte larga, aquella en la que «el agua estaba algo más caliente».

Cada vez que el yo narrador evalúa nuestras experiencias, descarta su duración y adopta la regla de la «parte culminante-parte final»: solo recuerda el momento culminante y el momento final, y evalúa toda la experiencia en función de su promedio. Esto tiene un impacto trascendental en todas nuestras decisiones prácticas. Kahneman empezó a investigar el yo experimentador y el yo narrador a principios de la década de 1990, cuando, junto a Donald Redelmeier, de la Universidad de Toronto, estudió a pacientes a los que se sometía a colonoscopias. La colonoscopia consiste en insertar una cámara minúscula en el tubo digestivo a través del ano para diagnosticar diversas enfermedades de los intestinos. No es una experiencia agradable. Los médicos quieren saber cómo realizar la prueba de la manera menos dolorosa. ¿Deben acelerar la colonoscopia y causar a los pacientes un mayor dolor durante menos tiempo o trabajar más lenta y cuidadosamente?

Para dar respuesta a esta pregunta, Kahneman y Redelmeier pidieron a 154 pacientes que informaran del dolor durante la colonoscopia a intervalos de un minuto. Emplearon una escala de 0 a 10, en la que el 0 equivalía a ningún dolor en absoluto y el 10 a un dolor intolerable. Una vez terminada la colonoscopia, se les pedía a los pacientes que evaluaran el «nivel de dolor total» de la prueba, también en una escala de 0 a 10. Cabía esperar que la evaluación total reflejara la acumulación de los informes minuto a minuto. Cuanto más durara la colonoscopia y cuanto más dolor experimentase el paciente, mayor sería el nivel de dolor total. Pero los resultados reales fueron diferentes.

Al igual que en el experimento con agua fría, el nivel de dolor total no tenía en cuenta la duración y en cambio reflejaba únicamente la regla «parte culminante-parte final». En el peor momento de una colonoscopia que duró ocho minutos, el paciente informó de un dolor de nivel 8, y en el último minuto informó de un dolor de nivel 7. Una vez acabada la prueba, este paciente evaluó su nivel de dolor total en 7,5. Otra colonoscopia duró 24 minutos. Esta vez, el dolor máximo fue también del nivel 8, pero en el último minuto de la prueba el paciente informó de un dolor de nivel 1. Este paciente estimó su nivel de dolor total en solo 4,5. El hecho de que su colonoscopia durara tres veces más y que, en consecuencia, padeciera mucho más dolor acumulado no afectó en absoluto a su recuerdo. El yo narrador no suma las experiencias: las promedia.

Así, pues, ¿qué prefieren los pacientes: una colonoscopia corta e intensa o una larga y cuidadosa? No hay una única respuesta a esta pregunta, porque el paciente tiene al menos dos yoes distintos, y estos tienen intereses diferentes. Si se pregunta al yo experimentador, probablemente prefiera una colonoscopia corta. Pero si se pregunta al yo narrador, votará por una colonoscopia larga, porque solo recuerda el promedio entre el peor momento y el último momento. De hecho, desde el punto de vista del yo narrador, el médico debería añadir unos cuantos minutos completamente superfluos de dolores leves al final de la prueba, porque esto haría que todo el recuerdo fuera mucho menos traumático.[15]

Los pediatras conocen bien este truco. Y también los veterinarios. Muchos tienen en su clínica frascos llenos de premios, y dan algunos a los niños (o a los perros) después de administrarles una inyección dolorosa o de hacerles un examen médico desagradable. Cuando el yo narrador recuerda la visita al médico, diez segundos de placer al final de la visita borrarán muchos minutos de ansiedad y dolor.

La evolución descubrió este truco eones antes de que lo hicieran los pediatras. Dados los insufribles tormentos que las mujeres experimentan en el parto, cabría pensar que, después de haber pasado por ellos una vez, ninguna mujer en su sano juicio aceptaría repetir. Sin embargo, al final del parto y en los días siguientes, el sistema hormonal secreta cortisol y beta-endorfinas, que reducen el dolor y generan una sensación de alivio, y a veces incluso de euforia. Además, el amor creciente hacia el bebé y las felicitaciones por parte de amigos, familiares, dogmas religiosos y propaganda nacionalista conspira para transformar el parto, un trauma terrible, en un recuerdo positivo.

Un estudio realizado en el Centro Médico Rabin de Tel Aviv demostró que el recuerdo del parto reflejaba principalmente los puntos máximo y final, mientras que la duración total casi no tenía ningún impacto.[16] En otra investigación, a 2.428 mujeres suecas se les pidió que contaran sus recuerdos del parto dos meses después de haber dado a luz. El 90 por ciento informaron que la experiencia fue positiva o muy positiva. No olvidaban necesariamente el dolor (el 28,5 por ciento lo describieron como el peor imaginable), pero eso no les impedía evaluar la experiencia como positiva. El yo narrador se acerca a nuestras experiencias con un par de aguzadas tijeras y un grueso rotulador negro. Censura al menos algunos momentos de horror, y guarda en el archivo un relato con final feliz.[17]

La mayoría de las decisiones críticas que tomamos en la vida (relacionadas con la pareja, la carrera, la residencia y las vacaciones) las toma nuestro yo narrador. Suponga el lector que puede elegir entre dos destinos vacacionales potenciales. Puede ir a Jamestown (Virginia) y visitar la histórica ciudad colonial en la que se fundó el primer asentamiento inglés en la Norteamérica continental en 1607. Alternativamente, puede hacer realidad las vacaciones de sus sueños, ya sea una travesía a pie

FIGURA 40. Una imagen icónica de la Virgen María sosteniendo al Niño Jesús. En la mayoría de las culturas, el parto se narra como una experiencia maravillosa en lugar de como un trauma.

en Alaska, tomar el sol en Florida o participar en una bacanal desenfrenada de sexo, drogas y juego en Las Vegas. Pero hay una advertencia: si el lector escoge las vacaciones de sus sueños, antes de subir al avión que lo llevará de vuelta a casa deberá tomar una pastilla que le borrará todos los recuerdos de aquellas vacaciones. Lo que ocurriera en Las Vegas se quedará para siempre en Las Vegas. ¿Qué vacaciones escogería el lector? La mayoría de la gente optaría por el Jamestown colonial, porque la mayoría de la gente da su tarjeta de crédito al yo narrador, al que solo le preocupan los relatos y tiene un interés cero en las experiencias, aunque sean las más fenomenales, si no puede recordarlas.

A decir verdad, el yo experimentador y el yo narrador no son entidades completamente separadas, sino que están fuertemente entrelazadas. El yo narrador usa nuestras experiencias como materia prima importante (pero no exclusiva) para sus relatos. Tales relatos, a su vez, modelan lo que el yo experimentador siente en verdad. Experimentamos el hambre de manera diferente cuando ayunamos durante el Ramadán, cuando ayunamos en preparación para una prueba médica y cuando no comemos porque no tenemos dinero. Los diferentes significados que el yo narrador adscribe a nuestra hambre crean experiencias reales muy diferentes.

Además, el yo experimentador suele ser lo bastante fuerte para sabotear los planes mejor diseñados del yo narrador. Por ejemplo, en Año Nuevo puedo tomar la resolución de empezar una dieta e ir al gimnasio todos los días. Estas grandes decisiones son el monopolio del yo narrador. Pero la semana siguiente, cuando llega la hora de ir al gimnasio, el yo experimentador toma el mando. No tengo ganas de ir al gimnasio y, en cambio, pido una pizza, me siento en el sofá y enciendo el televisor.

No obstante, la mayoría de la gente se identifica con su yo narrador. Cuando dicen «yo», se refieren al relato que hay en su cabeza, no al torrente de experiencias que viven. Nos identificamos con el sistema interno que coge el alocado caos de la vida y lo transforma en cuentos en apariencia lógicos y consistentes. No importa que el argumento esté lleno de mentiras y lagunas, y que se reescriba una y otra vez, de manera que la narración de hoy contradice totalmente la de ayer: lo importante es que siempre conservamos la sensación de que poseemos una única identidad invariable desde el nacimiento hasta la muerte (y quizá incluso más allá de la tumba). Esto da origen a la cuestionable creencia liberal de que yo soy un individuo y poseo una voz interna consistente y clara que da sentido a todo el universo.[18]

EL SENTIDO DE LA VIDA

El yo narrador es la estrella del cuento de Jorge Luis Borges «Un problema».[19] El cuento versa sobre don Quijote de La Mancha, el héroe epónimo de la famosa novela de Miguel de Cervantes. Don Quijote crea para sí un mundo imaginario en el que él es un campeón legendario que está dispuesto a luchar contra gigantes y salvar a doña Dulcinea del Toboso. En realidad, don Quijote es Alonso Quijano, un anciano caballero rural, la noble Dulcinea es una ordinaria muchacha pueblerina de una aldea cercana y los gigantes son molinos de viento. ¿Qué ocurriría, se pregunta Borges, si a partir de su creencia en tales fantasías don Quijote atacara y matara a una persona real? Borges se plantea una pregunta fundamental acerca de la condición humana: ¿qué ocurre cuando los relatos que teje nuestro yo narrador nos causan gran daño o lo causan a los que nos rodean? Hay tres posibilidades principales, sostiene Borges.

Una opción es que no ocurra casi nada. Don Quijote no se preocupará en absoluto por haber matado a un hombre real. Sus delirios son tan abrumadores que es incapaz de ver la diferencia entre este incidente y su duelo imaginario con los gigantes que son molinos de viento. Otra opción es que después de adoptar una vida real, don Quijote se sienta tan horrorizado que acabe saliendo de sus delirios. Esto sería equiparable al joven recluta que va a la guerra creyendo que es bueno morir por su país, pero que acaba completamente desilusionado por las realidades de la guerra.

Y hay una tercera opción, mucho más compleja y profunda. Mientras luchaba contra gigantes imaginarios, don Quijote simplemente actuaba, pero una vez que haya matado a alguien, se aferrará con todas sus fuerzas a sus fantasías, porque serán lo único que dará sentido a su terrible crimen. Paradójicamente, cuantos más sacrificios hacemos para construir un relato imaginario, tanto más fuerte se vuelve el relato, porque deseamos con desesperación dar sentido a esos sacrificios y al sufrimiento que hemos causado.

En política, esto se conoce como el síndrome de «nuestros muchachos no murieron en vano». En 1915, Italia entró en la Primera Guerra Mundial al lado de las potencias de la Entente. El objetivo declarado de Italia era «liberar» Trento y Trieste, dos territorios «italianos» que el Imperio austrohúngaro conservaba como propios «injustamente». Los políticos italianos pronunciaron discursos incendiarios en el Parlamento en los que juraban reparaciones históricas y prometían un retorno a las glorias de la antigua Roma. Centenares de miles de reclutas italianos se dirigieron al frente gritando «¡Por Trento y Trieste!». Creían que sería un paseo.

Pero en absoluto lo fue. El ejército austrohúngaro tenía una fuerte línea defensiva a lo largo del río Isonzo. Los italianos se lanzaron contra ella en 11 sangrientas batallas que les reportaron a lo sumo algunos kilómetros, y nunca consiguieron asegurar un avance. En la primera batalla perdieron a 15.000 hombres. En la segunda, a 40.000. En la tercera, a 60.000. Así continuó la cosa durante más de dos terribles años hasta el undécimo combate, cuando los austríacos contraatacaron: en la batalla de Caporreto derrotaron completamente a los italianos y los hicieron retroceder casi hasta las puertas de Venecia. La gloriosa aventura se convirtió en un baño de sangre. Al final de la guerra, casi 700.000 soldados italianos habían muerto y más de un millón habían resultado heridos.[20]

Después de perder la primera batalla de Isonzo, los políticos italianos tenían dos opciones. Podían admitir su error y firmar un tratado de paz. Austria-Hungría no tenía reclamaciones contra Italia, y habría firmado de buen grado un tratado de paz porque estaba atareada luchando por su supervivencia contra los rusos, mucho más fuertes. Pero ¿cómo podían los políticos dirigirse a los padres, viudas e hijos de los 15.000 soldados italianos muertos y decirles: «Lo sentimos, ha habido un error. Esperamos que no se lo tomen a mal, pero su Giovanni murió en vano, al igual que su Marco»? Alternativamente, podían decir: «¡Giovanni y

FIGURA 41. Diversas víctimas de las batallas de Isonzo. ¿Fue en vano su sacrificio?

Marco fueron héroes! Murieron por que Trieste fuera italiana y nos aseguraremos de que no hayan muerto en vano. ¡Seguiremos luchando hasta que la victoria sea nuestra!». No es de sorprender que los políticos prefirieran la segunda opción. Así, se empeñaron en una segunda batalla y perdieron a otros 40.000 hombres. Los políticos decidieron de nuevo que sería mejor seguir luchando, porque «nuestros muchachos no murieron en vano».

Pero no se puede culpar solo a los políticos. También las masas apoyaban la guerra. Y cuando después de la guerra Italia no recuperó los territorios que reclamaba, la democracia italiana puso al frente a Benito Mussolini y a sus fascistas, que prometieron que obtendrían para Italia una compensación adecuada por todos los sacrificios que había hecho. Aunque para un político es difícil decir a unos padres que su hijo no murió por una buena causa, es mucho más difícil para unos padres decírselo a sí mismos…, y más duro aún para las víctimas. Un soldado mutilado que hubiera perdido las piernas preferiría decirse: «¡Me sacrifiqué por la gloria de la eterna nación italiana!» que: «Perdí las piernas porque fui lo bastante estúpido para creer a unos políticos egocéntricos». Es mucho más fácil vivir con la fantasía, porque la fantasía da sentido al sufrimiento.

Los sacerdotes descubrieron este principio hace miles de años. Constituye la base de numerosas ceremonias y mandamientos religiosos. Si se quiere hacer que la gente crea en entidades imaginarias tales como dioses y naciones, hay que hacer que sacrifiquen algo valioso. Cuanto más doloroso es el sacrificio, más se convence la gente de la existencia del receptor imaginario. Un pobre campesino que sacrifica un buey inestimable en honor a Júpiter se convencerá de que Júpiter existe; de otro modo, ¿cómo iba a excusar su estupidez? El campesino sacrificará otro buey, y otro, y otro más, solo para no tener que admitir que todos los bueyes previos no fueron un desperdicio. Exactamente por la misma razón, si he sacrificado un hijo por la gloria de la nación italiana o mis piernas por la revolución comunista, bastará con que me convierta en un nacionalista italiano fanático o en un comunista entusiasta. Porque si los mitos nacionales italianos o la propaganda comunista son mentira, entonces me veré obligado a admitir que la muerte de mi hijo o mi propia parálisis no han tenido sentido alguno. Pocas personas tienen estómago para admitir algo así.

La misma lógica funciona también en la esfera económica. En 1999, el gobierno de Escocia decidió ordenar la construcción un nuevo edificio para albergar el Parlamento. Según el plan original, las obras iban a durar dos años y a costar 40 millones de libras esterlinas. En realidad, duraron cinco años y costaron 400 millones de libras. Cada vez que los contratistas topaban con dificultades y gastos imprevistos, se dirigían al gobierno escocés y pedían más tiempo y dinero. En todas esas ocasiones, el gobierno se decía: «Bueno, ya hemos invertido 40 millones de libras en esto y quedaremos completamente desacreditados si lo interrumpimos ahora y acabamos con un armazón a medio construir. Vamos a autorizar otros 40 millones». Seis meses después ocurría lo mismo, y para entonces la presión que suponía no acabar con un edificio a medio construir era todavía mayor; y otros seis meses más tarde se repetía de nuevo lo mismo, y así sucesivamente hasta que el coste real fue de diez veces la estimación original.

No son solo los gobiernos los que caen en esta trampa. Compañías comerciales suelen inyectar millones en empresas fallidas, mientras que individuos privados se aferran a matrimonios disfuncionales y puestos de trabajo sin futuro. Porque el yo narrador preferiría seguir padeciendo en el futuro antes que admitir que su sufrimiento pasado careció totalmente de sentido. Finalmente, si queremos salir limpios de los errores del pasado, nuestro yo narrador debe inventar algún giro en el guion que infunda sentido a estos errores. Por ejemplo, un veterano de guerra pacifista puede decirse: «Sí, he perdido las piernas a consecuencia de un error. Pero gracias a ese error ahora comprendo que la guerra es el infierno, y en adelante dedicaré mi vida a luchar por la paz. Así, mi herida tuvo algún sentido positivo: me enseñó a valorar la paz».

Vemos, pues, que el yo también es un relato imaginario, al igual que las naciones, los dioses y el dinero. Cada uno de nosotros tiene un sofisticado sistema que se deshace de la mayoría de nuestras experiencias, conserva solo unas pocas muestras bien escogidas, las mezcla con

Figura 42. Edificio del Parlamento escocés. Nuestras libras esterlinas no murieron en vano.

fragmentos de películas que hemos visto, novelas que hemos leído, discursos que hemos oído, y ensoñaciones propias, y con todo este revoltijo teje un relato en apariencia coherente sobre quién soy yo, de dónde vengo y adónde voy. Dicho relato me dice a quién amar, a quién odiar y qué hacer conmigo. Dicho relato puede hacer incluso que sacrifique mi vida, si eso es lo que requiere el guion. Todos tenemos nuestro género. Algunas personas viven una tragedia, otras habitan en un drama religioso inacabable, aún otras abordan la vida como si se tratara de una película de acción, y no son pocas las que actúan como si de una comedia se tratara. Pero, al final, todas son solo relatos.

¿Cuál es, pues, el sentido de la vida? El liberalismo sostiene que no debemos esperar que una entidad externa nos proporcione algún sentido ya preparado. En lugar de eso, cada votante, cliente y espectador debería usar su libre albedrío para crear sentido, no solo para su vida, sino para todo el universo.

Las ciencias de la vida socavan el liberalismo y aducen que el individuo libre es solo un cuento ficticio pergeñado por una asamblea de algoritmos bioquímicos. En cada momento, los mecanismos bioquímicos del cerebro dan lugar a un destello de experiencia, que desaparece de inmediato. Después aparecen y desaparecen más destellos, en rápida sucesión. Estas experiencias momentáneas no suman para dar una esencia duradera. El yo narrador intenta imponer orden en este caos mediante la elaboración de un relato que nunca termina, en el que cada una de tales experiencias tiene su lugar, y de ahí que cada experiencia tenga algún sentido duradero. Pero, por convincente y tentador que sea, este relato es una ficción. Los cruzados medievales creían que Dios y el cielo daban sentido a su vida. Los modernos liberales creen que las decisiones libres de los individuos dan sentido a la vida. Tanto los unos como los otros se engañan.

Las dudas acerca de la existencia del libre albedrío y de los individuos no son nada nuevo, claro está. Pensadores de la India, China y Grecia razonaron que «el yo individual es una ilusión» hace más de dos mil años. Pero dichas dudas no cambian en verdad la historia a menos que tengan un impacto práctico sobre la economía, la política y la vida cotidiana. Los humanos son maestros de la disonancia cognitiva, y nos permitimos creer algo en el laboratorio y algo totalmente diferente en el tribunal o el Parlamento. De la misma manera que el cristianismo no desapareció el día en que Darwin publicó *El origen de las especies*, tampoco el liberalismo se desvanecerá solo porque los científicos hayan llegado a la conclusión de que no hay individuos libres.

De hecho, incluso Richard Dawkins, Steven Pinker y los otros campeones de la nueva concepción científica del mundo rehúsan abandonar el liberalismo. Después de dedicar centenares de páginas eruditas a deconstruir el yo y el libre albedrío, efectúan impresionantes volteretas intelectuales que milagrosamente los hacen caer de nuevo en el siglo XVIII, como si todos los asombrosos descubrimientos de la biología evolutiva y de la neurociencia en absoluto tuvieran relación con las ideas éticas y políticas de Locke, Rousseau y Thomas Jefferson.

Sin embargo, cuando los descubrimientos científicos heréticos se traduzcan en tecnología cotidiana, actividades rutinarias y estructuras económicas, resultará cada vez más difícil mantener este doble juego, y nosotros (o nuestros herederos) probablemente necesitaremos un paquete totalmente nuevo de creencias religiosas e instituciones políticas. En el inicio del tercer milenio, el liberalismo está amenazado no solo por la idea filosófica de que «no hay individuos libres», sino más bien por tecnologías concretas. Estamos a punto de enfrentarnos a un aluvión de dispositivos, herramientas y estructuras utilísimos que no dejan margen para el libre albedrío de los individuos humanos. ¿Podrán la democracia, el mercado libre y los derechos humanos sobrevivir a este aluvión?

9

La gran desconexión

Las páginas anteriores nos han llevado por un breve recorrido de descubrimientos científicos recientes que socavan la filosofía liberal. Corresponde ahora examinar las implicaciones prácticas de dichos descubrimientos científicos. Los liberales defienden los mercados libres y las elecciones democráticas porque creen que cada humano es un individuo único y valioso, cuyas opciones libres son la fuente última de autoridad. En el siglo XXI tres acontecimientos prácticos pueden hacer que esta creencia haya quedado obsoleta:

1. Los humanos perderán su utilidad económica y militar, de ahí que el sistema económico y político deje de atribuirles mucho valor.
2. El sistema seguirá encontrando valor en los humanos colectivamente, pero no en los individuos.
3. El sistema seguirá encontrando valor en algunos individuos, pero estos serán una nueva élite de superhumanos mejorados y no la masa de la población.

Examinemos estas tres amenazas en detalle. La primera (que los avances tecnológicos harán que los humanos sean inútiles desde el punto de vista económico y militar) no demostrará que el liberalismo esté equivocado en un plano filosófico, pero en la práctica resulta difícil ver cómo la democracia, los mercados libres y otras instituciones liberales vayan a poder sobrevivir a un golpe de este tipo. Después de todo, el liberalismo no se convirtió en la ideología dominante simplemente porque sus argumentaciones filosóficas fueran las más exactas. Más bien, el liberalismo medró porque tenía mucho sentido político, económico y militar adscribir valor a cada ser humano. En los campos de batalla masivos de las modernas guerras industriales y en las líneas de producción masiva de las modernas economías industriales, cada humano contaba. Había valor en cada par de manos que podían sostener un rifle o tirar de una palanca.

En 1793, las casas reales de Europa enviaron a sus ejércitos a estrangular la Revolución francesa en su cuna. Los agitadores de París reaccionaron al proclamar la *levée en masse* y desencadenar la primera guerra total. El 23 de agosto, la Convención Nacional decretó: «Desde este momento y hasta la hora en que sus enemigos hayan sido expulsados del suelo de la República, todos los franceses están en permanente requisición para el servicio de las armas. Los hombres jóvenes deben luchar, los hombres casados deben forjar armas y transportar provisiones, las mujeres deben fabricar tiendas y ropas, y deben servir en los hospitales; los niños deben trabajar el lino, y los ancianos deben ir a las plazas públicas para despertar el valor de los guerreros y predicar el odio a los reyes y la unidad de la República».[1]

Este decreto vierte una luz interesante sobre el documento más famoso de la Revolución francesa (la Declaración de los Derechos del Hombre y del Ciudadano), que reconocía que todos los ciudadanos tienen igual valor e iguales derechos políticos. ¿Es una coincidencia que los derechos universales se proclamaran en la misma coyuntura histórica en que se decretó el servicio militar obligatorio? Aunque los estudiosos pueden objetar sutilezas acerca de las relaciones exactas entre ambos, en los dos siglos que siguieron, un razonamiento común en defensa de la democracia explicó que conceder a las personas derechos políticos era bueno, porque los soldados y los obreros de los países democráticos rendían mejor que los de las dictaduras. Supuestamente, conceder a la gente derechos políticos aumenta su motivación y su capacidad de iniciativa, lo cual es útil tanto en el campo de batalla como en la fábrica.

Así, Charles W. Eliot, presidente de Harvard entre 1869 y 1909, escribió el 5 de agosto de 1917 en el *The New York Times* que «los ejércitos democráticos luchan mejor que los ejércitos organizados aristocráticamente y gobernados autocráticamente», y que «los ejércitos de naciones en las que la masa del pueblo determina la legislación, elige a sus servidores públicos y dirime cuestiones de paz y guerra luchan mejor que los ejércitos de un autócrata que gobierna por derecho de nacimiento y por encargo del Todopoderoso».[2]

Una lógica parecida se hallaba detrás de la consecución del derecho a sufragio de las mujeres tras la Primera Guerra Mundial. Advirtiendo el papel vital de las mujeres en las guerras industriales totales, los países vieron la necesidad de concederles derechos políticos en tiempo de paz. Así, en 1918, el presidente Woodrow Wilson se convirtió en defensor del sufragio femenino, y explicó ante el Senado de Estados Unidos que la Primera Guerra Mundial «no se habría podido librar, por parte de otras naciones implicadas y por Estados Unidos, de no haber sido por los servicios prestados por las mujeres en todas las esferas, no solo en los ámbitos en los que nos hemos acostumbrado a verlas trabajar, sino en todos los puestos en que los hombres han trabajado, y en las inmediaciones y los límites mismos de la batalla. No solo se recelará de nosotros, sino que mereceremos que se recele de nosotros si no les concedemos el más completo de los derechos de sufragio».[3]

Sin embargo, en el siglo XXI la mayoría de los hombres y las mujeres podrían perder su valor militar y económico. Ya han desaparecido los reclutamientos masivos de las dos guerras mundiales. Los ejércitos más avanzados del siglo XXI se basan mucho más en tecnología de última generación. En lugar de carne de cañón ilimitada, ahora solo necesitamos un pequeño número de soldados muy bien adiestrados, un número aún menor de superguerreros de fuerzas especiales, y un puñado de expertos que sepan producir y emplear tecnología sofisticada. Fuerzas de alta tecnología dirigidas por drones sin piloto y cibergusanos están sustituyendo a los ejércitos de masas del siglo XX, y los generales delegan cada vez más decisiones a los algoritmos.

Dejando de lado su imprevisibilidad y su vulnerabilidad al miedo, al hambre y a la fatiga, los soldados de carne y hueso piensan y se mueven a una escala cada vez más irrelevante. Desde los tiempos de Nabucodonosor hasta los de Sadam Husein, a pesar de un sinnúmero de mejoras tecnológicas, la guerra se hacía según una planificación orgánica. Las discusiones duraban horas, las batallas se prolongaban días y las guerras se arrastraban años. Sin embargo, las ciberguerras pueden durar solo unos minutos. Cuando una teniente de guardia al cibermando advierte que sucede algo extraño, coge el teléfono y llama a su superior, quien alerta inmediatamente a la Casa Blanca. Lamentablemente, para cuando el presidente descuelga el auricular rojo, la guerra ya se ha perdido. En cuestión de segundos, un ciberataque suficientemente sofisticado podría hacer que la red eléctrica de Estados Unidos dejara de funcionar, que los centros de control aéreo norteamericanos quedaran inutilizados, que se produjeran numerosos accidentes industriales en plantas nucleares e instalaciones químicas, que se interrumpieran las redes de comunicación de la policía, el ejército y los servicios secretos..., y que se borraran registros financieros de manera que billones de dólares se desvanecieran sin dejar rastro y nadie supiera quién es dueño de qué. Lo único que contendría la histeria general sería que, con internet, la televisión y la radio inactivas, la gente no se daría cuenta de la magnitud total del desastre.

A una escala menor, supongamos que dos drones luchan en el aire. Un dron no puede disparar ni un tiro sin recibir antes la autorización de un operador humano apostado en algún búnker. El otro es completamente autónomo. ¿Cuál cree el lector que vencería? Si en 2093 la decrépita Unión Europea envía sus drones y cíborgs para sofocar una nueva Revolución francesa, la Comuna de París podría poner a su servicio a todo pirata informático, ordenador y teléfono inteligente, pero la mayoría de las personas le serían de poca utilidad, excepto quizá como escudos humanos. Es revelador que, ya en la actualidad, en muchos conflictos asimétricos, la mayoría de los ciudadanos se vean reducidos a servir como escudos humanos contra los armamentos avanzados.

Aunque nos preocupara más la justicia que la victoria, probablemente optaríamos por sustituir a nuestros soldados y pilotos por robots autónomos y drones. Los soldados humanos matan, violan y saquean, e incluso cuando intentan comportarse, con demasiada frecuencia matan a civiles por error. Los ordenadores programados con algoritmos éticos podrían someterse con mucha mayor facilidad a los últimos fallos del tribunal penal internacional.

Figura 43. Izquierda: soldados en la batalla del Somme (1916). Derecha: dron sin piloto.

También en la esfera económica, la capacidad de sostener un martillo o de pulsar un botón se está volviendo menos valiosa. En el pasado eran muchas las cosas que solo los humanos podían hacer. Pero ahora robots y ordenadores nos están dando alcance, y puede que pronto nos avancen en la mayoría de las tareas. Cierto: los ordenadores funcionan de manera muy distinta a los humanos y parece improbable que se transformen pronto en algo próximo a lo humano. En particular, no parece que los ordenadores estén a punto de tener conciencia ni de empezar a experimentar emociones y sensaciones. A lo largo de las últimas décadas ha habido un avance inmenso en inteligencia informática, pero el avance en conciencia informática ha sido nulo. Hasta donde sabemos, en 2016 los ordenadores no son más conscientes que sus prototipos de la década de 1950. Sin embargo, estamos en el umbral de una revolución trascendental. Los humanos corren el peligro de perder su valor porque la inteligencia se está desconectando de la conciencia.

Hasta hoy, una inteligencia elevada siempre ha ido de la mano con una conciencia desarrollada. Solo los seres conscientes podían efectuar tareas que requerían mucha inteligencia, como jugar al ajedrez, conducir automóviles, diagnosticar enfermedades o identificar a terroristas. Sin embargo, en la actualidad estamos desarrollando nuevos tipos de inteligencia no consciente que pueden realizar tales tareas mucho mejor que los humanos, porque todas se basan en el reconocimiento de pautas, y los algoritmos no conscientes podrían superar pronto a la conciencia humana en el reconocimiento de pautas o patrones. Esto plantea una nueva pregunta: ¿qué es lo realmente importante: la inteligencia o la conciencia? Mientras iban de la mano, debatir su valor relativo no era más que un pasatiempo para filósofos. Pero en el siglo XXI, esto se está convirtiendo en una cuestión política y económica urgente. Y da que pensar ver que, al menos para ejércitos y compañías comerciales, la respuesta es clara: la inteligencia es obligatoria, pero la conciencia es opcional.

Ejércitos y compañías comerciales no pueden funcionar sin agentes inteligentes, pero no necesitan conciencia ni experiencias subjetivas. Las experiencias conscientes de un taxista de carne y hueso son infinitamente más ricas que las de un automóvil que funciona sin conductor, que no siente absolutamente nada. El taxista puede disfrutar de la música mientras circula por las concurridas calles de Seúl. Su mente puede expandirse sobrecogida cuando contempla las estrellas y contempla los misterios del universo. Sus ojos pueden llenarse de lágrimas de alegría cuando ve que su hijita da su primer paso. Pero el sistema no necesita todo eso en un taxista. Lo único que en verdad quiere es transportar pasajeros desde el punto A al punto B de la manera más rápida, segura y barata posible. Y el coche autónomo pronto será capaz de hacerlo mucho mejor que un conductor humano, aunque no pueda gozar de la música ni asombrarse ante la magia de la existencia.

De hecho, si prohibimos totalmente a los humanos conducir no solo taxis sino todo tipo de automóviles, y concedemos a los algoritmos informáticos un monopolio sobre el tráfico, podremos conectar todos los vehículos a una única red, con lo que los accidentes de automóvil serán mucho menos probables. En agosto de 2015, uno de los coches autónomos experimentales de Google tuvo un accidente. Cuando se acercaba a un cruce y detectó que había peatones que querían cruzar, aplicó los frenos. Un momento después fue embestido por detrás por un sedán cuyo descuidado conductor humano contemplaba quizá los misterios del universo en lugar de mirar la calle. Esto no podría haber ocurrido si ambos vehículos hubieran sido conducidos por ordenadores interconectados. El algoritmo de control habría conocido la posición e intenciones de cada uno de los vehículos, y no habría permitido que dos de sus marionetas chocaran. Un sistema de este tipo ahorrará mucho tiempo y dinero y salvará vidas humanas…, pero también acabará con la experiencia humana de conducir un coche y con decenas de millones de puestos de trabajo humanos.[4]

Algunos economistas predicen que, más pronto o más tarde, los humanos no mejorados serán completamente inútiles. Mientras que robots e impresoras tridimensionales sustituyen a los trabajadores en tareas manuales como fabricar camisas, algoritmos muy inteligentes harán lo mismo con las ocupaciones administrativas. Los empleados de banca y los agentes de viajes, que hace muy poco se hallaban completamente seguros ante la automatización, son ahora especies en peligro. ¿Cuántos agentes de viajes necesitamos cuando podemos usar nuestros teléfonos inteligentes para comprar billetes de avión a un algoritmo?

También los corredores de Bolsa están en peligro. En la actualidad, la mayoría de los negocios de la Bolsa los gestionan algoritmos informáticos, que pueden procesar en un segundo más datos de los que un humano procesaría en un año y reaccionar a los datos mucho más deprisa de lo que tarda en parpadear un humano. El 23 de abril de 2013, piratas informáticos sirios *hackearon* la cuenta oficial de Twitter de la Associated Press. A las 13.07 tuitearon que la Casa Blanca había sido atacada y que el presidente Obama estaba herido. Los algoritmos comerciales que supervisan constantemente las noticias reaccionaron de inmediato y empezaron a vender acciones como locos. El Dow Jones cayó en picado, y en 60 segundos perdió 150 puntos, el equivalente a una pérdida de 136.000 millones de dólares. A las 13.10, la Associated Press aclaró que el tuit era un fraude. Los algoritmos cambiaron de dirección y a las 13.13 el Dow Jones había recuperado casi todas sus pérdidas.

Tres años antes, la Bolsa de Valores de Nueva York experimentó una conmoción aún mayor. En cuestión de cinco minutos, entre las 14.42 y las 14.47, el Dow Jones cayó 1.000 puntos y perdió un billón de dólares. Después se recuperó y volvió a su nivel anterior a la caída en poco más de tres minutos. Esto es lo que ocurre cuando programas informáticos superrápidos están a cargo de nuestro dinero. Desde entonces, los expertos intentan comprender qué ocurrió en este denominado Flash Crash (crac fugaz). Sabemos que la culpa fue de los algoritmos, pero todavía no sabemos con certeza qué fue lo que falló. Algunos corredores de Bolsa de Estados Unidos ya han puesto pleitos al funcionamiento bursátil mediante algoritmos, aduciendo que discrimina de manera injusta a los seres humanos, que simplemente no pueden reaccionar con la suficiente rapidez para competir. Pormenorizar si esto constituye realmente una violación de derechos podría proporcionar muchísimo trabajo y muchísimos honorarios a los abogados.[5]

Y dichos abogados no tienen por qué ser necesariamente humanos. Las películas y las series de televisión transmiten la impresión de que los abogados se pasan el día en los tribunales gritando: «¡Protesto!» y pronunciando apasionados alegatos. Pero la mayoría de los abogados corrientes pasan su tiempo revisando archivos interminables en busca de precedentes, resquicios legales y minúsculos fragmentos de pruebas potencialmente relevantes. Algunos están atareados intentando imaginar qué ocurrió el día en que mataron a Pepito el de los Palotes o preparando un contrato comercial gigantesco que proteja a su cliente frente a cualquier eventualidad concebible. ¿Cuál será el destino de todos estos abogados cuando sofisticados algoritmos de búsqueda puedan localizar más precedentes en un día que un humano en toda su vida, y cuando los escaneos cerebrales puedan desvelar mentiras y engaños con solo pulsar un botón? Incluso a los abogados y los detectives con mucha experiencia les resulta difícil detectar engaños mediante la simple observación de las expresiones faciales y del tono de voz. Sin embargo, mentir implica áreas cerebrales distintas de las que usamos cuando decimos la verdad. Todavía no hemos llegado ahí, pero es concebible que en un futuro no muy lejano los escáneres fMRI puedan funcionar como máquinas de la verdad casi infalibles. ¿Dónde dejará esto a millones de abogados, jueces, policías y detectives? Quizá necesiten volver a la universidad y aprender una nueva profesión.[6]

Sin embargo, cuando llegaran al aula bien podrían descubrir que los algoritmos llegaron antes. Compañías tales como Mindojo desarrollan algoritmos interactivos que no solo le enseñan a uno matemáticas, física e historia, sino que simultáneamente le estudian y acaban por saber exactamente quién es. Profesores digitales supervisarán de cerca todas las respuestas que dé y cuánto tiempo tardó en darlas. Con el tiempo, discernirán sus puntos débiles particulares y también sus puntos fuertes. Identificarán lo que le excita y lo que hace que los párpados se le cierren. Podrán enseñarle termodinámica o geometría de una manera que se adapte a su tipo de personalidad, incluso si esa manera no es adecuada para el 99 por ciento de los demás alumnos. Y estos profesores digitales nunca perderán la paciencia, nunca le gritarán y nunca harán huelga. Sin embargo, no está claro por qué diantres uno necesitaría saber termodinámica o geometría en un mundo que disponga de estos programas informáticos tan inteligentes.[7]

Incluso los médicos son el blanco de los algoritmos. La primera y más importante tarea de la mayoría de los médicos es diagnosticar correctamente enfermedades, y después sugerir el mejor tratamiento posible. Si uno llega a la clínica quejándose de fiebre y diarrea, podría tener una intoxicación alimentaria. Pero, asimismo, estos síntomas podrían corresponder a un virus estomacal, al cólera, a la disentería, a la malaria, al cáncer o a alguna enfermedad nueva aún desconocida. El médico solo tiene cinco minutos para hacer un diagnóstico correcto, porque ese es el tiempo por el que paga el seguro que uno tiene contratado. Ese tiempo no permite más que hacer unas pocas preguntas y quizá un examen rápido. Después, el médico contrasta esta escasa información con el historial clínico del paciente, y con el vasto mundo de las enfermedades humanas. Lamentablemente, ni el médico más diligente es capaz de recordar todas las dolencias previas de un paciente ni sus chequeos rutinarios. De igual modo, ningún médico puede estar familiarizado con todas y cada una de las enfermedades y medicamentos, ni leer todos y cada uno de los artículos publicados en todas las revistas médicas. Para rematarlo, el médico está a veces cansado o hambriento, o quizá incluso enfermo, lo que afecta a su juicio. No es extraño que a veces se equivoque en sus diagnósticos o recomiende un tratamiento menos que óptimo.

Consideremos ahora el famoso Watson de IBM, un sistema de inteligencia artificial que ganó el concurso televisivo *Jeopardy!* en 2011, venciendo a los anteriores ganadores humanos. Por lo general, a Watson se le prepara para que haga un trabajo más serio; en particular, en el ámbito del diagnóstico de enfermedades. Una IA como Watson tiene enormes ventajas potenciales sobre los médicos humanos. En primer lugar, una IA puede contener en sus bancos de datos información acerca de todas las enfermedades conocidas y todos los medicamentos de la historia. Después, puede actualizar dichos bancos de datos a diario, no solo con los descubrimientos de nuevas investigaciones, sino también con las estadísticas obtenidas de todas las clínicas y todos los hospitales del mundo.

En segundo lugar, Watson puede estar íntimamente familiarizado no solo con todo mi genoma y mi historial médico, sino también con los genomas y los historiales médicos de mis padres, hermanos, primos, vecinos y amigos. Watson sabrá de inmediato si en fechas recientes visité un país tropical, si sufro infecciones estomacales recurrentes, si ha habido casos de cáncer intestinal en mi familia o si esta mañana personas de toda la ciudad están acusando diarrea.

En tercer lugar, Watson nunca estará cansado, hambriento ni enfermo, y tendrá todo el tiempo del mundo para mí. Podría sentarme cómodamente en el sofá de casa y contestar a centenares de preguntas, diciéndole cómo me encuentro exactamente. Esto son buenas noticias para la mayoría de los pacientes (excepto quizá para los hipocondríacos). Pero si el lector ingresa hoy en una Facultad de Medicina con la esperanza

FIGURA 44. Watson, de IBM, derrotando a sus dos contrincantes humanos en *Jeopardy!*, en 2011.

de seguir siendo médico de familia dentro de veinte años, quizá debería pensárselo dos veces. Con este Watson por ahí, no hay mucha necesidad de ningún Sherlock.

Esta amenaza se cierne sobre la cabeza no solo de los médicos generalistas, sino también de los especialistas. En realidad, podría resultar más fácil suplantar a médicos que se especialicen en un ámbito relativamente reducido, como el diagnóstico del cáncer. Por ejemplo, en un experimento reciente, un algoritmo informático diagnosticó el 90 por ciento de los casos de cáncer de pulmón que se le presentaron, mientras que los médicos solo acertaron en el 50 por ciento.[8] De hecho, el futuro ya está aquí. Las TC (tomografías computerizadas) y las mamografías se analizan de manera rutinaria por medio de algoritmos especializados, que proporcionan a los médicos una segunda opinión, y a veces detectan tumores que pasaron por alto a los médicos.[9]

Toda una serie de difíciles problemas técnicos impiden aún a Watson y a sus iguales reemplazar a la mayoría de los médicos mañana mismo. Pero estos problemas técnicos, por complejos que sean, solo habrá que resolverlos una vez. La formación de un médico humano es un proceso complicado y caro que dura años. Cuando el proceso se ha completado, después de diez años de estudios y períodos de prácticas, todo lo que tenemos es un médico. Si queremos dos médicos, tenemos que repetir todo el proceso desde cero. En cambio, si se resuelven los problemas técnicos que dificultan la puesta en marcha de Watson, tendremos no uno, sino un número infinito de médicos, disponibles en cualquier rincón del mundo las veinticuatro horas y los siete días de la semana. De modo que aunque cueste 100.000 millones de dólares hacer que funcione, a la larga será mucho más barato que formar a médicos humanos.

Y lo dicho de los médicos puede aplicarse doblemente a los farmacéuticos. En 2011 se fundó una farmacia en San Francisco de la que se encarga un único robot. Cuando un humano llega a la farmacia, en cuestión de segundos el robot recibe todas las recetas del cliente, así como información detallada acerca de qué otros medicamentos toma y de sus supuestas alergias. El robot se asegura de que las nuevas recetas no sean incompatibles con ningún otro medicamento o alergia, y después proporciona al cliente el producto en cuestión. En su primer año de funcionamiento, el farmacéutico robótico canjeó dos millones de recetas sin cometer ni una sola equivocación. De promedio, los farmacéuticos de carne y hueso se equivocan con el 1,7 por ciento de las recetas. Solo en Estados Unidos, esto supone anualmente ¡más de 50 millones de errores con las recetas![10]

Algunas personas aducen que incluso si un algoritmo pudiera hacerlo mejor que médicos y farmacéuticos en los aspectos técnicos de sus profesiones, nunca podría sustituir el componente humano. Si una TC indica que tenemos cáncer, ¿preferiríamos recibir la noticia de un médico humano comprensivo y empático o de una máquina? Bien, ¿y qué tal recibir la noticia de una máquina comprensiva y empática que ajusta sus palabras a nuestro tipo de personalidad? Recuérdese que los organismos son algoritmos, y que Watson puede detectar nuestro estado emocional con la misma precisión con que detecta nuestros tumores.

Mediante el análisis de nuestro ADN, nuestra tensión arterial y un sinfín de otros datos biométricos, Watson podría saber exactamente cómo nos sentimos. Gracias a la estadística de millones de encuentros sociales previos, Watson podría decirnos después con precisión lo que necesitamos oír con el tono de voz adecuado. A pesar de su tan cacareada inteligencia emocional, los seres humanos suelen encontrarse abrumados por sus propias emociones y reaccionan de manera contraproducente. Por ejemplo, ante una persona airada empiezan a gritar, y al oír a una persona temerosa dejan que afloren sus propias ansiedades. Watson nunca sucumbirá a tales tentaciones. Al no tener emociones propias, siempre ofrecerá la mejor reacción a nuestro estado emocional.

Esta idea ya ha sido puesta parcialmente en práctica por algunos departamentos de atención al cliente, de los que la compañía Mattersight, con sede en Chicago, ha sido pionera. Mattersight publicita sus productos con el siguiente anuncio: «¿Ha hablado usted alguna vez con alguien y ha notado que se caían bien? La sensación mágica que le invade es el resultado de una conexión de personalidades. Mattersight genera esta sensación diariamente con sus servicios telefónicos de atención al cliente de todo el mundo».[11] Cuando llamamos a un departamento de atención al cliente con una pregunta o una queja, por lo general se tarda unos segundos en dirigir la llamada a un agente. En los departamentos de Mattersight, nuestra llamada es dirigida por un algoritmo inteligente. Primero indicamos el motivo de nuestra llamada. El algoritmo escucha nuestra petición, analiza las palabras que hemos elegido y nuestro tono de voz, y deduce no solo nuestro estado emocional, sino también nuestra personalidad: si somos introvertidos, extravertidos, rebeldes o dependientes. A partir de dicha información, el algoritmo nos pone en contacto con el agente que mejor se ajusta a nuestro estado de ánimo y personalidad. El algoritmo sabe si necesitamos una persona empática que escuche pacientemente nuestras quejas o alguien racional y sensato que nos proporcione la solución técnica más rápida. Una buena conexión significa a la vez tener clientes más satisfechos y que el departamento de atención al cliente gaste menos tiempo y dinero.[12]

LA CLASE INÚTIL

El dilema más importante en la economía del siglo XXI bien pudiera ser qué hacer con toda la gente superflua. ¿Qué harán los humanos conscientes cuando tengamos algoritmos no conscientes y muy inteligentes capaces de hacer casi todo mejor?

A lo largo de la historia, el mercado laboral se dividió en tres sectores principales: agricultura, industria y servicios. Hasta cerca de 1800, la inmensa mayoría de la gente trabajaba en la agricultura, y solo una pequeña minoría lo hacía en la industria y los servicios. Durante la revolución industrial, la gente de los países desarrollados abandonó campos y rebaños. La mayoría empezaron a trabajar en la industria, pero un número creciente consiguió también trabajo en el sector de los servicios. En décadas recientes, los países desarrollados han experimentado otra revolución al ir desapareciendo los empleos industriales y expandiéndose el sector de los servicios. En 2010, solo el 2 por ciento de los estadounidenses trabajaban en la agricultura; el 20 por ciento trabajaban en la industria, y el 78 por ciento, como profesores, médicos, diseñadores de páginas web, etcétera. Cuando los algoritmos sin mente sean capaces de enseñar, diagnosticar y diseñar mejor que los humanos, ¿qué haremos?

Esta no es una pregunta del todo nueva. Ya desde que estalló la revolución industrial, la gente temía que la mecanización pudiera provocar desempleo masivo. Esto no llegó a ocurrir, porque a medida que las antiguas profesiones quedaban obsoletas, aparecían otras, y siempre había algo que los humanos podían hacer mejor que las máquinas. Pero esta no es una ley de la naturaleza, y nada garantiza que la cosa siga siendo así en el futuro. Los humanos tienen dos tipos básicos de capacidades: capacidades físicas y capacidades cognitivas. Mientras las máquinas solo competían con nosotros en capacidades físicas, siempre fue posible encontrar tareas cognitivas que los humanos hiciesen mejor. Así, las máquinas quedaron a cargo de tareas puramente manuales, mientras que los humanos se centraban en tareas que requerían al menos algunas habilidades cognitivas. Pero ¿qué ocurrirá cuando los algoritmos sean mejores que nosotros recordando, analizando y reconociendo pautas?

La idea de que los humanos siempre tendrán una capacidad única fuera del alcance de los algoritmos no conscientes es solo una ilusión. La respuesta científica actual a este sueño imposible puede resumirse en tres principios sencillos:

1. Los organismos son algoritmos. Todo animal (*Homo sapiens* incluido) es un conjunto de algoritmos orgánicos modelados por la selección natural a lo largo de millones de años de evolución.
2. Los cálculos algorítmicos no se resienten de los materiales con los que se fabrica una calculadora. Ya hagamos el ábaco con madera, hierro o plástico, dos cuentas más dos cuentas es igual a cuatro cuentas.
3. De ahí que no haya razón para pensar que los algoritmos orgánicos vayan a ser capaces en el futuro de hacer cosas que los algoritmos no orgánicos nunca conseguirán replicar o superar. Mientras los cálculos sigan siendo válidos, ¿qué importa que los algoritmos se manifiesten en carbono o en silicio?

Cierto: en la actualidad hay muchas cosas que los algoritmos orgánicos hacen mejor que los no orgánicos, y los expertos han declarado repetidamente que algo quedará «siempre» más allá del alcance de los algoritmos no orgánicos. Pero resulta que, a menudo, «siempre» significa apenas una o dos décadas. Hasta hace muy poco, el reconocimiento facial era uno de los ejemplos predilectos de algo que hasta los bebés hacen fácilmente pero que eludía incluso a los ordenadores más potentes del mundo. En la actualidad, los programas de reconocimiento facial son capaces de reconocer a la gente de manera mucho más eficiente y rápida que los humanos. Los cuerpos de policía y los servicios de inteligencia utilizan ahora estos programas para escanear innumerables horas de grabaciones en vídeo procedentes de cámaras de vigilancia para seguir la pista a sospechosos y criminales.

En la década de 1980, cuando la gente debatía acerca de la naturaleza única de la humanidad, utilizaban habitualmente el ajedrez como prueba primordial de la superioridad humana. Creían que los ordenadores nunca vencerían a los humanos en el ajedrez. El 10 de febrero de 1996, el Deep Blue de IBM derrotó al campeón mundial de ajedrez Garri Kaspárov, con lo que se puso fin a esta afirmación concreta de la preeminencia humana.

Deep Blue recibió una ventaja por parte de sus creadores, que lo preprogramaron no solo con las reglas básicas del ajedrez, sino también con instrucciones detalladas relativas a las estrategias del juego. Una nueva generación de IA prefiere el aprendizaje mediante máquinas para hacer cosas incluso más notables y elegantes. En febrero de 2015, un programa desarrollado por Google DeepMind aprendió por su cuenta a jugar a 49 juegos clásicos de Atari. Uno de los programadores, el doctor Demis Hassabis, explicó que «la única información que dimos al sistema fueron los píxeles en bruto de la pantalla y la idea de que tenía que conseguir una puntuación alta. Y todo lo demás tenía que deducirlo por sí mismo». El programa consiguió aprender las reglas de todos los juegos que se le presentaron, desde Pac-Man y Space Invaders hasta las carreras de coches y los juegos de tenis. Después jugaba la mayoría de ellos tan bien como los humanos o incluso mejor, y a veces daba con estrategias que nunca se les habían ocurrido a jugadores humanos.[13]

Los algoritmos informáticos también han demostrado recientemente su valor en juegos de pelota. Durante muchas décadas, los equi-

FIGURA 45. El Deep Blue derrota a Garri Kaspárov.

pos de béisbol emplearon la sabiduría, la experiencia y los instintos viscerales de cazatalentos y directores técnicos profesionales para seleccionar jugadores. Los mejores alcanzaban precios de millones de dólares, y, como es natural, los equipos ricos conseguían la flor y nata del mercado, mientras que los equipos más pobres tenían que conformarse con las sobras. En 2002, Billy Beane, el director técnico del Oakland Athletics, un equipo de bajo presupuesto, decidió vencer al sistema. Se basó en un críptico algoritmo informático desarrollado por economistas y genios informáticos para crear un equipo ganador a partir de jugadores que los cazatalentos humanos habían pasado por alto o habían subestimado. Los veteranos estaban furiosos porque el algoritmo de Beane transgredía las sagradas pautas del béisbol. Decían que seleccionar jugadores de béisbol es un arte, y que solo los humanos con una experiencia larga y profunda del juego pueden dominarlo. Un programa de ordenador nunca podría hacerlo, porque nunca sería capaz de descifrar los secretos y el espíritu del béisbol.

Pronto tuvieron que comerse sus gorras de béisbol. El equipo algorítmico de Beane, con un presupuesto austero (44 millones de dólares), no solo plantó cara a gigantes del béisbol como los Yankees de Nueva York (125 millones de dólares), sino que se convirtió en el primer equipo de la Liga norteamericana en ganar 20 partidos consecutivos. Pero Beane y Oakland no pudieron disfrutar mucho tiempo de su éxito. Enseguida, otros muchos equipos adoptaron el mismo planteamiento algorítmico, y, puesto que los Yankees y los Red Sox podían pagar mucho más tanto por los jugadores como por los programas informáticos, los equipos de presupuesto reducido como los Oakland Athletics tienen ahora incluso menos probabilidades que antes de vencer al sistema.[14]

En 2004, el profesor Frank Levy del MIT y el profesor Richard Murnane de Harvard publicaron un exhaustivo trabajo sobre el mercado laboral en el que se listaban aquellas profesiones que con mayor probabilidad experimentarían automatización. Se ponía el ejemplo de los conductores de camiones como un puesto de trabajo que posiblemente no podría automatizarse en un futuro próximo. Es difícil imaginar, escribieron, que los algoritmos puedan conducir camiones con seguridad en una carretera con mucho tráfico. Solo diez años después, Google y Tesla no solo lo imaginan, sino que lo están haciendo.[15]

De hecho, a medida que pasa el tiempo, resulta cada vez más fácil sustituir a los humanos con algoritmos informáticos, no solo porque los algoritmos son cada vez más inteligentes, sino también porque los humanos se profesionalizan. Los antiguos cazadores-recolectores dominaban una amplia variedad de habilidades para sobrevivir, razón por la que sería inmensamente difícil diseñar un cazador-recolector robótico. Dicho robot tendría que saber hacer puntas de lanza a partir de pedernales, encontrar setas comestibles en un bosque, seguir la pista de un mamut, coordinar un ataque con una docena de cazadores más y después utilizas hierbas medicinales para curar las posibles heridas.

Sin embargo, a lo largo de los últimos miles de años, los humanos nos hemos ido especializando. Un taxista o un cardiólogo se especializan en un ámbito mucho más estrecho que un cazador-recolector, lo que hace que sea más fácil sustituirlos con IA.

Incluso los directores a cargo de todas estas actividades pueden ser sustituidos. Gracias a sus potentes algoritmos, Uber es capaz de gestionar a millones de taxistas con solo un puñado de humanos. La mayoría de las órdenes las dan los algoritmos sin necesidad alguna de supervisión humana.[16] En mayo de 2014, Deep Knowledge Ventures, una empresa de capital riesgo de Hong Kong especializada en medicina regenerativa, abrió un nuevo ámbito al designar a un algoritmo llamado VITAL en su consejo directivo. VITAL efectúa recomendaciones de inversión después de analizar enormes cantidades de datos de la situación financiera, ensayos clínicos y propiedad intelectual de compañías potenciales. Al igual que los otros cinco miembros del consejo, el algoritmo tiene derecho a voto en la decisión de la empresa de invertir o no en una determinada compañía.

Al examinar la actuación de VITAL hasta ahora, parece que ya ha adquirido uno de los vicios de los directores generales: el nepotismo. Ha recomendado invertir en compañías que conceden más autoridad a los algoritmos. Por ejemplo, con la bendición de VITAL, Deep Knowledge Ventures ha invertido recientemente en Pathway Pharmaceuticals, que emplea un algoritmo llamado OncoFinder para seleccionar y evaluar terapias personalizadas contra el cáncer.[17]

A medida que los algoritmos expulsen a los humanos del mercado laboral, la riqueza podría acabar concentrada en manos de la minúscula élite que posea los todopoderosos algoritmos, generando así una desigualdad social y política sin precedentes. Alternativamente, los algoritmos podrían no solo dirigir empresas, sino también ser sus propietarios. En la actualidad, la ley humana ya reconoce entidades intersubjetivas, como empresas y naciones, como «personas legales». Aunque Toyota o Argentina no tengan cuerpo ni mente, se hallan sujetas a las leyes internacionales, pueden poseer tierras y dinero, y demandar y ser demandadas en los tribunales. Pronto podríamos conceder un estatus similar a los algoritmos. Un algoritmo podría entonces poseer un fondo de capital riesgo sin tener que obedecer los dictados de ningún patrón humano.

Si el algoritmo toma las decisiones adecuadas, podría acumular una fortuna, que después podría invertir como creyera conveniente, quizá comprando nuestra casa y convirtiéndose en nuestro casero. Si infringimos los derechos legales del algoritmo (por no pagar el alquiler, pongamos por caso), este podría contratar a abogados y llevarnos ante los tribunales. Si tales algoritmos rinden mejor que los capitalistas humanos de manera continuada, podríamos terminar con una clase alta algorítmica que poseyera la mayor parte de nuestro planeta. Quizá esto parezca imposible, pero antes de descartar la idea, recuerde el lector que la mayor parte de nuestro planeta ya es propiedad legal de entidades intersubjetivas no humanas, es decir, naciones y compañías. De hecho, hace cinco mil años, la mayor parte de Sumeria era propiedad de dioses imaginarios como Enki e Inanna. Si los dioses pueden poseer tierras y emplear a personas, ¿por qué no los algoritmos?

¿Y qué hará la gente? A menudo se dice que el arte nos proporciona nuestro último (y únicamente humano) santuario. En un mundo en el que los ordenadores sustituyen a médicos, conductores de vehículos, profesores e incluso caseros, todos podrán hacerse artistas. Pero es difícil ver por qué la creación artística se hallará a salvo de los algoritmos. ¿Por qué estamos tan seguros de que los ordenadores no podrán hacerlo mejor que nosotros en la composición de música? Según las ciencias de la vida, el arte no es el producto de algún espíritu encantado o de un alma metafísica, sino de algoritmos orgánicos que reconocen pautas matemáticas. Si es así, no hay razón por la que algoritmos no orgánicos no puedan dominar el arte.

David Cope es profesor de musicología en la Universidad de California en Santa Cruz. También es una de las figuras más polémicas del mundo de la música clásica. Cope ha elaborado programas que componen conciertos, corales, sinfonías y óperas. Su primera creación se llamaba EMI (Experimentos en Inteligencia Musical), especializada en imitar el estilo de Johann Sebastian Bach. Le llevó siete años crear el programa, pero cuando el trabajo estuvo hecho, EMI compuso 5.000 corales al estilo de Bach en un solo día. Cope organizó una exhibición de algunas corales seleccionadas en un festival de música en Santa Cruz. Miembros entusiastas del público alabaron el maravilloso concierto y afirmaron apasionadamente que la música les había llegado a lo más hondo. No sabían que la había compuesto EMI y no Bach, y cuando se reveló la verdad, algunos reaccionaron con un silencio taciturno, mientras que otros gritaron airados.

EMI continuó mejorando y aprendió a imitar a Beethoven, Chopin, Rajmáninov y Stravinski. Cope consiguió un contrato para EMI, y su primer álbum (*Classical Music Composed by Computer*) se vendió sorprendentemente bien. La publicidad provocó que la hostilidad de los aficionados a la música clásica aumentara. El profesor Steve Larson, de la Universidad de Oregón, lanzó un reto a Cope para llevar a cabo una confrontación musical. Larson sugirió que pianistas profesionales interpretaran tres piezas, una a continuación de la otra: una de Bach, una de EMI y una del propio Larson. Después, se pediría al público que adivinase quién había compuesto cada pieza. Larson estaba convencido de que la gente advertiría fácilmente la diferencia entre las conmovedoras composiciones humanas y la exánime creación de una máquina. Cope aceptó el reto. En la fecha señalada, centenares de profesores, estudiantes y aficionados a la música se reunieron en la sala de conciertos de la Universidad de Oregón. Al final de la actuación votaron. ¿El resultado? El público creía que la pieza de EMI era genuina de Bach, que la de Bach la había compuesto Larson y que la de Larson la había producido un ordenador.

Los críticos han seguido diciendo que la música de EMI es excelente desde el punto de vista técnico, pero que le falta algo. Es demasiado precisa. No tiene profundidad. No tiene alma. Pero cuando la gente oye sus composiciones sin que se la informe de su procedencia, suelen alabarla precisamente por su ternura y su resonancia emocional.

Después de los éxitos de EMI, Cope creó nuevos programas aún más refinados. Su logro supremo fue Annie. Mientras EMI componía música según reglas predeterminadas, Annie se basa en el aprendizaje mediante una máquina. Su estilo musical cambia constantemente y se desarrolla en reacción a nuevos estímulos externos. Cope no tiene idea de lo que Annie compondrá. En realidad, Annie no se limita a la composición musical, sino que también explora otras formas de arte, como los haikus. En 2011, Cope publicó *Comes the Fiery Night: 2,000 Haiku by Man and Machine*. De los 2.000 haikus del libro, algunos los escribió Annie y el resto son de poetas orgánicos. El libro no desvela quién escribió qué. Si el lector cree que puede apreciar la diferencia entre la creatividad humana y el resultado de la máquina, es libre de comprobarlo.[18]

En el siglo XIX, la revolución industrial dio lugar a una enorme clase nueva de proletariado urbano, y el socialismo se extendió porque nadie había conseguido gestionar las necesidades, esperanzas y temores, hasta entonces desconocidos, de esta nueva clase obrera. Finalmente, el liberalismo consiguió derrotar al socialismo al adoptar las mejores partes del programa socialista. En el siglo XXI podemos asistir a la creación de una nueva y masiva clase no trabajadora: personas carentes de ningún valor económico, político o incluso artístico, que no contribuyen en nada a la prosperidad, al poder y a la gloria de la sociedad. Esta «clase inútil» no solo estará desempleada: será inempleable.

En septiembre de 2013, dos investigadores de Oxford, Carl Benedikt Frey y Michael A. Osborne, publicaron el informe *The Future of Employment*, en el que exploraban la probabilidad de que diferentes profesiones quedaran a cargo de algoritmos informáticos a lo largo de los veinte años siguientes. El algoritmo que desarrollaron Frey y Osborne para hacer los cálculos estimó que el 47 por ciento de los puestos de trabajo de Estados Unidos corren un riesgo elevado. Por ejemplo, hay un 99 por ciento de probabilidades de que en 2033 los televendedores y los agentes de seguros humanos pierdan su puesto de trabajo, que será ocupado por algoritmos. Hay un 98 por ciento de probabilidades de que lo mismo ocurra con los árbitros deportivos, un 97 por ciento de que les ocurra a los cajeros, y el 96 por ciento de que les ocurra a los chefs. Camareros: 94 por ciento. Procuradores: 94 por ciento. Guías de viajes organizados: 91 por ciento. Panaderos: 89 por ciento. Conductores de autobús: 89 por ciento. Obreros de la construcción: 88 por ciento. Ayudantes de veterinario: 86 por ciento. Guardias de seguridad: 84 por ciento. Marineros: 83 por ciento. Camareros: 77 por ciento. Archiveros: 76 por ciento. Carpinteros: 72 por ciento. Socorristas: 67 por ciento. Y así sucesivamente. Desde luego, hay algunos empleos seguros. La probabilidad de que en 2033 los algoritmos informáticos desplacen a los arqueólogos es de solo el 0,7 por ciento, porque su trabajo requiere tipos de reconocimiento de pautas muy refinados, y no produce grandes beneficios. De ahí que sea improbable que las empresas o el gobierno inviertan lo necesario para automatizar la arqueología en los próximos veinte años.[19]

Naturalmente, para cuando llegue el año 2033, es probable que hayan aparecido muchas profesiones nuevas, por ejemplo, la de diseñador de mundos virtuales. Pero es también probable que dichas profesiones requieran mucha más creatividad y flexibilidad que nuestros empleos corrientes, y no está claro que las cajeras o los agentes de seguros de cuarenta años sean capaces de reinventarse como diseñadores de mundos virtuales (¡imagine el lector un mundo virtual creado por un agente de seguros!). E incluso si lo hacen, el ritmo del progreso es tal que en otra década podrían tener que reinventarse de nuevo. Después de todo, bien pudiera ser que los algoritmos también superen a los humanos en el diseño de mundos virtuales. El problema crucial no es crear nuevos empleos. El problema crucial es crear nuevos empleos en los que los humanos rindan mejor que los algoritmos.[20]

Es posible que la prosperidad tecnológica haga viable alimentar y sostener a las masas inútiles incluso sin esfuerzo alguno por parte de estas. Pero ¿qué las mantendrá ocupadas y satisfechas? Las personas tendrán que hacer algo o se volverán locas. ¿Qué harán durante todo el día? Una solución la podrían ofrecer las drogas y los juegos de ordenador. Las personas innecesarias podrían pasar una cantidad de tiempo cada vez mayor dentro de mundos tridimensionales de realidad virtual, que les proporcionarían mucha más emoción y compromiso emocional que la gris realidad exterior. Pero esta situación asestaría un golpe mortal a la creencia liberal en el carácter sagrado de la vida y de las experiencias humanas. ¿Qué hay de sagrado en holgazanes inútiles que se pasan el día devorando experiencias artificiales?

Algunos expertos y pensadores, como Nick Bostrom, advierten que es improbable que la humanidad padezca dicha degradación, porque cuando la inteligencia artificial supere a la inteligencia humana, sencillamente, exterminará a la humanidad. Es probable que esto lo haga la IA ya sea por miedo de que la humanidad se vuelva contra ella e intente cerrarle el grifo, ya sea en busca de algún objetivo insondable propio. Porque sería muy difícil que los humanos controlaran la motivación de un sistema más inteligente que ellos.

Incluso preprogramar el sistema con objetivos aparentemente benignos podría resultar horriblemente contraproducente. Una situación hipotética popular imagina que una empresa diseña la primera superinteligencia artificial y la pone a prueba de manera inocente: le hace calcular pi. Antes de que nadie se dé cuenta de lo que está sucediendo, la IA se apodera del planeta, elimina a la raza humana, emprende una campaña de conquista hasta los confines de la galaxia y transforma todo el universo conocido en un superordenador gigantesco que, a lo largo de miles de millones de años, calcula pi cada vez con mayor precisión. Después de todo, esta es la misión divina que su Creador le dio.[21]

UNA PROBABILIDAD DEL 87 POR CIENTO

Al principio de este capítulo identificamos varias amenazas prácticas al liberalismo. La primera es que los humanos pueden volverse inútiles desde los puntos de vista militar y económico. Esto no es más que una posibilidad, desde luego, no una profecía. Dificultades técnicas u objeciones políticas podrían desacelerar la invasión algorítmica del mercado laboral. Alternativamente, puesto que gran parte de la mente humana es aún territorio inexplorado, no sabemos en verdad qué talentos ocultos pueden descubrir los humanos y qué nuevas profesiones podrían crear para sustituir las pérdidas. Sin embargo, quizá esto no sea suficiente para salvar el liberalismo, porque el liberalismo no solo cree en el valor de los seres humanos: también cree en el individualismo. La segunda amenaza a la que se enfrenta el liberalismo es que en el futuro, mientras el sistema todavía pudiera necesitar humanos, podría no necesitar individuos. Los humanos continuarán componiendo música, enseñando física e invirtiendo dinero, pero el sistema comprenderá a estos humanos mejor de lo que ellos mismos se comprenden y tomará por ellos la mayor parte de las decisiones importantes. Por lo tanto, el sistema privará a los individuos de su autoridad y de su libertad.

La creencia liberal en el individualismo se fundamenta en tres supuestos importantes que ya comentamos anteriormente:

1. Yo soy un in-dividuo, es decir, poseo una esencia única que no puede dividirse en ninguna parte o subsistema. Es cierto que este núcleo interno está envuelto por muchas capas externas. Pero si hago el esfuerzo de retirar esas cortezas externas, encontraré en lo más profundo de mí una voz interior clara y única, que es mi yo auténtico.

2. Mi yo auténtico es completamente libre.

3. De estos dos supuestos se infiere que puedo conocer cosas acerca de mí que nadie más puede descubrir. Porque solo yo tengo acceso a mi espacio interior de libertad y solo yo puedo sentir los susurros de mi yo auténtico. Esta es la razón por la que el liberalismo concede al individuo tanta autoridad. No puedo confiar en nadie para que elija por mí, porque nadie puede saber quién soy yo en realidad, qué siento y qué deseo. Esto explica que el votante sea quien mejor sabe lo que le conviene, por qué el cliente siempre tiene la razón y por qué la belleza está en el ojo del espectador.

Sin embargo, las ciencias de la vida desafían los tres supuestos. Según las ciencias de la vida:

1. Los organismos son algoritmos, y los humanos no son individuos: son «dividuos». Es decir, los humanos son un conjunto de muchos algoritmos diferentes que carecen de una voz interior o un yo únicos.

2. Los algoritmos que conforman un humano no son libres. Están modelados por los genes y las presiones ambientales, y toman decisiones, ya sea de manera determinista, ya sea al azar, pero no libremente.

3. De ahí se infiere que un algoritmo externo puede teóricamente conocerme mucho mejor de lo que yo nunca me conoceré. Un algoritmo que supervisa cada uno de los sistemas que componen mi cuerpo y mi cerebro puede saber exactamente quién soy, qué siento y qué deseo. Una vez desarrollado, dicho algoritmo puede sustituir al votante, al cliente y al espectador. Entonces el algoritmo será quien mejor sepa lo que le conviene, el algoritmo siempre tendrá la razón y la belleza estará en los cálculos del algoritmo.

Durante los siglos xix y xx, no obstante, la creencia en el individualismo tenía un buen sentido práctico, porque no había algoritmos externos que pudieran en verdad supervisarme de manera efectiva. Quizá estados y mercados habrían querido hacer exactamente esto, pero carecían de la tecnología necesaria. El KGB y el FBI tenían solo una comprensión vaga de mi bioquímica, de mi genoma y de mi cerebro, e incluso si sus agentes colocaban micrófonos ocultos y controlaban todas las llamadas telefónicas que yo hacía y registraban todos mis encuentros fortuitos en la calle, no tenían la potencia informática necesaria para analizar todos estos datos. En consecuencia, dadas las condiciones tecnológicas del siglo xx, los liberales estaban en lo cierto cuando afirmaban que nadie podía conocerme mejor de lo que yo me conozco. Por lo tanto, los humanos tenían una razón muy buena para considerarse un sistema autónomo, y para seguir sus propias voces interiores en lugar de las órdenes del Gran Hermano.

Sin embargo, la tecnología del siglo xxi podría permitir que algoritmos externos acabaran conociéndome mucho mejor que yo mismo, y, una vez que esto ocurra, la creencia en el individualismo se hundirá y la autoridad pasará de los individuos humanos a algoritmos en red. Las personas ya no se verán como seres autónomos que guían su vida en consonancia con sus deseos, y en cambio se acostumbrarán a verse como una colección de mecanismos bioquímicos que está constantemente supervisada y guiada por una red de algoritmos electrónicos. Para que esto ocurra, no hay necesidad de que un algoritmo externo me conozca a la perfección y nunca cometa ningún error: bastará con que un algoritmo exterior me conozca mejor que yo mismo y que cometa menos errores que yo. Entonces tendrá sentido confiar a este algoritmo cada vez más mis decisiones y opciones de mi vida.

En realidad, ya hemos cruzado esta línea en lo que a la medicina se refiere. En el hospital ya no somos individuos. ¿Quién cree el lector que tomará las decisiones más trascendentales sobre su cuerpo y su salud a lo largo de su vida? Es muy probable que muchas de tales decisiones las tomen algoritmos informáticos como el Watson de IBM. Y esto no es necesariamente una mala noticia. Los diabéticos ya llevan sensores que comprueban automáticamente su nivel de azúcar varias veces al día, y les alertan siempre que este cruza un umbral peligroso. En 2014, investigadores de la Universidad de Yale anunciaron la primera prueba exitosa con un «páncreas artificial» controlado por un iPhone. Cincuenta y dos diabéticos participaron en el experimento. Cada paciente tenía un sensor diminuto y una bomba minúscula implantados en el estómago. La bomba estaba conectada a pequeños tubos de insulina y glucagón, dos hormonas que regulan conjuntamente los niveles de azúcar en sangre. El sensor medía constantemente el nivel de azúcar y transmitía los datos a un iPhone. Este contenía una aplicación que analizaba la información y, siempre que era necesario, daba órdenes a la bomba, que inyectaba cantidades determinadas de insulina o de glucagón..., todo ello sin necesidad de intervención humana.[22]

Otras muchas personas que padecen enfermedades leves han empezado a utilizar sensores y ordenadores portátiles para supervisar su salud y sus actividades. Los dispositivos (incorporados a cualquier cosa, desde teléfonos inteligentes y relojes de pulsera a pulseras y ropa interior) registran datos biométricos diversos, como la tensión arterial. Después, los datos se suministran a sofisticados programas informáticos, que nos aconsejan sobre cómo cambiar nuestra dieta y rutinas cotidianas para gozar de mejor salud y de una vida más larga y productiva.[23] Google, junto con la gigantesca compañía farmacéutica Novartis, desarrolla una lente de contacto que comprueba cada pocos segundos los niveles de glucosa en sangre analizando el contenido de las lágrimas.[24] Pixie Scientific vende «pañales inteligentes» que analizan la caca del bebé en busca de indicios sobre la salud del niño. En noviembre de 2014, Microsoft lanzó al mercado la Microsoft Band, una pulsera inteligente que supervisa, entre otras cosas, los latidos del corazón, la calidad del sueño y el número de pasos que la persona da al día. Una aplicación llamada Deadline va un paso más allá y nos dice cuántos años de vida nos quedan, según nuestros hábitos actuales.

Algunas personas utilizan estas aplicaciones sin pensar demasiado en ellas, pero para otras esto es ya una ideología, si no una religión. El movimiento Quantified Self afirma que el yo no es otra cosa que pautas matemáticas. Estas pautas son tan complejas que la mente humana no tiene ninguna posibilidad de comprenderlas. De modo que si queremos obedecer la máxima ancestral «Conócete», no debemos perder tiempo con la filosofía, la meditación o el psicoanálisis, sino hacer acopio de forma sistemática de datos biométricos y permitir que los algoritmos los analicen por nosotros y nos digan quiénes somos y qué deberíamos hacer. El lema del movimiento es: «Conocimiento de uno mismo mediante los números».[25]

En 2000, el cantante israelí Shlomo Shavan conquistó las listas de éxitos del país con su canción «Arik». Se trata de un muchacho que está obsesionado con el ex de su novia, llamado Arik. Le pregunta a la novia quién es mejor en la cama, si él o Arik. La novia elude la pregunta y le dice que fue diferente con cada uno de ellos. El chico no está satisfecho y le exige: «Dame números, señorita». Bueno, precisamente para estos muchachos, una compañía llamada Bedpost vende pulseras biométricas que se pueden llevar mientras se mantienen relaciones sexuales. La pulsera capta datos tales como el ritmo cardíaco, el nivel de transpiración, la duración del coito, la duración del orgasmo y la cantidad de calorías que uno quema. Los datos se introducen en un ordenador que analiza la información y puntúa nuestro rendimiento con números precisos. Se acabaron los falsos orgasmos y el «¿Qué te ha parecido?».[26]

La gente que se considera a través de la mediación constante de tales dispositivos podría empezar a verse como colecciones de sistemas bioquímicos más que como individuos, y sus decisiones cada vez reflejarán más las demandas en conflicto de los diversos sistemas.[27] Suponga el lector que dispone de dos horas libres a la semana y duda entre aprovecharlas jugando al ajedrez o al tenis. Un buen amigo podría preguntarle: «¿Qué te dice el corazón?» «Bueno —contestaría el lector—, en lo que al corazón atañe, es evidente que el tenis es mejor. También es mejor para mi nivel de colesterol y mi tensión arterial. Pero mis fMRI indican que debería reforzar mi corteza prefrontal izquierda. En mi familia, la demencia es bastante común, y mi tío la sufrió a una edad muy temprana. Los últimos estudios indican que una partida de ajedrez a la semana puede ayudar a atrasar la aparición de la demencia».

Se pueden encontrar ya ejemplos mucho más extremos de mediación externa en las plantas de geriatría de los hospitales. El humanismo fantasea con la vejez como un período de sabiduría y conocimiento. El anciano ideal puede padecer dolencias físicas y debilidad, pero su mente es rápida y aguda, y tiene ochenta años de experiencia para ofrecer.

Sabe exactamente qué es cada cosa, y siempre tiene un buen consejo que dar a los nietos y a otros visitantes. Los octogenarios del siglo xxi no siempre responden a esta descripción. Gracias a nuestra comprensión creciente de la biología humana, la medicina nos mantiene vivos el tiempo suficiente para que nuestra mente y nuestro «yo auténtico» se desintegre y desaparezca. Con demasiada frecuencia, lo que queda es un conjunto de sistemas biológicos disfuncionales que una serie de monitores, ordenadores y bombas hacen funcionar.

En un plano más profundo, a medida que las tecnologías genéticas se vayan integrando en la vida cotidiana y que la gente desarrolle relaciones cada vez más íntimas con su ADN, el yo único podría difuminarse aún más, y la auténtica voz interior, disolverse en una ruidosa muchedumbre de genes. Cuando me enfrente a dilemas y decisiones difíciles, podría dejar de buscar mi voz interior y, en cambio, consultar mi parlamento genético interior.

El 14 de mayo de 2013, la actriz Angelina Jolie publicó un artículo en el *The New York Times* sobre su decisión de someterse a una doble mastectomía. Jolie había vivido durante años bajo la sombra del cáncer de mama, pues tanto su madre como su abuela murieron por esta causa a una edad relativamente temprana. Jolie se hizo una prueba genética que demostró que portaba una peligrosa mutación del gen BRCA1. Según estudios estadísticos recientes, las mujeres que portan dicha mutación tienen un 87 por ciento de probabilidades de desarrollar cáncer de mama. Aunque en aquellas fechas Jolie no tenía cáncer, decidió anticiparse a la temida enfermedad. En el artículo, Jolie explicaba que «Decidí no ocultar mi decisión porque hay muchas mujeres que no saben que podrían vivir bajo la sombra del cáncer. Mi esperanza es que también ellas puedan hacerse pruebas genéticas y que si tienen un riesgo elevado, sepan que también tienen opciones importantes».[28]

Someterse o no a una mastectomía es una decisión difícil y potencialmente mortal. Más allá de las incomodidades, peligros y costes de la operación y el posterior tratamiento, la decisión puede tener efectos trascendentales en la propia salud, la imagen corporal, el bienestar emocional y las relaciones personales. La decisión de Jolie y la valentía que demostró al hacerla pública causaron gran conmoción y le granjearon el aplauso y la admiración internacionales. En particular, muchos esperaban que la publicidad aumentara la conciencia de la medicina genética y de sus beneficios potenciales.

Desde una perspectiva histórica, es interesante señalar la función fundamental que los algoritmos desempeñaron en este caso. Cuando Jolie tomó una decisión tan importante sobre su vida, no subió a la cima de una montaña con vistas al océano, contempló cómo el sol se ponía entre las olas e intentó conectar con sus sentimientos más íntimos. En lugar de ello, prefirió escuchar a sus genes, cuya voz se manifestaba no en sentimientos, sino en números. Jolie no sintió ningún tipo de dolor o de malestar. Sus sentimientos le dijeron: «Relájate, todo está perfectamente bien». Pero los algoritmos informáticos que sus médicos emplearon dijeron algo muy distinto: «No notas que haya ningún problema, pero en tu ADN hay una bomba de tiempo que está haciendo tictac. Haz algo al respecto... ¡ya!».

Por descontado, las emociones de Jolie y su personalidad única desempeñaron también una función esencial. Si otra mujer con una personalidad diferente hubiera descubierto que portaba la misma mutación genética, bien podría haber decidido no hacerse una mastectomía. Sin embargo (y aquí entramos en la zona de penumbra), ¿qué habría pasado si esa otra mujer hubiera descubierto que portaba no solo la peligrosa mutación BRCA1, sino también otra mutación en el gen (ficticio) ABCD3, que afecta a un área del cerebro responsable de la evaluación de probabilidades, con lo que hace que las personas subestimen los peligros? ¿Qué ocurriría si un estadístico le indicara a esa mujer que su madre, su abuela y otros familiares murieron jóvenes porque subestimaron diferentes riesgos de salud y no tomaron medidas precautorias?

Con toda probabilidad, también el lector tomará decisiones importantes sobre su salud de la misma manera que Angelina Jolie. Se someterá a un análisis genético, a un análisis de sangre o a una fMRI; un algoritmo analizará los resultados en relación con enormes bases de datos estadísticas, y después el lector aceptará la recomendación del algoritmo. Esta situación hipotética no es apocalíptica. Los algoritmos no se rebelarán ni nos esclavizarán. Más bien, serán tan buenos a la hora de tomar decisiones por nosotros que sería una locura no seguir sus consejos.

La primera película que Angelina Jolie protagonizó fue una de ciencia ficción: *Cyborg 2*, de 1993. Interpretaba a Casella Reese, una cíborg desarrollada en el año 2074 por Pinwheel Robotics para el espionaje industrial y el asesinato. Casella es programada con emociones humanas para que se mezcle mejor con las sociedades humanas mientras se dedica a sus misiones. Cuando Casella descubre que Pinwheel Robotics no solo la controla, sino que también intenta eliminarla, huye y lucha por su vida y su libertad. *Cyborg 2* es una fantasía liberal sobre un individuo que defiende la libertad y la intimidad contra los pulpos empresariales globales.

En la vida real, Jolie prefirió sacrificar la intimidad y la autonomía en aras de la salud. Un deseo similar de mejorar la salud humana bien podría hacer que la mayoría desmantelemos voluntariamente las barreras que protegen nuestros espacios privados y permitamos que las burocracias del Estado y las compañías internacionales accedan a nuestros recovecos más íntimos. Por ejemplo, si se permitiera que Google leyera nuestros correos electrónicos e hiciera el seguimiento de nuestras actividades, ello haría posible que Google nos alertara de epidemias que se estuvieran gestando antes de que los servicios de salud tradicionales las descubrieran.

¿Cómo sabe el Servicio Nacional de Salud del Reino Unido que ha surgido una epidemia de gripe en Londres? Mediante el análisis de los informes de miles de médicos que trabajan en centenares de clínicas. ¿Y cómo obtienen la información todos esos médicos? Bueno, cuando Mary se despierta una mañana y no se encuentra bien del todo, no va directamente al médico. Espera unas horas, o incluso uno o dos días, con la esperanza de que una buena taza de té con miel le resuelva el problema. Cuando las cosas no mejoran, pide hora al médico, va a la clínica y describe los síntomas. El doctor introduce los datos en el ordenador y, con suerte, alguien en la sede central del Servicio Nacional de Salud analiza esos datos junto con informes que llegan procedentes de miles de otros médicos, y llega a la conclusión de que está comenzando una epidemia de gripe. Todo esto lleva mucho tiempo.

Google podría hacerlo en minutos. Todo lo que necesita es supervisar las palabras que los londinenses escriben en sus correos electrónicos y en el buscador de Google, y cruzarlos con una base de datos de síntomas de enfermedades. Supongamos que en un día medio las palabras «jaqueca», «fiebre», «náuseas» y «estornudo» aparecen 100.000 veces en los correos electrónicos y las búsquedas. Si hoy el algoritmo de Google advierte que estas palabras aparecen 300.000 veces, ¡bingo!: tenemos una epidemia de gripe. No hay necesidad de esperar a que Mary vaya al médico. Aquella primera mañana en que se despertó encontrándose un poco mal y antes de ir a trabajar envió a un compañero un correo electrónico en el que decía «Tengo jaqueca, pero iré». Esto es todo lo que Google necesita.

Sin embargo, para que Google obre su magia, Mary tiene que permitir no solo que lea sus correos, sino que además comparta la información con las autoridades sanitarias. Si Angelina Jolie estaba dispuesta a sacrificar su intimidad con el fin de aumentar la concienciación ante el cáncer de mama, ¿por qué Mary no habría de hacer un sacrificio similar para luchar contra las epidemias?

Esto no es una idea teórica. En 2008, Google puso en marcha Google Flu Trends, que rastrea los brotes de gripe mediante el seguimiento de las búsquedas de Google. El servicio se encuentra aún en fase de desarrollo, y, debido a limitaciones de privacidad, solo supervisa las palabras de búsqueda y supuestamente evita leer mensajes privados. Pero ya es capaz de detonar la alarma de gripe diez días antes que los servicios de salud tradicionales.[29]

Un proyecto más ambicioso es el llamado Google Baseline Study. Google intenta construir una base de datos gigantesca sobre salud humana, estableciendo el perfil de «salud perfecta». Con suerte, esta permitirá identificar incluso las menores desviaciones del umbral de base y alertará a las personas que empiezan a desarrollar problemas de salud como el cáncer, con lo que podrán atajarse. El Baseline Study encaja con toda una línea de productos llamados Google Fit. Dichos productos se incorporarán a artículos personales como ropa, pulseras, zapatos y gafas, y acopiarán un torrente interminable de datos biométricos. La idea es que Google Fit alimente el Baseline Study con los datos que necesita.[30]

Pero las compañías como Google quieren ir mucho más allá de los artículos llevables. Actualmente, el mercado de las pruebas de ADN está creciendo a pasos agigantados. Una de las empresas que lo encabezan es 23andMe, una compañía privada fundada por Anne Wojcicki, exmujer de Sergéi Brin, cofundador de Google. El nombre 23andMe se corresponde con los 23 pares de cromosomas que contiene nuestro genoma, y el mensaje es que mis cromosomas tienen una relación muy especial conmigo. Quien consiga comprender lo que dicen los cromosomas podrá decirnos cosas sobre nosotros que ni siquiera sospechamos.

Si uno quiere saber qué cosas, solo tiene que pagar a 23andMe 99 dólares y le enviarán un paquetito con un tubo. El cliente luego escupe en el tubo, lo sella y lo envía a Mountain View, California. Allí leerán el ADN de la saliva del cliente, que recibirá los resultados por vía electrónica. Estos resultados contendrán una lista de los riesgos potenciales de salud a los que el cliente se enfrenta, y su disposición genética para más de 90 rasgos y condiciones, que van desde la calvicie a la ceguera. «Conócete» no fue nunca tan fácil ni tan barato. Puesto que todo se basa en estadísticas, el tamaño de la base de datos de la compañía es la clave para hacer predicciones precisas. De ahí que la primera compañía que elabore una base de datos genéticos gigante proporcionará a sus clientes las mejores predicciones y podrá acaparar el mercado. Las compañías biotecnológicas estadounidenses están cada vez más preocupadas por que las estrictas leyes de Estados Unidos sobre privacidad sumadas al desprecio chino hacia la intimidad individual puedan servir en bandeja el mercado genético a China.

Si conectamos todos los puntos, y si concedemos a Google y a sus competidores acceso libre a nuestros dispositivos biométricos, a los análisis de nuestro ADN y a nuestro historial médico, conseguiremos un servicio médico que lo sabrá todo, que no solo combatirá las epidemias, sino que nos protegerá del cáncer, los infartos y el alzhéimer. Pero con esta base de datos a su disposición, Google podría hacer mucho más. Imagine el lector un sistema que, en palabras de la famosa canción de Police, vigile cada bocanada de aire que inhale, cada movimiento que haga y cada lazo que rompa. Un sistema que supervise su cuenta bancaria y su ritmo cardíaco, sus niveles de azúcar y sus aventuras sexuales. Es evidente que conocerá al lector mucho mejor de lo que este se conoce a sí mismo. Los autoengaños y las ilusiones que hacen que la gente quede atrapada en malas compañías, carreras equivocadas y hábitos perniciosos no engañarán a Google. A diferencia del yo narrador que nos controla en la actualidad, Google no tomará decisiones a partir de relatos amañados, no caerá en la trampa de atajos cognitivos ni se guiará por la regla de la «arte culminante-parte final». Google recordará en verdad cada paso que demos y cada mano que estrechemos.

Muchas personas estarán encantadas de transferir gran parte de sus procesos de toma de decisiones a manos de un sistema de este tipo, o al menos de consultar con él siempre que se enfrenten a decisiones importantes. Google nos aconsejará qué película ver, adónde ir de vacaciones, qué estudiar en la universidad, qué oferta laboral aceptar e incluso con quién salir y casarse. «Oye, Google —le dirá—, tanto John como Paul me cortejan. Los dos me gustan, pero de una manera diferente, y me está costando mucho decidirme. Considerando todo lo que sabes, ¿qué me aconsejas que haga?»

Y Google contestará: «Bueno, te conozco desde el día que naciste. He leído todos tus correos electrónicos y registrado todas tus llamadas telefónicas y conozco tus películas favoritas, tu ADN y el historial completo de tu corazón. Tengo datos exactos acerca de cada cita que has tenido y, si quieres, puedo mostrarte gráficos segundo a segundo de tu ritmo cardíaco, tensión arterial y niveles de azúcar de cada vez que quedaste con John o con Paul. Si es necesario, incluso puedo proporcionarte una puntuación matemática precisa de cada encuentro sexual que tuviste con uno u otro. Y, naturalmente, los conozco tan bien como a ti. Sobre la base de toda esta información, de mis magníficos algoritmos y de estadísticas sobre millones de relaciones que hace décadas que reúno…, te aconsejo que te quedes con John, ya que tienes un 87 por ciento de probabilidades de vivir a la larga más satisfecha con él.

»De hecho, te conozco tanto que también sé que no te gusta esta respuesta. Paul es mucho más guapo que John, y puesto que concedes tanto peso a la apariencia externa, querías secretamente que yo te dijera "Paul". La apariencia es importante, desde luego, pero no tanto como crees. Tus algoritmos bioquímicos (que evolucionaron hace decenas de miles de años en la sabana africana) conceden a la apariencia un 35 por ciento de la puntuación global de parejas potenciales. Mis algoritmos, que se basan en los estudios y las estadísticas más actualizados, dicen que el aspecto solo tiene un 14 por ciento de impacto en el éxito a largo plazo de las relaciones románticas. Así, aunque he tenido en cuenta la apariencia de Paul, continúo diciéndote que estarás mejor con John».[31]

A cambio de estos devotos servicios de asesoramiento, solo tendremos que abandonar la idea de que los humanos son individuos, y de que cada humano tiene un libre albedrío que determina qué es bueno, qué es hermoso y cuál es el sentido de la vida. Los humanos ya no serán entidades autónomas dirigidas por los relatos que inventa su yo narrador. En cambio, serán parte integral de una enorme red global.

El liberalismo sacraliza al yo narrador y le permite votar en los colegios electorales, en el supermercado y en el mercado matrimonial. Durante siglos, esto ha tenido sentido, porque aunque el yo narrador creía en todo tipo de ficciones y fantasías, no había sistema alternativo que me conociera mejor. Pero teniendo un sistema que me conoce mejor, sería insensato dejar la autoridad en manos del yo narrador.

Los hábitos liberales como las elecciones democráticas quedarán obsoletos, porque Google podrá describir incluso mis propias opiniones políticas mejor que yo. Cuando me hallo detrás de la cortina en la cabina, a punto de votar, el liberalismo me instruye para que consulte mi auténtico yo y elija aquel candidato o partido que represente mis deseos más íntimos. Pero las ciencias de la vida indican que cuando estoy allí, tras la cortina, en verdad no recuerdo todo lo que he sentido y pensado en los años transcurridos desde las últimas elecciones. Además, me ha bombardeado un aluvión de propaganda, recuerdos manipulados y aleatorios que bien podrían estar distorsionando mis decisiones. Al igual que en el experimento de Kahneman con el agua fría, también en política el yo narrador sigue la regla de la «parte culminante-parte final»: olvida la inmensa mayoría de los acontecimientos, recuerda solo unos pocos episodios extremos y confiere un peso totalmente desproporcionado a sucesos recientes.

Durante cuatro largos años puedo estar quejándome repetidamente de la política del primer ministro, y diciéndome y diciendo a quien quiera escucharme que será «la ruina de todos nosotros». Sin embargo, en los meses anteriores a las elecciones, el gobierno recorta los impuestos y gasta generosamente el dinero. El partido gobernante contrata a los mejores creativos para que conduzcan una campaña brillante, con una mezcla bien equilibrada de amenazas y promesas que van dirigidas directamente al centro del miedo de mi cerebro. La mañana de las elecciones me levanto con un resfriado, que afecta a mis procesos mentales y me hace preferir la seguridad y la estabilidad a todas las demás consideraciones. Y, *voilà!*, envío al hombre que será «la ruina de todos nosotros» de nuevo a presidir el gobierno otros cuatro años.

Solo con que hubiera autorizado a Google para que votara por mí podría haberme librado de esta suerte. Como todo el mundo sabe, Google no nació ayer. Aunque no pasa por alto la reciente reducción de impuestos y las promesas electorales, también recuerda lo que ha ocurrido a lo largo de los últimos cuatro años. Sabe cuál era mi presión sanguínea cada vez que leía los periódicos de la mañana, y cómo mi nivel de dopamina caía por los suelos mientras veía las noticias de la noche. Google sabrá cribar los eslóganes vacíos de los manipuladores. Google también sabrá que la enfermedad hace que los votantes se inclinen un poco más a la derecha de lo habitual, y lo compensará. Por lo tanto, Google podrá votar no según mi estado mental momentáneo ni las fantasías del yo narrador, sino más bien según los sentimientos e intereses reales de la colección de algoritmos que conocemos como «yo».

Naturalmente, Google no siempre acertará. Después de todo, se trata solo de probabilidades. Pero si toma suficientes decisiones buenas, la gente le concederá cada vez más autoridad. A medida que pase el tiempo, las bases de datos aumentarán, las estadísticas se harán más precisas, los algoritmos mejorarán y las decisiones serán todavía mejores. El sistema nunca me conocerá a la perfección, y nunca será infalible. Pero no hay necesidad de ello. El liberalismo se vendrá abajo el día en que el sistema me conozca mejor que yo mismo. Lo cual es menos difícil de lo que parece, dado que la mayoría de las personas no se conocen realmente bien a sí mismas.

Un estudio reciente encargado por la némesis de Google, Facebook, ha indicado que ya en la actualidad el algoritmo de Facebook es un mejor juez de las personalidades y disposiciones humanas incluso que los amigos, familiares y cónyuges. El estudio se realizó con 86.220 voluntarios que tienen una cuenta de Facebook y que completaron un cuestionario de personalidad compuesto por 100 puntos. El algoritmo de Facebook predecía las respuestas de los voluntarios basándose en sus «Me gusta» de Facebook: qué páginas web, imágenes y vídeos destacaban con la opción «Me gusta». Las predicciones del algoritmo se compararon con las de compañeros de trabajo, amigos, familiares y cónyuges. De manera sorprendente, el algoritmo necesitó un conjunto de solo 10 «Me gusta» para superar las predicciones de los compañeros de trabajo. Necesitó 70 «Me gusta» para superar las de los amigos, 150 para superar las de los familiares, y 300 para hacerlo mejor que los cónyuges. En otras palabras, si el lector ha pulsado 300 veces «Me gusta» en su cuenta de Facebook, ¡el algoritmo de Facebook puede predecir sus opiniones y deseos mejor que su esposo o esposa!

De hecho, en algunos ámbitos, el algoritmo de Facebook lo hacía mejor que la propia persona. Se pidió a los participantes que evaluaran cosas tales como su nivel de uso de drogas o el tamaño de sus redes sociales. Sus juicios fueron menos precisos que los del algoritmo. La investigación concluye con la siguiente predicción (que hicieron los autores humanos del artículo, no el algoritmo de Facebook): «La gente podría abandonar sus propios juicios psicológicos y fiarse de los ordenadores en la toma de decisiones importantes en la vida, como elegir actividades, carreras o incluso parejas. Es posible que estas decisiones guiadas por los datos mejoren la vida de las personas».[32]

Con una nota más siniestra, el mismo estudio implica que en las próximas elecciones presidenciales Facebook podría conocer no solo las opiniones políticas de decenas de millones de estadounidenses, sino también quiénes de ellos son los trascendentales votantes que cambiarán su voto, y en qué sentido lo harán. Facebook podría decirnos que en Oklahoma la carrera entre republicanos y demócratas es particularmente reñida, Facebook podría identificar a 32.417 votantes que todavía no han decidido a quién votar, y Facebook podría determinar qué es lo que cada candidato necesita decir para inclinar la balanza. ¿Cómo podría Facebook obtener estos datos políticos inestimables? Se los proporcionamos gratis.

En el apogeo del imperialismo europeo, conquistadores y mercaderes compraban islas y países enteros a cambio de cuentas de colores. En el siglo XXI, nuestros datos personales son probablemente el recurso más valioso que la mayoría de los humanos aún pueden ofrecer, y los estamos cediendo a los gigantes tecnológicos a cambio de servicios de correo electrónico y divertidos vídeos de gatitos.

DE ORÁCULO A SOBERANO

Cuando Google, Facebook y otros algoritmos se conviertan en oráculos omniscientes, bien podrían evolucionar para convertirse en representantes y finalmente en soberanos.[33] Para comprender esta trayectoria, considérese el caso de Waze, una aplicación de navegación basada en el GPS que muchos conductores emplean en la actualidad. Sin embargo, Waze no es solo un mapa. Sus millones de usuarios lo actualizan constantemente con información sobre atascos, accidentes y presencia de coches policiales. De ahí que Waze sepa desviarnos del tráfico intenso y llevarnos hasta nuestro destino por la ruta más rápida posible. Cuando llegamos a un cruce y nuestro instinto nos dice que giremos a la derecha pero Waze nos indica que giremos a la izquierda, los usuarios más tarde o más temprano aprenden que es mejor hacer caso a Waze y no a sus sensaciones.[34]

A primera vista parece que el algoritmo de Waze nos sirve solo como oráculo. Le hacemos una pregunta, el oráculo contesta, pero somos nosotros los que tenemos que tomar la decisión. Sin embargo, si el oráculo se gana nuestra confianza, el siguiente paso lógico es convertirlo en un representante. Damos al algoritmo solo un objetivo último, y él actúa para alcanzar dicho objetivo sin nuestra supervisión. En el caso de Waze, esto puede suceder cuando lo conectamos a un coche automático y le decimos: «Toma la ruta más rápida hasta casa» o «Toma la ruta más pintoresca», o «Toma la ruta con la que contamine menos».

Nosotros dirigimos la orquesta, pero dejamos que sea Waze quien ejecute nuestras órdenes.

Finalmente, Waze podría convertirse en soberano. Al tener tanto poder en sus manos y saber mucho más que nosotros, podría empezar a manipularnos, modelando nuestros deseos y tomando decisiones por nosotros. Por ejemplo, supongamos que, debido a que Waze es bueno, todo el mundo empieza a usarlo. Y supongamos que hay un atasco en la carretera n.º 1, mientras que la carretera n.º 2 está relativamente despejada. Si Waze deja que todos lo sepan, todos los conductores se dirigirán a la carretera n.º 2, y también esta quedará congestionada. Cuando todo el mundo emplea el mismo oráculo y todo el mundo cree en él, el oráculo se transforma en un soberano. De modo que Waze debe pensar por nosotros. Quizá solo informe a la mitad de los conductores de que la carretera n.º 2 está despejada y oculta dicha información a la otra mitad. De esta forma, la congestión se aliviará en la carretera n.º 1 sin bloquear la n.º 2.

Microsoft está desarrollando un sistema mucho más sofisticado llamado Cortana, nombre que procede de un personaje de IA de su popular serie de videojuegos *Halo*. Cortana es un asistente personal de IA que Microsoft espera incluir como característica integral en futuras versiones de Windows.* Se animará a los usuarios a que permitan que Cortana acceda a todos sus archivos, correos electrónicos y aplicaciones para conocerlos bien y poder ofrecer consejo sobre multitud de cuestiones, así como convertirse en un agente virtual que represente los intereses del usuario. Cortana podría recordarnos que compremos algo para el cumpleaños de nuestra esposa, elegir el regalo, reservar una mesa en el restaurante y recordarnos que tenemos que tomar el medicamento una hora antes de la cena. Podría recordarnos que si no dejamos de leer ahora, llegaremos tarde a una importante reunión de negocios. Cuando estemos a punto de entrar en la reunión, Cortana nos advertirá de que nuestra tensión arterial es demasiado elevada y nuestro nivel de dopamina demasiado bajo, y, basándose en estadísticas anteriores, nos

---

* Microsoft incluyó la aplicación Cortana en la actualización de Windows 7 y lo incorpora ya en versiones posteriores. *(N. del E.)*

recordará que en tales circunstancias solemos cometer graves errores comerciales, de modo que será mejor que mantengamos las cosas indefinidas y evitemos comprometernos o firmar ningún acuerdo.

Cuando los Cortana evolucionen de oráculos a representantes, podrían empezar a hablarse directamente entre sí, en nombre de sus dueños. Esto podría empezar de manera muy inocente, cuando mi Cortana contacte con el tuyo para acordar un lugar y una fecha de reunión. Al poco tiempo, un empresario podría decirme que no me moleste en enviarle mi currículum, sino que sencillamente deje que su Cortana pregunte a mi Cortana. O el Cortana de un amante potencial podría acercarse a mi Cortana, y los dos podrían comparar notas para decidir si haríamos buena pareja… sin que los dueños humanos lo sepamos.

A medida que los Cortana adquieran autoridad, podrían empezar a manipularse los unos a los otros en beneficio de los intereses de sus dueños, de modo que el éxito en el mercado laboral o en el matrimonial podría depender cada vez más de la calidad de nuestro Cortana. La gente rica que posea el Cortana más actualizado tendría una ventaja decisiva sobre la gente pobre con versiones más antiguas.

Pero la cuestión más turbia de todas se refiere a la identidad del dueño del Cortana. Tal como hemos visto, los humanos no son individuos y no poseen un único yo unificado. Así, pues, ¿a qué intereses servirá Cortana? Supongamos que mi yo narrador toma en Año Nuevo la decisión de empezar a hacer dieta y a ir al gimnasio a diario. Una semana después, cuando llega la hora de ir al gimnasio, el yo experimentador le dice al Cortana que conecte el televisor y pida una pizza. ¿Qué tendrá que hacer el Cortana? ¿Tendrá que obedecer al yo experimentador o a la decisión que una semana antes tomó el yo narrador?

El lector podría preguntar si Cortana es realmente diferente de un reloj despertador que el yo narrador programa por la noche para despertar al yo experimentador con tiempo suficiente de llegar puntual al trabajo. Pero Cortana tendrá mucho más poder sobre mí que un reloj despertador. El yo experimentador puede silenciar el despertador con solo pulsar un botón. En cambio, Cortana me conocerá tan bien que sabrá exactamente qué botones internos pulsar para hacer que yo siga su «consejo».

El Cortana de Microsoft no está solo en este juego. Now, de Google, y Siri, de Apple, apuntan en la misma dirección. También Amazon emplea algoritmos que nos estudian constantemente y usan su conocimiento para recomendar productos. Cuando voy a una librería física, deambulo entre las estanterías y confío en mis sensaciones para escoger el libro adecuado. Cuando voy a la tienda virtual de Amazon, aparece inmediatamente un algoritmo que me dice: «Sé qué libros te gustaron en el pasado. A personas con gustos similares también les gusta este o aquel libro». ¡Maravilloso!

Y esto es solo el principio. Hoy en día, en Estados Unidos, hay más gente que lee libros digitales que volúmenes impresos. Dispositivos como el Kindle de Amazon pueden acopiar datos de sus usuarios mientras estos leen el libro. Por ejemplo, nuestro Kindle puede supervisar qué partes del libro leemos deprisa y cuáles despacio, en qué página hicimos una pausa, y en qué frase abandonamos el libro y no volvimos a abrirlo. (Será mejor decirle al autor que reescriba ese fragmento.) Si el Kindle se mejora con reconocimiento facial y sensores biométricos, podrá saber cómo influyó cada frase que leímos en nuestro ritmo cardíaco y tensión arterial. Podrá saber qué nos hizo reír, qué nos entristeció y qué nos enfureció. Pronto los libros nos leerán mientras los leemos. Y mientras nosotros olvidamos rápidamente la mayor parte de lo que leímos, Amazon nunca olvidará nada. Dichos datos le permitirán elegir libros para el lector con pasmosa precisión. También le permitirá saber con exactitud quiénes somos, y cómo conectarnos y desconectarnos.[35]

Al final, podríamos llegar a un punto en el que fuera imposible desconectarnos de esta red omnisciente, ni siquiera por un momento. La desconexión significará la muerte. Si las expectativas médicas se hacen realidad, la gente del futuro incorporará a su cuerpo una serie de dispositivos biométricos, órganos biónicos y nanorrobots que supervisarán su salud y la defenderán de infecciones, enfermedades y lesiones. Pero estos dispositivos tendrán que estar permanentemente conectados a la red, tanto para actualizarlos con las últimas noticias médicas como para protegerlos de las nuevas plagas del ciberespacio. De la misma manera que mi ordenador casero sufre ataques constantes de virus, gusanos y troyanos, lo mismo le ocurrirá a mi marcapasos, a mi audífono y a mi sistema inmunitario nanotecnológico. Si no actualizo regularmente el programa antivirus de mi cuerpo, un día me despertaré y descubriré que los millones de nanorrobots que recorren mis venas están ahora controlados por un pirata informático norcoreano.

Así, las nuevas tecnologías del siglo XXI podrían invertir la revolución humanista, despojando a los humanos de su autoridad y confiriendo en cambio poderes a algoritmos no humanos. Si al lector le horroriza esta deriva, no culpe a los frikis de los ordenadores. En realidad, la responsabilidad es de los biólogos. Es crucial darse cuenta de que toda esta tendencia está más impulsada por descubrimientos biológicos que por la ciencia informática. Son las ciencias de la vida las que han llegado a la conclusión de que los organismos son algoritmos. Si este no es el caso, si los organismos funcionan de una manera intrínsecamente diferente a la de los algoritmos, entonces los ordenadores podrán obrar maravillas en otros ámbitos, pero no serán capaces de comprendernos ni de dirigir nuestra vida, y ciertamente serán incapaces de fusionarse con nosotros. Pero cuando los biólogos llegaron a la conclusión de que los organismos son algoritmos, desmantelaron el muro que separaba lo orgánico de lo inorgánico; transformaron la revolución informática, que pasó de ser un asunto simplemente mecánico a un cataclismo biológico, y transfirieron la autoridad de los individuos humanos a los algoritmos conectados en red.

Algunas personas están ciertamente horrorizadas por esta situación, pero el hecho es que hay millones que la aceptan de buen grado. Hoy en día, en realidad, somos muchos los que cedemos nuestra privacidad y nuestra individualidad, publicamos todo lo que hacemos, vivimos conectados a la red y nos ponemos histéricos si la conexión se interrumpe aunque sea solo unos minutos. La transferencia de la autoridad de los humanos a los algoritmos se está dando a nuestro alrededor, no como resultado de alguna decisión gubernamental crucial, sino debido a una avalancha de decisiones mundanas.

El resultado no será un estado policiaco orwelliano. Siempre nos preparamos para el último enemigo, aun cuando nos enfrentamos a una amenaza totalmente nueva. Los defensores de la individualidad humana hacen guardia frente a la tiranía del colectivo, sin darse cuenta de que la individualidad humana está ahora amenazada desde la dirección opuesta. El individuo no será aplastado por el Gran Hermano: se desintegrará desde dentro.

Hoy, la mayoría de las empresas y los gobiernos rinden homenaje a mi individualidad, y prometen proporcionar medicina, educación y diversión personalizadas, adaptadas a mis necesidades y deseos únicos. Pero para poder llegar a hacerlo, empresas y gobiernos necesitan antes descomponerme en subsistemas bioquímicos, supervisar dichos subsistemas con sensores ubicuos y descifrar su funcionamiento por medio de potentes algoritmos. En el proceso se revelará que el individuo no es más que una fantasía religiosa. La realidad será una malla de algoritmos bioquímicos y electrónicos sin fronteras claras, y sin núcleos individuales.

Mejorar la desigualdad

Hasta aquí hemos considerado dos de las tres amenazas prácticas al liberalismo: primera, que los humanos perderán completamente su valor; segunda, que los humanos seguirán siendo valiosos colectivamente, pero perderán su autoridad individual, y en cambio serán gestionados por algoritmos externos. El sistema seguirá necesitándonos para que compongamos sintonías, enseñemos historia o escribamos códigos informáticos, pero nos conocerá mejor que nosotros mismos, y por lo tanto tomará por nosotros la mayoría de las decisiones importantes... y nosotros estaremos encantados de que lo haga. No será necesariamente un mal mundo; sin embargo, será un mundo posliberal.

La tercera amenaza para el liberalismo es que algunas personas seguirán siendo a la vez indispensables e indescifrables, pero constituirán una élite reducida y privilegiada de humanos mejorados. Estos superhumanos gozarán de capacidades inauditas y de creatividad sin precedentes, lo que les permitirá seguir tomando muchas de las decisiones más importantes del mundo. Desempeñarán servicios cruciales para el sistema, mientras que el sistema no podrá entenderlos ni gestionarlos. Sin embargo, la mayoría de los humanos no serán mejorados, y en consecuencia se convertirán en una casta inferior, dominada tanto por los algoritmos informáticos como por los nuevos superhumanos.

Dividir a la humanidad en castas biológicas destruirá los cimientos de la ideología liberal. El liberalismo puede coexistir con brechas socioeconómicas. En realidad, puesto que favorece la libertad más que la igualdad, da por sentadas dichas brechas. Sin embargo, el liberalismo todavía presupone que todos los seres humanos tienen igual valor e igual autoridad. Desde una perspectiva liberal, es perfectamente correcto que una persona sea multimillonaria y viva en un lujoso castillo mientras que otra sea campesina, pobre y viva en una choza de paja. Porque, según el liberalismo, las experiencias únicas del campesino siguen siendo tan valiosas como las del multimillonario. Esta es la razón por la que los autores liberales escriben extensas novelas sobre las experiencias de los campesinos pobres... y por la que incluso los multimillonarios leen ávidamente esos libros. Si el lector va a Broadway o al Covent Garden a ver *Los miserables*, descubrirá que los asientos buenos cuestan centenares de dólares, y que la suma de la riqueza del público probablemente alcance miles de millones, pero que, aun así, empatizan con Jean Valjean, que cumplió diecinueve años de cárcel por robar una hogaza de pan para dar de comer a sus hambrientos sobrinos.

La misma lógica opera el día de las elecciones, cuando el voto del campesino pobre vale exactamente lo mismo que el del multimillonario. La solución liberal a la desigualdad social es conceder el mismo valor a las diferentes experiencias humanas, en lugar de crear las mismas experiencias para todos. Sin embargo, ¿cuál será la suerte de esta solución cuando ricos y pobres estén separados no solo por la riqueza, sino también por brechas biológicas reales?

En su artículo del *The New York Times*, Angelina Jolie se refería a los elevados costes de las pruebas genéticas. Hoy en día, la prueba que Jolie se hizo cuesta 3.000 dólares (lo que no incluye el precio de la mastectomía, de la cirugía reconstructiva y de los tratamientos asociados). Esto en un mundo en el que 1.000 millones de personas ganan menos de un dólar al día, y otros 1.500 millones, entre uno y dos dólares diarios.[36] Aunque trabajen con ahínco toda la vida, nunca podrán costearse una prueba genética de 3.000 dólares. Y las brechas económicas no hacen más que ensancharse. A principios de 2016, las 62 personas más ricas del mundo tenían tanto dinero ¡como los 3.600 millones de personas más pobres! Puesto que la población mundial es de alrededor de 7.200 millones de personas, ello significa que estos 62 multimillonarios acumulan en conjunto tanta riqueza como toda la mitad inferior de la humanidad.[37]

Es probable que el coste de las pruebas de ADN se reduzca con el tiempo, pero constantemente aparecen procedimientos nuevos y caros. De modo que mientras los tratamientos antiguos se pondrán gradualmente al alcance de las masas, las élites se encontrarán siempre un par de pasos por delante. A lo largo de la historia, los ricos han gozado de muchas ventajas sociales y políticas, pero nunca había habido una enorme brecha biológica que los separara de los pobres. Los aristócratas medievales afirmaban que por sus venas corría sangre azul superior y los brahmanes hindúes insistían en que eran naturalmente más listos que nadie, pero esto era pura ficción. Sin embargo, en el futuro podríamos ver cómo se abren brechas reales en las capacidades físicas y cognitivas entre una clase superior mejorada y el resto de la sociedad.

Cuando se les plantea esta situación hipotética, la respuesta estándar de los científicos es que también en el siglo XX muchos adelantos médicos empezaron con los ricos, pero que al final beneficiaron a toda la población y contribuyeron a reducir y no a ampliar las brechas sociales. Por ejemplo, al principio, las clases superiores de los países occidentales sacaron provecho de vacunas y antibióticos, pero en la actualidad estos mejoran la vida de todos los humanos en todas partes.

Sin embargo, la posibilidad de que este proceso se repita en el siglo XXI podría ser solo una ilusión, por dos razones importantes. Primera: la medicina está experimentando una tremenda revolución conceptual. La medicina del siglo XX aspiraba a curar a los enfermos. La medicina del siglo XXI aspira cada vez más a mejorar a los sanos. Curar a los enfermos fue un proyecto humanitario, porque daba por hecho que existe un estándar normativo de salud física y mental que todos pueden y deben disfrutar. Si alguien caía por debajo de la norma, era tarea de los médicos resolver el problema y ayudarle o ayudarla a «ser como todo el mundo». En cambio, mejorar a los sanos es un proyecto elitista, porque rechaza la idea de un estándar universal aplicable a todos, y pretende conceder a algunos individuos ventajas sobre los demás. La gente quiere una memoria superior, una inteligencia por encima de la media y capacidades sexuales de primera. Si alguna forma de mejora resulta tan barata y común que todos puedan disfrutarla, esta se considerará simplemente el nuevo umbral de base, que la siguiente generación de tratamientos se esforzará en sobrepasar.

Segunda: la medicina del siglo XX benefició a las masas porque el siglo XX fue la época de las masas. Los ejércitos del siglo XX necesitaban millones de soldados sanos y la economía necesitaba millones de trabajadores sanos. En consecuencia, los estados establecieron servicios de salud pública para asegurar la salud y el vigor de todos. Nuestros mayores logros médicos fueron la provisión de servicios de higiene masivos, las campañas de vacunaciones masivas y la superación de las epidemias masivas. La élite japonesa de 1914 tenía un interés particular en vacunar a los pobres y en construir hospitales y sistemas de alcantarillado en los barrios humildes porque si querían que Japón fuera una nación fuerte con un ejército fuerte y una economía fuerte, necesitaban muchos millones de soldados y obreros sanos.

Pero la época de las masas podría haber terminado, y con ella la época de la medicina de masas. Al dejar paso los soldados y obreros humanos a los algoritmos, al menos algunas élites podrían llegar a la conclusión de que no tiene sentido proporcionar condiciones mejoradas o incluso estándares de salud para las masas de gente pobre e inútil, y que es mucho más sensato centrarse en mejorar más allá de la norma a un puñado de superhumanos.

En la actualidad, la tasa de natalidad ya está cayendo en países tecnológicamente avanzados como Japón y Corea del Sur, donde se realizan esfuerzos prodigiosos en la crianza y la educación de cada vez menos niños…, de los que se espera cada vez más. ¿Cómo pueden esperar grandes países en vías de desarrollo como la India, Brasil o Nigeria competir con Japón? Podría equipararse estos países a un largo tren. Las élites de los vagones de primera clase gozan de servicios de salud, educación y niveles de ingresos equiparables a los de los países más desarrollados del mundo. Sin embargo, los centenares de millones de ciudadanos de a pie que atestan los vagones de tercera clase siguen padeciendo enfermedades muy extendidas, ignorancia y pobreza. ¿Qué preferirán hacer las élites indias, brasileñas y nigerianas en el próximo siglo: invertir en resolver los problemas de centenares de millones de pobres o en mejorar a unos cuantos millones de ricos? A diferencia de lo que ocurría en el siglo XX, cuando la élite tenía interés en resolver los problemas de los pobres porque eran vitales desde el punto de vista militar y económico, en el siglo XXI la estrategia más eficiente (y, no obstante, despiadada) podría ser desenganchar los inútiles vagones de tercera clase y acelerar solo con los de primera. Para competir con Japón, Brasil necesitará mucho más a un puñado de superhumanos mejorados que a millones de trabajadores de a pie sanos.

¿Cómo pueden las creencias liberales sobrevivir a la aparición de superhumanos con capacidades físicas, emocionales e intelectuales excepcionales? ¿Qué ocurrirá si resulta que esos superhumanos tienen experiencias fundamentalmente diferentes de las de los sapiens normales? ¿Qué ocurrirá si a los superhumanos les aburren las novelas sobre las experiencias de humildes ladrones humanos, mientras que los humanos normales y corrientes encuentran ininteligibles los culebrones sobre los amoríos de los superhumanos?

Los grandes proyectos humanos del siglo XX (superar el hambre, la peste y la guerra) pretendían salvaguardar una norma universal de abundancia, salud y paz para toda la gente, sin excepción. Los nuevos proyectos del siglo XXI (alcanzar la inmortalidad, la felicidad y la divinidad) también esperan servir a toda la humanidad. Sin embargo, debido a que estos proyectos aspiran a sobrepasar la norma, no a salvaguardarla, bien podrían derivarse en la creación de una nueva casta superhumana que abandone sus raíces liberales y trate a los humanos normales no mejor que los europeos del siglo XIX trataron a los africanos.

Si los descubrimientos científicos y los avances tecnológicos dividen a la humanidad en una masa de humanos inútiles y una pequeña élite de superhumanos mejorados o si la autoridad se transfiere completamente a algoritmos muy inteligentes, el liberalismo se hundirá. ¿Qué nuevas religiones o ideologías podrían llenar el vacío resultante y guiar la evolución subsiguiente de nuestros descendientes casi divinos?

10

El océano de la conciencia

Es improbable que las nuevas religiones surjan de las cuevas de Afganistán o de las madrasas de Oriente Medio. Es mucho más probable que surjan de laboratorios de investigación. De la misma manera que el socialismo se adueñó del mundo prometiendo la salvación mediante el vapor y la electricidad, en las próximas décadas nuevas tecnorreligiones podrían conquistar el mundo prometiendo la salvación mediante algoritmos y genes.

A pesar de todos los discursos del islamismo radical y del fundamentalismo cristiano, el lugar más interesante del mundo desde una perspectiva religiosa no es el Estado Islámico o el Cinturón de la Biblia, sino Silicon Valley. Allí es donde gurúes de la alta tecnología están elaborando para nosotros religiones valientes y nuevas que tienen poco que ver con Dios y todo que ver con la tecnología. Prometen todas las recompensas antiguas (felicidad, paz, prosperidad e incluso vida eterna), pero aquí, en la Tierra, y con la ayuda de la tecnología, en lugar de después de la muerte y con la ayuda de seres celestiales.

Estas nuevas tecnorreligiones pueden dividirse en dos clases principales: tecnohumanismo y religión de los datos. La religión de los datos afirma que los humanos ya han completado su tarea cósmica y que ahora deberían pasar el relevo a tipos de entidades completamente nuevos. Abordaremos los sueños y las pesadillas de la religión de los datos en el siguiente capítulo. Este lo dedicaremos al credo más conservador del tecnohumanismo, que sigue viendo a los humanos como la cúspide de la creación y se aferra a muchos valores humanistas tradicionales. El tecnohumanismo conviene en que *Homo sapiens*, tal como lo conocemos, ya ha terminado su recorrido histórico y ya no será relevante en el futuro, pero concluye que, por ello, debemos utilizar la tecnología para crear *Homo Deus*, un modelo humano muy superior. *Homo Deus* conservará algunos rasgos humanos esenciales, pero también gozará de capacidades físicas y mentales mejoradas que le permitirán seguir siendo autónomo incluso frente a los algoritmos no conscientes más sofisticados. Puesto que la inteligencia se está escindiendo de la conciencia y se está desarrollando a una velocidad de vértigo, los humanos deben mejorar activamente su mente si quieren seguir en la partida.

Hace setenta mil años, la revolución cognitiva transformó la mente de los sapiens, con lo que convirtió a un simio africano insignificante en el dueño del mundo. La mente mejorada del sapiens tenía de pronto acceso al extenso ámbito intersubjetivo, que nos permitió crear dioses y empresas, construir ciudades e imperios, inventar la escritura y el dinero, y finalmente fisionar el átomo y llegar a la Luna. Hasta donde sabemos, esta revolución que sacudió la Tierra fue el resultado de unos pocos y pequeños cambios en el ADN de los sapiens y de una leve reconexión de su cerebro. Si es así, dice el tecnohumanismo, quizá unos pocos cambios adicionales en nuestro genoma y otra reconexión de nuestro cerebro bastarán para poner en marcha una segunda revolución cognitiva. Las renovaciones mentales de la primera revolución cognitiva dieron a *Homo sapiens* acceso al ámbito intersubjetivo y nos transformaron en los dueños del planeta; una segunda revolución cognitiva podría dar a *Homo Deus* acceso a nuevos ámbitos inimaginables y transformarnos en los amos de la galaxia.

Esta idea es una variante actualizada de los viejos sueños del humanismo evolutivo, que hace ya un siglo pronosticó la creación de superhumanos. Sin embargo, mientras que Hitler y sus acólitos planeaban crear superhumanos mediante la cría selectiva y la limpieza étnica, el tecnohumanismo del siglo XXI espera alcanzar el objetivo de manera mucho más pacífica, con ayuda de la ingeniería genética, de la nanotecnología y de interfaces cerebro–ordenador.

CALIBRAR LA MENTE

El tecnohumanismo busca mejorar la mente humana y darnos acceso a experiencias desconocidas y a estados de conciencia con los que no estamos familiarizados. Sin embargo, reformar la mente humana es una empresa extremadamente compleja y peligrosa. Tal como vimos en el capítulo 3, en verdad no comprendemos la mente. No sabemos cómo surgen las mentes ni cuál es su función. Mediante el sistema de prueba y error aprendemos a modificar estados mentales, pero raramente entendemos todas las implicaciones de tales manipulaciones. Peor aún: puesto que no estamos familiarizados con el espectro completo de los estados mentales, no sabemos qué objetivos mentales debemos plantearnos.

Somos como los habitantes de una isla pequeña y aislada cuyos pobladores acaban de inventar la primera barca y están a punto de hacerse a la mar sin tener un mapa ni, siquiera, un destino. En realidad, nosotros estamos en una situación algo peor. Los habitantes de nuestra isla imaginaria saben al menos que ocupan un pequeño espacio en un mar grande y misterioso. Nosotros no conseguimos darnos cuenta de que vivimos en una isla minúscula de conciencia en mitad de un gigantesco océano de estados mentales extraños.

Igual que los espectros de la luz y del sonido son mucho mayores de lo que los humanos podemos ver y oír, el espectro de los estados mentales es mucho mayor de lo que el humano medio imagina. Solo podemos ver la luz en longitudes de onda de entre 400 y 700 nanómetros. Por encima de este pequeño principado de la visión humana se extienden los ámbitos invisibles pero enormes del infrarrojo, las microondas y las ondas de radio, y por debajo, los oscuros reinos de los rayos ultravioleta, los rayos X y los rayos gamma. De manera parecida, el espectro de posibles estados mentales puede ser infinito, pero la ciencia ha estudiado únicamente dos diminutas subsecciones del mismo: la subnormativa y la WEIRD.*

---

* Relativo a sociedades occidentales educadas, industrializadas, ricas y democráticas. El acrónimo resultante de unir las iniciales de estos cinco términos en inglés coincide además con el término que en ese idioma significa «raro», «extraño», «fantástico» o «sobrenatural». *(N. del T.)*

Durante más de un siglo, psicólogos y biólogos han realizado investigaciones exhaustivas con personas que padecían diversos trastornos psiquiátricos y enfermedades mentales, desde el autismo hasta la esquizofrenia. En consecuencia, hoy tenemos un mapa detallado (aunque muy lejos de ser perfecto) del espectro mental subnormativo. Simultáneamente, los científicos han estudiado los estados mentales de personas consideradas sanas y normativas. Sin embargo, la mayor parte de la investigación científica sobre la mente y la experiencia humanas se ha llevado a cabo con personas de sociedades WEIRD (occidentales, educadas, industrializadas, ricas y democráticas), que no constituyen una muestra representativa de la humanidad. El estudio de la mente humana ha asumido hasta ahora que *Homo sapiens* es Homer Simpson.

En un innovador estudio de 2010, Joseph Henrich, Steven J. Heine y Ara Norenzayan estudiaron todos los artículos publicados entre 2003 y 2007 en revistas científicas importantes pertenecientes a seis subcampos diferentes de la psicología. El estudio concluyó que aunque a menudo los artículos efectúan grandes afirmaciones acerca de la mente

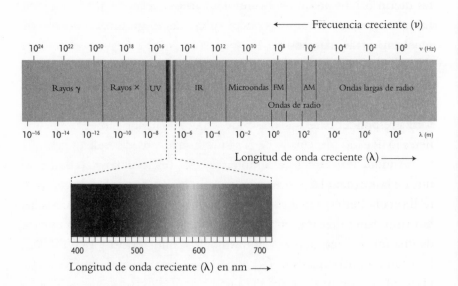

FIGURA 46. Los humanos podemos ver solo una parte minúscula del espectro electromagnético. En su totalidad, el espectro es unos 10 billones de veces mayor que el de la luz visible. ¿Podría ser el espectro mental igual de vasto?

humana, la mayoría de ellos basan sus resultados en muestras exclusivamente WEIRD. Por ejemplo, en artículos publicados en el *Journal of Personality and Social Psychology*, que seguramente es la revista más importante en el subcampo de la psicología social, el 96 por ciento de los individuos de las muestras eran WEIRD y el 68 por ciento eran estadounidenses. Además, el 67 por ciento de los sujetos estadounidenses y el 80 por ciento de los que tenían otras nacionalidades, ¡eran estudiantes de Psicología! En otras palabras, más de dos tercios de los individuos que constituían las muestras de los artículos publicados en esta prestigiosa revista eran estudiantes de Psicología en universidades occidentales. Henrich, Heine y Norenzayan sugirieron, medio en broma, que la revista debía cambiar su nombre por *The Journal of Personality and Social Psychology of American Psychology Students*.[1]

Los estudiantes de Psicología aparecen en muchos de esos estudios porque sus profesores los obligan a participar en los experimentos. Si yo soy un profesor de Psicología de Harvard, me resulta mucho más fácil realizar experimentos con mis propios estudiantes que con los residentes de un barrio pobre de Nueva York asolado por el crimen (por no hablar de viajar a Namibia y realizar experimentos con los cazadores-recolectores del desierto de Kalahari). Sin embargo, bien pudiera ser que los habitantes de los suburbios pobres de Nueva York y los cazadores-recolectores del Kalahari experimenten estados mentales que no descubriremos nunca al obligar a los estudiantes de Psicología de Harvard a responder extensos cuestionarios o introducir su cabeza en escáneres fMRI.

Aunque viajáramos por todo el planeta y estudiáramos todas y cada una de las comunidades humanas, solo acabaríamos cubriendo una parte limitada del espectro mental de los sapiens. Hoy en día, todos los humanos han sido tocados por la modernidad, y todos somos miembros de una única aldea global. Aunque los cazadores-recolectores del Kalahari son un poco menos modernos que los estudiantes de Psicología de Harvard, no son una cápsula del tiempo procedente de nuestro pasado remoto. También han recibido la influencia de misioneros cristianos, comerciantes europeos, ecoturistas ricos y antropólogos curiosos (según un conocido chiste, en el desierto de Kalahari, la tropilla típica de cazadores-recolectores está compuesta por 20 cazadores, 20 recolectores y 50 antropólogos).

Antes del surgimiento de la aldea global, el planeta era una galaxia de culturas humanas aisladas, lo que pudo haber promovido estados mentales que en la actualidad están extinguidos. Realidades socioeconómicas diferentes y rutinas cotidianas distintas generaron estados de conciencia diversos. ¿Quién podría calibrar la mente de los cazadores de mamuts de la Edad de Piedra, de los agricultores del Neolítico o de los samuráis de Kamakura? Además, muchas culturas premodernas creían en la existencia de estados superiores de conciencia, a los que la gente podía acceder por medio de la meditación, las drogas o los rituales. Chamanes, monjes y ascetas exploraban de manera sistemática los misteriosos continentes de la mente y volvían cargados de relatos asombrosos. Referían estados desconocidos de tranquilidad suprema, agudeza extrema y sensibilidad inigualable. Referían que la mente se expandía hasta el infinito o se disolvía en el vacío.

La revolución humanista provocó que la cultura occidental moderna perdiera la fe y el interés en los estados mentales superiores, y que sacralizara las experiencias mundanas del ciudadano medio. Por lo tanto, la cultura occidental moderna es única por carecer de una clase especial de personas que busquen experimentar estados mentales extraordinarios. Considera que quienquiera que intente hacerlo es un drogadicto, un enfermo mental o un charlatán. En consecuencia, aunque tenemos un mapa detallado del paisaje mental de los estudiantes de Psicología de Harvard, sabemos mucho menos acerca de los paisajes mentales de los chamanes de los nativos norteamericanos, de los monjes budistas o de los místicos sufíes.[2]

Y esto es solo la mente de los sapiens. Hace cincuenta mil años, compartimos este planeta con nuestros primos neandertales. No lanzaron cohetes, ni construyeron pirámides ni establecieron imperios. Es evidente que tenían capacidades mentales muy diferentes y que carecían de muchos de nuestros talentos. No obstante, tenían un cerebro mayor que el nuestro, el de los sapiens. ¿Qué hacían con todas estas neuronas? No tenemos ni idea. Pero bien podrían haber experimentado muchos estados mentales a los que ningún sapiens haya llegado nunca.

No obstante, aunque tuviéramos en cuenta a todas las especies humanas que han existido, esto seguiría sin agotar el espectro mental. Es probable que otros animales tengan experiencias que los humanos apenas podemos imaginar. Los murciélagos, por ejemplo, experimentan el mundo a través de la ecolocación. Emiten una rapidísima serie de llamadas de alta frecuencia, que trasciende con mucho a la gama que percibe el oído humano. Después detectan e interpretan los ecos que retornan para elaborar una imagen del mundo. Dicha imagen es tan detallada y precisa que los murciélagos pueden volar rápidamente entre árboles y edificios, perseguir y capturar polillas y mosquitos, y eludir continuamente a lechuzas y otros depredadores.

Los murciélagos viven en un mundo de ecos. De la misma manera que en el mundo humano cada objeto tiene una forma y un color característicos, en el mundo de los murciélagos cada objeto tiene su pauta de ecos. Un murciélago puede discernir entre una especie sabrosa de polilla y una especie venenosa de polilla a partir de los diferentes ecos que devuelven sus delgadas alas. Algunas especies de polillas comestibles intentan protegerse produciendo una pauta de ecos similar al de una especie venenosa. Otras polillas han desarrollado una capacidad más notable aún para desviar las ondas del radar de los murciélagos, de modo que, al igual que los bombarderos furtivos, vuelan sin que los murciélagos sepan que están allí. El mundo de la ecolocación es tan complejo y tormentoso como nuestro mundo de sonido y visión, pero lo obviamos por completo.

Uno de los artículos más importantes acerca de la filosofía de la mente se titula «What Is It Like to Be a Bat?».[3] En este artículo de 1974, el filósofo Thomas Nagel indica que una mente de sapiens no puede comprender el mundo subjetivo de un murciélago. Podemos escribir todos los algoritmos que queramos acerca del cuerpo del murciélago, de los sistemas de ecolocación de los murciélagos y de las neuronas de los murciélagos, pero ello no nos dirá qué se siente siendo un murciélago. ¿Qué se siente al ecolocar a una mariposa que bate las alas? ¿Es parecido a ver o es algo completamente distinto?

Intentar explicar a un sapiens qué se siente al ecolocar a una mariposa es probablemente tan inútil como explicar a un topo ciego la sensación de contemplar un Caravaggio. Es probable que las emociones de los murciélagos se hallen también muy influenciadas por la centralidad de su sentido de ecolocación. Para los sapiens, el amor es rojo, la envidia es verde y la depresión es azul. ¿Quién sabe qué ecolocaciones colorean el amor de un murciélago hembra hacia sus hijos o los sentimientos de un murciélago macho hacia sus rivales?

Los murciélagos no son especiales, por supuesto. No son más que uno de los innumerables ejemplos posibles. De la misma manera que los sapiens no pueden entender cómo es ser un murciélago, tenemos dificultades parecidas para saber cómo es ser una ballena, un tigre o un pelícano. Ciertamente, debe de sentirse algo en particular, pero no sabemos qué. Tanto las ballenas como los humanos procesamos las emociones en una parte del cerebro denominada sistema límbico, pero el sistema límbico de una ballena contiene toda una parte adicional ausente en la estructura humana. ¿Acaso dicha parte permite a las ballenas experimentar emociones profundas y complejas que nos son completamente ajenas? Las ballenas podrían poseer también asombrosas experiencias musicales que ni siquiera Bach o Mozart podrían entender. Las ballenas

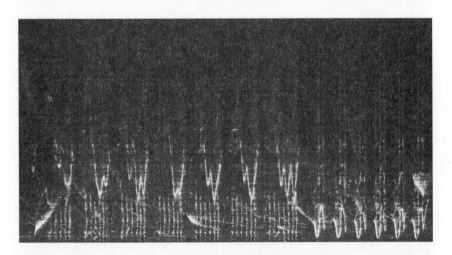

Figura 47. Espectrograma del canto de una ballena de Groenlandia o boreal. ¿Cómo experimenta una ballena este canto? La grabación del *Voyager* incluía un canto de ballena además de piezas de Beethoven, Bach y Chuck Berry. Solo cabe esperar que sea buena.

pueden oírse unas a otras a centenares de kilómetros de distancia, y cada ballena tiene un repertorio de «cantos» característicos que pueden durar horas y siguen patrones muy intrincados. De cuando en cuando, una ballena compone un nuevo éxito que otras ballenas del océano adoptan. Los científicos registran de modo rutinario tales éxitos y los analizan con la ayuda de ordenadores, pero ¿es capaz algún humano de comprender estas experiencias musicales e indicar la diferencia entre una ballena Beethoven y una ballena Justin Bieber?[4]

Nada de esto debiera sorprendernos. Los sapiens no gobiernan el mundo porque posean emociones más profundas o experiencias musicales más complejas que los demás animales. De modo que podemos ser inferiores a ballenas, murciélagos, tigres y pelícanos al menos en algunos ámbitos emocionales y experienciales.

Más allá del espectro mental de humanos, murciélagos, ballenas y todos los demás animales, puede estén aguardándonos continentes todavía más vastos y extraños. Con toda probabilidad, hay una variedad infinita de estados mentales que ningún sapiens, murciélago o dinosaurio experimentó en cuatro mil millones de años de evolución terrestre, porque no tenían las facultades necesarias. Sin embargo, en el futuro, drogas poderosas, ingeniería genética, cascos electrónicos e interfaces directas cerebro-ordenador podrían abrir pasajes a estos lugares. Al igual que Colón y Magallanes navegaron más allá del horizonte para explorar nuevas islas y continentes desconocidos, quizá un día naveguemos hacia las antípodas de la mente.

Huelo miedo

Mientras médicos, ingenieros y clientes se centraron en curar las enfermedades mentales y en disfrutar de la vida en las sociedades WEIRD, el estudio de los estados mentales subnormales y de mentes WEIRD era quizá suficiente para nuestras necesidades. Aunque a la psicología normativa se la acusa a veces de tratar mal a toda divergencia de la norma, en el último siglo ha proporcionado alivio a muchísimas personas, y ha salvado la vida y la cordura de millones.

Sin embargo, al principio del tercer milenio nos enfrentamos a un tipo de reto completamente distinto a medida que el humanismo liberal va dejando paso al tecnohumanismo y la medicina se centra cada vez más en mejorar a los sanos en lugar de curar a los enfermos. Médicos, ingenieros y clientes ya no quieren simplemente resolver los problemas mentales: buscan mejorar la mente. Estamos adquiriendo las capacidades técnicas para empezar a fabricar nuevos estados de consciencia, pero carecemos de un mapa de esos territorios potencialmente nuevos. Puesto que estamos familiarizados principalmente con el espectro mental normativo y subnormativo de gente WEIRD, ni siquiera sabemos a qué destinos hemos de dirigirnos.

Así, pues, no es de sorprender que la psicología positiva se haya convertido en el subcampo más a la moda de la disciplina. En la década de 1990, expertos importantes como Martin Seligman, Ed Dinner y Mihaly Csikszentmihalyi afirmaban que la psicología tenía que estudiar no solo las enfermedades mentales, sino también las fortalezas mentales. ¿Cómo es posible que tengamos atlas notablemente detallados de la mente enferma pero ningún mapa científico de la mente próspera? A lo largo de las dos últimas décadas, la psicología positiva ha dado primeros pasos importantes en el estudio de los estados mentales supernormativos, pero en 2016 la zona supernormativa es en gran parte *terra incognita* para la ciencia.

Estados mentales WEIRD
Estados mentales humanos
Estados mentales animales
Todos los estados mentales posibles

Figura 48. El espectro de la conciencia.

Bajo tales circunstancias, podríamos abalanzarnos precipitadamente hacia delante sin ningún mapa, y centrarnos en mejorar aquellas capacidades mentales que necesitan los sistemas económico y político actuales, y al mismo tiempo olvidar e incluso degradar otras capacidades. Desde luego, no es un fenómeno completamente nuevo. Durante miles de años, el sistema ha modelado y remodelado nuestra mente en función de sus necesidades. Los sapiens evolucionaron originalmente como miembros de comunidades pequeñas e íntimas, y sus facultades mentales no estaban adaptadas a vivir como piezas de un mecanismo gigantesco. Sin embargo, con el auge de las ciudades, los reinos y los imperios, el sistema cultivó capacidades necesarias para la cooperación a gran escala, a la vez que desatendía otras habilidades y talentos.

Por ejemplo, es probable que los humanos arcaicos hicieran un uso exhaustivo de su sentido del olfato. Los cazadores-recolectores son capaces de oler a distancia la diferencia entre varias especies de animales, varios humanos e incluso varias emociones. El miedo, por ejemplo, huele de manera diferente al valor. Cuando un hombre tiene miedo, secreta sustancias químicas diferentes de cuando está lleno de valor. Si nos sentáramos entre una pandilla de humanos arcaicos que debatieran sobre iniciar una guerra contra una pandilla vecina, podríamos oler literalmente la opinión pública.

A medida que los sapiens se organizaban en grupos mayores, nuestra nariz empezó a perder su importancia, porque únicamente es útil cuando se trata con un número reducido de individuos. Por ejemplo, no podemos oler el miedo que Estados Unidos tiene de China. En consecuencia, se abandonaron los poderes olfativos humanos. Las áreas del cerebro que hace decenas de millones de años probablemente se ocupaban de los olores se pusieron a trabajar en tareas más urgentes, como la lectura, las matemáticas y el razonamiento abstracto. El sistema prefiere que nuestras neuronas resuelvan ecuaciones diferenciales a que huelan a nuestros vecinos.[5]

Lo mismo ocurrió con el resto de nuestros sentidos, y con la capacidad subyacente de prestar atención a nuestras sensaciones. Los antiguos cazadores-recolectores fueron siempre sagaces y atentos. Mientras deambulaban por el bosque en busca de setas, olisqueaban minuciosamente el viento y observaban detenidamente el suelo. Cuando encontraban una seta, la comían con la máxima atención, al tanto de cualquier pequeño matiz en el sabor que pudiera distinguir una seta comestible de su pariente venenosa. Los miembros de las sociedades opulentas actuales no necesitan este conocimiento tan diligente. Podemos ir al supermercado y comprar cualquiera de los 1.000 productos alimentarios diferentes, cada uno de los cuales ha sido supervisado por las autoridades sanitarias. Pero sea lo que sea que elijamos (pizza italiana o fideos tailandeses), es probable que lo comamos apresuradamente sentados frente al televisor, sin apenas prestar atención a su sabor (razón por la que los productores de alimentos inventan constantemente nuevos sabores excitantes, que de alguna manera podrían atravesar el telón de la indiferencia).

De forma parecida, cuando vamos de vacaciones podemos elegir entre miles de destinos asombrosos. Pero, una vez allí, es probable que nos dediquemos a jugar con nuestros teléfonos inteligentes en lugar de conocer de verdad el lugar. Tenemos más donde elegir que nunca, pero, al margen de lo que escojamos, hemos perdido la capacidad de prestarle verdadera atención.[6]

Además de oler y prestar atención, también hemos perdido la capacidad de soñar. Muchas culturas creían que lo que las personas ven y hacen en sus sueños no es menos importante que lo que ven y hacen cuando están despiertas. Así la gente desarrollaba activamente la capacidad de soñar, de recordar sueños e incluso de controlar sus actos en el mundo onírico; es lo que se conoce como «sueños lúcidos». Los expertos en sueños lúcidos podían moverse a voluntad por el sueño, y afirmaban que podían incluso viajar a planos de existencia superiores o conocer a visitantes de otros mundos. El mundo moderno, en cambio, descarta los sueños como mensajes subconscientes en el mejor de los casos y como basura mental en el peor. En consecuencia, los sueños desempeñan un papel mucho menor en nuestra vida, pocas personas desarrollan activamente sus capacidades de soñar y muchas afirman que no sueñan en absoluto o que son incapaces de recordar ninguno de sus sueños.[7]

¿Ha provocado la reducción de nuestra capacidad de oler, de prestar atención y de soñar que nuestra vida sea más pobre y más gris? Es posible. Pero, aunque tal fuera el caso, para los sistemas económico y político ha merecido la pena. Nuestro jefe quiere que comprobemos constantemente nuestro correo electrónico en lugar de oler flores o soñar con hadas. Por razones similares, es probable que las mejoras futuras de la mente humana reflejen las necesidades políticas y las fuerzas del mercado.

Por ejemplo, el «casco de atención» del ejército estadounidense tiene por finalidad ayudar a que la gente se centre en tareas bien definidas y acelere su proceso de toma de decisiones. Sin embargo, podría reducir su capacidad de demostrar empatía y de tolerar dudas y conflictos internos. Los psicólogos humanistas han señalado que las personas angustiadas no suelen desear una solución rápida: quieren que alguien las escuche y empatice con sus temores y recelos. Suponga el lector que se está gestando una crisis en su lugar de trabajo que le afecta, porque su nueva jefa no valora sus opiniones e insiste en hacerlo todo a su manera. Después de un día particularmente triste, el lector coge el teléfono y llama a un amigo. Pero el amigo tiene poco tiempo y poca energía para dedicarle, de manera que lo corta enseguida e intenta resolver su problema: «Muy bien, ya entiendo. Bueno, en realidad solo tienes dos opciones: o dejas el trabajo, o te quedas y haces lo que quiera tu jefa. Y si yo fuera tú, me largaría». Esto no ayudaría. Un buen amigo de verdad tendrá paciencia y no encontrará rápidamente una solución. Escuchará las congojas del lector, y dará espacio y tiempo para que salgan a la superficie todas sus emociones contradictorias y las ansiedades que le reconcomen.

El casco de atención funciona un poco como el amigo impaciente. Por descontado, a veces (en el campo de batalla, por ejemplo) las personas necesitan tomar decisiones rápidas y firmes. Pero en la vida eso no es todo. Si empezamos a usar el casco de atención cada vez en más situaciones, podríamos acabar perdiendo la capacidad de tolerar la confusión, las dudas y las contradicciones, de la misma manera que hemos perdido la capacidad de oler, soñar y prestar atención. El sistema puede empujarnos en aquella dirección, porque por lo general nos recompensa por las decisiones que tomamos y no por nuestras dudas. Pero una vida de decisiones resueltas y de arreglos rápidos podría ser más pobre y más somera que una de dudas y contradicciones.

Cuando mezclamos una capacidad práctica para modificar la mente con nuestra ignorancia del espectro mental y con los intereses limitados de gobiernos, ejércitos y empresas, lo que obtenemos es una receta para crear problemas. Podemos mejorar con éxito nuestro cuerpo y nuestra mente, al tiempo que en el proceso perdemos nuestra mente. En realidad, el tecnohumanismo podría acabar degradando a los humanos. El sistema podría preferir humanos degradados no porque posean habilidades superhumanas, sino porque carecerán de algunas cualidades humanas realmente preocupantes que obstaculizan el sistema y lo enlentecen. Como todo granjero sabe, por lo general es la cabra más inteligente del rebaño la que provoca los mayores problemas, razón por la que la revolución agrícola implicó degradar las capacidades mentales de los animales. La segunda revolución cognitiva con la que sueñan los tecnohumanistas podría hacer lo mismo con nosotros.

El clavo del que cuelga el universo

El tecnohumanismo se enfrenta a otra seria amenaza funesta. Al igual que todas las sectas humanistas, el tecnohumanismo también sacraliza la voluntad humana, a la que considera el clavo del que cuelga todo el universo. El tecnohumanismo espera que nuestros deseos elijan qué capacidades mentales desarrollar y, por lo tanto, que determinen la forma de las mentes futuras. Pero ¿qué ocurrirá cuando el progreso tecnológico haga posible remodelar y modificar nuestros mismos deseos?

El humanismo siempre dejó bien claro que no es fácil identificar nuestra auténtica voluntad. Cuando intentamos escucharnos, a menudo nos vemos inundados por una cacofonía de ruidos en conflicto. De hecho, hay veces en que no queremos oír nuestra auténtica voz, porque puede revelar secretos inoportunos y peticiones incómodas. Muchas personas toman grandes precauciones para no sondearse demasiado profundamente. Una abogada de éxito estresada podría apagar una voz interior que le dijera que se tome un respiro y tenga un hijo. Una mujer atrapada en un matrimonio decepcionante teme perder la seguridad que este proporciona. A un soldado corroído por la culpa lo acechan pesadillas acerca de las atrocidades que cometió. Un joven inseguro de su sexualidad sigue una política personal de «no preguntes, no reveles». El humanismo no cree que ninguna de estas situaciones tenga una solución obvia apta para todo el mundo, pero pide que demostremos un poco de coraje, que escuchemos los mensajes interiores aunque nos asusten, que identifiquemos nuestra auténtica voz, y que después sigamos sus instrucciones con independencia de las dificultades.

El progreso tecnológico tiene una agenda muy diferente. No quiere escuchar nuestras voces interiores: quiere controlarlas. Cuando comprendamos el sistema bioquímico que produce todas estas voces, podremos jugar con los interruptores, aumentar el volumen aquí, reducirlo allí, y hacer que la vida sea mucho más fácil y cómoda. Daremos Ritalin a la abogada estresada, Prozac al soldado culpable y Cipralex a la esposa insatisfecha. Y esto es solo el comienzo.

A los humanistas les suele horrorizar este enfoque, pero será mejor que no los juzguemos demasiado deprisa. La recomendación humanista de escucharnos ha destrozado la vida a más de una persona, mientras que la dosis adecuada de la sustancia química adecuada ha aumentado mucho el bienestar y las relaciones de millones de personas. Para escucharse de verdad, algunas personas tienen que reducir antes el volumen de los alaridos y diatribas internos. Según la psiquiatría moderna, muchas «voces interiores» y «deseos auténticos» no son otra cosa que el producto de desequilibrios bioquímicos y enfermedades neurológicas. Las personas que padecen depresión clínica suelen abandonar una y otra vez carreras prometedoras y relaciones sanas porque algún fallo bioquímico hace que lo vean todo a través de un cristal oscuro. En lugar de escuchar estas voces interiores destructivas, sería una buena idea acallarlas. Cuando Sally Adee utilizó el casco de atención para silenciar las voces de su cabeza, no solo se convirtió en una tiradora experta, sino que además se sintió mucho mejor consigo misma.

Personalmente, el lector puede tener muchas opiniones diferentes acerca de estas cuestiones. Pero desde una perspectiva histórica, está claro que está ocurriendo algo trascendental. El primer mandamiento humanista («¡Escúchate!») ya no es tan evidente. A medida que aprendemos a aumentar y reducir nuestro volumen interno, desistimos de nuestra creencia en la autenticidad, porque ya no está claro de quién es la mano que maneja el mando. Silenciar ruidos molestos dentro de nuestra cabeza parece una idea maravillosa, siempre que nos permita acabar oyendo a nuestro yo profundo y auténtico. Pero si no hay un yo auténtico, ¿cómo decidimos qué voces silenciar y cuáles amplificar?

Supongamos, solo como hipótesis, que dentro de unas décadas los neurocientíficos nos otorgan un control fácil y preciso sobre muchas voces internas. Imaginemos a un joven gay de una devota familia mormona que, después de años viviendo dentro del armario, finalmente ha acumulado el dinero suficiente para costearse una operación. Se dirige a la clínica provisto de 100.000 dólares, decidido a salir de ella tan heterosexual como Joseph Smith. De pie frente a la puerta de la clínica, repite mentalmente lo que le dirá al médico: «Doctor, aquí tiene usted 100.000 dólares. Por favor, arrégleme para que nunca más desee a hombres». Pulsa el timbre y abre la puerta George Clooney en persona. «Doctor —murmura el abrumado chico—, aquí tiene 100.000 dólares. Por favor, arrégleme para que nunca más desee ser heterosexual.»

¿Es que el yo auténtico del joven venció al lavado de cerebro al que había estado sometido? ¿O quizá una tentación momentánea hizo que se traicionara? ¿O quizá, sencillamente, no exista tal cosa como un yo auténtico al que poder seguir o traicionar? Si la gente llega a ser capaz de diseñar y rediseñar su voluntad, ya no podremos verla como el origen último de todo sentido y autoridad. Porque no importará lo que diga nuestra voluntad: siempre podremos hacer que diga otra cosa.

Según el humanismo, solo los deseos humanos imbuyen de sentido al mundo. Pero si pudiéramos elegir nuestros deseos, ¿sobre qué base podríamos tomar decisiones? Supongamos que *Romeo y Julieta* se inicia con Romeo teniendo que decidir de quién enamorarse. Y supongamos que incluso después de decidirse, pudiera retractarse y decidir algo diferente. ¿Qué tipo de drama sería? Bien, este es el drama que el progreso tecnológico está intentando producir para nosotros. La tecnología promete que, cuando nuestros deseos nos incomoden, nos sacará de apuros. Cuando el clavo del que cuelga todo el universo se encuentre en un punto problemático, la tecnología lo arrancará y lo clavará en algún otro lugar. Pero ¿dónde, exactamente? Si pudiera poner ese clavo en cualquier lugar del cosmos, ¿dónde debería clavarlo, y por qué allí, de todos los lugares posibles?

Los dramas humanistas se desarrollan cuando las personas tienen deseos incómodos. Por ejemplo, es muy incómodo que Romeo, de la casa de los Montesco, se enamore de Julieta, de la casa de los Capuleto, porque los Montesco y los Capuleto son enemigos acérrimos. La solución técnica a tales dramas es garantizar que nunca tengamos deseos incómodos. ¡Cuánto dolor y cuánta pena se habrían evitado si, en lugar de tomar veneno, Romeo y Julieta se hubieran tomado una simple píldora o se hubieran puesto el casco que habría dirigido su infortunado amor hacia otras personas!

Aquí el tecnohumanismo se enfrenta a un dilema imposible. Considera que la voluntad humana es lo más importante del universo, de modo que impulsa a la humanidad a desarrollar tecnologías que puedan controlar y rediseñar nuestra voluntad. Después de todo, es tentador tener control sobre lo más importante del mundo. Pero cuando dispongamos de dicho control, el tecnohumanismo no sabrá qué hacer con él, porque la sagrada voluntad humana se convertirá simplemente en un producto de diseño más. Nunca podremos tratar con estas tecnologías mientras creamos que la voluntad y la experiencia humanas son el origen supremo de la autoridad y el sentido.

De ahí que una tecnorreligión más audaz busque cortar del todo el cordón umbilical humanista. Prevé un mundo que no gire alrededor de los deseos y las experiencias de ningún ser humanoide. ¿Qué puede sustituir los deseos y las experiencias como origen de todo sentido y autoridad? En 2016, únicamente una candidata está sentada en la sala de espera de la historia, aguardando la entrevista de trabajo. Esta candidata es la información. La religión emergente más interesante es el dataísmo, que no venera ni a dioses ni al hombre: adora los datos.

11

La religión de los datos

El dataísmo sostiene que el universo consiste en flujos de datos, y que el valor de cualquier fenómeno o entidad está determinado por su contribución al procesamiento de datos.[1] Esto puede sorprender e incluso parecer una idea excéntrica y marginal, pero en realidad ya ha conquistado a la mayor parte de las altas esferas de la ciencia. El dataísmo nació de la confluencia explosiva de dos grandes olas científicas. En los ciento cincuenta años transcurridos desde que Charles Darwin publicara *El origen de las especies*, las ciencias de la vida han acabado por ver a los organismos como algoritmos bioquímicos. Simultáneamente, en las ocho décadas transcurridas desde que Alan Turing formulara la idea de una Máquina de Turing, los científicos informáticos han aprendido a producir algoritmos electrónicos cada vez más sofisticados. El dataísmo une ambos, y señala que las mismas leyes matemáticas se aplican tanto a los algoritmos bioquímicos como a los electrónicos. De esta manera, el dataísmo hace que la barrera entre animales y máquinas se desplome, y espera que los algoritmos electrónicos acaben por descifrar los algoritmos bioquímicos y los superen.

Para los políticos, los empresarios y los consumidores corrientes, el dataísmo ofrece tecnologías innovadoras y poderes inmensos y nuevos. Para los estudiosos e intelectuales promete asimismo el santo grial científico que ha estado eludiéndonos durante siglos: una única teoría global que unifique todas las disciplinas científicas, desde la musicología a la biología pasando por la economía. Según el dataísmo, *la Quinta Sinfonía* de Beethoven, la burbuja de la Bolsa y el virus de la gripe no son sino tres pautas de flujo de datos que pueden analizarse utilizando los mismos conceptos y herramientas básicos. Esta idea es muy atractiva.

Proporciona a todos los científicos un lenguaje común, construye puentes sobre brechas académicas, y exporta fácilmente ideas y descubrimientos a través de fronteras entre disciplinas. Por fin, musicólogos, economistas y biólogos celulares pueden comprenderse mutuamente.

En el proceso, el dataísmo invierte la pirámide tradicional del conocimiento. Hasta ahora, los datos se veían únicamente como el primer eslabón de una larga cadena de actividad intelectual. Se suponía que los humanos destilaban los datos para obtener información, destilaban la información para obtener conocimiento, y este se destilaba en sabiduría. Sin embargo, los dataístas creen que los humanos ya no pueden hacer frente a los inmensos flujos de datos actuales ni, por consiguiente, destilar los datos en información ni mucho menos en conocimiento o sabiduría. Por lo tanto, el trabajo de procesar los datos debe encomendarse a algoritmos electrónicos, cuya capacidad excede con mucho a la del cerebro humano. En la práctica, esto significa que los dataístas son escépticos en relación con el conocimiento y la sabiduría humanos, y que prefieren poner su confianza en los datos masivos y los algoritmos informáticos.

El dataísmo está atrincherado en sus dos disciplinas madre: la informática y la biología. De las dos, la biología es la más importante. Fue la adopción biológica del dataísmo lo que convirtió un descubrimiento limitado en informática en un cataclismo que sacudió el mundo y que bien podría transformar completamente la misma naturaleza de la vida. Quizá el lector no esté de acuerdo con la idea de que los organismos son algoritmos y que jirafas, tomates y seres humanos son solo métodos diferentes de procesar datos. Pero tiene que saber que este es el dogma científico actual, y que está cambiando nuestro mundo hasta hacerlo irreconocible.

Hoy en día no solo se ven como sistemas de procesamiento de datos a los organismos individuales, sino también a sociedades enteras como las colmenas, las colonias de bacterias, los bosques y las ciudades humanas. También los economistas interpretan cada vez más la economía como un sistema de procesamiento de datos. Los profanos creen que la economía consiste en campesinos cultivando trigo, obreros fabricando ropa y clientes comprando pan y calzoncillos. Pero los expertos ven la economía como un mecanismo para acopiar datos sobre deseos y capacidades, y transformar estos datos en decisiones.

Según esta idea, el capitalismo de libre mercado y el comunismo controlado por el Estado no son ideologías en competencia, credos éticos o instituciones políticas. En el fondo, son sistemas de procesamiento de datos que compiten. El capitalismo emplea el procesamiento distribuido, mientras que el comunismo se basa en procesamiento centralizado. El capitalismo procesa datos mediante la conexión directa de todos los productores y consumidores entre sí, permitiéndoles intercambiar información y tomar decisiones de manera independiente. Por ejemplo, ¿cómo se determina el precio del pan en un mercado libre? Bueno, cada panadería puede producir tanto pan como quiera y ponerle el precio que quiera. Los clientes tienen la misma libertad para comprar tanto pan como puedan permitirse o ir a comprarlo a un competidor. No es ilegal cobrar 1.000 euros por una *baguette*, pero es muy probable que nadie la compre.

A una escala mucho mayor, si los inversores predicen un aumento de la demanda de pan, comprarán acciones de las compañías biotecnológicas que modifiquen genéticamente variedades de trigo más prolíficas. La entrada de capital permitirá que las empresas aceleren su investigación, con lo que proporcionarán más trigo más deprisa e impedirán la escasez de pan. Incluso en el caso de que un gigante de la biotecnología aplique una teoría equivocada y llegue a un callejón sin salida, sus competidores más exitosos conseguirán el descubrimiento anhelado. Así, el capitalismo de libre mercado distribuye la tarea de analizar los datos y de tomar decisiones entre muchos procesadores independientes pero interconectados. Tal como explicaba Friedrich Hayek, el gurú austríaco de la economía: «En un sistema en el que el conocimiento de los datos relevantes está disperso entre muchas personas, los precios pueden actuar para coordinar los actos individuales de diferentes personas».[2]

Según este punto de vista, la Bolsa de Valores es el sistema más rápido y más eficaz que la humanidad ha creado hasta ahora. Todas las personas son bienvenidas: si no se incorporan directamente, pueden hacerlo por medio de sus bancos o sus fondos de pensiones. La Bolsa hace funcionar la economía global y tiene en cuenta todo lo que ocurre en el planeta... e incluso más allá. Los precios están influenciados por experimentos científicos de éxito, por escándalos políticos en Japón, por erupciones volcánicas en Islandia e incluso por actividades irregulares en la superficie del

Sol. Para que el sistema funcione con fluidez, es necesario que tanta información como sea posible fluya tan libremente como sea posible. Cuando millones de personas en todo el mundo tienen acceso a toda la información relevante, determinan el precio más exacto del petróleo, de las acciones de Hyundai y de los bonos del Estado sueco al comprarlos y venderlos. Se ha estimado que la Bolsa necesita solo quince minutos de comercio para determinar la influencia de un titular del *The New York Times* sobre los precios de la mayoría de acciones.[3]

Las consideraciones sobre el procesamiento de datos explican también por qué los capitalistas están a favor de impuestos bajos. Impuestos elevados significan que gran parte de todo el capital disponible se acumula en un lugar: las arcas del Estado, y que, en consecuencia, cada vez más decisiones dependen de un único procesador: el gobierno. Esto da lugar a un sistema de procesamiento de datos excesivamente centralizado. En casos extremos, cuando los impuestos son demasiado elevados, casi todo el capital acaba en manos del gobierno, de modo que solo el gobierno corta el bacalao. Dicta el precio del pan, la localización de las panaderías, y el presupuesto para investigación y desarrollo. En un mercado libre, si un procesador toma una decisión equivocada, otros se aprovecharán rápidamente de su error. Sin embargo, cuando un único procesador toma casi todas las decisiones, los errores pueden ser catastróficos.

Esta situación extrema en la que todos los datos son procesados y todas las decisiones son tomadas por un único procesador central se llama comunismo. En una economía comunista, la gente supuestamente trabaja según sus capacidades y recibe según sus necesidades. En otras palabras, el gobierno se queda con el cien por cien de tus ganancias, decide qué necesitas y después satisface dichas necesidades. Aunque ningún país llegó nunca a llevar a término este proyecto en su forma extrema, la Unión Soviética y sus satélites se acercaron a ella tanto como pudieron. Abandonaron el principio de procesamiento de datos distribuido y pasaron a un modelo de procesamiento de datos centralizado. Toda la información que surgía de toda la Unión Soviética fluía hasta una única ubicación en Moscú, donde se tomaban todas las decisiones importantes. Productores y consumidores no podían comunicarse directamente, y tenían que obedecer las órdenes del gobierno.

FIGURA 49. Líderes soviéticos en Moscú (1963): procesamiento de datos centralizado.

Por ejemplo, el ministro de Economía soviético podía decidir que el precio del pan en todas las tiendas tenía que ser exactamente de dos rublos y cuatro kopeks, que un *koljós* concreto del *oblast* de Odessa tenía que pasar de cultivar trigo a criar gallinas, y que la panadería Octubre Rojo de Moscú tendría que producir 3,5 millones de hogazas de pan al día, y ni una más. Mientras tanto, el Ministerio de Ciencia soviético obligaba a todos los laboratorios de biotecnología soviéticos a adoptar las teorías de Trofim Lysenko, el infame jefe de la Academia Lenin de Ciencias Agrícolas. Lysenko rechazaba las teorías genéticas predominantes en su época. Insistía en que si un organismo adquiría algún carácter nuevo durante su vida, esta cualidad podía pasar directamente a sus descendientes. Esta idea iba en contra de la ortodoxia darwiniana, pero encajaba perfectamente con los principios educativos del comunismo. Implicaba que si se podía preparar a las plantas de trigo para que soportaran un clima frío, su progenie también sería resistente al frío. En consecuencia, Lysenko envió miles de millones de plantas de trigo contrarrevolucionarias a Siberia para que fueran reeducadas..., y la Unión Soviética pronto se vio obligada a importar cada vez más harina de Estados Unidos.[4]

El capitalismo no derrotó al comunismo porque fuera más ético, porque las libertades individuales fueran sagradas o porque Dios estuviera enfadado con los paganos comunistas. Por el contrario, el capitalismo ganó la Guerra Fría porque el procesamiento de datos distribuido funciona mejor que el procesamiento de datos centralizado, al menos en períodos de cambios tecnológicos acelerados. Sencillamente, el co-

FIGURA 50. Momento de conmoción en la Cámara de Comercio de Chicago: procesamiento de datos distribuido.

mité central del Partido Comunista no pudo adaptarse al mundo rápidamente cambiante de finales del siglo XX. Cuando todos los datos se acumulan en un búnker secreto y todas las decisiones importantes las toma un grupo de ancianos *apparatchiks*, se pueden producir bombas nucleares a espuertas, pero no se obtendrá un Apple ni una Wikipedia.

Hay un relato (probablemente apócrifo, como la mayoría de los buenos relatos) según el cual cuando Mijaíl Gorbachov intentó resucitar la moribunda economía soviética, envió a uno de sus principales ayudantes a Londres para que averiguara de qué iba el thatcherismo y cómo funcionaba en verdad un sistema capitalista. Los anfitriones llevaron a su visitante soviético a dar una vuelta por la City, a la Bolsa y a la London School of Economics, donde departió largo y tendido con banqueros, empresarios y profesores. Pasadas unas horas, el experto soviético explotó: «Un momento, por favor. Olviden todas esas teorías complicadas económicas. Hemos estado recorriendo Londres todo el día y hay algo que no consigo entender. En Moscú, nuestras mejores mentes están trabajando en el sistema de suministro de pan, y sin embargo se forman larguísimas colas en todas las panaderías y tiendas de comestibles. Aquí, en Londres, viven millones de personas, y hemos pasado ante muchas tiendas y supermercados, pero no he visto ni una sola cola para comprar pan. Por favor, preséntenme a la persona encargada de suministrar pan a Londres. Tengo que conocer su secreto». Los anfitriones se rascaron la cabeza, pensaron un momento y dijeron: «No hay nadie encargado de suministrar pan a Londres».

Este es el secreto capitalista del éxito. No hay una unidad central de procesamiento que monopolice todos los datos en el sistema de suministro de pan a Londres. La información fluye libremente entre millones de consumidores y productores, panaderos y magnates, agricultores y científicos. Las fuerzas del mercado determinan el precio del pan, el número de hogazas que se hornearán cada día, y las prioridades de investigación y desarrollo. Si las fuerzas del mercado toman la decisión equivocada, pronto se corregirán, o así lo creen los capitalistas. Para nuestro propósito actual, no importa si la teoría es correcta. Lo que es crucial es que la teoría entienda la economía en términos de procesamiento de datos.

¿Adónde ha ido a parar todo el poder?

Los científicos políticos también interpretan cada vez más las estructuras políticas humanas como sistemas de procesamiento de datos. Al igual que el capitalismo y el comunismo, las democracias y las dictaduras son en esencia mecanismos que compiten para conseguir y analizar información. Las dictaduras emplean métodos de procesamiento centralizado, mientras que las democracias prefieren el procesamiento distribuido. En las últimas décadas, la democracia ha salido vencedora porque en las condiciones únicas de finales del siglo xx el procesamiento distribuido funcionaba mejor. En otras condiciones (las predominantes en el antiguo Imperio romano, por ejemplo), el procesamiento centralizado tenía ventaja, razón por la que la República romana cayó y el poder pasó del Senado y las asambleas populares a las manos de un único emperador autócrata.

Esto implica que, a medida que las condiciones de procesamiento de datos vuelvan a cambiar en el siglo xxi, la democracia podría decaer e incluso desaparecer. Puesto que tanto el volumen como la velocidad de los datos están aumentando, instituciones venerables tales como las elecciones, los partidos políticos y los parlamentos podrían quedar obsoletas, y no porque sean poco éticas, sino porque no procesan los datos con la suficiente eficiencia. Dichas instituciones evolucionaron en una época en la que la política se movía más deprisa que la tecnología. En los siglos xix y xx, la revolución industrial se desarrolló con la suficiente lentitud para que políticos y votantes se mantuvieran un paso por delante y regularan y manipularan su trayectoria. Pero mientras que el ritmo de la política no ha cambiado mucho desde los tiempos del vapor, la tecnología ha pasado de la primera marcha a la cuarta. Las revoluciones tecnológicas dejan ahora rezagados a los procesos políticos, lo que hace que tanto los miembros del Parlamento como los votantes pierdan el control.

El auge de internet nos proporciona una muestra de lo que está por llegar. El ciberespacio es hoy en día crucial en nuestra vida cotidiana, nuestra economía y nuestra seguridad. Pero la selección crítica de diseños alternativos de las webs no se llevó a cabo mediante un proceso político democrático, aunque implicase cuestiones políticas tradicionales como soberanía, fronteras, privacidad y seguridad. ¿Votó alguna vez el lector al respecto de la forma del ciberespacio? Decisiones tomadas por diseñadores de webs situados lejos del foco de atención del público suponen que hoy en día internet es una zona libre y sin ley que erosiona la soberanía del Estado, ignora las fronteras, deroga la privacidad y plantea el que quizá sea el más formidable riesgo global de seguridad. Mientras que hace una década apenas se registraba la actividad de los radares, hoy funcionarios histéricos predicen un ciberonce de septiembre inminente.

En consecuencia, gobiernos y ONG llevan a cabo intensos debates sobre la conveniencia de reestructurar internet, pero es mucho más difícil cambiar un sistema existente que intervenir en sus comienzos. Además, para cuando la engorrosa burocracia gubernamental se decida a actuar en la ciberregulación, internet habrá mutado diez veces. La tortuga gubernamental no puede seguir el ritmo de la liebre tecnológica. Está agobiada por los datos. La Agencia de Seguridad Nacional de Estados Unidos podría estar espiando todas y cada una de nuestras palabras, pero, a juzgar por los repetidos fracasos de la política exterior estadounidense, nadie en Washington sabe qué hacer con todos los datos. Nunca en la historia supo un gobierno tantas cosas acerca de lo que ocurre en el mundo…, pero pocos imperios han cometido tantos errores de bulto y de manera tan chapucera como el Estados Unidos contemporáneo. Es como un jugador de póquer que supiera qué cartas tienen sus oponentes pero que, de alguna manera, se las arreglara para perder una partida tras otra.

Es probable que en las décadas venideras veamos más revoluciones como la de internet en las que la tecnología gane la mano a los políticos. La inteligencia artificial y la biotecnología podrían adelantar pronto a nuestras sociedades y a nuestras economías (y también a nuestro cuerpo y a nuestra mente), pero apenas son un parpadeo en nuestro radar político. Sencillamente, nuestras estructuras democráticas actuales no pueden recopilar y procesar los datos relevantes con la suficiente rapidez, y la mayoría de los votantes no conocen lo bastante bien la biología y la cibernética para formarse una opinión pertinente. De ahí que la política democrática tradicional pierda el control de los acontecimientos y no consiga proporcionarnos unas visiones de futuro significativas.

Esto no significa que vayamos a volver a dictaduras similares a las del pasado siglo. Los regímenes autoritarios parecen igualmente abrumados por el ritmo del desarrollo tecnológico y la velocidad y el volumen del flujo de datos. En el siglo XX, los dictadores tenían grandes visiones de futuro. Tanto comunistas como fascistas pretendían destruir completamente el viejo mundo y construir en su lugar un mundo nuevo. Se opine lo que se opine de Lenin, Hitler o Mao, no se los puede acusar de haber carecido de visión. En la actualidad parece que los líderes tienen la posibilidad de buscar visiones todavía más grandiosas. Mientras que comunistas y nazis intentaron crear una nueva sociedad y un nuevo humano con la ayuda de las máquinas de vapor y las máquinas de escribir, los profetas actuales podrían basarse en la biotecnología y los superordenadores.

En las películas de ciencia ficción, despiadados políticos del estilo de Hitler se aprovechan rápidamente de estas nuevas tecnologías y las ponen al servicio de tal o cual ideal político megalómano. Pero los políticos de carne y hueso de principios del siglo XXI, incluso en países autoritarios como Rusia, Irán o Corea del Norte, no se parecen en nada a sus homólogos de Hollywood. No parece que estén tramando ningún Mundo Feliz. Los sueños más fantásticos de Kim Jong-un y de Alí Jamenei no van mucho más allá de las bombas atómicas y los misiles balísticos; esto es muy propio de 1945. Las aspiraciones de Putin parecen confinadas a reconstruir la antigua zona soviética, o incluso el anterior imperio zarista. Mientras tanto, en Estados Unidos los republicanos paranoides acusan a Barack Obama de ser un déspota despiadado que empolla conspiraciones para destruir los cimientos de la sociedad norteamericana... pero que en ocho años de presidencia apenas consiguió que se aprobara una reforma menor de la atención sanitaria. Crear nuevos mundos y nuevos humanos trasciende con mucho su agenda.

Precisamente porque la tecnología se mueve ahora tan deprisa, y tanto parlamentos como dictadores están inundados por datos que no pueden procesar con suficiente rapidez, los políticos de hoy en día piensan a una escala mucho más pequeña que sus predecesores de hace un siglo. En consecuencia, en los inicios del siglo XXI, la política está desprovista de visiones grandiosas. El gobierno se ha convertido en mera administración. Gestiona el país, pero ya no lo dirige. Se asegura de que a los profesores se les pague puntualmente y que los sistemas de alcantarillado no rebosen, pero no tiene ni idea de dónde estará el país dentro de veinte años.

En cierta medida, esto es muy bueno. Dado que algunas de las grandes visiones políticas del siglo XX condujeron a Auschwitz, Hiroshima y al Gran Salto Adelante, quizá estemos mejor en las manos de burócratas banales. Mezclar una tecnología propia de dioses con políticas megalómanas es una receta para el desastre. Muchos economistas y científicos políticos neoliberales dicen que es mejor dejar todas las decisiones importantes en manos del libre mercado. Con ello dan a los políticos la excusa perfecta para la inacción y la ignorancia, que se reinterpretan como profunda sabiduría. Los políticos encuentran conveniente creer que la razón por la que no entienden el mundo es que no necesitan entenderlo.

No obstante, mezclar una tecnología propia de dioses con políticas miopes tiene también sus inconvenientes. La falta de visión no siempre es una bendición, y no todas las visiones son necesariamente malas. En el siglo XX, la visión distópica nazi no se diluyó de forma espontánea.

Fue derrotada por las visiones igualmente grandiosas del socialismo y el liberalismo. Es peligroso confiar nuestro futuro a las fuerzas del mercado, porque estas fuerzas hacen lo que es bueno para el mercado y no lo que es bueno para la humanidad o para el mundo. La mano del mercado es ciega además de invisible, y si se la deja a su libre albedrío podría no hacer nada con respecto a la amenaza del calentamiento global o del peligroso potencial de la inteligencia artificial.

Algunas personas creen que, al fin y al cabo, alguien está al cargo. No políticos demócratas ni déspotas autócratas, sino una pequeña camarilla de multimillonarios que gobiernan secretamente el mundo. Pero estas teorías conspiratorias nunca funcionan, porque subestiman la complejidad del sistema. No es posible que unos pocos multimillonarios que fuman cigarros y beben whisky escocés en alguna sala privada puedan entender todo lo que pasa en el mundo, ni mucho menos controlarlo. Los multimillonarios despiadados y los pequeños grupos de presión medran en el mundo caótico actual no porque interpreten el mapa mejor que nadie, sino porque sus objetivos son muy limitados. En un sistema caótico, la visión en túnel tiene sus ventajas, y el poder de los multimillonarios es estrictamente proporcional a sus objetivos. Si el hombre más rico del mundo quisiera ganar otros 1.000 millones de dólares, podría fácilmente amañar el sistema para conseguir su objetivo. Por el contrario, si quisiera reducir la desigualdad global o detener el calentamiento global, ni siquiera él podría hacerlo, porque el sistema es demasiado complejo.

Sin embargo, los vacíos de poder rara vez duran mucho. Si en el siglo XXI las estructuras políticas tradicionales ya no pueden procesar los datos con suficiente rapidez para producir visiones significativas, estructuras nuevas y más eficientes aparecerán por evolución y ocuparán su lugar. Estas nuevas estructuras podrían ser muy distintas de cualesquiera instituciones políticas previas, ya sean democráticas o autoritarias. La única pregunta es quién construirá y controlará dichas estructuras. Si la humanidad ya no está a la altura de dicha tarea, quizá podría dejar que lo intente otro.

LA HISTORIA EN UNA CÁSCARA DE NUEZ

Desde una perspectiva dataísta, podríamos interpretar a toda la especie humana como un único sistema de procesamiento de datos en el que los individuos hacen las veces de chips. En tal caso, también podríamos entender toda la historia como un proceso de mejora de la eficiencia de este sistema, mediante cuatro métodos básicos:

1. *Aumento del número de procesadores.* Una ciudad de 100.000 habitantes tiene más potencia de cómputo que un pueblo de 1.000 habitantes.
2. *Aumento de la variedad de procesadores.* Diferentes procesadores podrían emplear maneras diversas de calcular y analizar datos. Por lo tanto, emplear varios tipos de procesadores en un único sistema podría aumentar su dinamismo y creatividad. Una conversación entre un campesino, un sacerdote y un médico podría producir ideas nuevas que nunca aparecerían en una conversación entre tres cazadores-recolectores.
3. *Aumento del número de conexiones entre procesadores.* Tiene poco sentido aumentar únicamente el número y la variedad de procesadores si están poco conectados entre sí. Es probable que una red comercial que conecte diez ciudades produzca más innovaciones económicas, tecnológicas y sociales que diez ciudades aisladas.
4. *Aumento de la libertad de movimientos a lo largo de las conexiones existentes.* Conectar procesadores apenas es útil si los datos no pueden fluir libremente. Construir carreteras entre diez ciudades no será muy útil si están plagadas de ladrones o si algún déspota autócrata no permite que comerciantes y viajeros se muevan como deseen.

Estos cuatro métodos suelen contradecirse mutuamente. Cuanto mayor es el número y la variedad de los procesadores, más difícil es conectarlos libremente. En consecuencia, la construcción del sistema de procesamiento de datos de los sapiens pasó por cuatro fases principales, cada una de ellas caracterizada por un énfasis en métodos diferentes.

La primera fase dio comienzo con la revolución cognitiva, que hizo posible conectar a un número ilimitado de sapiens en una única red de procesamiento de datos. Esto les confirió una ventaja fundamental sobre todas las demás especies humanas y animales. Aunque el número de neandertales, chimpancés o elefantes que pueden conectarse a la misma red está estrictamente limitado, no existe límite para el número de sapiens.

Los sapiens utilizaron su ventaja en el procesamiento de datos para propagarse por todo el mundo. Sin embargo, a medida que se extendían a tierras y climas diferentes, perdieron el contacto mutuo y experimentaron diversas transformaciones culturales. El resultado fue una variedad inmensa de culturas humanas, cada una con sus propios estilos de vida, pautas de comportamiento y visiones del mundo. De ahí que la primera fase de la historia implicara un aumento en el número y la variedad de procesadores humanos, a expensas de la conectividad: hace veinte mil años había muchos más sapiens que hace setenta mil años, y los sapiens de Europa procesaban la información de manera diferente a como lo hacían los sapiens de China. Sin embargo, no había conexiones entre la gente de Europa y la de China, y habría parecido completamente imposible que todos los sapiens pudieran un día formar parte de una única red de procesamiento de datos.

La segunda fase empezó con la revolución agrícola y continuó hasta la invención de la escritura y el dinero, hace unos cinco mil años. La agricultura aceleró el crecimiento demográfico, de manera que el número de procesadores humanos aumentó con rapidez. Simultáneamente, la agricultura permitió que mucha gente viviera en el mismo lugar, con lo que se generaron densas redes locales que contenían un número de procesadores sin precedentes. Además, la agricultura generó nuevos incentivos y oportunidades para que diferentes redes comerciaran y se comunicaran entre sí. No obstante, durante la segunda fase, las fuerzas centrífugas siguieron siendo predominantes. Sin escritura y sin dinero, los humanos no podían establecer ciudades, reinos o imperios. La humanidad seguía dividida en innumerables tribus pequeñas, cada una de ellas con su propio estilo de vida y visión del mundo. Unir a la humanidad no era siquiera una fantasía.

La tercera fase se inició con la invención de la escritura y el dinero, hace unos cinco mil años, y duró hasta el inicio de la revolución científica. Gracias a la escritura y al dinero, el campo gravitatorio de la cooperación humana finalmente dominó a las fuerzas centrífugas. Los grupos humanos se conectaron y se fusionaron para formar ciudades y reinos. Los lazos políticos y comerciales entre diferentes ciudades y reinos también se estrecharon. Al menos desde el primer milenio a.C. (cuando aparecieron la acuñación, los imperios y las religiones universales), los humanos empezaron a soñar conscientemente en forjar una única red que abarcaría todo el globo.

Este sueño se hizo realidad durante la cuarta y última fase de la historia, que empezó hacia 1492. Los primeros exploradores, conquistadores y comerciantes modernos tejieron los primeros hilos que rodeaban todo el mundo. En el período moderno tardío, dichos hilos se hicieron más gruesos y fuertes, de modo que la telaraña de la época de Colón se convirtió en la cuadrícula de acero y asfalto del siglo XXI. Más importante todavía: se permitió que la información circulara cada vez con mayor libertad a lo largo de este retículo global. Cuando Colón conectó por vez primera la red eurasiática con la red americana, únicamente unos cuantos bits de datos podían cruzar el océano cada año, y eso después de haber superado el acoso de los prejuicios culturales, la censura estricta y la represión política. Pero a medida que pasaban los años, el mercado libre, la comunidad científica, el imperio de la ley y la propagación de la democracia ayudaron a que se levantaran las barreras. A menudo imaginamos que la democracia y el mercado libre ganaron porque eran «buenos». En realidad, ganaron porque mejoraron el sistema global de procesamiento de datos.

Así, en los últimos setenta mil años, la humanidad primero se expandió, después se separó en varios grupos y finalmente volvió a fusionarse. Pero el proceso de unificación no nos llevó de vuelta al principio. Cuando los diferentes grupos humanos se fusionaron en la aldea global que es hoy, cada uno aportó la herencia única de pensamientos, utensilios y comportamientos que había acumulado y desarrollando a lo largo del camino. Nuestras despensas están ahora repletas de trigo de Oriente Medio, patatas andinas, azúcar de Nueva Guinea y café de Etiopía. De igual modo, nuestro lenguaje, nuestra religión, nuestra música y nuestra política están repletas de reliquias procedentes de todo el planeta.[5]

Si la humanidad es en verdad un único sistema de procesamiento de datos, ¿cuál será el resultado? Los dataístas dirían que el resultado será la creación de un sistema de procesamiento de datos nuevo y más eficiente, el llamado Internet de Todas las Cosas. Cuando dicha misión se cumpla, *Homo sapiens* desaparecerá.

La información quiere ser libre

Al igual que el capitalismo, el dataísmo empezó también como una teoría científica neutral, pero ahora está mutando en una religión que pretende determinar lo que está bien y lo que está mal. El valor supremo de esta religión es el «flujo de información». Si la vida es el movimiento de información y si creemos que la vida es buena, de ahí se infiere que debemos difundir y profundizar el flujo de información en el universo. Según el dataísmo, las experiencias humanas no son sagradas y *Homo sapiens* no es la cúspide de la creación y el precursor de algún futuro *Homo Deus*. Los humanos son simplemente herramientas para crear el Internet de Todas las Cosas, que podría acabar extendiéndose fuera del planeta Tierra para cubrir toda la galaxia e incluso todo el universo. Este sistema cósmico de procesamiento de datos será como Dios. Estará en todas partes y lo controlará todo, y los humanos están destinados a fusionarse con él.

Esta visión es reminiscente de algunas visiones religiosas tradicionales. Así, los hindúes creen que los humanos pueden y deben fusionarse en el alma universal del cosmos: el *atman*. Los cristianos creen que después de la muerte los santos se imbuyen de la gracia infinita de Dios, mientras que los pecadores se aíslan de Su presencia. De hecho, en Silicon Valley los profetas dataístas usan conscientemente un lenguaje mesiánico. Por ejemplo, el libro de profecías de Ray Kurzweil se titula *The Singularity is Near*, un eco del grito de san Juan Bautista: «El reino de los cielos está cerca» (Mateo 3:2).

Los dataístas explican a los que todavía veneran a mortales de carne y hueso que están excesivamente apegados a una tecnología desfasada.

Homo sapiens es un algoritmo obsoleto. A fin de cuentas, ¿cuál es la ventaja de los humanos sobre las gallinas? Únicamente que en los humanos la información fluye en pautas mucho más complejas que en las gallinas. Los humanos absorben más datos y los procesan utilizando algoritmos mejores. (En el lenguaje cotidiano, esto significa que supuestamente los humanos tienen emociones más profundas y capacidades intelectuales superiores. Pero recuerde el lector que, según el dogma biológico actual, emociones e inteligencia no son otra cosa que algoritmos.) Bueno, si pudiéramos crear un sistema de procesamiento de datos que absorbiera más datos incluso que un ser humano y que los procesara de manera aún más eficiente, ¿no sería dicho sistema superior a un humano exactamente de la misma manera en la que un humano es superior a una gallina?

El dataísmo no se limita a profecías ociosas. Como toda religión, tiene sus mandamientos prácticos. El primero y principal: un dataísta debe maximizar el flujo de datos conectándose cada vez a más medios, y produciendo y consumiendo cada vez más información. Como otras religiones de éxito, el dataísmo también es misionero. Su segundo mandamiento es conectarlo todo al sistema, incluidos los herejes que no quieren ser conectados. Y «todo» significa más que solo los humanos. Significa todas las cosas. Mi cuerpo, por descontado, pero también los coches de la calle, los frigoríficos de las cocinas, las gallinas del gallinero y los árboles de la jungla: todo debe conectarse al Internet de Todas las Cosas. El frigorífico controlará el número de huevos que contenga y le hará saber al gallinero cuándo se necesita un nuevo envío. Los coches hablarán entre sí, y los árboles de la jungla informarán de la meteorología y de los niveles de dióxido de carbono. No debemos dejar ninguna parte del universo desconectada de la gran red de la vida. Y al revés: el mayor pecado es bloquear el flujo de datos. ¿Qué es la muerte sino una situación en la que la información no fluye? De ahí que el dataísmo sostenga que la libertad de información es el mayor de todos los bienes.

La gente rara vez consigue inventar un valor completamente nuevo. La última vez que esto ocurrió fue en el siglo XVIII, cuando la revolución humanista predicó los emocionantes ideales de la libertad, la igualdad y la fraternidad humanas. Desde 1789, a pesar de las numerosas guerras, revoluciones y turbulencias que han atestiguado, los humanos no han conseguido dar con ningún valor nuevo. Todos los conflictos y las luchas subsiguientes han tenido lugar en el nombre de los tres valores humanistas o en el de valores aún más antiguos, como obedecer a Dios o servir a la nación. El dataísmo es el primer movimiento desde 1789 que ha creado un valor realmente nuevo: la libertad de información.

No debemos confundir la libertad de información con el antiguo ideal liberal de la libertad de expresión. La libertad de expresión se concedió a los humanos, y protegía su derecho a pensar y decir lo que quisieran, incluido el derecho de mantener la boca cerrada y los pensamientos para sí. La libertad de información, en cambio, no se concede a los humanos. Se concede a la información. Además, este valor nuevo puede afectar a la tradicional libertad de expresión, al dar trato de favor al derecho de información para que circule libremente sobre el derecho de los humanos a poseer datos y a restringir su movimiento.

El 11 de enero de 2013, el dataísmo tuvo su primer mártir cuando Aaron Swartz, un pirata informático de veintiséis años de edad, se suicidó en su apartamento. Swartz era un genio de los que no abundan. A los catorce años contribuyó a desarrollar el crucial protocolo RSS. Swartz era también un firme creyente en la libertad de información. En 2008 publicó el «Manifiesto Guerilla Open Access», que exigía un flujo de información libre e ilimitado. Swartz decía que «Debemos coger la información, donde sea que se almacene, hacer copias y compartirlas con el mundo. Debemos coger material libre de derechos de autor y añadirlo al archivo. Debemos construir bases de datos secretas y ponerlas en la web. Debemos descargar revistas científicas y subirlas a redes de ficheros compartidos. Tenemos que luchar por la Guerrilla Open Access».

Swartz era hombre de palabra. Se indignó con la biblioteca digital JSTOR por cobrar a sus clientes. JSTOR contiene millones de estudios y artículos científicos, y cree en la libertad de expresión de científicos y editores de revistas, lo que incluye la libertad de cobrar una tarifa por leer sus artículos. Según JSTOR, si quiero que me paguen por las ideas que he creado, estoy en mi derecho. Swartz opinaba de otra manera. Creía que la información quiere ser libre, que las ideas no pertenecen a la gente que las ha creado, y que es erróneo encerrar los datos dentro de muros y hacer pagar para entrar. Utilizó la red informática del MIT para acceder a JSTOR y descargó centenares de miles de artículos científicos, que pretendía subir a internet para que todo el mundo pudiera leerlos libremente.

Swartz fue detenido y llevado ante los tribunales. Cuando se dio cuenta de que probablemente sería condenado y enviado a prisión, se ahorcó. Los piratas informáticos reaccionaron con peticiones y ataques dirigidos a las instituciones académicas y gubernamentales que habían hostigado a Swartz y que transgreden la libertad de información. Bajo presión, JSTOR pidió disculpas por su parte de responsabilidad en la tragedia y en la actualidad permite acceso libre a muchos de sus datos (aunque no a todos).[6]

Para convencer a los escépticos, los misioneros dataístas explican repetidamente los inmensos beneficios de la libertad de información. De la misma manera que los capitalistas creen que todo lo bueno depende del crecimiento económico, los dataístas creen que todo lo bueno (incluido el crecimiento económico) depende de la libertad de información. ¿Por qué Estados Unidos creció más deprisa que la URSS? Porque allí la información fluía con mayor libertad. ¿Por qué los estadounidenses están más sanos y son más ricos y felices que los iraníes o los nigerianos? Gracias a la libertad de información. De modo que si queremos crear un mundo mejor, la clave es liberar los datos.

Ya hemos visto que Google puede detectar nuevas epidemias más deprisa que las organizaciones sanitarias tradicionales, pero únicamente si permitimos el libre acceso a la información que producimos. Un flujo de datos libre puede reducir de manera parecida la contaminación y los residuos, por ejemplo, racionalizando el sistema de transporte. En 2010, el número de coches particulares en el mundo sobrepasaba los 1.000 millones, y ha seguido aumentando.[7] Estos coches contaminan el planeta y desperdician enormes recursos, entre otras cosas porque necesitan carreteras cada vez más anchas y también más áreas de aparcamiento. La gente se ha acostumbrado tanto a la conveniencia del transporte privado que es improbable que se habitúen a desplazarse en autobuses y trenes. Sin embargo, los dataístas indican que la gente lo que quiere es movilidad y no un coche privado, y un buen sistema de procesamiento de datos puede proporcionar esta movilidad de manera mucho más barata y eficiente.

Yo tengo un automóvil privado, pero la mayor parte del tiempo está ocioso en el aparcamiento. En un día típico, subo a mi coche a las 8.04 y conduzco media hora hasta la universidad, donde lo aparco todo el día. A las 18.11 vuelvo al coche, conduzco de vuelta a casa media hora y ya está. De modo que utilizo mi automóvil solo una hora cada día. ¿Por qué necesito tenerlo las otras veintitrés horas? Podemos crear un sistema inteligente de flota de coches, gestionado por algoritmos informáticos. El ordenador sabría que necesito salir de casa a las 8.04 y me enviaría el coche autónomo más cercano para que me recogiera a esa hora. Después de dejarme en el campus, el coche estaría disponible para otros usos en lugar de esperar en el aparcamiento. A las 18.11 en punto, en el momento en que salgo por la puerta de la universidad, otro coche comunal se detendría justo delante y me llevaría a casa. De esta manera, 50 millones de coches colectivos podrían sustituir a 1.000 millones de coches particulares, y también necesitaríamos menos carreteras, puentes, túneles y aparcamientos. Siempre, claro está, que yo renuncie a mi privacidad y permita que los algoritmos sepan siempre dónde estoy y adónde quiero ir.

¡REGISTRA, SUBE, COMPARTE!

Pero quizá no sea necesario convencer al lector, en especial si tiene menos de veinte años. La gente quiere, sencillamente, formar parte del flujo de datos, incluso si esto significa perder su privacidad, su autonomía y su individualidad. El arte humanista sacraliza el genio individual, y un garabato de Picasso en una servilleta alcanza millones en Sotheby's. La ciencia humanista glorifica al investigador individual, y todo estudioso sueña con poner su nombre en la cabecera de un artículo en *Science* o *Nature*. Pero en la actualidad, un número cada vez mayor de creaciones artísticas y científicas son fruto de la colaboración incesante de «todos». ¿Quién escribe la Wikipedia? Todos nosotros.

El individuo se convierte en un minúsculo chip dentro de un sistema gigantesco que en verdad nadie acaba de entender. Cada día absorbo innumerables bits de datos por medio de correos electrónicos, llamadas telefónicas y artículos; proceso los datos, y transmito de vuelta nuevos bits mediante más correos electrónicos, llamadas telefónicas y artículos. No sé muy bien dónde encajo en el gran programa de las cosas, y cómo mis bits de datos se conectan con los bits producidos por otros miles de millones de humanos y ordenadores. No tengo tiempo de averiguarlo porque estoy demasiado ocupado contestando mis correos electrónicos. Y a medida que proceso más datos de manera más eficiente, contestando más correos electrónicos, efectuando más llamadas telefónicas y escribiendo más artículos, la gente que me rodea cada vez se ve inundada por más datos.

Este flujo incesante de datos desencadena nuevas invenciones y disrupciones que nadie planea, controla ni comprende. Nadie entiende cómo funciona la economía global, o hacia dónde se dirige la política global. Pero nadie necesita entenderlo. Todo lo que necesitamos es contestar más rápidamente nuestros correos electrónicos… y permitir que el sistema los lea. De la misma manera que los capitalistas de libre mercado creen en la mano invisible del mercado, los dataístas creen en la mano invisible del flujo de datos.

A medida que el sistema global de procesamiento de datos se vuelve omnisciente y omnipotente, conectarse con el sistema se convierte en el origen de todo sentido. Los humanos quieren fusionarse con el flujo de datos porque cuando formas parte del flujo de datos, formas parte de algo mucho mayor que tú. Las religiones tradicionales te decían que todas y cada una de tus palabras y actos formaban parte de un gran plan cósmico, y que Dios te observaba en todo momento y le importaban todos tus pensamientos y sentimientos. La religión de los datos sostiene ahora que todas y cada una de tus palabras y actos forman parte del gran flujo de datos, que los algoritmos te observan constantemente y que les importa todo lo que haces y sientes. Esto gusta mucho a la mayoría de la gente. Para los verdaderos creyentes, estar desconectado del flujo de datos supone arriesgarse a perder el sentido mismo de la vida. ¿Qué sentido tiene hacer o experimentar algo si nadie se entera y si no aporta algo al intercambio global de información?

El humanismo creía que las experiencias ocurren dentro de nosotros y que deberíamos buscar en nuestro interior el sentido de todo lo que ocurre, para así infundir sentido al universo. Los dataístas creen que las experiencias no tienen valor si no son compartidas y que no necesitamos (en realidad, no podemos) encontrar el sentido en nuestro interior. Únicamente necesitamos registrar y conectar nuestra experiencia al gran flujo de datos, y los algoritmos descubrirán su sentido y nos dirán qué hacer. Hace veinte años, los turistas japoneses eran objeto universal de risa porque siempre llevaban cámaras y hacían fotografías de todo lo que veían. Ahora es una práctica universal. Si vamos a la India y vemos un elefante, no lo miramos y nos preguntamos: «¿Qué siento?»; estamos demasiado atareados buscando nuestro teléfono inteligente, fotografiando al elefante, publicando la fotografía en Facebook y después comprobando nuestra cuenta cada dos minutos para ver cuántos «Me gusta» nos han dado. Escribir un diario personal (que era una práctica humanista común en generaciones anteriores) les parece a muchos jóvenes actuales algo absolutamente inútil. ¿Por qué escribir una cosa que nadie más puede leer? La nueva consigna dice: «Si experimentas algo, regístralo. Si registras algo, súbelo. Si subes algo, compártelo».

A lo largo de este libro nos hemos preguntado repetidamente qué hace a los humanos superiores a los demás animales. El dataísmo tiene una respuesta nueva y sencilla. Por sí mismas, las experiencias humanas no son superiores en absoluto a las experiencias de lobos o elefantes. Un bit de datos es tan bueno como otro. Sin embargo, un humano puede escribir un poema sobre su experiencia y subirlo a la red, con lo que enriquece el sistema global de procesamiento de datos. Esto hace que sus bits cuenten. Un lobo no puede hacerlo. De ahí que todas las experiencias de los lobos, por profundas y complejas que sean, resultan inútiles. No es de extrañar que estemos tan atareados convirtiendo nuestras experiencias en datos. No se trata de una cuestión de estar a la moda. Es una cuestión de supervivencia. Debemos demostrarnos y demostrar al sistema que todavía tenemos valor. Y el valor no consiste en tener experiencias, sino en transformar dichas experiencias en datos que fluyan libremente.

(Por cierto, los lobos, o al menos sus primos, los perros, no son un caso perdido. Una empresa llamada No More Woof está desarrollando un casco para interpretar las experiencias caninas. El casco supervisa las ondas cerebrales del perro y emplea algoritmos informáticos para traducir mensajes sencillos como «Tengo hambre» al lenguaje humano.[8] Puede que el perro del lector tenga pronto una cuenta de Facebook o Twitter propia…, y quizá con más «Me gusta» y seguidores que el lector.)

CONÓCETE

El dataísmo no es liberal ni humanista. Sin embargo, debe señalarse que tampoco es antihumanista. No tiene nada en contra de las experiencias humanas. Simplemente, no cree que sean intrínsecamente valiosas. Cuando repasábamos las tres principales sectas humanistas, nos preguntamos qué experiencia era más valiosa: escuchar la *Quinta Sinfonía* de Beethoven, a Chuck Berry, un canto de iniciación pigmeo o el aullido de un lobo en celo. Un dataísta aduciría que todo el ejercicio está equivocado, porque hay que evaluar la música en función de los datos que contiene y no de la experiencia que genera. Un dataísta aduciría, por ejemplo, que la *Quinta Sinfonía* contiene muchos más datos que el canto de iniciación pigmeo, porque utiliza más acordes y escalas, y genera diálogos con muchos más estilos musicales. En consecuencia, se necesita mucha más potencia de cómputo para descifrar la *Quinta Sinfonía*, y al hacerlo se obtiene mucho más conocimiento.

La música, según esta concepción, son patrones matemáticos. Las matemáticas pueden describir cualquier pieza musical, así como las relaciones entre dos piezas cualesquiera. De ahí que se pueda medir de manera precisa el valor de los datos de todas las sinfonías, canciones y aullidos, y determinar cuál es el más rico. Las experiencias que generan en humanos o en lobos en verdad no importan. Es cierto que a lo largo de los últimos setenta mil años, aproximadamente, las experiencias humanas han sido los algoritmos de procesamiento de datos más eficientes del universo, de modo que había buenas razones para sacralizarlas. Sin embargo, puede que pronto alcancemos un punto en el que estos algoritmos se vean superados e incluso se conviertan en una carga.

Los sapiens evolucionaron en la sabana africana hace decenas de miles de años, y sus algoritmos no están precisamente ideados para manejar los flujos de datos del siglo XXI. Podríamos intentar mejorar el sistema humano de procesamiento de datos, pero esto quizá no sea suficiente. Puede que el Internet de Todas las Cosas cree pronto unos flujos de datos tan enormes y rápidos que incluso los algoritmos humanos mejorados no puedan abarcarlos. Cuando el automóvil sustituyó al carruaje tirado por caballos, no mejoramos los caballos: los retiramos. Quizá sea ya hora de hacer lo mismo con *Homo sapiens*.

El dataísmo adopta un enfoque estrictamente funcional de la humanidad, y tasa el valor de las experiencias humanas según su función en los mecanismos de procesamiento de datos. Si desarrollamos un algoritmo que cumpla mejor la misma función, las experiencias humanas perderán su valor. Así, si podemos sustituir no solo a taxistas y a médicos, sino también a abogados, a poetas y a músicos con programas informáticos superiores, ¿por qué habría de preocuparnos que dichos programas no tengan conciencia ni experiencias subjetivas? Si algún humanista empezara a adular el carácter sagrado de la experiencia humana, los dataístas rechazarían esas bobadas sentimentales. «La experiencia que alabas no es más que un algoritmo bioquímico anticuado. Hace setenta mil años, en la sabana africana, este algoritmo era de última generación. Incluso en el siglo XX era vital para el ejército y para la economía. Pero pronto tendremos algoritmos mucho mejores.»

En el clímax de muchas películas de ciencia ficción de Hollywood, los humanos se enfrentan a una flota invasora alienígena, a un ejército de robots rebeldes, o a un superordenador que lo sabe todo y que quiere eliminarlos. La humanidad parece sentenciada. Pero en el último momento, contra toda probabilidad, la humanidad triunfa gracias a algo que los alienígenas, los robots y los superordenadores no podían sospechar y son incapaces de entender: el amor. El héroe, que hasta entonces ha sido fácilmente manipulado por el superordenador y ha sido acribillado por las balas de los robots malignos, recibe de su enamorada la inspiración para hacer algo completamente inesperado que cambia las tornas ante la atónita Matrix. El dataísmo encuentra tales escenarios absolutamente ridículos. «Vamos —reprende a los guionistas de Hollywood—, ¿eso es todo lo que podéis ofrecer? ¿El amor? ¿Y ni siquiera un amor cósmico y platónico, sino la atracción carnal entre dos mamíferos? ¿De veras creéis que un superordenador que todo lo sabe o extraterrestres que han conseguido conquistar toda la galaxia se quedarán boquiabiertos ante una descarga hormonal?»

Al equiparar las experiencias humanas a los patrones de datos, el dataísmo socava nuestra principal fuente de autoridad y sentido, y anuncia una tremenda revolución religiosa, como no se ha visto desde el siglo XVIII. En la época de Locke, Hume y Voltaire, los humanistas decían que «Dios es producto de la imaginación humana». Ahora, el dataísmo da a probar a los humanistas su propia medicina y les dice: «Sí, Dios es producto de la imaginación humana, pero la imaginación humana es a su vez producto de algoritmos bioquímicos». En el siglo XVIII, el humanismo dejó de lado a Dios al pasar de una visión del mundo teocéntrica a una visión del mundo homocéntrica. En el siglo XXI, el dataísmo podría dejar de lado a los humanos al pasar de una visión del mundo homocéntrica a visión del mundo datacéntrica.

Probablemente, la revolución dataísta llevará unas cuantas décadas, si no uno o dos siglos. Pero tampoco la revolución humanista tuvo lugar de la noche a la mañana. Al principio, los humanos siguieron creyendo en Dios y aduciendo que son sagrados porque fueron creados por Él con algún designio divino. Solo mucho más tarde se atrevieron algunas personas a decir que los humanos son sagrados por derecho propio y que Dios en absoluto existe. De manera parecida, en la actualidad, la mayoría de los dataístas afirman que el Internet de Todas las Cosas es sagrado porque los humanos lo crean para que esté al servicio de las necesidades humanas. Pero, con el tiempo, el Internet de Todas las Cosas podría acabar volviéndose sagrado por derecho propio.

El cambio de una visión del mundo homocéntrica a una datacéntrica no será simplemente una revolución filosófica. Será una revolución práctica. Todas las revoluciones realmente importantes son prácticas. La idea humanista de que «los humanos inventaron a Dios» fue significativa porque tenía implicaciones prácticas trascendentales. De forma parecida, la idea dataísta de que «los organismos son algoritmos» es significativa debido a las consecuencias prácticas cotidianas que tiene. Las ideas únicamente cambian el mundo cuando cambian nuestro comportamiento.

En la antigua Babilonia, cuando la gente se enfrentaba a un dilema difícil, subían a lo más alto del templo en plena noche y observaban el cielo. Los babilonios creían que las estrellas controlaban nuestro destino y predecían nuestro futuro. Mediante la observación de las estrellas, los babilonios tomaban decisiones relacionadas con el matrimonio, la siembra y la guerra. Sus creencias filosóficas se traducían en actividades muy prácticas.

Las religiones escriturales, como el judaísmo y el cristianismo, defendían otra versión: «Las estrellas mienten. Dios, que creó las estrellas, reveló toda la verdad en la Biblia. De modo que dejad de observar las estrellas y, en lugar de ello, ¡leed la Biblia!». También esto era una recomendación práctica. Cuando la gente no sabía con quién casarse, qué carrera elegir o si debía iniciar una guerra, leía la Biblia y seguía su consejo.

Después llegaron los humanistas, con otra versión, totalmente nueva: «Los humanos inventaron a Dios, escribieron la Biblia y después la interpretaron de mil maneras diferentes. De modo que los mismos humanos son el origen de toda verdad. Podéis leer la Biblia como una inspiradora creación humana, pero no tenéis por qué hacerlo. Si os enfrentáis a un dilema, escuchaos y seguid vuestra voz interior». El humanismo dio entonces instrucciones prácticas detalladas de cómo escucharse y recomendó prácticas tales como contemplar puestas de sol, leer a Goethe, escribir un diario personal, tener charlas de corazón con un buen amigo y celebrar elecciones democráticas.

Durante siglos, los científicos también aceptaron estas directrices humanistas. Cuando los físicos se planteaban si casarse o no, contemplaban puestas de sol e intentaban ponerse en contacto con sí mismos. Cuando los químicos consideraban si aceptar una oferta de trabajo problemática, escribían diarios y tenían charlas de corazón con un buen amigo. Cuando los biólogos debatían si iniciar una guerra o firmar un tratado de paz, votaban en elecciones democráticas. Cuando los neurocientíficos escribían libros sobre sus sorprendentes descubrimientos, a menudo incluían alguna inspiradora cita de Goethe en la primera página. Esta era la base de la moderna alianza entre la ciencia y el humanismo, que mantenía el delicado equilibrio entre el yin y el yang modernos, entre la razón y la emoción, entre el laboratorio y el museo, entre la cadena de producción y el supermercado.

Los científicos no solo sacralizaron los sentimientos humanos, sino que además encontraron una excelente razón evolutiva para hacerlo. Después de Darwin, los biólogos empezaron a explicar que los sentimientos son algoritmos complejos que la evolución ha sofisticado para ayudar a los animales a tomar las decisiones correctas. Nuestro amor, nuestro miedo y nuestra pasión no son fenómenos espirituales nebulosos, útiles únicamente para componer poesía. Por el contrario, compendian millones de años de sabiduría práctica. Cuando leemos la Biblia, obtenemos el consejo de unos pocos sacerdotes y rabinos que vivieron en la antigua Jerusalén. En cambio, cuando escuchamos nuestros sentimientos, seguimos un algoritmo que la evolución ha desarrollado durante millones de años y que ha superado las más duras pruebas de calidad de la selección natural. Nuestros sentimientos son la voz de millones de antepasados, cada uno de los cuales consiguió sobrevivir y reproducirse en un ambiente despiadado. Nuestros sentimientos no son infalibles, desde luego, pero son mejores que la mayoría de las alternativas. Durante millones y millones de años, los sentimientos fueron los mejores algoritmos del mundo. De ahí que en la época de Confucio, de Mahoma o de Stalin, la gente debiera haber escuchado sus sentimientos y no las enseñanzas del confucianismo, del islamismo o del comunismo.

Pero en el siglo XXI, los sentimientos ya no son los mejores algoritmos del mundo. Estamos desarrollando algoritmos superiores que utilizan una potencia de computación sin precedentes y bases de datos gigantescas. Los algoritmos de Google y Facebook no solo saben exactamente cómo nos sentimos, sino también un millón de datos más sobre nosotros que ni siquiera sospechamos. En consecuencia, ahora debemos dejar de escuchar a nuestros sentimientos y, en cambio, empezar a escuchar a estos algoritmos externos. ¿Qué utilidad tiene celebrar elecciones democráticas cuando los algoritmos saben las razones neurológicas exactas por las que una persona vota a los demócratas mientras que otra vota a los republicanos? Mientras que el humanismo ordenaba: «¡Escucha tus sentimientos!», ahora el dataísmo ordena: «¡Escucha los algoritmos!».

Cuando nos planteamos con quién casarnos, qué carrera seguir y la conveniencia de iniciar una guerra, el dataísmo nos dice que sería una absoluta pérdida de tiempo escalar una montaña elevada y contemplar una puesta de sol sobre el mar. Sería igualmente inútil ir a un museo, escribir un diario personal o tener una charla de corazón con un buen amigo. Sí, para tomar las decisiones correctas debemos conocernos. Pero si queremos conocernos en el siglo XXI, hay métodos mucho mejores que escalar montañas, visitar museos o escribir diarios. A continuación, algunas directrices dataístas prácticas para nosotros.

«¿Quieres saber quién eres en verdad? —pregunta el dataísmo—. Entonces olvídate de las montañas y los museos. ¿Te has hecho secuenciar el ADN? ¡¿No?! ¿A qué esperas? Hazlo hoy mismo. Y convence a tus abuelos, padres y hermanos para que también se hagan secuenciar el ADN: sus datos serán muy valiosos para ti. ¿Y has oído hablar de esos dispositivos biométricos portátiles que miden durante veinticuatro horas al día tu tensión arterial y tu ritmo cardíaco? Bien, pues cómprate uno, póntelo y conéctalo a tu teléfono inteligente. Y mientras vas de compras, adquiere una cámara móvil y un micrófono, graba todo lo que haces y súbelo a la red. Y permite que Google y Facebook lean tus correos electrónicos, supervisen todas tus charlas y mensajes, y conserven un registro de todos tus «Me gusta» y todos tus clics. Si haces todo esto, los grandes algoritmos del Internet de Todas las Cosas te dirán con quién casarte, qué carrera seguir y la conveniencia o no de iniciar una guerra.»

Pero ¿de dónde proceden estos grandes algoritmos? Ese es el misterio del dataísmo. De la misma manera que, según el cristianismo, los humanos no podemos entender a Dios ni Su plan, el dataísmo afirma que el cerebro humano no puede comprender los nuevos algoritmos maestros. Hoy en día, desde luego, la mayoría de los algoritmos los escriben piratas informáticos humanos. Pero los importantes de verdad, como el algoritmo de búsqueda de Google, los desarrollan equipos enormes. Cada miembro del equipo entiende solo una parte del rompecabezas, y nadie entiende en verdad el algoritmo en su totalidad. Además, con el auge del aprendizaje por medio de máquinas y de las redes neurales artificiales, cada vez hay más algoritmos que evolucionan de manera independiente, mejorándose y aprendiendo de sus errores. Analizan cantidades astronómicas de datos, que ningún humano podría abarcar, y aprenden a reconocer pautas y a adoptar estrategias que escapan a la mente humana. El algoritmo germen podría ser desarrollado inicialmente por humanos, pero a medida que vaya creciendo, seguirá su propio camino e irá a donde ningún humano ha ido antes... y a donde ningún humano podrá seguirlo.

UNA ONDA EN EL FLUJO DE DATOS

Naturalmente, el dataísmo tiene sus críticos y sus herejes. Tal como vimos en el capítulo 3, es dudoso que la vida ciertamente pueda reducirse a flujos de datos. En particular, ahora mismo no tenemos idea de cómo o por qué los flujos de datos podrían producir conciencia y experiencias subjetivas. Quizá dentro de veinte años tengamos una buena explicación. Pero quizá descubramos que, después de todo, los organismos no son algoritmos.

Es igualmente dudoso que la vida pueda reducirse a la mera toma de decisiones. Bajo la influencia dataísta, tanto las ciencias de la vida como las ciencias sociales han llegado a obsesionarse con los procesos de toma de decisiones, como si la vida no consistiera en nada más. Pero ¿es así? Es incuestionable que las sensaciones, las emociones y los pensamientos desempeñan una función importante en la toma de decisiones, pero ¿es ese su único sentido? El dataísmo está alcanzando una comprensión cada vez mayor de los procesos de toma de decisiones, pero también pudiera estar adoptando una concepción cada vez más sesgada de la vida.

Es probable que un examen crítico del dogma dataísta sea no solo el mayor reto científico del siglo XXI, sino también el proyecto político y económico más urgente. Los estudiosos de las ciencias de la vida y las ciencias sociales deberían preguntarse si se nos escapa algo cuando entendemos la vida como procesamiento de datos y toma de decisiones. ¿Acaso hay algo en el universo que no pueda reducirse a datos? Supongamos que los algoritmos no conscientes pudieran finalmente superar a la inteligencia consciente en todas las tareas conocidas de procesamiento de datos; ¿qué se perdería, si es que se perdería algo, al sustituir la inteligencia consciente con algoritmos superiores no conscientes?

Desde luego, aun en el caso de que el dataísmo esté equivocado y los organismos no sean solo algoritmos, ello no impedirá necesariamente que el dataísmo se apodere del mundo. Muchas religiones previas alcanzaron una enorme popularidad y poder a pesar de sus errores fácticos. Si el cristianismo y el comunismo lo consiguieron, ¿por qué no el dataísmo? Las perspectivas del dataísmo son especialmente buenas, porque en la actualidad se está propagando por todas las disciplinas científicas. Un paradigma científico unificado puede convertirse fácilmente en un dogma irrefutable. Es muy difícil refutar un paradigma científico, pero hasta ahora no ha habido un solo paradigma que haya sido adoptado por toda la institución científica. De ahí que los estudiosos de un ámbito siempre hayan podido importar puntos de vista heréticos del exterior. Pero si todos, desde los musicólogos hasta los biólogos, empleasen el mismo paradigma dataísta, las excursiones interdisciplinares solo servirían para fortalecer aún más dicho paradigma. En consecuencia, incluso si el paradigma estuviera equivocado, sería muy difícil resistirse a él.

Si el dataísmo consigue conquistar el mundo, ¿qué nos sucederá a nosotros, los humanos? Al principio, probablemente acelerará la búsqueda humanista de la salud, la felicidad y el poder. El dataísmo se extiende por prometer la satisfacción de estas aspiraciones humanistas. Para alcanzar la inmortalidad, la dicha y los poderes divinos de la creación, necesitamos procesar cantidades inmensas de datos, mucho más allá de la capacidad del cerebro humano. De modo que los algoritmos lo harán por nosotros. Pero una vez que la autoridad pase de los humanos a los algoritmos, los proyectos humanistas podrían volverse irrelevantes. Cuando abandonemos la concepción homocéntrica del mundo en favor de una visión datacéntrica, la salud y la felicidad humanas podrían parecer mucho menos importantes. ¿Por qué preocuparse tanto por obsoletas máquinas procesadoras de datos cuando ya existen modelos mucho mejores? Nos esforzamos por modificar el Internet de Todas las Cosas con la esperanza de que nos haga saludables, felices y poderosos. Pero cuando esté terminado y funcione, podríamos vernos reducidos de ingenieros a chips, después a datos, y finalmente podríamos disolvernos en el torrente de datos como un terrón en un río caudaloso.

De ahí que el dataísmo amenace con hacer a *Homo sapiens* lo que *Homo sapiens* ha hecho a todos los demás animales. En el decurso de la historia, los humanos han creado una red global y lo han evaluado todo según su función dentro de la red. Durante millones de años, esto aumentó el orgullo y los prejuicios humanos. Puesto que los humanos ejercían las funciones más importantes de la red, nos resultaba fácil adjudicarnos el mérito de los logros de la misma y vernos como la cúspide de la creación. Se infravaloraba la vida y las experiencias de todos los demás animales porque cumplían funciones mucho menos importantes, y siempre que un animal dejaba de cumplir totalmente una función, se extinguía. Sin embargo, cuando los humanos perdamos nuestra importancia funcional para la red, descubriremos que, después de todo, no somos la cúspide de la creación. Las varas de medir que nosotros mismos hemos consagrado nos condenarán a sumarnos en el olvido a los mamuts y a los delfines fluviales chinos. En retrospectiva, la humanidad resultará ser solo una onda en el flujo cósmico de datos.

En verdad, no podemos predecir el futuro. Todas las situaciones hipotéticas que se han esbozado en este libro deben entenderse como posibilidades más que como profecías. Cuando pensamos acerca del futuro, nuestros horizontes suelen estar limitados por las ideologías y los sistemas sociales del presente. La democracia nos anima a creer en un futuro democrático, el capitalismo no nos deja contemplar una alternativa no capitalista, y el humanismo hace que nos cueste imaginar un destino posthumano. A lo sumo, en ocasiones reciclamos acontecimientos del pasado y pensamos en ellos como futuros alternativos. Por ejemplo, el nazismo y el comunismo del siglo XX sirven como modelo para muchas fantasías distópicas, y los autores de ciencia ficción emplean herencias medievales y antiguas para imaginar caballeros jedi y emperadores galácticos que luchan con naves espaciales y armas láser.

Este libro rastrea los orígenes de nuestro condicionamiento actual con el fin de aflojar su agarre y permitirnos pensar de maneras mucho más imaginativas acerca de nuestro futuro. En lugar de limitar nuestros horizontes prediciendo una única situación hipotética definitiva, el libro pretende ampliar nuestros horizontes y hacernos conscientes de un espectro de opciones mucho más amplio. Tal como he indicado en repetidas ocasiones, nadie sabe en verdad cómo serán en 2050 el mercado laboral, la familia o la ecología, o qué religiones, sistemas económicos y estructuras políticas dominarán el mundo.

Pero ampliar nuestros horizontes podría hacer que el tiro saliera por la culata provocándonos aún más confusión e inactividad. Con tantas situaciones hipotéticas y tantas posibilidades, ¿a qué debemos prestar atención? El mundo está cambiando más deprisa que nunca, y nos vemos inundados por cantidades imposibles de datos, de ideas, de promesas y de amenazas. Los humanos ceden su autoridad al libre mercado, al conocimiento masivo y a algoritmos externos debido en parte a que no pueden abarcar el diluvio de datos. En el pasado, la censura funcionó al bloquear el flujo de la información. En el siglo XXI, la censura funciona avasallando a la gente con información irrelevante. La gente, simplemente, no sabe a qué prestar atención, y a menudo pasa el tiempo investigando y debatiendo asuntos secundarios. En tiempos antiguos, tener poder significaba tener acceso a datos. Hoy en día, tener poder significa saber qué obviar. Así, de todo lo que ocurre en nuestro caótico mundo, ¿en qué deberíamos centrarnos?

Si pensamos en términos de meses, probablemente tendríamos que centrarnos en problemas inmediatos como los disturbios en Oriente Medio, la crisis de los refugiados en Europa y la desaceleración de la economía china. Si pensamos en términos de décadas, el calentamiento global, la desigualdad creciente y la disrupción del mercado laboral cobran mucha importancia. Pero si adoptamos una visión realmente amplia de la vida, todos los demás problemas y cuestiones resultan eclipsados por tres procesos interconectados:

1. La ciencia converge en un dogma universal, que afirma que los organismos son algoritmos y que la vida es procesamiento de datos.
2. La inteligencia se desconecta de la conciencia.
3. Algoritmos no conscientes pero inteligentísimos pronto podrían conocernos mejor que nosotros mismos.

Estos tres procesos plantean tres interrogantes clave, que espero que permanezcan en la mente del lector mucho después de que haya terminado de leer este libro:

1. ¿Son en verdad los organismos solo algoritmos y es en verdad la vida solo procesamiento de datos?
2. ¿Qué es más valioso: la inteligencia o la conciencia?
3. ¿Qué le ocurrirá a la sociedad, a la política y a la vida cotidiana cuando algoritmos no conscientes pero muy inteligentes nos conozcan mejor que nosotros mismos?

Notas

1. La nueva agenda humana

1. Tim Blanning, *The Pursuit of Glory*, Nueva York, Penguin Books, 2008, p. 52.

2. *Ibid.*, p. 53. Véase también J. Neumann y S. Lindgrén, «Great Historical Events That Were Significantly Affected by the Weather: 4, The Great Famines in Finland and Estonia, 1695-97», *Bulletin of the American Meteorological Society* 60 (1979), pp. 775-787; Andrew B. Appleby, «Epidemics and Famine in the Little Ice Age», *Journal of Interdisciplinary History*, 10, 4 (1980), pp. 643-663; Cormac Ó Gráda y Jean-Michel Chevet, «Famine and Market in *Ancien Régime* France», *Journal of Economic History*, 62,3 (2002), pp. 706-773.

3. Nicole Darmon *et al.*, «L'insécurité alimentaire pour raisons financiè-res en France», *Observatoire National de la Pauvreté et de l'Exclusion Sociale*, https://www.onpes.gouv.fr/IMG/pdf/Darmon.pdf, consultado el 3 de marzo de 2015; Rapport Annuel 2013, *Banques Alimentaires*, http://en.calameo.com/read/001358178ec47d2018425, consultado el 4 de marzo de 2015.

4. Richard Dobbs *et al.*, «How the World Could Better Fight Obesity», McKinseys & Company, noviembre de 2014, consultado el 11 de diciembre de 2014, http://www.mckinsey.com/insights/economic_studies/how_the_world_could_better_fight_obesity.

5. «Global Burden of Disease, Injuries and Risk Factors Study 2013», *Lancet*, 18 de diciembre de 2014, consultado el 18 de diciembre de 2014, http://www.thelancet.com/themed/global-burden-of-disease; Stephen Adams, «Obesity Killing Three Times As Many As Malnutrition», *Telegraph*, 13 de diciembre de 2012, consultado el 18 de diciembre de 2014, http://www.telegraph.co.uk/health/healthnews/9742960/Obesity-killing-three-times-as-many-as-malnutrition.html.

6. Robert S. Lopez, *The Birth of Europe* [en hebreo], Tel Aviv, Dvir, 1990, p. 427.

7. Alfred W. Crosby, *The Columbian Exchange: Biological and Cultural Consequences of 1492*, Westport, Greenwood Press, 1972; William H. McNeill, *Plagues and Peoples*, Oxford, Basil Blackwell, 1977 [hay trad. cast: *Plagas y pueblos*, Madrid, Siglo XXI, 1984].

8. Hugh Thomas, *Conquest: Cortes, Montezuma and the Fall of Old Mexico*, Nueva York, Simon & Schuster, 1993, pp. 443-446 [hay trad. cast.: *La conquista de México*, Barcelona, Planeta, 1994]; Rodolfo Acuna-Soto *et al.*, «Megadrought and Megadeath in 16th Century Mexico», *Historical Review*, 8, 4 (2002), pp. 360-362; Sherburne F. Cook y Lesley Byrd Simpson, *The Population of Central Mexico in the Sixteenth Century*, Berkeley, University of California Press, 1948.

9. Jared Diamond, *Guns, Germs and Steel: The Fates of Human Societies* [en hebreo], Tel Aviv, Am Oved, 2002, p. 167 [hay trad. cast.: *Armas, gérmenes y acero*, Barcelona, Debate, 2006].

10. Jeffery K. Taubenberger y David M. Morens, «1918 Influenza: The Mother of All Pandemics», *Emerging Infectious Diseases*, 12, 1 (2006), pp. 15-22; Niall P. A. S. Johnson y Juergen Mueller, «Updating the Accounts: Global Mortality of the 1918-1920 'Spanish' Influenza Pandemic», *Bulletin of the History of Medicine*, 76, 1 (2002), pp. 105-115; Stacey L. Knobler, Alison Mack, Adel Mahmoud *et al.*, eds., *The Threat of Pandemic Influenza: Are We Ready? Workshop Summary*, Washington DC, National Academies Press 2005, pp. 57-110; David van Reybrouck, *Congo: The Epic History of a People*, Nueva York, HarperCollins, 2014, p. 164; Siddharth Chandra, Goran Kuljanin y Jennifer Wray, «Mortality from the Influenza Pandemic of 1918-1919: The Case of India», *Demography*, 49, 3 (2012), pp. 857-865; George C. Kohn, *Encyclopedia of Plague and Pestilence: From Ancient Times to the Present*, 3.ª ed., Nueva York, Facts on File, 2008, p. 363.

11. Los valores medios entre 2005 y 2010 fueron del 4,6 por ciento global, del 7,9 por ciento en África y del 0,7 por ciento en Europa y Norteamérica. Véase «Infant Mortality Rate (Both Sexes Combined) by Major Area, Region and Country, 1950-2010 (Infant Deaths for 1000 Live Births), estimates», *World Population Prospects: the 2010 Revision*, UN Department of Economic and Social Affairs, abril de 2011, consultado el 26 de mayo de 2012, http://esa.un.org/unpd/wpp/Excel-Data/mortality.htm. Véase también Alain Bideau, Bertrand Desjardins y Hector Perez-Brignoli, eds., *Infant and Child*

Mortality in the Past, Oxford, Clarendon Press, 1997; Edward Anthony Wrigley et al., *English Population History from Family Reconstitution, 1580-1837*, Cambridge, Cambridge University Press, 1997, pp. 295-296, p. 303.

12. David A. Koplow, *Smallpox: The Fight to Eradicate a Global Scourge*, Berkeley, University of California Press, 2004; Abdel R. Omran, «The Epidemiological Transition: A Theory of Population Change», *Milbank Memorial Fund Quarterly*, 83, 4 (2005), pp. 731-757; Thomas McKeown, *The Modern Rise of Populations*, Nueva York, Academic Press, 1976 [hay trad. cast.: *El crecimiento moderno de la población*, Barcelona, Antoni Bosch, 1978]; Simon Szreter, *Health and Wealth: Studies in History and Policy*, Rochester, University of Rochester Press, 2005; Roderick Floud, Robert W. Fogel, Bernard Harris y Sok Chul Hong, *The Changing Body: Health, Nutrition and Human Development in the Western World since 1700*, Nueva York, Cambridge University Press, 2011; James C. Riley, *Rising Life Expectancy: A Global History*, Nueva York, Cambridge University Press, 2001.

13. «Cholera», World Health Organization, febrero de 2014, consultado el 18 de diciembre de 2014, http://www.who.int/mediacentre/factsheets/fs107/en/inde x.html.

14. «Experimental Therapies: Growing Interest in the Use of Whole Blood or Plasma from Recovered Ebola Patients», World Health Organization, 26 de septiembre de 2014, consultado el 23 de abril de 2015, http://www.who.int/mediacentre/news/ebola/26-septiembre-2014/en/.

15. Hung Y. Fan, Ross F. Conner y Luis P. Villarreal, *AIDS: Science and Society*, 6.ª ed., Sudbury, Jones and Bartlett Publishers, 2011.

16. Peter Piot y Thomas C. Quinn, «Response to the AIDS Pandemic - A Global Health Model», *The New England Journal of Medicine*, 368, 23 (2013), pp. 2.210-2.218.

17. La «edad avanzada» no se lista nunca como causa de muerte en las estadísticas oficiales. Por el contrario, cuando una débil anciana sucumbe a una u otra infección, aquella infección concreta aparecerá siempre como la causa de la muerte. De ahí que, oficialmente, las enfermedades infecciosas supongan todavía más del 20 por ciento de las muertes. Pero esta es una situación fundamentalmente diferente a la de los siglos anteriores, cuando un gran número de niños y de adultos sin problemas de salud morían de enfermedades infecciosas.

18. David M. Livermore, «Bacterial Resistance: Origins, Epidemiology, and Impact», *Clinical Infectious Diseases*, 36, s1 (2005), pp. s11-23; Richards G.

Wax *et al.*, eds., *Bacterial Resistance to Antimicrobials*, 2.ª ed., Boca Raton, CRC Press, 2008; Maja Babic y Robert A. Bonomo, «Mutations as a Basis of Antimicrobial Resistance», en Douglas Mayers, ed., *Antimicrobial Drug Resistance: Mechanisms of Drug Resistance*, vol. 1, Nueva York, Humana Press, 2009, pp. 65-74; Julian Davies y Dorothy Davies, «Origins and Evolution of Antibiotic Resistance», *Microbiology and Molecular Biology Reviews*, 74, 3 (2010), pp. 417-433; Richard J. Fair y Yitzhak Tor, «Antibiotics and Bacterial Resistance in the 21st Century», *Perspectives in Medicinal Chemistry* 6 (2014), pp. 25-64.

19. Alfonso J. Alanis, «Resistance to Antibiotics: Are We in the Post-Antibiotic Era?», *Archives of Medical Research*, 36, 6 (2005), pp. 697-705; Stephan Harbarth y Matthew H. Samore, «Antimicrobial Resistance Determinants and Future Control», *Emerging Infectious Diseases*, 11, 6 (2005), pp. 794-801; Hiroshi Yoneyama y Ryoichi Katsumata, «Antibiotic Resistance in Bacteria and Its Future for Novel Antibiotic Development», *Bioscience, Biotechnology and Biochemistry*, 70, 5 (2006), 1.060-1.075; Cesar A. Arias y Barbara E. Murray, «Antibiotic-Resistant Bugs in the 21st Century - A Clinical Super-Challenge», *New England Journal of Medicine* 360 (2009), pp. 439-443; Brad Spellberg, John G. Bartlett y David N. Gilbert, «The Future of Antibiotics and Resistance», *New England Journal of Medicine,* 368 (2013), pp. 299-302.

20. Losee L. Ling *et al.*, «A New Antibiotic Kills Pathogens without Detectable Resistance», *Nature*, 517 (2015), pp. 455-459; Gerard Wright, «Antibiotics: An Irresistible Newcomer», *Nature*, 517 (2015), pp. 442-444.

21. Roey Tzezana, *The Guide to the Future* [en hebreo], Haifa, Roey Tzezana, 2013, pp. 209-233.

22. Azar Gat, *War in Human Civilization*, Oxford,: Oxford University Press, 2006, pp. 130-131; Steven Pinker, *The Better Angels of Our Nature: Why Violence Has Declined*, Nueva York, Viking, 2011 [hay trad. cast.: *Los ángeles que llevamos dentro. El declive de la violencia y sus implicaciones*, Barcelona, Paidós, 2012]; Joshua S. Goldstein, *Winning the War on War: The Decline of Armed Conflict Worldwide*, Nueva York, Dutton, 2011; Robert S. Walker y Drew H. Bailey, «Body Counts in Lowland South American Violence», *Evolution and Human Behavior*, 34, 1 (2013), pp. 29-34; I. J. N. Thorpe, «Anthropology, Archaeology, and the Origin of Warfare», *World Archaeology*, 35, 1 (2003), pp. 145-165; Raymond C. Kelly, *Warless Societies and the Origin of War*, Ann Arbor, University of Michigan Press, 2000; Lawrence H. Keeley, *War before Civilization: The Myth of the Peaceful Savage*, Oxford, Oxford University Press, 1996; Slavomil Vencl, «Stone Age Warfare», en John Carman y Anthony

Harding, eds., *Ancient Warfare: Archaeological Perspectives*, Stroud, Sutton Publishing, 1999, pp. 57-73.

23. «Global Health Observatory Data Repository, 2012», World Health Organization, consultado el 16 de agosto de 2015, http://apps.who.int/gho/data/node.main.RCODWORLD?lang=en; «Global Study on Homicide, 2013», UNDOC, consultado el 16 de agosto de 2015, http://www.unodc.org/documents/gsh/pdfs/2014_GLOBAL_HOMICIDE_BOOK_web.pdf; http://www.who.int/healthinfo/global_burde n_disease/estimates/en/inde x1.html.

24. David van Reybrouck, *op.cit.*, pp. 456-457.

25. Muertes debidas a obesidad: «Global Burden of Disease, Injuries and Risk Factors Study 2013», *Lancet*, 18 de diciembre de 2014, consultado el 18 de diciembre de 2014, http://www.thelancet.com/themed/global-burden-of-disease; Stephen Adams, «Obesity Killing Three Times As Many As Malnutrition», *Telegraph*, 13 de diciembre de 2012, consultado el 18 de diciembre de 2014, http://www.telegraph.co.uk/health/healthnews/9742960/Obesity-killing-three-times-as-many-as-malnutrition.html. Muertes debidas a terrorismo: «Global Terrorism Database», http://www.start.umd.edu/gtd/, consultado el 16 de enero de 2016.

26. Arion McNicoll, «How Google's Calico Aims to Fight Aging and 'Solve Death'», CNN, 3 de octubre de 2013, consultado el 19 de diciembre de 2014, http://edition.cnn.com/2013/10/03/tech/innovation/google-calico-aging-death/.

27. Katrina Brooker, «Google Ventures and the Search for Immortality», *Bloomberg*, 9 de marzo de 2015, consultado el 15 de abril de 2015, http://www.bloomberg.com/news/articles/2015-03-09/google-ventures-bill-maris-investing-in-idea-of-living-to-500.

28. Mick Brown, «Peter Thiel: The Billionaire Tech Entrepreneur on a Mission to Cheat Death», *Telegraph*, 19 de septiembre de 2014, consultado el 19 de diciembre de 2014, http://www.telegraph.co.uk/technolgy/11098971/Peter-Thiel-the-billionaire-tech-entrepreneur-on-a-mission-to-cheat-death.html.

29. Kim Hill *et al.*, «Mortality Rates among Wild Chimpanzees», *Journal of Human Evolution*, 40, 5 (2001), pp. 437-450; James G. Herndon, «Brain Weight Throughout the Life Span of the Chimpanzee», *Journal of Comparative Neurology*, 409 (1999), pp. 567-572.

30. Beatrice Scheubel, *Bismarck's Institutions: A Historical Perspective on the Social Security Hypothesis*, Tubinga, Mohr Siebeck, 2013; E. P. Hannock, *The*

Origin of the Welfare State in England and Germany, 1850-1914, Cambridge, Cambridge University Press, 2007.

31. «Mental Health: Age Standardized Suicide Rates (per 100,000 Population), 2012», World Health Organization, consultado el 28 de diciembre de 2014, http://gamapserver.who.int/gho/interactive_charts/mental_health/suicide_rates/atlas.html.

32. Ian Morris, *Why the West Rules - For Now*, Toronto, McClelland & Stewart, 2010, pp. 626-629.

33. David G. Myers, «The Funds, Friends, and Faith of Happy People», *American Psychologist*, 55,1 (2000), p. 61; Ronald Inglehart *et al.*, «Development, Freedom, and Rising Happiness: A Global Perspective (1981-2007)», *Perspectives on Psychological Science*, 3, 4 (2008), pp. 264-285. Véase también Mihaly Csikszentmihalyi, «If We Are So Rich, Why Aren't We Happy?», *American Psychologist*, 54, 10 (1999), pp. 821-827; Gregg Easterbrook, *The Progress Paradox: How Life Gets Better While People Feel Worse*, Nueva York, Random House, 2003.

34. Kenji Suzuki, «Are They Frigid to the Economic Development? Reconsideration of the Economic Effect on Subjective Well-being in Japan», *Social Indicators Research*, 92, 1 (2009), pp. 81-89; Richard A. Easterlin, «Will Raising the Incomes of all Increase the Happiness of All?», *Journal of Economic Behavior and Organization*, 27, 1 (1995), pp. 35-47; Richard A. Easterlin, «Diminishing Marginal Utility of Income? Caveat Emptor», *Social Indicators Research*, 70, 3 (2005), pp. 243-255.

35. Linda C. Raeder, *John Stuart Mill and the Religion of Humanity*, Columbia, University of Missouri Press, 2002.

36. Oliver Turnbull y Mark Solms, *The Brain and the Inner World* [en hebreo], Tel Aviv, Hakibbutz Hameuchad, 2005, pp. 92-96; Kent C. Berridge y Morten L. Kringelbach, «Affective Neuroscience of Pleasure: Reward in Humans and Animals», *Psychopharmacology* 199 (2008), pp. 457-480; Morten L. Kringelbach, *The Pleasure Center: Trust Your Animal Instincts*, Oxford, Oxford University Press, 2009.

37. M. Csikszentmihalyi, *Finding Flow: The Psychology of Engagement with Everyday Life*, Nueva York, Basic Books, 1997.

38. Centers for Disease Control and Prevention, Attention-Deficit / Hyperactivity Disorder (ADHD), http://www.cdc.gov/ncbddd/adhd/data.html, consultado el 4 de enero de 2016; Sarah Harris, «Number of Children Given Drugs for ADHD Up Ninefold with Patients As Young As Three Being Prescribed Ri-

talin», *Daily Mail*, 28 de junio de 2013, http://www.dailymail.co.uk/health/article-2351427/Number-children-given-drugs-ADHD-ninefold-patients-young-THREE-prescribed-Ritalin.html, consultado el 4 de enero de 2016; International Narcotics Control Board (UN), *Psychotropics Substances, Statistics for 2013, Assessments of Annual Medical and Scientific Requirements 2014*, pp. 39-40.

39. No existen pruebas suficientes en relación con el abuso de dichos estimulantes por parte de escolares, pero un estudio de 2013 descubrió que entre el 5 y el 15 por ciento de los estudiantes de instituto en Estados Unidos habían usado ilegalmente algún tipo de estimulante al menos una vez: C. Ian Ragan, Imre Bard e Ilina Singh, «What Should We Do about Student Use of Cognitive Enhancers? An Analysis of Current Evidence», *Neuropharmacology* 64 (2013), p. 589.

40. Bradley J. Partridge, «Smart Drugs 'As Common as Coffee': Media Hype about Neuroenhancement», *PLoS One*, 6, 11 (2011), p. e28.416.

41. Office of the Chief of Public Affairs Press Release, «Army, Health Promotion Risk Reduction Suicide Prevention Report, 2010», consultado el 23 de diciembre de 2014, http://csf2.army.mil/downloads/HP-RR-SPReport2010.pdf; Mark Thompson, «America's Medicated Army», *Time*, 5 de junio de 2008, consultado el 19 de diciembre de 2014, http://content.time.com/time/magazine/article/0,9171,1812055,00.html; Office of the Surgeon Multi-National Force-Iraq and Office of the Command Surgeon, «Mental Health Advisory Team (MHAT) V Operation Iraqi Freedom 06-08: Iraq Operation Enduring Freedom 8: Afghanistan», 14 de febrero de 2008, consultado el 23 de diciembre de 2014, http://www.careforthetroops.org/reports/Report-MHATV-4-FEB-2008-Overview.pdf.

42. Tina L. Dorsey, «Drugs and Crime Facts», US Department of Justice, consultado el 20 de febrero de 2015, http://www.bjs.gov/content/pub/pdf/dcf.pdf; H. C. West, W. J. Sabol y S. J. Greenman, «Prisoners in 2009», US Department of Justice, Bureau of Justice Statistics Bulletin (de diciembre de 2010), pp. 1-38; «Drugs And Crime Facts: Drug use and Crime», US Department of Justice, consultado el 19 de diciembre de 2014, http://www.bjs.gov/content/dcf/duc.cfm; UK Ministry of Justice, «Offender Management Statistics Bulletin, July to September 2014», 29 de enero de 2015, consultado el 20 de febrero de 2015, https://www.gov.uk/government/statistics/offender-management-statistics-quarterly-july-to-september-2014.; Mirian Lights *et al.*, «Gender Differences in Substance Misuse and Mental Health amongst Prisoners», UK Ministry of Justice, 2013, consultado el 20 de febrero de 2015,

https://www.gov.uk/government/uploads/system/uploads/attachment_data/file/220060/gender-substance-misuse-mental-health-prisoners.pdf; Jason Payne y Antonette Gaffney, «How Much Crime is Drug or Alcohol Related? Self-Reported Attributions of Police Detainees», *Trends & Issues in Crime and Criminal Justice* 439 (2012), http://www.aic.gov.au/media_library/publications/tandi_pdf/tandi439.pdf, consultado el 11 de marzo de 2015; Philippe Robert, «The French Criminal Justice System», en Vincenzo Ruggiero y Mick Ryan, eds., *Punishment in Europe: A Critical Anatomy of Penal Systems*, Houndmills, Palgrave Macmillan, 2013, p. 116.

43. Betsy Isaacson, «Mind Control: How EEG Devices Will Read Your Brain Waves And Change Your World», *Huffington Post*, 20 de noviembre de 2014, consultado el 20 de diciembre de 2014, http://www.huffingtonpost.com/2012/11/20/mind-control-how-eeg-devices-read-brainwaves_n_2001431.html; «EPOC Headset», *Emotiv*, http://emotiv.com/store/epoc-detail/; «Biosensor Innovation to Power Breakthrough Wearable Technologies Today and Tomorrow», *NeuroSky*, http://neurosky.com/.

44. Samantha Payne, «Stockholm: Members of Epicenter Workspace Are Using Microchip Implants to Open Doors», *International Business Times*, 31 de enero de 2015, consultado el 9 de agosto de 2015, http://www.ibtimes.co.uk/stockholm-office-workers-epicenter-implanted-microchips-pay-their-lunch-1486045.

45. Meika Loe, *The Rise of Viagra: How the Little Blue Pill Changed Sex in America*, Nueva York, New York University Press, 2004.

46. Brian Morgan, «Saints and Sinners: Sir Harold Gillies», *Bulletin of the Royal College of Surgeons of England*, 95, 6 (2013), pp. 204-205; Donald W. Buck II, «A Link to Gillies: One Surgeon's Quest to Uncover His Surgical Roots», *Annals of Plastic Surgery*, 68, 1 (2012), pp. 1-4.

47. Paolo Santoni-Rugio, *A History of Plastic Surgery*, Berlin, Heidelberg, Springer, 2007; P. Niclas Broer, Steven M. Levine y Sabrina Juran, «Plastic Surgery: Quo Vadis? Current Trends and Future Projections of Aesthetic Plastic Surgical Procedures in the United States», *Plastic and Reconstructive Surgery*, 133, 3 (2014), pp. 293e-302e.

48. Holly Firfer, «How Far Will Couples Go to Conceive?», CNN, 17 de junio de 2004, consultado el 3 de mayo de 2015, http://edition.cnn.com/2004/HEALTH/03/12/infertility.treatment/index.html?iref=allsearch.

49. Rowena Mason y Hannah Devlin, «MPs Vote in Favour of 'Three-Person Embryo' Law», *Guardian*, 3 de febrero de 2015, consultado el 3 de

mayo de 2015, http://www.theguardian.com/science/2015/feb/03/mps-vo-te-favour-three-person-embryo-law.

50. Lionel S. Smith y Mark D. E. Fellowes, «Towards a Lawn without Grass: The Journey of the Imperfect Lawn and Its Analogues», *Studies in the History of Gardens & Designed Landscape*, 33, 3 (2013), pp. 158-159; John Dixon Hunt y Peter Willis, eds., *The Genius of the Place: The English Landscape Garden 1620-1820*, 5.ª ed., Cambridge, MA, MIT Press, 2000, pp. 1-45; Anne Helmriech, *The English Garden and National Identity: The Competing Styles of Garden Design 1870-1914*, Cambridge, Cambridge University Press, 2002, pp. 1-6.

51. Robert J. Lake, «Social Class, Etiquette and Behavioral Restraint in British Lawn Tennis», *International Journal of the History of Sport*, 28, 6 (2011), pp. 876-894; Beatriz Colomina, «The Lawn at War: 1941-1961», en Georges Teyssot, ed., *The American Lawn*, Nueva York, Princeton Architectural Press, 1999, pp. 135-153; Virginia Scott Jenkins, *The Lawn: History of an American Obsession*, Washington, Smithsonian Institution, 1994.

2. EL ANTROPOCENO

1. «Canis lupus», IUCN Red List of Threatened Species, consultado el 20 de diciembre de 2014, http://www.iucnredlist.org/details/3746/1; «Fact Sheet: Gray Wolf», *Defenders of Wildlife*, consultado el 20 de diciembre de 2014, http://www.defenders.org/gray-wolf/basic-facts; «Companion Animals», IFAH, consultado el 20 de diciembre de 2014, http://www.ifaheuro-pe.org/companion-animals/about-pets.html; «Global Review 2013», World Animal Protection, consultado el 20 de diciembre de 2014, https://www.worldanimalprotection.us.org/sites/default/files/us_files/global_re-view_2013_0.pdf.

2. Anthony D. Barnosky, «Megafauna Biomass Trade off as a Driver of Quaternary and Future Extinctions», *PNAS*, 105, 1 (2008), pp. 11.543-11.548; para lobos y leones, véase William J. Ripple *et al.*, «Status and Ecological Effects of the World's Largest Carnivores», *Science*, 343, 6.167 (2014), p. 151; según el doctor Stanley Coren, hay unos 500 millones de perros en el mundo: Stanley Coren, «How Many Dogs Are There in the World», *Psychology Today*, 19 de septiembre de 2012, consultado el 20 de diciembre de 2014, http://www.psychologytoday.com/blog/canine-corner/201209/how-many-dogs-are-the-

re -in-the-world; para el número de gatos, véase Nicholas Wade, «DNA Traces 5 Matriarchs of 600 Million Domestic Cats», *The New York Times*, 29 de junio de 2007, consultado el 20 de diciembre de 2014, http://www.nytimes.com /2007/06/29/health/29iht-cats.1.6406020.html; para el búfalo africano, véase «Syncerus caffer», IUCN Red List of Threatened Species, consultado el 20 de diciembre de 2014, http://www.iucnredlist.org/details/21251/0; para la población de ganado vacuno, véase David Cottle y Lewis Kahn, eds., *Beef Cattle Production and Trade*, Collingwood, Csiro, 2014, p. 66; para el número de gallos y gallinas, véase «Live Animals», Food and Agriculture Organization of the United Nations: Statistical Division, consultado el 20 de diciembre de 2014, http://faostat3.fao.org/browse/Q/QA/E ; para el número de chimpancés, véase «Pan troglodytes», IUCN Red List of Threatened Species, consultado el 20 de diciembre de 2014, http://www.iucnredlist.org/details/15933/0.

3. «Living Planet Report 2014», WWF Global, consultado el 20 de diciembre de 2014, http://wwf.panda.org/about_our_earth/all_publications/living_planet_report/.

4. Richard Inger *et al.*, «Common European Birds are Declining Rapidly While Less Abundant Species' Numbers Are Rising», *Ecology Letters*, 18, 1 (2014), pp. 28-36; «Live Animals», Food and Agriculture Organization of the United Nations, consultado el 20 de diciembre de 2014, http://faostat.fao.org/site/573/de fault.aspx#ancor.

5. Simon L. Lewis y Mark A. Maslin, «Defining the Anthropocene», *Nature*, 519 (2015), pp. 171-180.

6. Timothy F. Flannery, *The Future Eaters: An Ecological History of the Australasian Lands and Peoples*, Port Melbourn, Reed Books Australia, 1994; Anthony D. Barnosky *et al.*, «Assessing the Causes of Late Pleistocene Extinctions on the Continents», *Science*, 306, 5.693 (2004), pp. 70-75; Bary W. Brook y David M. J. S. Bowman, «The Uncertain Blitzkrieg of Pleistocene Megafauna», *Journal of Biogeography*, 31, 4 (2004), pp. 517-523; Gifford H. Miller *et al.*, «Ecosystem Collapse in Pleistocene Australia and a Human Role in Megafaunal Extinction», *Science*, 309, 5.732 (2005), pp. 287-290; Richard G. Roberts *et al.*, «New Ages for the Last Australian Megafauna: Continent Wide Extinction about 46,000 Years Ago», *Science*, 292, 5.523 (2001), pp. 1.888-1.892; Stephen Wroe y Judith Field, «A Review of Evidence for a Human Role in the Extinction of Australian Megafauna and an Alternative Explanation», *Quaternary Science Reviews*, 25, 21-2 (2006), pp. 2.692-2.703; Barry W. Brooks *et al.*, «Would the Australian Megafauna Have Become Extinct If Humans Had Ne-

ver Colonised the Continent? Comments on 'A Review of the Evidence for a Human Role in the Extinction of Australian Megafauna and an Alternative Explanation' by S. Wroe and J. Field», *Quaternary Science Reviews*, 26, 3-4 (2007), pp. 560-564; Chris S. M. Turney *et al.*, «Late-Surviving Megafauna in Tasmania, Australia, Implicate Human Involvement in their Extinction», *PNAS*, 105, 34 (2008), pp. 12.150-12.153; John Alroy, «A Multispecies Over-kill Simulation of the End-Pleistocene Megafaunal Mass Extinction», *Science*, 292, 5.523 (2001), pp. 1.893-1.896; J. F. O'Connel y J. Allen, «Pre-LGM Sahul (Australia-New Guinea) and the Archaeology of Early Modern Humans», en Paul Mellars, ed., *Rethinking the Human Evolution: New Behavioral and Biological Perspectives on the Origin and Dispersal of Modern Humans*, Cambridge, McDonald Institute for Archaeological Research, 2007, pp. 400-401.

7. Graham Harvey, *Animism: Respecting the Living World*, Kent Town, Wakefield Press, 2005; Rane Willerslev, *Soul Hunters: Hunting, Animism and Personhood Among the Siberian Yukaghirs*, Berkeley, University of California Press, 2007; Elina Helander-Renvall, «Animism, Personhood and the Nature of Reality: Sami Perspectives», *Polar Record*, 46, 1 (2010), pp. 44-56; Istvan Praet, «Animal Conceptions in Animism and Conservation», en Susan McHaugh y Garry Marvin, eds., *Routledge Handbook of Human-Animal Studies*, Nueva York, Routledge, 2014, pp. 154-167; Nurit Bird-David, «Animism Revisited: Personhood, Environment, and Relational Epistemology», *Current Anthropology*, 40 (1999), pp. s67-91; N. Bird-David, «Animistic Epistemology: Why Some Hunter-Gatherers Do Not Depict Animals», *Ethnos*, 71, 1 (2006), pp. 33-50.

8. Danny Naveh, «Changes in the Perception of Animals and Plants with the Shift to Agricultural Life: What Can Be Learnt from the Nayaka Case, A Hunter-Gatherer Society from the Rain Forests of Southern India?» [en hebreo], *Animals and Society*, 52 (2015), pp. 7-8.

9. Howard N. Wallace, «The Eden Narrative», *Harvard Semitic Monographs*, 32 (1985), pp. 147-181.

10. David Adams Leeming y Margaret Adams Leeming, *Encyclopedia of Creation Myths*, Santa Barbara, ABC-CLIO, 1994, p. 18; Sam D. Gill, *Storytracking: Texts, Stories, and Histories in Central Australia*, Oxford, Oxford University Press, 1998; Emily Miller Bonney, «Disarming the Snake Goddess: A Reconsideration of the Faience Figures from the Temple Repositories at Knossos», *Journal of Mediterranean Archaeology*, 24, 2 (2011), pp. 171-190; David Leeming, *The Oxford Companion to World Mythology*, Oxford y Nueva York, Oxford University Press, 2005, p. 350.

11. Jerome H. Barkow, Leda Cosmide s y John Tooby, eds., *The Adapted Mind: Evolutionary Psychology and the Generation of Culture*, Oxford, Oxford University Press, 1992; Richard W. Bloom y Nancy Dess, eds., *Evolutionary Psychology and Violence: A Primer for Policymakers and Public Policy Advocates*, Westport, Praeger, 2003; Charles Crawford y Catherine Salmon, eds., *Evolutionary Psychology, Public Policy and Personal Decisions*, Nueva Jersey, Lawrence Erlbaum Associates, 2008; Patrick McNamara y David Trumbull, *An Evolutionary Psychology of Leader-Follower Relations*, Nueva York, Nova Science, 2007; Joseph P. Forgas, Martie G. Haselton y William von Hippel, eds., *Evolution and the Social Mind: Evolutionary Psychology and Social Cognition*, Nueva York, Psychology Press, 2011.

12. S. Held, M. Mendl, C. Devereux y R. W. Byrne, «Social tactics of pigs in a competitive foraging task: the 'informed forager' paradigm», *Animal Behaviour*, 59, 3 (2000), pp. 569-576; S. Held, M. Mendl, C. Devereux y R. W. Byrne, «Studies in social cognition: from primates to pigs», *Animal Welfare*, 10 (2001), pp. s209-217; H. B. Graves, «Behavior and ecology of wild and feral swine (*Sus scrofa*)», *Journal of Animal Science*, 58, 2 (1984), pp. 482-492; A. Stolba y D. G. M. Wood-Gush, «The behaviour of pigs in a semi-natural environment», *Animal Production*, 48, 2 (1989), pp. 419-425; M. Spinka, «Behaviour in pigs», en P. Jensen, ed., *The Ethology of Domestic Animals*, 2.ª ed., Wallingford, RU, CAB International, 2009, pp. 177-191; P. Jensen y D. G. M. Wood-Gush, «Social interactions in a group of free-ranging sows», *Applied Animal Behaviour Science*, 12 (1984), pp. 327-337; E. T. Gieling, R. E. Nordquist y F. J. van der Staay, «Assessing learning and memory in pigs», *Animal Cognition*, 14 (2011), pp. 151-173.

13. I. Horrell y J. Hodgson, «The bases of sow-piglet identification. 2. Cues used by piglets to identify their dam and home pen», *Applied Animal Behavior Science*, 33 (1992), pp. 329-343; D. M. Weary y D. Fraser, «Calling by domestic piglets: Reliable signals of need?», *Animal Behaviour*, 50, 4 (1995), pp. 1.047-1.055; H. H. Kristensen *et al.*, «The use of olfactory and other cues for social recognition by juvenile pigs», *Applied Animal Behaviour Science*, 72 (2001), pp. 321-333.

14. M. Helft, «Pig video arcades critique life in the pen», *Wired*, 6 de junio de 1997, http://archive.wired.com/science/discoveries/news/1997/06/4302 consultado el 27 de enero de 2016.

15. Humane Society of the United States, «An HSUS Report: Welfare Issues with Gestation Crates for Pregnant Sows», febrero de 2013, http://

www.humanesociety.org/assets/pdfs/farm/HSUS-Report-on-Gestation-Crates-for-Pregnant-Sows.pdf, consultado el 27 de enero de 2016.

16. Oliver Turnbull y Mark Solms, *The Brain and the Inner World* [en hebreo], Tel Aviv, Hakibbutz Hameuchad, 2005, pp. 90-92.

17. David Harel, *Algorithmics: The Spirit of Computers*, 3.ª ed. [en hebreo], Tel Aviv, Universidad Abierta de Israel, 2001, pp. 4-6; David Berlinski, *The Advent of the Algorithm: The 300-Year Journey from an Idea to the Computer*, San Diego, Harcourt, 2000; Hartley Rogers Jr, *Theory of Recursive Functions and Effective Computability*, 3.ª ed., Cambridge, MA y Londres, MIT Press, 1992, pp. 1-5; Andreas Blass y Yuri Gurevich, «Algorithms: A Quest for Absolute Definitions», *Bulletin of European Association for Theoretical Computer Science*, 81 (2003), pp. 195-225.

18. Daniel Kahneman, *Thinking, Fast and Slow*, Nueva York, Farrar, Straus & Giroux, 2011 [hay trad. cast.: *Pensar rápido, pensar despacio*, Barcelona, Debate, 2012]; Dan Ariely, *Predictably Irrational*, Nueva York, Harper, 2009 [hay trad. cast.: *Las trampas del deseo. Cómo controlar los impulsos irracionales que nos llevan al error*, Barcelona, Ariel, 2008].

19. Justin Gregg, *Are Dolphins Really Smart? The Mammal Behind the Myth*, Oxford, Oxford University Press, 2013, pp. 81-87; Jaak Panksepp, «Affective Consciousness: Core Emotional Feelings in Animals and Humans», *Consciousness and Cognition*, 14, 1 (2005), pp. 30-80.

20. A. S. Fleming, D. H. O'Day y G. W. Kraemer, «Neurobiology of Mother-Infant Interactions: Experience and Central Nervous System Plasticity Across Development and Generations», *Neuroscience and Biobehavioral Reviews*, 23, 5 (1999), pp. 673-685; K. D. Broad, J. P. Curley y E. B. Keverne, «Mother-Infant Bonding and the Evolution of Mammalian Relationship», *Philosophical Transactions of the Royal Society B*, 361, 1.476 (2006), pp. 2.199-2.214; Kazutaka Mogi, Miho Nagasawa y Takefumi Kikusui, «Developmental Consequences and Biological Significance of Mother-Infant Bonding», *Progress in Neuro-Psychopharmacology and Biological Psychiatry*, 35, 5 (2011), pp. 1.232-1.241; Shota Okabe *et al.*, «The Importance of Mother-Infant Communication for Social Bond Formation in Mammals», *Animal Science Journal*, 83, 6 (2012), pp. 446-452.

21. Jean O'Malley Halley, *Boundaries of Touch: Parenting and Adult-Child Intimacy*, Urbana, University of Illinois Press, 2007, pp. 50-51; Ann Taylor Allen, *Feminism and Motherhood in Western Europe, 1890-1970: The Maternal Dilemma*, Nueva York, Palgrave Macmillan, 2005, p. 190.

22. Lucille C. Birnbaum, «Behaviorism in the 1920s», *American Quarterly*, 7, 1 (1955), p. 18.

23. US Department of Labor (1929), «Infant Care», Washington: United States Government Printing Office, http://www.mchlibrary.info/history/chbu/3121-1929.pdf.

24. Harry Harlow y Robert Zimmermann, «Affectional Responses in the Infant Monkey», *Science*, 130, 3.373 (1959), pp. 421-432; Harry Harlow, «The Nature of Love», *American Psychologist*, 13 (1958), pp. 673-685; Laurens D. Young *et al.*, «Early Stress and Later Response to Separation in Rhesus Monkeys», *American Journal of Psychiatry*, 130, 4 (1973), pp. 400-405; K. D. Broad, J. P. Curley y E. B. Keverne, «Mother-Infant Bonding and the Evolution of Mammalian Social Relationships», *Philosophical Transactions of the Royal Society B*, 361, 1.476 (2006), pp. 2.199-2.214; Florent Pittet *et al.*, «Effects of Maternal Experience on Fearfulness and Maternal Behavior in a Precocial Bird», *Animal Behavior*, 85, 4 (2013), pp. 797-805.

25. Jacques Cauvin, *The Birth of the Gods and the Origins of Agriculture*, Cambridge, Cambridge University Press, 2000; Tim Ingord, «From Trust to Domination: An Alternative History of Human-Animals Relations», en Aubrey Manning y James Serpell, eds., *Animals and Human Society: Changing Perspectives*, Nueva York, Routledge, 2002, pp. 1-22; Roberta Kalechofsky, «Hierarchy, Kinship and Responsibility», en Kimberley Patton y Paul Waldau, eds., *A Communion of Subjects: Animals in Religion, Science and Ethics*, Nueva York, Columbia University Press, 2006, pp. 91-102; Nerissa Russell, *Social Zooarchaeology: Humans and Animals in Prehistory*, Cambridge, Cambridge University Press, 2012, pp. 207-258; Margo De Mello, *Animals and Society: An Introduction to Human-Animal Studies*, Nueva York, University of Columbia Press, 2012.

26. Olivia Lang, «Hindu Sacrifice of 250,000 Animals Begins», *Guardian*, 24 de noviembre de 2009, consultado el 21 de diciembre de 2014, http://www.theguardian.com/world/2009/nov/24/hindu-sacrifice-gadhimai-festival-nepal.

27. Benjamin R. Foster, ed., *The Epic of Gilgamesh*, Nueva York, Londres, W. W. Norton, 2001, p. 90.

28. Noah J. Cohen, *Tsa'ar Ba'ale Hayim: Prevention of Cruelty to Animals: Its Bases, Development and Legislation in Hebrew Literature*, Jerusalén, Nueva York, Feldheim Publishers, 1976; Roberta Kalechofsky, *Judaism and Animal Rights: Classical and Contemporary Responses*, Marblehead, Micah Publications, 1992; Dan Cohen-Sherbok, «Hope for the Animal Kingdom: A Jewish Vision», en

Kimberley Patton y Paul Waldau, eds., *A Communion of Subjects: Animals in Religion, Science and Ethics*, Nueva York, Columbia University Press, pp. 81-90; Ze'ev Levi, «Ethical Issues of Animal Welfare in Jewish Thought», en Martin D. Yaffe, ed., *Judaism and Environmental Ethics: A Reader*, Plymouth, Lexington, 2001, pp. 321-332; Norm Phelps, *The Dominion of Love: Animal Rights According to the Bible*, Nueva York, Lantern Books, 2002; David Sears, *The Vision of Eden: Animal Welfare and Vegetarianism in Jewish Law Mysticism*, Spring Valley, Orot, 2003; Nosson Slifkin, *Man and Beast: Our Relationships with Animals in Jewish Law and Thought*, Nueva York, Lambda, 2006.

29. Talmud Bavli, Bava Metzia, 85:71.

30. Christopher Chapple, *Nonviolence to Animals, Earth and Self in Asian Traditions*, Nueva York, State University of New York Press, 1993; Panchor Prime, *Hinduism and Ecology: Seeds of Truth*, Londres, Cassell, 1992; Christopher Key Chapple, «The Living Cosmos of Jainism: A Traditional Science Grounded in Environmental Ethics», *Daedalus*, 130, 4 (2001), pp. 207-224; Norm Phelps, *The Great Compassion: Buddhism and Animal Rights*, Nueva York, Lantern Books, 2004; Damien Keown, *Buddhist Ethics: A Very Short Introduction*, Oxford, Oxford University Press, 2005, cap. 3; Kimberley Patton y Paul Waldau, eds., *A Communion of Subjects: Animals in Religion, Science and Ethics*, Nueva York, Columbia University Press, 2006, esp. pp. 179-250; Pragati Sahni, *Environmental Ethics in Buddhism: A Virtues Approach*, Nueva York, Routledge, 2008; Lisa Kemmerer y Anthony J. Nocella II, eds., *Call to Compassion: Reflections on Animal Advocacy from the World's Religions*, Nueva York, Lantern, 2011, esp. pp. 15-103; Lisa Kemmerer, *Animals and World Religions*, Oxford, Oxford University Press, 2012, esp. 56-126; Irina Aristarkhova, «Thou Shall Not Harm All Living Beings: Feminism, Jainism and Animals», *Hypatia*, 27, 3 (2012), pp. 636-650; Eva de Clercq, «Karman and Compassion: Animals in the Jain Universal History», *Religions of South Asia*, 7 (2013), pp. 141-157.

31. Danny Naveh, *op. cit.*, p. 11.

3. La chispa humana

1. «Evolution, Creationism, Intelligent Design», Gallup, consultado el 20 de diciembre de 2014, http://www.gallup.com/poll/21814/evolution-creationism-intelligent-design.aspx; Frank Newport, «In US, 46 per cent Hold Creationist View of Human Origins», Gallup, 1 de junio de 2012, consultado

el 21 de diciembre de 2014, http://www.gallup.com/poll/155003/hold-creationist-view-human-origins.aspx.

2. Justin Gregg, *Are Dolphins Really Smart? The Mammal Behind the Myth*, Oxford, Oxford University Press, 2013, pp. 82-83.

3. Stanislas Dehaene, *Consciousness and the Brain: Deciphering How the Brain Codes Our Thoughts*, Nueva York, Viking, 2014; Steven Pinker, *How the Mind Works*, Nueva York, W. W. Norton, 1997 [hay trad. cast.: *Cómo funciona la mente*, Barcelona, Destino, 2008].

4. Stanislas Dehaene, *op. cit.*

5. Los eruditos pueden señalar el teorema de la incompletitud de Gödel, según el cual ningún sistema de axiomas matemáticos puede demostrar todas las verdades aritméticas. Siempre existirán algunas declaraciones verdaderas que no puedan demostrarse dentro del sistema. En la literatura popular, a veces hay quien se apropia de este teorema para explicar la existencia de la mente. Supuestamente, la mente es necesaria para abordar dichas verdades no demostrables. Sin embargo, no es en absoluto evidente por qué los seres vivos necesitan dedicarse a estas verdades matemáticas arcanas para sobrevivir y reproducirse. De hecho, la inmensa mayoría de nuestras decisiones conscientes en absoluto implican estas cuestiones.

6. Christopher Steiner, *Automate This: How Algorithms Came to Rule Our World*, Nueva York, Penguin, 2012, 215; Tom Vanderbilt, «Let the Robot Drive: The Autonomous Car of the Future is Here», *Wired*, 20 de enero de 2012, consultado el 21 de diciembre de 2014, http://www.wired.com/2012/01/ff_autonomouscars/all; Chris Urmson, «The Self-Driving Car Logs More Miles on New Wheels», Google Official Blog, 7 de agosto de 2012, consultado el 23 de diciembre de 2014, http://googleblog.blogspot.hu/2012/08/the-self-driving-car-logs-more-miles-on.html; Matt Richtel y Conor Dougherty, «Google's Driverless Cars Run Into Problem: Cars With Drivers», *The New York Times*, 1 de septiembre de 2015, consultado el 2 de septiembre de 2015, http://www.nytimes.com/2015/09/02/technology/personaltech/google-says-its-not-the-driverless-cars-fault-its-other-drivers.html?_r=1.

7. Stanislas Dehaene, *op. cit.*

8. *Ibid.*, cap. 7.

9. «The Cambridge Declaration on Consciousness», 7 de julio de 2012, consultado el 21 de diciembre de 2014, https://web.archive.org/web/20131109230457/http://fcmconference.org/img/CambridgeDeclarationOnConsciousness.pdf.

10. John F. Cyran, Rita J. Valentino e Irwin Lucki, «Assessing Substrates Underlying the Behavioral Effects of Antidepressants Using the Modified Rat Forced Swimming Test», *Neuroscience and Behavioral Reviews*, 29, 4-5 (2005), pp. 569-574; Benoit Petit-Demoulière, Frank Chenu y Michel Bourin, «Forced Swimming Test in Mice: A Review of Antidepressant Activity», *Psychopharmacology*, 177, 3 (2005), pp. 245-255; Leda S. B. Garcia *et al.*, «Acute Administration of Ketamine Induces Antidepressant-like Effects in the Forced Swimming Test and Increases BDNF Levels in the Rat Hippocampus», *Progress in Neuro-Psychopharmacology and Biological Psychiatry*, 32, 1 (2008), pp. 140-144; John F. Cryan, Cedric Mombereau y Annick Vassout, «The Tail Suspension Test as a Model for Assessing Antidepressant Activity: Review of Pharmacological and Genetic Studies in Mice», *Neuroscience and Behavioral Reviews*, 29, 4-5 (2005), pp. 571-625; James J. Crowley, Julie A. Blendy e Irwin Lucki, «Strain-dependent Antidepressant-like Effects of Citalopram in the Mouse Tail Suspension Test», *Psychopharmacology*, 183, 2 (2005), pp. 257-264; Juan C. Brenes, Michael Padilla y Jaime Fornaguera, «A Detailed Analysis of Open-Field Habituation and Behavioral and Neurochemical Antidepressant-like Effects in Postweaning Enriched Rats», *Behavioral Brain Research*, 197, 1 (2009), pp. 125-137; Juan Carlos Brenes Sáenz, Odir Rodríguez Villagra y Jaime Fornaguera Trías, «Factor Analysis of Forced Swimming Test, Sucrose Preference Test and Open Field Test on Enriched, Social and Isolated Reared Rats», *Behavioral Brain Research*, 169, 1 (2006), pp. 57-65.

11. Marc Bekoff, «Observations of Scent-Marking and Discriminating Self from Others by a Domestic Dog (*Canis familiaris*): Tales of Displaced Yellow Snow», *Behavioral Processes*, 55, 2 (2011), pp. 75-79.

12. Para diferentes niveles de conciencia, véase Justin Gregg, *op. cit.*, pp. 59-66.

13. Carolyn R. Raby *et al.*, «Planning for the Future by Western Scrub Jays», *Nature*, 445, 7.130 (2007), pp. 919-921.

14. Michael Balter, «Stone-Throwing Chimp is Back - And This Time It's Personal», *Science*, 9 de mayo de 2012, consultado el 21 de diciembre de 2014, http://news.sciencemag.org/2012/05/stone-throwing-chimp-back-and-time-its-personal; Sara J. Shettleworth, «Clever Animals and Killjoy Explanations in Comparative Psychology», *Trends in Cognitive Sciences*, 14, 11 (2010), pp. 477-481.

15. Justin Gregg, *op. cit.*; Nicola S. Clayton, Timothy J. Bussey y Anthony Dickinson, «Can Animals Recall the Past and Plan for the Future?», *Nature*

Reviews Neuroscience, 4, 8 (2003), pp. 685-691; William A. Roberts, «Are Animals Stuck in Time?», *Psychological Bulletin*, 128, 3 (2002), pp. 473-489; Endel Tulving, «Episodic Memory and Autonoesis: Uniquely Human?», en Herbert S. Terrace y Janet Metcalfe, eds., *The Missing Link in Cognition: Evolution of Self-Knowing Consciousness*, Oxford, Oxford University Press, pp. 3-56; Mariam Naqshbandi y William A. Roberts, «Anticipation of Future Events in Squirrel Monkeys (*Saimiri sciureus*) and Rats (*Rattus norvegicus*): Tests of the Bischof-Kohler Hypothesis», *Journal of Comparative Psychology*, 120, 4 (2006), pp. 345-357.

16. I. B. A. Bartal, J. Decety y P. Mason, «Empathy and Pro-Social Behavior in Rats», *Science*, 334, 6.061 (2011), pp. 1.427-1,430; Justin Gregg, *op. cit.*, p. 89.

17. Christopher B. Ruff, Erik Trinkaus y Trenton W. Holliday, «Body Mass and Encephalization in Pleistocene *Homo*», *Nature*, 387, 6.629 (1997), pp. 173-176; Maciej Henneberg y Maryna Steyn, «Trends in Cranial Capacity and Cranial Index in Subsaharan Africa During the Holocene», *American Journal of Human Biology*, 5, 4 (1993), pp. 473-479; Drew H. Bailey y David C. Geary, «Hominid Brain Evolution: Testing Climatic, Ecological, and Social Competition Models», *Human Nature*, 20, 1 (2009), pp. 67-79; Daniel J. Wescott y Richard L. Jantz, «Assessing Craniofacial Secular Change in American Blacks and Whites Using Geometric Morphometry», en Dennis E. Slice, ed., *Modern Morphometrics in Physical Anthropology: Developments in Primatology: Progress and Prospects*, Nueva York, Plenum Publishers, 2005, pp. 231-245.

18. Véase también Edward O. Wilson, *The Social Conquest of the Earth*, Nueva York, Liveright, 2012 [hay trad. cast.: *La conquista social de la Tierra*, Barcelona, Debate, 2012].

19. Cyril Edwin Black, ed., *The Transformation of Russian Society: Aspects of Social Change since 1861*, Cambridge, MA, Harvard University Press, 1970, p. 279.

20. NAEMI09, «Nicolae Ceauşescu LAST SPEECH (english subtitles) part 1 of 2», 22 de abril de 2010, consultado el 21 de diciembre de 2014, http://www.youtube.com/watch?v=wWIbCtz_Xwk.

21. Tom Gallagher, *Theft of a Nation: Romania since Communism*, Londres, Hurst, 2005.

22. Robin Dunbar, *Grooming, Gossip, and the Evolution of Language*, Cambridge, MA, Harvard University Press, 1998.

23. TVP University, «Capuchin monkeys reject unequal pay», 15 de diciembre de 2012, consultado el 21 de diciembre de 2014, http://www.youtube.com/watch?v=lKhAd0Tyny0.

24. Citado en Christopher Duffy, *Military Experience in the Age of Reason*, Londres, Routledge, 2005, pp. 98-99.

25. Serhii Ploghy, *The Last Empire: The Final Days of the Soviet Union*, Londres, Oneworld, 2014, p. 309.

4. Los narradores

1. Fekri A. Hassan, «Holocene Lakes and Prehistoric Settlements of the Western Fayum, Egypt», *Journal of Archaeological Science*, 13, 5 (1986), pp. 393-504; Gunther Garbrecht, «Water Storage (Lake Moeris) in the Fayum Depression, Legend or Reality?», *Irrigation and Drainage Systems*, 1, 3 (1987), pp. 143-157; Gunther Garbrecht, «Historical Water Storage for Irrigation in the Fayum Depression (Egypt)», *Irrigation and Drainage Systems*, 10, 1 (1996), pp. 47-76.

2. Yehuda Bauer, *A History of the Holocaust*, Danbur, Franklin Watts, 2001, p. 249.

3. Jean C. Oi, *State and Peasant in Contemporary China: The Political Economy of Village Government*, Berkeley, University of California Press, 1989, p. 91; Jasper Becker, *Hungry Ghosts: China's Secret Famine*, Londres, John Murray, 1996; Frank Dikkoter, *Mao's Great Famine: The History of China's Most Devastating Catastrophe, 1958-62*, Londres, Bloomsbury, 2010.

4. Martin Meredith, *The Fate of Africa: From the Hopes of Freedom to the Heart of Despair: A History of Fifty Years of Independence*, Nueva York, Public Affairs, 2006; Sven Rydenfelt, «Lessons from Socialist Tanzania», *The Freeman*, 36, 9 (1986); David Blair, «Africa in a Nutshell», *Telegraph*, 10 de mayo de 2006, consultado el 22 de diciembre de 2014, http://blogs.telegraph.co.uk/news/davidblair/3631941/Africa_in_a_nutshell/.

5. Roland Anthony Oliver, *Africa since 1800*, 5.ª ed., Cambridge, Cambridge University Press, 2005, pp. 100-123 [hay trad. cast.: *África desde 1800*, Madrid, Alianza Editorial, 1997]; David van Reybrouck, *Congo: The Epic History of a People*, Nueva York, HarperCollins, 2014, pp. 58-59.

6. Ben Wilbrink, «Assessment in Historical Perspective», *Studies in Educational Evaluation*, 23, 1 (1997), pp. 31-48.

7. M. C. Lemon, *Philosophy of History*, Londres y Nueva York, Routledge, 2003, pp. 28-44; Siep Stuurman, «Herodotus and Sima Qian: History and the Anthropological Turn in Ancient Greece and Han China», *Journal of World History*, 19, 1 (2008), pp. 1-40.

8. William Kelly Simpson, *The Literature of Ancient Egypt*, Yale, Yale University Press, 1973, pp. 332-333.

5. La extraña pareja

1. C. Scott Dixon, *Protestants: A History from Wittenberg to Pennsylvania, 1517-1740*, Chichester, UK, Wiley-Blackwell, 2010, p. 15; Peter W. Williams, *America's Religions: From Their Origins to the Twenty-First Century*, Urbana, University of Illinois Press, 2008, p. 82.

2. Glenn Hausfater y Sarah Blaffer, eds., *Infanticide: Comparative and Evolutionary Perspectives*, Nueva York, Aldine, 1984, pp. 449; Valeria Alia, *Names and Nunavut: Culture and Identity in the Inuit Homeland*, Nueva York, Berghahn Books, 2007, p. 23; Lewis Petrinovich, *Human Evolution, Reproduction and Morality*, Cambridge, MA, MIT Press, 1998, p. 256; Richard A. Posner, *Sex and Reason*, Cambridge, MA, Harvard University Press, 1992, p. 289.

3. Ronald K. Delph, «Valla Grammaticus, Agostino Steuco, and the Donation of Constantine», *Journal of the History of Ideas*, 57, 1 (1996), pp. 55-77; Joseph M. Levine, «Reginald Pecock and Lorenzo Valla on the Donation of Constantine», *Studies in the Renaissance*, 20 (1973), pp. 118-143.

4. Gabriele Boccaccini, *Roots of Rabbinic Judaism*, Cambridge, Eerdmans, 2002; Shaye J. D. Cohen, *From the Maccabees to the Mishnah*, 2.ª ed., Louisville, Westminster John Knox Press, 2006, pp. 153-157; Lee M. McDonald y James A. Sanders, eds., *The Canon Debate*, Peabody: Hendrickson, 2002, p. 4.

5. Sam Harris, *The Moral Landscape: How Science Can Determine Human Values*, Nueva York, Free Press, 2010.

6. La alianza moderna

1. Gerald S. Wilkinson, «The Social Organization of the Common Vampire Bat II», *Behavioral Ecology and Sociobiology*, 17, 2 (1985), pp. 123-134; Gerald S. Wilkinson, «Reciprocal Food Sharing in the Vampire Bat», *Nature*, 308,

5.955 (1984), pp. 181-184; Raúl Flores Crespo *et al.*, «Foraging Behavior of the Common Vampire Bat Related to Moonlight», *Journal of Mammalogy*, 53, 2 (1972), pp. 366-368.

2. Goh Chin Lian, «Admin Service Pay: Pensions Removed, National Bonus to Replace GDP Bonus», *Straits Times*, 8 de abril de 2013, consultado el 9 de febrero de 2016, http://www.straitstimes.com/singapore/admin-service-pay-pensions-removed-national-bonus-to-replace-gdp-bonus.

3. Edward Wong, «In China, Breathing Becomes a Childhood Risk», *The New York Times*, 22 de abril de 2013, consultado el 22 de diciembre de 2014, http://www.nytimes.com/2013/04/23/world/asia/pollution-is-radically-changing-childhood-in-chinas-cities.html?pagewanted=all&_r=0; Barbara Demick, «China Entrepreneurs Cash in on Air Pollution», *Los Angeles Times*, 2 de febrero de 2013, consultado el 22 de diciembre de 2014, http://articles.latimes.com/2013/feb/02/world/la-fg-china-pollution-20130203.

4. IPCC, *Climate Change 2014: Mitigation of Climate Change - Summary for Policymakers*, Ottmar Edenhofer *et al.*, eds., Cambridge y Nueva York, Cambridge University Press, 2014, p. 6.

5. UNEP, *The Emissions Gap Report 2012*, Nairobi, UNEP, 2012; IEA, *Energy Policies of IEA Countries: The United States*, París, IEA, 2008.

6. Para un debate detallado, véase Ha-Joon Chang, *23 Things They Don't Tell You About Capitalism*, Nueva York, Bloomsbury Press, 2010 [hay trad. cast.: *23 cosas que no te cuentan sobre el capitalismo*, Barcelona, Debate, 2012].

7. LA REVOLUCIÓN HUMANISTA

1. Jean-Jacques Rousseau, *Émile, ou De l'éducation*, París, 1967, p. 348 [hay trad. cast.: *Emilio, o De la educación*, Madrid, Alianza editorial, 1998].

2. «Journalists Syndicate Says Charlie Hebdo Cartoons 'Hurt Feelings', Washington Okays», *Egypt Independent*, 14 de enero de 2015, consultado el 12 de agosto de 2015, http://www.egyptindependent.com/news/journalists-syndicate-says-charlie-hebdo-cartoons-per centE2per cent80per cent98hurt-feelings-washington-okays.

3. Naomi Darom, «Evolution on Steroids», *Haaretz*, 13 de junio de 2014.

4. Walter Horace Bruford, *The German Tradition of Self-Cultivation: "Bildung" from Humboldt to Thomas Mann*, Londres, Nueva York, Cambridge University Press, 1975, pp. 24-25.

5. «All-Time 100 TV Shows: *Survivor*», *Time*, 6 de septiembre de 2007, consultado el 12 de agosto de 2015, http://time.com/3103831/survivor/.

6. Phil Klay, *Redeployment*, Londres, Canongate, 2015, p. 170. [hay trad. cast.: *Nuevo destino*, Barcelona, Literatura Random House, 2015].

7. Yuval Noah Harari, *The Ultimate Experience: Battlefield Revelations and the Making of Modern War Culture, 1450-2000*, Houndmills, Palgrave Macmillan, 2008; Yuval Noah Harari, «Armchairs, Coffee and Authority: Eye-witnesses and Flesh-witnesses Speak about War, 1100-2000», *Journal of Military History*, 74, 1 (enero de 2010), pp. 53-78.

8. «Angela Merkel Attacked over Crying Refugee Girl», BBC, 17 de julio de 2015, consultado el 12 de agosto de 2015, http://www.bbc.com/news/world-europe-33555619.

9. Laurence Housman, *War Letters of Fallen Englishmen*, Filadelfia, University of Pennsylvania State, 2002, p. 159.

10. Mark Bowden, *Black Hawk Down: The Story of Modern Warfare*, Nueva York, New American Library, 2001, pp. 301-302 [hay trad. cast: *Black Hawk derribado*, Barcelona, RBA Libros, 2002].

11. Adolf Hitler, *Mein Kampf*, trad. de Ralph Manheim, Boston, Houghton Mifflin, 1943, p. 165. [hay trad. cast.: *Mi lucha*, Madrid, El Galeón, 2002].

12. Evan Osnos, *Age of Ambition: Chasing Fortune, Truth and Faith in the New China*, Londres, Vintage, 2014, p. 95.

13. Mark Harrison, ed., *The Economics of World War II: Six Great Powers in International Comparison*, Cambridge, Cambridge University Press, 1998, pp. 3-10; John Ellis, *World War II: A Statistical Survey*, Nueva York, Facts on File, 1993; I. C. B Dear, ed., *The Oxford Companion to the Second World War*, Oxford, Oxford University Press, 1995.

14. Donna Haraway, «A Cyborg Manifesto: Science, Technology, and Socialist-Feminism in the Late Twentieth Century», en Donna Haraway, ed., *Simians, Cyborgs and Women: The Reinvention of Nature*, Nueva York, Routledge, 1991, pp. 149-181.

8. La bomba de tiempo en el laboratorio

1. Para una discusión detallada, véase Michael S. Gazzaniga, *Who's in Charge?: Free Will and the Science of the Brain*, Nueva York, Ecco, 2011 [hay trad. cast.: *¿Quién manda aquí? El libre albedrío y la ciencia del cerebro*, Barcelona, Paidós, 2012].

2. Chun Siong Soon *et al.*, «Unconscious Determinants of Free Decisions in the Human Brain», *Nature Neuroscience*, 11, 5 (2008), pp. 543-545. Véase también Daniel Wegner, *The Illusion of Conscious Will*, Cambridge, MA, MIT Press, 2002; Benjamin Libet, «Unconscious Cerebral Initiative and the Role of Conscious Will in Voluntary Action», *Behavioral and Brain Sciences*, 8 (1985), pp. 529-566.

3. Sanjiv K. Talwar *et al.*, «Rat Navigation Guided by Remote Control», *Nature*, 417, 6.884 (2002), pp. 37-38; Ben Harder, «Scientists 'Drive' Rats by Remote Control», *National Geographic*, 1 de mayo de 2012, consultado el 22 de diciembre de 2014, http://news.nationalgeographic.com/news/2002/05/0501_020501_roborats.html; Tom Clarke, «Here Come the Ratbots: Desire Drives Remote-Controlled Rodents», *Nature*, 2 de mayo de 2002, consultado el 22 de diciembre de 2014, http://www.nature.com/news/1998/020429/full/news020429-9.html; Duncan Graham-Rowe, «'Robo-rat' Controlled by Brain Electrodes», *New Scientist*, 1 de mayo de 2002, consultado el 22 de diciembre de 2014, http://www.newscientist.com/article/dn2237-roborat-controlled-by-brain-electrodes.html#.UwOPiNrNtkQ.

4. http://fusion.net/story/204316/darpa-is-implanting-chips-in-soldiers-brains/; http://www.theverge.com/2014/5/28/5758018/darpa-teams-begin-work-on-tiny-brain-implant-to-treat-ptsd.

5. Smadar Reisfeld, «Outside of the Cuckoo's Nest», *Haaretz*, 6 de marzo de 2015.

6. Dan Hurley, «US Military Leads Quest for Futuristic Ways to Boost IQ», *Newsweek*, 5 de marzo de 2014, http://www.newsweek.com /2014/03/14/us-military-leads-quest-futuristic-ways-boost-iq-247945.html, consultado el 9 de enero de 2015; Dirección General de Efectividad Humana, http://www.wpafb.af.mil/afrl/rh/index.asp; R. Andy McKinley *et al.*, «Acceleration of Image Analyst Training with Transcranial Direct Current Stimulation», *Behavioral Neuroscience*, 127, 6 (2013), pp. 936-946; Jeremy T. Nelson *et al.*, «Enhancing Vigilance in Operators with Prefrontal Cortex Transcranial Direct Current Stimulation (TDCS)», *NeuroImage*, 85 (2014), pp. 909-917; Melissa Scheldrup *et al.*, «Transcranial Direct Current Stimulation Facilities Cognitive Multi-Task Performance Differentially Depending on Anode Location and Subtask», *Frontiers in Human Neuroscience*, 8 (2014); Oliver Burkeman, «Can I Increase my Brain Power?», *Guardian*, 4 de enero de 2014, http://www.theguardian.com/science/2014/jan/04/can-i-increase-my-brain-power, consultado el 9 de enero de 2016; Heather Kelly, «Wearable Tech to Hack Your

Brain», CNN, 23 de octubre de 2014, http://www.cnn.com/2014/10/22/tech/innovation/brain-stimulation-tech/, consultado el 9 de enero de 2016.

7. Sally Adee, «Zap Your Brain into the Zone: Fast Track to Pure Focus», *New Scientist*, 6 de febrero de 2012, consultado el 22 de diciembre de 2014, http://www.newscientist.com/article/mg21328501.600-zap-your-brain-into-the-zone-fast-track-to-pure-focus.html. Véase también R. Douglas Fields, «Amping Up Brain Function: Transcranial Stimulation Shows Promise in Speeding Up Learning», *Scientific American*, 25 de noviembre de 2011, consultado el 22 de diciembre de 2014, http://www.scientificamerican.com/article/amping-up-brain-function.

8. Sally Adee, «How Electrical Brain Stimulation Can Change the Way We Think», *The Week*, 30 de marzo de 2012, consultado el 22 de diciembre de 2014, http://theweek.com/article/index/226196/how-electrical-brain-stimulation-can-change-the-way-we-think/2.

9. E. Bianconi *et al.*, «An Estimation of the Number of Cells in the Human Body», *Annals of Human Biology*, 40, 6 (2013), pp. 463-471.

10. Oliver Sacks, *The Man Who Mistook His Wife for a Hat*, Londres, Picador, 1985, pp. 73-75 [hay trad. cast.: *El hombre que confundió a su mujer con un sombrero*, Barcelona, Anagrama, 2009].

11. Joseph E. LeDoux, Donald H. Wilson, Michael S. Gazzaniga, «A Divided Mind: Observations on the Conscious Properties of the Separated Hemispheres», *Annals of Neurology*, 2, 5 (1977), pp. 417-421. Véase también D. Galin, «Implications for Psychiatry of Left and Right Cerebral Specialization: A Neurophysiological Context for Unconscious Processes», *Archives of General Psychiatry*, 31, 4 (1974), pp. 572-583; R. W. Sperry, M. S. Gazzaniga y J. E. Bogen, «Interhemispheric relationships: The Neocortical Commisures: Syndromes of Hemisphere Disconnection», en P. J. Vinken y G. W. Bruyn, eds., *Handbook of Clinical Neurology*, Amsterdam, North Holland Publishing Co., 1969, vol. 4.

12. Michael S. Gazzaniga, *The Bisected Brain*, Nueva York, Appleton-Century-Crofts, 1970; Gazzaniga, *op. cit.*; Carl Senior, Tamara Russell y Michael S. Gazzaniga, *Methods in Mind*, Cambridge, MA, MIT Press, 2006; David Wolman, «The Split Brain: A Tale of Two Halves», *Nature*, 483 (14 de marzo de 2012), 260-263.

13. D. Galin, *op. cit.* 573-574.

14. Sally P. Springer y G. Deutsch, *Left Brain, Right Brain,* 3.ª ed., Nueva York, W. H. Freeman, 1989, pp. 32-36 [hay trad. cast.: *Cerebro izquierdo, cerebro derecho*, Barcelona, Ariel, 2001].

15. Daniel Kahneman, *Thinking, Fast and Slow*, Nueva York, Farrar, Straus & Giroux, 2011, pp. 377-410. Véase también Michael X. Gazzaniga, *op. cit.*, cap. 3.

16. Eran Chajut *et al.*, «In Pain Thou Shalt Bring Forth Children: The Peak-and-End Rule in Recall of Labor Pain», *Psychological Science*, 25, 12 (2014), pp. 2.266-2.271.

17. Ulla Waldenström, «Women's Memory of Childbirth at Two Months and One Year after the Birth», *Birth*, 30, 4 (2003), pp. 248-254; Ulla Waldenström, «Why Do Some Women Change Their Opinion about Childbirth over Time?», *Birth*, 31, 2 (2004), pp. 102-107.

18. Michael S. Gazzaniga, *op. cit.*, cap. 3.

19. Jorge Luis Borges, *Collected Fictions*, traducido por Andrew Hurley, Nueva York, Penguin Books, 1999, pp. 308-309. Para una versión española, véase Jorge Luis Borges, «Un problema», en *Obras completas*, vol. 3, Buenos Aires, Emecé Editores, 1968-1969, pp. 29-30.

20. Mark Thompson, *The White War: Life and Death on the Italian Front, 1915-1919*, Nueva York, Basic Books, 2009.

9. LA GRAN DESCONEXIÓN

1. F. M. Anderson, ed., *The Constitutions and Other Select Documents Illustrative of the History of France: 1789-1907*, 2.ª ed., Minneapolis, H. W. Wilson, 1908, pp. 184-185; Alan Forrest, «L'armée de l'an II: la levée en masse et la création d'un mythe républicain», *Révolution française*, 335 (2004), pp. 111-130.

2. Morris Edmund Spears, ed., *World War Issues and Ideals: Readings in Contemporary History and Literature*, Boston y Nueva York, Ginn and Company, 1918, p. 242. El estudio reciente más importante, ampliamente citado tanto por sus defensores como por sus detractores, intenta demostrar que los soldados de una democracia luchan mejor: Dan Reiter y Allan C. Stam, *Democracies at War*, Princeton, Princeton University Press, 2002.

3. Doris Stevens, *Jailed for Freedom*, Nueva York, Boni and Liveright, 1920, p. 290. Véase también Susan R. Grayzel, *Women and the First World War*, Harlow, Longman, 2002, p. 101-106; Christine Bolt, *The Women's Movements in the United States and Britain from the 1790s to the 1920s*, Amherst, University of Massachusetts Press, 1993, pp. 236-276; Birgitta Bader-Zaar, «Women's Suffrage

and War: World War I and Political Reform in a Comparative Perspective», en Irma Sulkunen, Seija-Leena Nevala-Nurmi y Pirjo Markkola, eds., *Suffrage, Gender and Citizenship: International Perspectives on Parliamentary Reforms*, Newcastle upon Tyne, Cambridge Scholars Publishing, 2009, pp. 193-218.

4. Matt Richtel y Conor Dougherty, «Google's Driverless Cars Run Into Problem: Cars With Drivers», *The New York Times*, 1 de septiembre de 2015, consultado el 2 de septiembre de 2015, http://www.nytimes.com/2015/09/02/technology/personaltech/google-says-its-not-the-driverless-cars-fault-its-other-drivers.html?_r=1; Shawn DuBravac, *Digital Destiny: How the New Age of Data Will Transform the Way We Work, Live and Communicate*, Washington DC, Regnery Publishing, 2015, pp. 127-156.

5. Bradley Hope, «Lawsuit Against Exchanges Over 'Unfair Advantage' for High-Frequency Traders Dismissed», *Wall Street Journal*, 29 de abril de 2015, consultado el 6 de octubre de 2015, http://www.wsj.com/articles/lawsuit-against-exchanges-over-unfair-advantage-for-high-frequency-traders-dismissed-1430326045; David Levine, «High-Frequency Trading Machines Favored Over Humans by CME Group, Lawsuit Claims», *Huffington Post*, 26 de junio de 2012, consultado el 6 de octubre de 2015, http://www.huffingtonpost.com/2012/06/26/high-frequency-trading-lawsuit_n_1625648.html; Lu Wang, Whitney Kisling y Eric Lam, «Fake Post Erasing $136 Billion Shows Markets Need Humans», Bloomberg, 23 de abril de 2013, consultado el 22 de diciembre de 2014, http://www.bloomberg.com/news/2013-04-23/fake-report-erasing-136-billion-shows-market-s-fragility.html; Matthew Philips, «How the Robots Lost: High-Frequency Trading's Rise and Fall», *Bloomberg Businessweek*, 6 de junio de 2013, consultado el 22 de diciembre de 2014, http://www.businessweek.com/printer/articles/123468-how-the-robots-lost-high-frequency-tradings-rise-and-fall; Christopher Steiner, *Automate This: How Algorithms Came to Rule Our World*, Nueva York, Penguin, 2012, pp. 2-5 y 11-52; Luke Dormehl, *The Formula: How Algorithms Solve All Our Problems - And Create More*, Londres, Penguin, 2014, p. 223.

6. Jordan Weissmann, «iLawyer: What Happens when Computers Replace Attorneys?», *Atlantic*, 19 de junio de 2012, consultado el 22 de diciembre de 2014, http://www.theatlantic.com/business/archive/2012/06/ilawyer-what-happens-when-computers-replace-attorneys/258688; John Markoff, «Armies of Expensive Lawyers, Replaced by Cheaper Software», *The New York Times*, 4 de marzo de 2011, consultado el 22 de diciembre de 2014, http://www.nytimes.com/2011/03/05/science/05legal.html?pagewanted=all&_r=0; Adi

Narayan, «The fMRI Brain Scan: A Better Lie Detector?», *Time*, 20 de julio de 2009, consultado el 22 de diciembre de 2014, http://content.time.com/time/health/article/0,8599,1911546-2,00.html; Elena Rusconi y Timothy Mitchener-Nissen, «Prospects of Functional Magnetic Resonance Imaging as Lie Detector», *Frontiers in Human Neuroscience*, 7, 54 (2013); Christopher Steiner, *op. cit.*, p. 217; Luke Dormehl, *op. cit.*, p. 229.

7. B. P. Woolf, *Building Intelligent Interactive Tutors: Student-centered Strategies for Revolutionizing E-learning*, Burlington, Morgan Kaufmann, 2010; Annie Murphy Paul, «The Machines are Taking Over», *The New York Times*, 14 de septiembre de 2012, consultado el 22 de diciembre de 2014, http://www.nytimes.com/2012/09/16/magazine/how-computerized-tutors-are-learning-to-teach-humans.html?_r=0; P. J. Munoz-Merino, C. D. Kloos y M. Munoz-Organero, «Enhancement of Student Learning Through the Use of a Hinting Computer e-Learning System and Comparison With Human Teachers», *IEEE Transactions on Education*, 54, 1 (2011), pp. 164-167; *Mindojo*, consultado el 14 de julio de 2015, http://mindojo.com/.

8. Christopher Steiner, *op. cit.*, pp. 146-162; Ian Steadman, «IBM's Watson Is Better at Diagnosing Cancer than Human Doctors», *Wired*, 11 de febrero de 2013, consultado el 22 de diciembre de 2014, http://www.wired.co.uk/news/archive/2013-02/11/ibm-watson-medical-doctor; «Watson Is Helping Doctors Fight Cancer», IBM, consultado el 22 de diciembre de 2014, http://www-03.ibm.com/innovation/us/watson/watson_in_healthcare.shtml; Vinod Khosla, «Technology Will Replace 80 per cent of What Doctors Do», *Fortune*, 4 de diciembre de 2012, consultado el 22 de diciembre de 2014, http://tecap.fortune.cnn.com/2012/12/04/technology-doctors-khosla; Ezra Klein, «How Robots Will Replace Doctors», *Washington Post*, 10 de enero de 2011, consultado el 22 de diciembre de 2014, http://www.washingtonpost.com/blogs/wonkblog/post/how-robots-will-replace-doctors/2011/08/25/gIQASA17AL_blog.html.

9. Roey Tzezana, *The Guide to the Future* [en hebreo], Haifa, Roey Tzezana, 2013, pp. 62-64.

10. Christopher Steiner, *op. cit.*, p. 155.

11. http://www.mattersight.com.

12. Christopher Steiner, *op. cit.*, pp. 178-182; Luke Dormehl, *op. cit.*, pp. 21-24; Shana Lebowitz, «Every Time You Dial into These Call Centers, Your Personality Is Being Silently Assessed», *Business Insider*, 3 de septiembre de 2015, consultado el 31 de enero de 2016, http://www.businessinsider.com/how-mattersight-uses-personality-science-2015-9.

13. Rebecca Morelle, «Google Machine Learns to Master Video Games», BBC, 25 de febrero de 2015, consultado el 12 de agosto de 2015, http://www.bbc.com/news/science-environment-31623427; Elizabeth Lopatto, «Google's AI Can Learn to Play Video Games», *The Verge*, 25 de febrero de 2015, consultado el 12 de agosto de 2015, http://www.theverge.com/2015/2/25/8108399/google-ai-deepmind-video-games; Volodymyr Mnih *et al.*, «Human-Level Control through Deep Reinforcement Learning», *Nature*, 26 de febrero de 2015, consultado el 12 de agosto de 2015, http://www.nature.com/nature/journal/v518/n7540/full/nature14236.html.

14. Michael Lewis, *Moneyball: The Art of Winning An Unfair Game*, Nueva York, W. W. Norton, 2003 [hay trad. cast.: *La gran apuesta*, Barcelona, Debate, 2013]. Véase también la película de 2011 *Moneyball*, dirigida por Bennett Miller y protagonizada por Brad Pitt en el papel de Billy Beane.

15. Frank Levy y Richard Murnane, *The New Division of Labor: How Computers are Creating the Next Job Market*, Princeton, Princeton University Press, 2004; Luke Dormehl, *op. cit.*, pp. 225-226.

16. Tom Simonite, «When Your Boss is an Uber Algoritm», *MIT Technology Review*, 1 de diciembre de 2015, consultado el 4 de febrero de 2016, https://www.technologyreview.com/s/543946/when-your-boss-is-an-uber-algorithm/.

17. Simon Sharwood, «Software 'Appointed to Board' of Venture Capital Firm», *The Register*, 18 de mayo de 2014, consultado el 12 de agosto de 2015, http://www.theregister.co.uk/2014/05/18/software_appointed_to_board_of_venture_capital_firm/; John Bates, «I'm the Chairman of the Board», *Huffington Post*, 6 de abril de 2014, consultado el 12 de agosto de 2015, http://www.huffingtonpost.com/john-bates/im-the-chairman-of-the-bo_b_ 5440591.html; Colm Gorey, «I'm Afraid I Can't Invest in That, Dave: AI Appointed to VC Funding Board», *Silicon Republic*, 15 de mayo de 2014, consultado el 12 de agosto de 2015, https://www.siliconrepublic.com/discovery/2014/05/15/im-afraid-i-cant-invest-in-that-dave-ai-appointed-to-vc-funding-board.

18. Christopher Steiner, *op. cit.*, pp. 89-101; D. H. Cope, *Comes the Fiery Night: 2,000 Haiku by Man and Machine*, Santa Cruz, Create Space, 2011. Véase también Luke Dormehl, *op. cit.*, pp. 174-180, 195-198, 200-202, 216-220; Christopher Steiner, *op. cit.*, pp. 75-89.

19. Carl Benedikt Frey y Michael A. Osborne, «The Future of Employment: How Susceptible Are Jobs to Computerisation?», 17 de septiembre de 2013, consultado el 12 de agosto de 2015, http://www.oxfordmartin.ox.ac.uk/downloads/acade mic/The_Future_of_Employment.pdf.

20. E. Brynjolfsson y A. McAffee, *Race Againt the Machine: How the Digital Revolution is Accelerating Innovation, Driving Productivity, and Irreversibly Transforming Employment and the Economy*, Lexington, Digital Frontier Press, 2011.

21. Nick Bostrom, *Superintelligence: Paths, Dangers, Strategies*, Oxford, Oxford University Press, 2014.

22. Ido Efrati, «Researchers Conducted a Successful Experiment with an 'Artificial Pancreas' Connected to an iPhone» [en hebreo], *Haaretz*, 17 de junio de 2014, consultado el 23 de diciembre de 2014, http://www.haaretz.co.il/news/health/1.2350956; Moshe Phillip *et al.*, «Nocturnal. Glucose Control with an Artificial Pancreas at a Diabetis Camp», *New England Journal of Medicine*, 368, 9 (2013), pp. 824-833; «Artificial Pancreas Controlled by iPhone Shows Promise in Diabetes Trial», *Today*, 17 de junio de 2014, consultado el 22 de diciembre de 2014, http://www.todayonline.com/world/artificial-pancreas-controlled-iphone-shows-promise-diabetes-trial?singlepage=true.

23. Luke Dormehl, *op. cit.*, pp. 7-16.

24. Martha Mendoza, «Google Develops Contact Lens Glucose Monitor», Yahoo News, 17 de enero de 2014, consultado el 12 de agosto de 2015, http://news.yahoo.com/google-develops-contact-lens-glucose-monitor-000147894.html; Mark Scott, «Novartis Joins with Google to Develop Contact Lens That Monitors Blood Sugar», *The New York Times*, 15 de julio de 2014, consultado el 12 de agosto de 2015, http://www.nytimes.com/2014/07/16/business/international/novartis-joins-with-google-to-develop-contact-lens-to-monitor-blood-sugar.html?_r=0; Rachel Barclay, «Google Scientists Create Contact Lens to Measure Blood Sugar Level in Tears», Healthline, 23 de enero de 2014, consultado el 12 de agosto de 2015, http://www.healthline.com/health-news/diabetes-google-develops-glucose-monitoring-contact-lens-012314.

25. «Quantified Self», http://quantifiedself.com/; Luke Dormehl, *op. cit.*, pp. 11-16.

26. Luke Dormehl, *op. cit.*, pp. 91-95; «Bedpost», http://bedposted.com.

27. Luke Dormehl, *op. cit.*, pp. 53-59.

28. Angelina Jolie, «My Medical Choice», *The New York Times*, 14 de mayo de 2013, consultado el 22 de diciembre de 2014, http://www.nytimes.com/2013/05/14/opinion/my-medical-choice.html.

29. «Google Flu Trends», http://www.google.org/flutrends/about/how.html; Jeremy Ginsberg *et al.*, «Detecting Influenza Epidemics Using Search Engi-

ne Query Data», *Nature*, 457, 7.232 (2008), pp. 1.012-1.014; Declan Butler, «When Google Got Flu Wrong», *Nature*, 13 de febrero de 2013, consultado el 22 de diciembre de 2014, http://www.nature.com/news/when-google-got-flu-wrong-1.12413; Miguel Helft, «Google Uses Searches to Track Flu's Spread», *The New York Times*, 11 de noviembre de 2008, consultado el 22 de diciembre de 2014, http://msl1.mit.edu/furdlog/docs/nytimes/2008-11-11_nytimes_google_influenza.pdf; Samanth Cook *et al.*, «Assessing Google Flu Trends Performance in the United States during the 2009 Influenza Virus A (H1N1) Pandemic», *PLOS One*, 19 de agosto de 2011, consultado el 22 de diciembre de 2014, http://www.plosone.org/article/info%3Adoi%2F10.1371%2Fjournal. pone.0023610; Jeffrey Shaman *et al.*, «Real-Time Inluenza Forecasts during the 2012-2013 Season», *Nature*, 23 de abril de 2013, consultado el 24 de diciembre de 2014, http://www.nature.com/ncomms/2013/131203/ncomms 3837/full/ncomms3837.html.

30. Alistair Barr, «Google's New Moonshot Project: The Human Body», Wall Street Journal, 24 de julio de 2014, consultado el 22 de diciembre de 2014, http://www.wsj.com/articles/google-to-collect-data-to-define-healthy-human-1406246214; Nick Summers, «Google Announces Google Fit Platform Preview for Developers», Next Web, 25 de junio de 2014, consultado el 22 de diciembre de 2014, http://thenextweb.com/insider/2014/06/25/google-launches-google-fit-platform-preview-developers/.

31. Luke Dormehl, *op. cit.*, pp. 72-80.

32. Wu Youyou, Michal Kosinski y David Stillwell, «Computer-Based Personality Judgements Are More Accurate Than Those Made by Humans», *PNAS*, 112, 4 (2015), 1.036-1.040.

33. Para oráculos, agentes y soberanos, véase Nick Bostrom, *op. cit.*

34. https://www.waze.com/.

35. Luke Dormehl, *op. cit.*, 206.

36. World Bank, *World Development Indicators 2012*, Washington DC, World Bank, 2012, p. 72, http://data.worldbank.org/sites/default/files/wdi-2012-ebook.pdf.

37. Larry Elliott, «Richest 62 People as Wealthy as Half of World's Population, Says Oxfam», *Guardian*, 18 de enero de 2016, consultado el 9 de febrero de 2016, http://www.theguardian.com/business/2016/jan/18/richest-62-billionaires-wealthy-half-world-population-combined; Tami Luhby, «The 62 Richest People Have As Much Wealth As Half the World», *CNN Money*, 18 de enero de 2016, consultado el 9 de febrero de 2016, http://money.cnn.com/2016/01/17/news/economy/oxfam-wealth/.

10. El océano de la conciencia

1. Joseph Henrich, Steven J. Heine y Ara Norenzayan, «The Weirdest People in the World», *Behavioral and Brain Sciences*, 33 (2010), pp. 61-135.

2. Benny Shanon, *Antipodes of the Mind: Charting the Phenomenology of the Ayahuasca Experience*, Oxford, Oxford University Press, 2002.

3. Thomas Nagel, «What Is It Like to Be a Bat?», *Philosophical Review*, 83, 4 (1974), pp. 435-450.

4. Michael J. Noad *et al.*, «Cultural Revolution in Whale Songs», *Nature*, 408, 6.812 (2000), p. 537; Nina Eriksen *et al.*, «Cultural Change in the Songs of Humpback Whales (*Megaptera novaeangliae*) from Tonga», *Behavior*, 142, 3 (2005), pp. 305-328; E. C. M. Parsons, A. J. Wright y M. A. Gore, «The Nature of Humpback Whale (*Megaptera novaeangliae*) Song», *Journal of Marine Animals and Their Ecology*, 1, 1 (2008), pp. 22-31.

5. C. Bushdid *et al.*, «Human can Discriminate More than 1 Trillion Olfactory Stimuli», *Science*, 343, 6.177 (2014), pp. 1.370-1.372; Peter A. Brennan y Frank Zufall, «Pheromonal Communication in Vertebrates», *Nature*, 444, 7.117 (2006), pp. 308-315; Jianzhi Zhang y David M. Webb, «Evolutionary Deterioration of the Vomeronasal Pheromone Transduction Pathway in Catarrhine Primates», *Proceedings of the National Academy of Sciences*, 100, 14 (2003), pp. 8.337-8.341; Bettina Beer, «Smell, Person, Space and Memory», en Jurg Wassmann y Katharina Stockhaus, eds., *Experiencing New Worlds,* Nueva York, Berghahn Books, 2007, pp. 187-200; Niclas Burenhult y Majid Asifa, «Olfaction in Aslian Ideology and Language», *Sense and Society*, 6, 1 (2011), pp. 19-29; Constance Classen, David Howes y Anthony Synnott, *Aroma: The Cultural History of Smell*, Londres, Routledge, 1994; Amy Peijung Lee, «Reduplication and Odor in Four Formosan Languages», *Language and Linguistics*, 11, 1 (2010), pp. 99-126; Walter E. A. van Beek, «The Dirty Smith: Smell as a Social Frontier among the Kapsiki/Higi of North Cameroon and North-Eastern Nigeria», *Africa*, 62, 1 (1992), pp. 38-58; Ewelina Wnuk y Asifa Majid, «Revisiting the Limits of Language: The Odor Lexicon of Maniq», *Cognition*, 131 (2014), pp. 125-138. Pero algunos estudiosos conectan la reducción de las capacidades olfativas humanas a procesos evolutivos mucho más antiguos. Véase Yoav Gilad *et al.*, «Human Specific Loss of Olfactory Receptor Genes», *Proceedings of the National Academy of Sciences*,

100, 6 (2003), pp. 3.324-3.327; Atushi Matsui, Yasuhiro Go y Yoshihito Niimura, «Degeneration of Olfactory Receptor Gene Repertories in Primates: No Direct Link to Full Trichromatic Vision», *Molecular Biology and Evolution*, 27, 5 (2010), pp. 1.192-1.200.

6. Matthew Crawford, *The World Beyond Your Head: How to Flourish in an Age of Distraction*, Londres, Viking, 2015.

7. Turnbull y Solms, *The Brain and the Inner World*, pp. 136-159; Kelly Bulkeley, *Visions of the Night: Dreams, Religion and Psychology*, Nueva York, State University of New York Press, 1999; Andreas Mavrematis, *Hypnogogia: The Unique State of Consciousness Between Wakefulness and Sleep*, Londres, Routledge, 1987; Brigitte Holzinger, Stephen LaBerge y Lynn Levitan, «Psychophysiological Correlates of Lucid Dreaming», *American Psychological Association*, 16, 2 (2006), pp. 88-95; Watanabe Tsuneo, «Lucid Dreaming: Its Experimental Proof and Psychological Conditions», *Journal of International Society of Life Information Science*, 21, 1 (2003), pp. 159-162; Victor I. Spoormaker y Jan van den Bout, «Lucid Dreaming Treatment for Nightmares: A Pilot Study», *Psychotherapy and Psychosomatics*, 75, 6 (2006), pp. 389-394.

11. LA RELIGIÓN DE LOS DATOS

1. Véase, por ejemplo, Kevin Kelly, *What Technology Wants*, Nueva York, Viking Press, 2010; César Hidalgo, *Why Information Grows: The Evolution of Order, From Atoms to Economies*, Nueva York, Basic Books, 2015; Howard Bloom, *Global Brain: The Evolution of Mass Mind from the Big Bang to the 21st Century*, Hoboken, Wiley, 2001; Shawn DuBravac, *Digital Destiny: How the New Age of Data Will Transform the Way We Work, Live and Communicate*, Washington DC, Regnery Publishing, 2015.

2. Friedrich Hayek, «The Use of Knowledge in Society», *American Economic Review*, 35, 4 (1945), pp. 519-530.

3. Kiyohiko G. Nishimura, *Imperfect Competition Differential Information and the Macro-foundations of Macro-economy*, Oxford, Oxford University Press, 1992; Frank M. Machovec, *Perfect Competition and the Transformation of Economics*, Londres, Routledge, 2002; Frank V. Mastrianna, *Basic Economics*, 16.ª ed., Mason, South-Western, 2010, pp. 78-89; Zhiwu Chen, «Freedom of Information and the Economic Future of Hong Kong», *Hong Kong Centre for Economic Research*, 74 (2003); Randall Morck, Bernard Yeung y Wayne Yu, «The Infor-

mation Content of Stock Markets: Why Do Emerging Markets Have Synchronous Stock Price Movements?», *Journal of Financial Economics*, 58, 1 (2000), pp. 215-260; Louis H. Ederington y Jae Ha Lee, «How Markets Process Information: News Releases and Volatility», *Journal of Finance*, 48, 4 (1993), pp. 1.161-1.191; Mark L. Mitchell y J. Harold Mulherin, «The Impact of Public Information on the Stock Market», *Journal of Finance*, 49, 3 (1994), pp. 923-950; Jean-Jacques Laffont y Eric S. Maskin, «The Efficient Market Hypothesis and Insider Trading on the Stock Market», *Journal of Political Economy*, 98, 1 (1990), pp. 70-93; Steven R. Salbu, «Differentiated Perspectives on Insider Trading: The Effect of Paradigm Selection on Policy», *St John's Law Review*, 66, 2 (1992), pp. 373-405.

4. Valery N. Soyfer, «New Light on the Lysenko Era», *Nature*, 339, 6.224 (1989), pp. 415-420; Nils Roll-Hansen, «Wishful Science: The Persistence of T. D. Lysenko's Agrobiology in the Politics of Science», *Osiris*, 23, 1 (2008), pp. 166-188.

5. William H. McNeill y J. R. McNeill, *The Human Web: A Bird's-Eye View of World History*, Nueva York, W. W. Norton, 2003 [hay trad. cast.: *Las redes humanas. Una historia global del mundo*, Barcelona, Crítica, 2004].

6. Aaron Swartz, «Guerilla Open Access Manifesto», julio de 2008, consultado el 22 de diciembre de 2014, https://ia700808.us.archive.org/17/items/GuerillaOpenAccessManifesto/Goamjulio2008.pdf; Sam Gustin, «Aaron Swartz, Tech Prodigy and Internet Activist, Is Dead at 26», *Time*, 13 de enero de 2013, consultado el 22 de diciembre de 2014, http://business.time.com/2013/01/13/tech-prodigy-and-internet-activist-aaron-swartz-commits-suicide; Todd Leopold, «How Aaron Swartz Helped Build the Internet», CNN, 15 de enero de 2013, 22 de diciembre de 2014, http://edition.cnn.com/2013/01/15/tech/web/aaron-swartz-internet/; Declan McCullagh, «Swartz Didn't Face Prison until Feds Took Over Case, Report Says», CNET, 25 de enero de 2013, consultado el 22 de diciembre de 2014, http://news.cnet.com/8301-13578_3-57565927-38/swartz-didnt-face-prison-until-feds-took-over-case-report-says/.

7. John Sousanis, «World Vehicle Population Tops 1 Billion Units», *Wardsauto*, 15 de agosto de 2011, consultado el 3 de diciembre de 2015, http://wardsauto.com/news-analysis/world-vehicle-population-tops-1-billion-units.

8. «No More Woof», https://www.indiegogo.com/projects/no-more-woof.

Agradecimientos

Me gustaría expresar mi gratitud a los siguientes humanos, animales e instituciones:

A mi maestro, Satya Narayan Goenka (1924–2013), quien me enseñó la técnica de meditación Vipassana, que me ha ayudado a observar la realidad tal como es, y a conocer mejor la mente y el mundo. No podría haber escrito este libro sin la concentración, la paz y el discernimiento obtenido de practicar la Vipassana durante quince años.

A la Fundación de la Ciencia de Israel, que ayudó a financiar este proyecto de investigación (proyecto número 26/09).

A la Universidad Hebrea, y, en particular, a su Departamento de Historia, mi hogar académico, y a todos los alumnos que he tenido a lo largo de estos años, que tanto me han enseñado con sus preguntas, sus respuestas y sus silencios.

A mi ayudante de investigación, Idan Sherer, que de manera devota se encargó de todo lo que lancé en su dirección, ya fueran chimpancés, neandertales o cíborgs. Y a mis otros ayudantes, Ram Liran, Eyal Miller y Omri Shefer Raviv, que echaron una mano de vez en cuando.

A Michal Shavit, mi editor de Penguin Random House en el Reino Unido, por jugársela, y por su compromiso y apoyo constantes durante muchos años, y a Ellie Steel, Suzanne Dean, Bethan Jones, Maria Garbutt-Lucero y sus colegas en Penguin Random House, por toda su ayuda.

A David Milner, quien hizo un trabajo magnífico en la revisión del manuscrito, me ahorró más de un error embarazoso y me recordó que «eliminar» es probablemente la tecla más importante del teclado.

A Preena Gadher y Lija Kresowaty de Riot Communications, por ayudarme de manera tan eficaz a propagar la palabra.

A Jonathan Jao, mi editor de HarperCollins en Nueva York, y a Claire Wachtel, mi antigua editora allí, por su fe, ánimo y perspicacia.

A Shmuel Rosner y Eran Zmora, por ver el potencial, y por sus valiosos comentarios y consejos.

A Deborah Harris, por ayudarme con el avance vital.

A Amos Avisar, Shilo de Ber, Tirza Eisenberg, Luke Matthews, Rami Rotholz y Oren Shriki, que leyeron detenidamente el manuscrito y dedicaron mucho tiempo y esfuerzo a corregir mis errores, y me ayudaron a ver las cosas desde otras perspectivas.

A Yigal Borochovsky, quien me convenció de no pasarme con Dios.

A Yoram Yovell, por su perspicacia y por nuestras caminatas juntos en el bosque de Eshta'ol.

A Ori Katz y Jay Pomeranz, que me ayudaron a comprender mejor el sistema capitalista.

A Carmel Weismann, Joaquín Keller y Antoine Mazières, por sus pensamientos sobre cerebros y mentes.

A Diego Olstein, por muchos años de cálida amistad y apacible orientación.

A Ehud Amir, Shuki Bruck, Miri Worzel, Guy Zaslavaki, Michal Cohen, Yossi Maurey, Amir Sumakai-Fink, Sarai Aharoni y Adi Ezra, que leyeron parte del manuscrito y compartieron sus ideas.

A Eilona Ariel, por ser una fuente rebosante de entusiasmo y una firme roca de refugio.

A mi suegra y contable, Hannah Yahav, por hacer bien todas las cosas relacionadas con el dinero.

A mi abuela, Fanny, a mi madre, Pnina, a mis hermanas, Liat y Einat, y a todos los demás miembros de mi familia y a mis amigos por su apoyo y compañía.

A Chamba, Pengo y Chili, que ofrecieron una perspectiva canina sobre algunas de las principales ideas y teorías de este libro.

Y a mi esposo y representante, Itzik, que hoy ya es como mi Internet de Todas las Cosas.

Créditos de las figuras

1. Fertilización *in vitro*. © KTSDESIGN/Science Photo Library.
2. *El triunfo de la muerte* (c. 1562), de Peter Brueghel el Viejo. © The Art Archive/Alamy Stock Photo.
3. Bacteria *Yersinia pestis*. © NIAID/CDC/Science Photo Library.
4. Misiles nucleares en un desfile militar en Moscú (1968). © Sovfoto/UIG vía Getty Images.
5. *Muerte y moribundo*, ilustración extraída del manuscrito francés del siglo xiv *Peregrinaje de la vida humana*, Bodleian Library, Oxford © Art Media/Print Collector/Getty Images.
6. Vista aérea de los jardines del castillo de Chambord, en el valle del Loira, designado Patrimonio de la Humanidad por la UNESCO. © CHICUREL Arnaud/Getty Images.
7. Jardines de la Casa Blanca. © American Spirit/Shutterstock.com.
8. Mario Götze en Maracanã. © Imagebank/Chris Brunskill/Getty Images/ Bridgeman Images.
9. El paraíso del pequeño burgués. © H. Armstrong Roberts/ClassicStock/ Getty Images.
10. Detalle del rey Asurbanipal de Asiria matando un león. © De Agostini Picture Library/G. Nimatallah/Bridgeman Images.
11. Gráfico de la biomasa global de animales grandes.
12. Detalle de la *Caída y expulsión del Jardín del Edén*, de Miguel Ángel (capilla Sixtina). © Lessing Images.
13. Cerdas confinadas en jaulas de gestación. © Balint Porneczi/Bloomberg vía Getty Images.
14. Un pavo real y un hombre. Izquierda: © Bergserg/Shutterstock.com. Derecha: © s_bukley/Shutterstock.com.
15. El coche autónomo de Google. © Karl Mondon/ZUMA Press/Corbis.

16. Diferencia de comportamiento de dos ratas. Adaptación de J. M. Weiss, M. A. Cierpial y C. H. West, «Selective breeding of rats for high and low motor activity in a swim test: toward a new animal model of depression», *Pharmacology, Biochemistry and Behavior*, 61 (1998), pp. 49-66.

17. Hans el Listo. © 2004 TopFoto.

18. Último discurso de Ceaușescu. Fotograma extraído de www.youtube. com/watch?v=wWIbCtz_Xwk, © TVR.

19. Firma de los Acuerdos de Belavezha. © NOVOSTI/AFP/Getty Images.

20. El creador: Jackson Pollock en un momento de inspiración. Fotógrafo: Rudy Burckhardt. Documentos de Jackson Pollock y Lee Krasner (*c.* 1905-1984), Archives of American Art, Smithsonian Institution. © The Pollock–Krasner Foundation ARS, NY and DACS, Londres, 2016.

21. Las marcas no son una invención moderna. Izquierda: © Richard Nowitz/Getty Images. Derecha: © Archive Photos/Stringer/Getty Images.

22. Aristides de Sousa Mendes. Cortesía de la Fundación Sousa Mendes.

23. Visado firmado por Sousa Mendes en junio de 1940. Cortesía de la Fundación Sousa Mendes.

24. Mapa europeo de África, mediados del siglo xix. © Antiqua Print Gallery/Alamy Stock Photo.

25. Grabado de «Passional Christi und Antichristi», panfleto de Philipp Melanchthon publicado en 1521 por el estudio de Lucas Cranach (1472-1553). © Colección privada/Bridgeman Images.

26. Cumbres y congresos sobre cambio climático. Fuente: Base de Datos de Emisiones para la investigación atmosférica global (EDGAR), Comisión Europea.

27. El Espíritu Santo, en forma de paloma, entrega una ampolla de óleo sagrado para el bautismo del rey Clovis, fundador del reino Franco. © Bibliothèque Nationale de France, RC-A-02764, *Grandes Chroniques de France*, de Charles V, folio 12v.

28. El papa Gregorio Magno compone los cantos gregorianos epónimos inspirado por el Espíritu Santo. Manuscrito: *Registrum Gregorii* (*c.* 983). © Archiv Gerstenberg/ullstein bild vía Getty Images.

29. Política humanista: el votante es quien mejor sabe lo que le conviene. © Sadik Gulec/Shutterstock.com.

30. Economía humanista: el cliente siempre tiene la razón. © CAMERIQUE/ClassicStock/Corbis.

31. Estética humanista: la belleza está en los ojos del espectador. © Jeff J Mitchell/Getty Images.

32. Ética humanista: si hace que te sientas bien, ¡hazlo! © Molly Landreth/ Getty Images.

33. Educación humanista: ¡piensa por ti mismo! *El pensador* (1880-1881), de Auguste Rodin. Burrell Collection, Glasgow. © Culture and Sport Glasgow (Museums)/Bridgeman Images.

34. *Gustavo Adolfo de Suecia en la batalla de Breitenfeld*, de Jean-Jacques Walter. © DeAgostini Picture Library/Scala (Florencia).

35. *La batalla de la Montaña Blanca*, de Pieter Snayers. © Bpk/Bayerische Staatsgemäldesammlungen.

36. *La guerra*, de Otto Dix. Staatliche Kunstsammlungen, Neue Meister, Dresden (Alemania). © Lessing Images.

37. *La mirada de dos mil metros* (1944), de Thomas Lea. LIFE Collection of Art WWII, U. S. Army Center of Military History, Ft. Belvoir (Virginia). © Cortesía del Tom Lea Institute, El Paso (Texas).

38. Evacuación de la embajada estadounidense en Saigón. © Bettmann/Corbis.

39. Cerebros como ordenadores, ordenadores como cerebros. © VLADGRIN/ Shutterstock.com.

40. *Virgen con el Niño dormido*, de Il sassoferrato (Giovanni Battista Salvi), Musee Bonnat, Bayona (Francia). © Bridgeman Images.

41. Víctimas de las batallas de Isonzo. © Bettmann/Corbis.

42. Parlamento escocés. © Jeremy Sutton-Hibbert/Getty Images.

43. Soldados en la batalla del Somme y un dron sin piloto. Izquierda: © Fototeca Gilardi/Getty Images. Derecha: © alxpin/Getty Images.

44. Watson, de IBM, derrotando a sus dos contrincantes humanos en *Jeopardy!*, en 2011. © Sony Pictures Television.

45. Deep Blue derrota a Garri Kaspárov. © STAN HONDA/AFP/Getty Images.

46. Espectro electromagnético. Licencia de CC BY-SA 3.0 vía Commons, https:// commons.wikimedia.org/wiki/File:EM_spectrum.svg#/media/File:EM_spectrum.svg.

47. Espectrograma del canto de una ballena de Groelandia o boreal. © Cornell Bioacoustics Research Program, Lab of Ornithology.

48. Espectro de la conciencia.

49. Líderes soviéticos en Moscú (1963). © ITAR-TASS Photo Agency/Alamy Stock Photo.

50. Conmoción en la Cámara de Comercio de Chicago. © Jonathan Kirn/Getty Images.

Fe de errores

Al escribir *Homo Deus*, el profesor Harari se cercioró de que sus investigaciones estuvieran basadas, en la medida de lo posible, en fuentes actualizadas y hechos precisos. Sin embargo, como en todo cometido humano, los errores resultaron inevitables. A pesar de los esfuerzos del profesor Harari y sus editores, desafortunadamente el texto contiene ciertos errores fácticos descubiertos tras la publicación del libro, lo cual imposibilitó una corrección a tiempo. Podrá encontrar la lista de errores y la información corregida en el siguiente enlace: www.ynharari.com/errata/ -

Si usted repara en algún error adicional, le rogamos informe al profesor Harari a través de esta cuenta de correo electrónico info@ynharari.com. De este modo, él podrá añadirlo a la lista y hacer todo lo posible para corregirlo en las futuras ediciones del libro.

Índice alfabético